U0045542

戴國煇
國際學術研討會
論文集

財團法人台灣文學發展基金會◎發行
文訊雜誌社◎出版

前言

在成功舉辦戴國煇國際學術研討會之後，接著又順利把研討會論文結集成冊出版面世，實是我們工作參與者無上的欣慰。

對於我而言，在戴國煇八十冥誕前夕的 2011 年 4 月 14 日，由財團法人台灣文學發展基金會・文訊雜誌社隆重舉辦《戴國煇全集》（中文）新書發表會，而於同年 4 月初旬由日本雅出版社出版的《戴國煇著作選》（日文）也能同時在會場雙雙亮相，已是我夢想成真、不可思議的大事。豈敢奢望國際學術研討會的實現？這完全要歸功於文訊雜誌社封德屏社長的宏偉企圖，與工作團隊鍥而不捨的努力之賜。同時承蒙行政院文化建設委員會、客家委員會、原住民族委員會、農業委員會、僑務委員會，好友吳東昇先生的財團法人大台北銀行文化基金會，建中同學唐松章先生的財團法人唐德晉文教基金會在經費上的大力贊助，中央研究院人文社會科學聯合圖書館、遠流出版公司的協助。最後，是國家圖書館提供了完美的國際會議廳做為會場，並與文訊雜誌社共同扮演了主辦的角色。我由衷誠摯表示萬分的感謝。

至於研討會論文發表者、評論者與主持者名單，本人自度身為學術圈外人，除非被徵求意見、盡量不置可否。當名單出爐一看，政治立場左、中、右兼顧，還算公允。曾有偏左人士反映名單略嫌偏右，我未予同意。我認為一向特立獨行，秉持富貴不能淫、貧賤不能移、威武不能屈的戴國煇，在世時毫不在乎四面不討好，因此特地為他舉辦的國際學術研討會，他應該不在乎受各方的熱烈討論與批評。我想他一定很高興，且含笑聆聽的。

　　誠如歷史家信夫清三郎所說，學問是疑問（《歷史家信夫清三郎：経営は政治と同様に決断である学問は疑問である》，勁草書房，1994年），做學問是要提出疑問的，戴國煇生前也認爲，前驅學者應承受被批評的宿命，但應是建設性的批判，而非謾罵。

　　反之，如果學術研討會只是一場歌功頌德的「大拜拜」，那又何須如此勞命傷財呢？

　　據我有限的經驗與膚淺的觀察來說，兩天的學術研討會場場充滿學術氣息，嚴肅但活躍，有喝采有笑聲。出乎我意料之外的是與會學者、專家，都很冷靜、專注，態度「紳士」（淑女），是否是台灣政治激情趨緩的反映，多多少少修正了偏激與走向？學問是疑問，並且要公正不阿，才能有正面的發展，所以此現象應是台灣史學界可喜的現象吧。

　　呈現兩天精采會議的論文集終於出版了，我衷心感謝所有與會中外學者專家，以及蒞臨出席學術研討會的熱心社會人士。深深向您們三鞠躬。

2011 年 7 月 17 日

目次

林彩美　　前言　　　　　　　　　　　　　　　　　　　　　3

第 1 場　日本與亞洲

許育銘　　正學以立言　　　　　　　　　　　　　　　　　9
　　　　　——戴國煇先生對「近代日本」的闡釋與批評

楊永明　　【講評】　　　　　　　　　　　　　　　　　　27

陳瑋芬　　台灣・日本・亞洲　　　　　　　　　　　　　　29
　　　　　——戴國煇教授的近代日本思想史論一考

張崑將　　【講評】　　　　　　　　　　　　　　　　　　62

蔡增家　　戴國煇的亞洲觀與中日關係　　　　　　　　　　65

何思慎　　【講評】　　　　　　　　　　　　　　　　　　85

第 2 場　華僑與客家研究

陳來幸　　1950 年代冷戰影響下的橫濱中華學校與東京　　87
　　　　　中華學校

朱德蘭　　【講評】　　　　　　　　　　　　　　　　　106

安煥然　　戴國煇的生命史追索與其客家論述　　　　　　109

蕭新煌　　【講評】　　　　　　　　　　　　　　　　　129

第 3 場　農業經濟

森久男　　戴國煇思索原點的農學研究　　　　　　　　　131

張靜貞　　【講評】　　　　　　　　　　　　　　　　　147

徐世榮　　耕地三七五減租政策之過去與未來　　　　　　　151

劉瑞華　　【講評】　　　　　　　　　　　　　　　　　205

第 4 場　原住民研究

春山明哲　台灣史研究之開拓者戴國煇　　　　　　　　　209
　　　　　　——以日本時代為中心

吳密察　　【講評】　　　　　　　　　　　　　　　　　226

詹素娟　　鑲嵌在歷史中的地圖　　　　　　　　　　　　229
　　　　　　——日治時代的「蕃地」建構與原住民傳統領域

郭俊麟　　【講評】　　　　　　　　　　　　　　　　　252

第 5 場　台灣史研究（一）

王曉波　　台灣意識與台灣主體性　　　　　　　　　　　257
　　　　　　——論戴國煇的「自我認同」

王津平　　【講評】　　　　　　　　　　　　　　　　　293

雷玉虹　　試析戴國煇教授對台灣人身分認同的探索　　　295

陳翠蓮　　【講評】　　　　　　　　　　　　　　　　　325

吳銘能　　戴國煇先生與「二二八事件」研究　　　　　　329

費德廉　　【講評】　　　　　　　　　　　　　　　　　350

第 6 場　台灣史研究（二）

松永正義　戴國煇的位置　　　　　　　　　　　　　　　353

蔡錦堂　　【講評】　　　　　　　　　　　　　　　　　364

張隆志　台灣近代史的連續與轉型　　　　　　　　　367
　　　　——戴國煇晚清台灣史論的再探討
呂紹理　【講評】　　　　　　　　　　　　　　　385

第 7 場　戴國煇珍藏書及與文人交遊
陳芳明　吳濁流與戴國煇　　　　　　　　　　　　389
彭瑞金　【講評】　　　　　　　　　　　　　　　408
陳梅卿　梅苑書庫　　　　　　　　　　　　　　　411
張隆志　【講評】　　　　　　　　　　　　　　　422
陳淑美　從「梅苑書庫」珍藏看戴國煇教授的治學脈絡　425
傅月庵　【講評】　　　　　　　　　　　　　　　447

附錄

專題演講
春山明哲　戴國煇是「與日本人的對話者」　　　　449
　　　　　——試接近戴國煇的學問與思想

座談會
楊憲宏　悲憫的氣質　　　　　　　　　　　　　　453
　　　　——戴國煇教授的治學與政治精神
孫大川　戴國煇先生與台灣原住民　　　　　　　　457
黃英哲　「境界人」的苦惱　　　　　　　　　　　460
　　　　——憶戴國煇先生

楊　渡　冷靜的治學態度，熱情的研究之心　　　　465
　　　　──記戴國煇先生

側記

楊秀菁　熱愛台灣的史學家　　　　　　　　　　469
　　　　──戴國煇國際學術研討會側記一
莊勝全　「後戴國煇」時代的來臨　　　　　　　476
　　　　──戴國煇國際學術研討會側記二

戴國煇國際學術研討會工作組織表　　　　　　　485
議程表　　　　　　　　　　　　　　　　　　　486
與會者簡介　　　　　　　　　　　　　　　　　488

正學以立言
戴國煇先生對「近代日本」的闡釋與批評

◎許育銘[*]

一、緬懷一位被稱為「先生」的人

　　戴國煇先生，此處所稱「先生」是日語的說法，在日語中，「先生」除了是對老師的稱呼外，也有用於一般人對年長知識分子（知識人）的尊稱，因此以下都簡稱「先生」。回想在 1991 年的下半年，先生回到台灣，在國立政治大學史學研究所客座，筆者當時也正在政大史研所就讀。當時正值台灣史研究的蓬勃崛起之時，學子們對台灣史的新知都頗爲渴望。筆者現在雖不是從事台灣史研究，但當時也曾想投入此一行列，後來還是改爲專攻近代中日關係史。筆者在大學時期，就拜讀過先生所撰《台灣總體相》一書，當時此書在台發行後深受學界重視，也是書市中的暢銷書。筆者欣聞先生到政大客座，雖已修完學分，正在撰寫碩士論文，仍是主動到校旁聽，因而結識了先生。猶記當時，忝爲駕駛伴隨先生出門訪友、訪問，甚至旅行，課堂之餘有著比其他同學較多時間與先生接觸。但是後來先生嘗言筆者並不算是他的弟子門生，然而因爲筆者與先生同爲客家子弟，因此先生對筆者所持情感比較像同鄉的長輩之情。先生在台灣時照應筆者頗厚，甚至很多飯局，先生也讓筆者入座，聆聽先生諸多高見。先生常在講演行前與筆者討論大綱，或與人對話後，在返家途中詢問筆者意見，筆者也會如實回答感想，當言則言，能勸則勸，因爲當時時空環境與氛

[*] 國立東華大學歷史學系副教授兼系主任。

圍仍不如現在，筆者逕常常挨先生笑罵，最常聽先生所言是「鄉愿」二字。當時筆者就深深感受到先生一身知識分子的傲骨，具有深刻的批判精神。本文在此套用「不正學以立言，而曲學以阿世」一句為題目，也正是深悉「曲學阿世」的態度是先生所最反對者。

談到正學以立言，文字記述無非是最能呈現者，先生著作甚多，2002 年，遠流出版公司曾出版先生文集，計有 12 冊，已多將先生中文著作或譯作收入。然而，由於在台灣也正是將先生定位為台灣史專家，先生的中文著作或譯作多為台灣研究關係一類，所呈現的主題只是先生諸多研究中主要的一環，而非先生全體思想體系。事實上，就課題而言，先生未譯成中文的日文著作並非只包含台灣史。就體裁而言，先生常年在日本講演甚多，留下不少演講文稿，而且先生常會先用口頭論述後，再將發言整理發表。先生好言、好論，將發聲吶喊做為自由的象徵，做為知識分子對社會的良心諍言。因此以往在台灣，常凸顯先生致力於台灣研究的表現，好談先生的認同意識，而未能管窺先生思想之全貌。對於先生的認識，由於場域及言語的不同，造成日本所知悉的「戴國煇」，與台灣知悉的「戴國煇」略有不同。此一現象，相信由於此次多達 27 冊《戴國煇全集》（以下簡稱全集）的出版，將予以消解。也才得使國人能全面地了解先生畢生所學與所言，知悉一位堪稱近代知識分子表率的學者，其正學以立言的用心與善意。

先生早年赴日留學，在東京大學就讀約莫十年光陰，進入亞洲經濟研究所工作也約莫十載，隨後在 1976 年轉往立教大學任教，先生有感於每十年就換一次工作或是研究的場所，頗為辛苦，在 1990 年便公開表示，期盼在屆齡退休後，想要怎樣將自己過去的工作成果編成著作集，當時先生已 59 歲。隨後先生決定退休回到故土，直到仙逝，先生此一心願，生前終未能完成，逐由夫人林彩美女士履行先生此一遺願。此次全集之中大半都是翻譯稿，增加許多先生的日語著作與發言，如無夫人肩挑此一重任，以及許多譯者及出版社的幫忙，難

以竟全功。今日《全集》的出版實是一方面慰藉先生在天之靈；一方面也為台灣的讀者做了無量功德。

二、《戴國煇全集》中的日本與亞洲卷所帶出來的討論

由於以往對先生的研究業績之評價，在關於台灣史研究方面，或者台灣問題的剖析，已有諸多先進前輩做過研究。筆者在此想針對台灣方面對先生研究較少了解的近代日本問題，提出一些看法。另外也想從相對眾人重視專著文本的另一方面，以先生擅長的講演、短文類文章，來做一初略的觀察。因為先生這些言說，並非長篇大論，也少有學術性註釋。對象則大多針對非專業人士，或者是日本學生，甚至是東亞各國赴日的留學生。在簡潔、易懂的字裡行間，充分感受到先生諄諄告誡的熱情與期望。先生有時藉由自身留學經驗來啟迪後輩，有時是說明研究方法以洞燭時勢。由於筆者能力有限，在此僅選擇《全集》的第 13 冊日本與亞洲卷一，與第 14 冊日本與亞洲卷二做為主要的觀察重點。這兩冊的文章皆是經過出版社與編輯委員的重新選錄，輯錄的標題，也是由編輯委員們所製訂。以下是《全集》第 13 冊與第 14 冊的目錄：

戴國煇全集 13　日本與亞洲卷一
日本人與亞洲

輯一　日本與亞洲問題新探
東南亞的虛像與實像
讀「同文同種」
「耕織圖」與東亞
弱者所擁有的強韌
憂慮新亞洲主義的抬頭
請以對等、同格來對話──對「金澤會議」的期待

從亞洲看日本人——內部國際化與外部國際化的呼籲
文化交流與留學生問題——從短視的對策脫胎換骨
「日本號」往何處去——新時代精神會誕生嗎？
中日關係雜感——對尋找戰爭孤兒有感
戰後三十年——從亞洲的觀點

輯二　日本政治・外交論
天皇訪美與日本人的國際化——改不了的脫亞入歐體質
發展民際・族際外交——如何與第三世界進行交流
與東南亞的溝通——要國際化先從日本內部做起
追求戰爭的教訓——從與 J 君的對話說起
亞洲之中的日本
請聽聽來自亞洲的「大地之聲」
儒家思想與日本近代化：澀澤榮一的個案探討——並試論「和魂洋才」與「中體西用」之差異
試論日本的困局與挑戰
從奈伊博士的戰略思考，考察東北亞二大火藥庫之未來
司馬遼太郎史觀對東北亞情勢影響之淺析

未結集 1：探索日本

輯一　從亞洲看日本
家族經營原理的變貌
分歧之根——「JAP」與支那
放眼東南亞——反日運動的潛流
從原點台灣看近代日本與亞洲
亞洲與日本文化
亞洲有「寶物」嗎？——歐洲式科學主義的局限

思考日本與亞洲

外國人的日本定居問題——國籍與市民權

從亞洲看日本——以我私人體驗爲中心

輯二　日本文化與社會

從菲律賓所見所思

從生活體驗看日本

日本三光企業倒閉讓我們學到什麼？

探索日本的新嘗試

從小事看日本

日本與亞洲——回顧與展望

「品質管制」與「匠的精神」

關於邁向 21 世紀的留學生政策的展開——大學的想法與因應之道

爲商品注入生命——談產業文化的觀念

一樣戰敗，兩樣心態——論德、日的反省能力

日本第一的文化社會現象

自文化、社會現象評析日本大選

戴國煇全集 14　日本與亞洲卷二

未結集 2：邁向國際化之路

輯一　邁向國際化之路：以史爲鑑

從東亞看日本

「中曾根出言不遜風波」雜感

爲日本友人進一言

履歷片的風波

日本往何處去

國際化時代裡青年所扮演的角色

一個中國人所看到的日本國際化

向國際化的多元接近——與市民並駕齊驅

日本視台灣爲寶島

送走昭和的感慨

明治維新與日本的民主政治發展——立足台灣，解讀中國「近代」座標軸之一個嘗試

【附錄】讀戴國煇〈明治維新與日本的民主政治發展〉有感／李鴻禧

從台灣看昭和

輯二　立足亞洲，放眼世界

一起來談日本、亞洲、世界——過去、現在、未來

亞洲與日本——從我的日本體驗切入

亞洲與日本 II——重新思索與近代化相關之諸問題

自民黨四大派閥爭位，情勢渾沌——海部在若干事件表現欠成熟，造成下台原因

思索亞洲與日本——現在該談什麼

民主化與經濟發展

制度的問題——掌權者即搞錢，非爲己，爲派閥

新實力派走了，傳統老友仍在——中日關係不致受金丸辭職影響

日皇大陸行，遙指安理會席位——媒體拉高姿態，掩飾拉攏心態，真正目的：提升爲政治大國

亞洲中的日本——把〈脫亞論〉與〈大亞洲主義〉交互重新解讀、再思考

輯三　日本政局析論

金丸信下台與宮澤的內閣改造

把大陸當作是未來最大的市場──日本恐共？利益掛帥？

金丸信震撼與未來日本政界勢力重編之考察

日本政局的現狀與展望

從零開始──日本新黨旋風

日本五五年體制的崩潰和後遺症

探討中日關係百年──凝視 21 世紀

美日安保的新解釋（再定義）與《美日防衛合作新指南》

日本小淵內閣的誕生與今後日本政局──診斷與預測

日本政情近況之剖析

　　這兩卷其實應視為一卷，只因分量頗多分為兩冊，比較像一般所說的雜卷，類似此種雜卷，其實《全集》中還有數冊。在編輯者的挑選下，以極好的主題名──「日本與亞洲」收錄在一起，兩冊合計共收錄了 74 篇的長篇、短篇文稿（扣掉李鴻禧教授的一篇評論稿），其中第一卷有 31 篇是譯文、第二卷譯文較少為 14 篇，合計大概占了百分之六十。從上述所列目錄，我們也可以看出先生以日本與亞洲為主題的文章，大致都收錄於此。日本與亞洲卷收錄依編輯者的區分，大概分成三個部分，一是「日本人與亞洲」，二是「未結集 1：探索日本」，三是「未結集 2：邁向國際化之路」。就文章的性質而言，一部分是先生在日本時就日本與亞洲問題所做的發表（這其中有些是在日本新聞報紙上短文），一部分是先生應台灣發行的雜誌《日本文摘》邀稿所作的報導評論，最後一部分則是先生在擔任國家安全會議諮詢委員時期，對於日本政情的報告，後兩者大概都是先生直接用中文書寫而成。此外，我們從目錄中也可以看出關於「日本與亞洲」課題的文稿數量如此的多，顯示了先生對此一課題的關心與重視。審視文章內容後，我們也可以發現先生是從兩個方面看此一課題，一是外部觀察，二是內部觀察。就如同先生談到日本追求國際化時，也是直言除了外部國際化，還要注意日本內部的國際化。

三、用理性的態度和有效的方法來理解日本

結合上述的文章列表與課題的提出，其實看似龐雜且多樣的文章，也是可以理出先生的思路脈絡。在《全集》中也收錄不少先生的專著，這些專著會受到讀者的好評，主要是兼含先生在治學上的理性與先生做爲知識分子的感性，理性與感性的結合，也襯托出先生的博學與獨具慧眼的治學工夫，當然此兩卷的文章也同樣具有此一特點，但是由於短文或口述的需要，先生用淺顯易懂方式讓對方了解，毋寧更顯得具有感性之成分，因此閱讀先生此類文稿時，更加易使自己陷入恍如坐於台下聆聽的情景。

先生早期有一本專書《境界人的獨白》，爲何叫「境界人」？先生自言：「境界人並不是社會學所說的邊際人（marginal man）的翻譯用語，而是有天我突然發現，我在台灣生活的年數，和在日本生活的年數差不多。當然以現在看的話，在日本生活的時間比較長。我可以用複眼式的思考，冷靜地看待語言、生活感覺，我就是這樣定位自己，然後在 1976 年開始稱自已爲境界人。」[1]先生所說的複眼式思考，就是從各種不同角度去設想、判斷事情，不固守自己的片面看法，而能從各相對角度去了解他人的想法，以建立正確了解資訊的能力，然後試著釐清整理出一套自己的邏輯看法。

先生就是用這樣的複眼式思考，冷靜客觀地從歷史角度去分析周遭所見的問題。先生自言有一個長久存於心中的問題，就是如何「以日爲鏡」、「以日爲鑑」。先生認爲：「不管仇日、親日、媚日或不懂日本的人，都不能否認『知日』的必要，要了解這麼一個龐大的有機體，我們應有理性的態度和有效的方法。」[2]先生強調「知日」的重要，而且亦以知日派自居，其目的與理由，先生嘗云：「雖然旅日 30 年，

---

[1]　戴國煇，〈一個中國人所看到的日本國際化〉，《戴國煇全集 14》，台北：文訊雜誌社，2011年 4 月，頁 53～54。

[2]　戴國煇，〈探索日本的新嘗試〉，《戴國煇全集 13》，台北：文訊雜誌社，2011 年 4 月，頁315。

但我卻始終抱著不是親日、而是盡量立足於知日的態度，我想在比較研究中，尋找屬於我或者是我們中國人自己該走的路。我一直想，為什麼日本近代的洋務運動（即日本的近代化運動，後來經過明治維新開花，結了一定程度之果實）和中國的洋務運動在起步上並沒有多大的差距，而後來的演變卻大相逕庭？」[3]

　　先生一直在思考中國和日本一樣興起現代化運動，但為何日本的明治維新成功了，中國卻失敗了呢？先生提出應該以世界史架構來比較兩者，並且重新討論、定位「中體西用」論與「和魂洋才」論。先生在 1975 年日本文部大臣永井道雄主辦的「文明懇談會」例會中，便曾以「和魂和才」時代即將開始為主題做過報告，當時先生的獨創見解，連在座的先生恩師山本健吉先生，都大感驚訝，對此加以贊許。後來 1976 年中央公論出版《歷史與文明的探索》一書，上冊之中便收錄先生此一報告。但先生後來認為所學仍不足，自我批判過，認為「事實上從和魂漢才轉變成和魂洋才的過程中，有很短的一個時期存在著『和魂漢洋才』這樣的口號。」[4]先生此後長時間持續發表關於此問題的文章，例如在 1986 年 12 月號的《世界》雜誌上發表〈儒家思想與日本近代化〉一文，之後在 1989 年在台北時報文教基金會舉辦的「中國民主前途研討會」上，先生更發表長文〈明治維新與日本的民主政治發展——立足台灣解讀中國「近代」座標軸之一個嘗試〉，此外還有些零星的文章也是圍繞此一主題，可見如何將這方面作總體性思考，一直是先生所追求的方向。

　　先生主張要將明治維新放進世界史規模中重新定位，進行參考。並非是全面肯定明治維新，先生認為有一大前提是要基於客觀的史實、要基於實證主義探討問題。接著應該與其他的東西相互比較考察，最後就是將其綜合並且定位，讓日本能夠成為我們的借鏡。目標

---

[3] 戴國煇，〈儒家思想與日本近代化：澀澤榮一的個案探討——並試論和魂洋才與中體西用之差異〉，《戴國煇全集 13》，頁 115。

[4] 戴國煇，〈亞洲與日本〉，《戴國煇全集 14》，頁 134。

就是在於如何使用這面鏡子，重新定位自己所屬的民族、社會或者國家。這也就是先生常說的「以日本爲鏡」、「以日本爲鑑」之用意。也因此，先生認爲日本這面鏡子應該要從明治維新開始，而且著重「和魂」的探究。

先生對於何謂「和魂」作如下解釋：「日本開始說『和魂』，是當日本列島的居民以大和民族爲中心逐漸凝集團結的過程中，爲了對中原的中國和朝鮮半島確立自己做爲日本列島居民的集團認同才開始的。從聖德太子開始到大化改新前後爲止，不管是生活水準、文化水準，日本列島住民比起中原中國和朝鮮半島的居民都要來得差。原初的『日本人』們是從對所謂『外在』的鄰人主張自我開始，試圖取得做爲內部集團的『和』，換成現在的說法，就是爲了自行獲得集團的主體性而做了這樣的主張。『和』的概念最後終究轉化擴張成大和民族的概念，其精神的部分正是所謂的和魂。」[5]先生認爲不管是在漢才的時代，還是漢洋才、洋才的時代，日本人都對「和魂」有明確的自覺。而這個與先生強調注意「心」的問題是貫通的。

因爲先生是從「心」的角度來看明治維新，此與先生自我的研究歷程有關，先生嘗試從研究方法看，方法也就是技術，比如在人文科學領域，資料要如何蒐集的問題就是一種技術。「在技術面上，有著某種普遍性的共通部分。但是行使技術的仍然是人，因此就與主題的問題有關。人做爲主體，將個性與技術結合，與能否順利發揮技術能力有關。事實上這當中又產生一個問題，特別是日本的前輩常常會提到的，在『心』的層次上的問題因而浮現。」[6]先生做爲一個研究者，認爲研究的技術、方法相較上是容易的，然而怎樣學習研究者的心，要怎麼從日本的老師們、從日本的社會學得呢？先生認爲是相當困難的。先生一方面用此諄諄告誡後輩，一方面也從此觀察其所研究的課題。先生希望後輩們能深加理解日本人的「心」，不斷鍛鍊自己的觀

---

[5] 戴國煇，〈亞洲與日本——從我的日本體驗切入〉，《戴國煇全集 14》，頁 135。
[6] 同前註文，頁 128。

察力。確立不爲流行所束縛的自我認同，進而進行有主體性的研究。
而這正也是呼應前述先生所言，要用理性的態度和有效的方法來理解
日本之意。

四、戴國煇先生在東京大學留學期所奠立的「方法」

關於先生對於上述課題的探究，其實應該將《全集》通覽之後，
將先生發表過的相關文章，一一依時間序列排列，再作進一步分析才
是，但目前本文還無法達到此步驟。在此僅試著先溯源觀察先生自己
的「有效的方法」是如何建立的，也就是先生「正學」的來源來自何
處。在《全集》的第 13 冊所收錄先生發表於 1987 年的〈儒家思想與
日本近代化：澀澤榮一的個案探討——並試論「和魂洋才」與「中體
西用」之差異〉一文中，先生自己提供了明確的線索。

先生 1956 年進入東京大學就讀時，曾旁聽土屋喬雄的日本經濟
史課程，土屋喬雄是「日本資本主義論戰」時「勞農派」的主將，據
先生所言：「他在戰前的論戰時站在『勞農派』的立場，正面地肯定
日本資本主義的近代性格，而向強調日本資本主義的封建遺制性格之
『講座派』掀起激烈而持久的『日本資本主義論戰』。日本戰敗後，
他不但沒有改變立場和史觀，更透過多年來對日本經濟史有關資料的
蒐集、整理、鑑別、排比、復刻以及分析研究，增補他的理論根
據。」[7]先生從土屋教授處，接觸到被稱爲日本近代企業之父、日本
近代化之父，或者說是日本資本主義之父——澀澤榮一的思想與事
業。先生自憶土屋教授的著作《澀澤榮一傳》與澀澤榮一的著作，特
別是《論語與算盤》，給先生帶來既新鮮又富於刺激的新視野。

先生從研究土屋的學說開始，再接觸到同是東大教授大塚久雄的
著作。大塚久雄是戰後與土屋論戰的對手，在思路上是定位於「講座
派」的末座。大塚在大學時期，便參加東大教授矢內原忠雄所領導的

---

[7] 戴國煇，〈儒家思想與日本近代化：澀澤榮一的個案探討——並試論和魂洋才與中體西用
之差異〉，《戴國煇全集 13》，頁 113。

「東大聖書研究會」，也受過內村鑑三的影響，是屬於抵抗日本軍國主義的知識分子。大塚把馬克思（Karl Marx）的歷史唯物主義和馬克斯・韋伯（Max Weber）之宗教社會學二者結合，揉合創造出「大塚史學」的學問體系。先生如是說：

> 我透過大塚教授的翻譯、介紹或詮釋，慢慢接觸到韋伯的《中國的宗教：儒教與道教》，特別是它的第八章（結論：儒教與清教）主張，傳統儒家思想為中國不能走上資本主義發展的阻力之說。1960 年代以後，大塚博士本身雖還藉著韋伯理論架構和概念，但他已開始摸索立足於亞洲人，以及第三世界人士固有且與歐美有異的自行腳板上，來給韋伯的方法和概念加上琢磨和填補新方法與概念之具體路途。他開始對亞洲以及第三世界的革命和有關現代化問題發言，發言中當然包括對中國革命以及儒家思想的重新評估問題。[8]

先生很明確地表示自己從感性排斥儒家思想轉變為依靠理想好奇心圍繞著儒家思想思考，是受到土屋和大塚的啓發。這也是先生在研究近代日本從和魂漢才轉變到和魂洋才時，會提出石田梅岩之石門心學之流行日本與明治維新的關係，先生認為它發揮支撐明治政府推展近代化運動之具有草根性及主體性的社會功能。另一方面，我們也可以看到大塚的學說體系，甚至是行徑對先生產生深刻的影響，在思路與作法上，先生與大塚教授有著異曲同工的類似性。

「大塚史學」此一體系內容十分豐富，主要有關於歐洲近代經濟發生、發展過程的研究，包括對前期資本範疇、近代資本主義發展的基本條件、區域市場圈和共同體理論的研究；有關於做為資本主義發展原動力的變革主體的研究；關於宗教信仰與社會科學之間聯繫的研究，主要是對人的民主化、近代化改造問題的研究。大塚教授提出了

---

[8] 同前註文，頁 114。

資本主義經濟的小生產者發展說。他認爲近代產業資本主義的興起，不能歸因於一般商業資本的發展，而應歸因於農村中的中產階層的獨立自由的發展。大塚不僅提出了關於資本主義形成的新觀點，採用了獨特的研究方法論，強調資本主義的形成過程同時又是做爲歷史主體的人的類型的形成過程。[9]同樣地，先生也如同大塚教授一樣，在著作研究中強調「近代性的個人」的問題，先生自謂：「我之所以會想要將焦點置於人的要素，也只是因爲馬克斯・韋伯的民族精神論或者對改革主體的分析觀點，我認爲非常重要，所以試圖向其挑戰而已。」[10]

　　除了大塚久雄教授，另一位與其並稱爲代表日本戰後民主主義學者的丸山真男教授，顯然對先生也產生影響。[11]先生也是追憶談到在東京大學就讀時，大塚久雄、丸山真男兩位學者對於韋伯學說相當理解，活用韋伯與馬克思理論的形式接觸其學問與論文，所以先生個人堅持不能夠忽略韋伯。因此先生在談近代化（modernization）時，一直會將韋伯的說法置於前提，簡單而言，先生認爲韋伯說的所謂近代化就是在近代意義上的合理化過程。先生也在講演中常常提起丸山、大塚兩位學者。先生又曾說：「大塚老師、丸山老師正因此被定位成近代主義者。也就是說，並非共產主義或者是資本主義，而是近代市民社會的實現。確立近代性的個人，藉此讓日本人能夠真正成爲人。日本的政治也能變好吧——是這樣的想法。」[12]

　　關於近代化一詞，先生亦知悉中國方面翻成「現代化」的用法比較多，少有用「近代化」一詞，除了中文表現與日文表現所用的漢字、

---

[9] 大塚代表的是戰後日本歷史學的「發展階段論的比較史」，參閱小谷汪之，〈比較史の方法〉，《岩波講座　日本通史　別卷 1》，東京：岩波書店，1995 年，頁 46～48。

[10] 戴國煇，〈亞洲與日本——從我的日本體驗切入〉，《戴國煇全集 14》，頁 155。大塚所創造的是「近代的人間類型」。

[11] 參閱小熊英二，《〈民主〉與〈愛國〉》一書的第二章，是專門討論丸山與大塚二位學者。《〈民主〉與〈愛國〉——戰後日本ナショナリズムと公共性》，東京：新曜社，2002 年，頁 67～103。

[12] 戴國煇，〈亞洲與日本 II——重新思索與近代化相關之諸問題〉，《戴國煇全集 14》，頁 173。

漢語混淆外，先生覺得概念也是有差別的，先生認為日本從大正民主
主義以來，受到馬克思主義強烈影響，將近代以後，理想的，或者是
值得期待的下個階段稱為「現代」。[13]先生並不反對馬克思主義，反而
替馬克思解釋，先生認為「並不是馬克思不好，馬克思自己並沒有停
止，其理論仍有後續。口口聲聲馬克思、如有不追隨者，便指摘是修
正主義，實際上卻只是為了保護自己權力的傢伙們不好。」[14]也因此，
先生說個人無法原諒像史達林、毛澤東這樣利用馬克思做壞事的人。
先生說所謂的近代，或者說資本主義生產方式做為世界史上的「近
代」，就是以西歐為中心世界化。也就如馬克思在《政治經濟學批判》
中言，就是資本主義資本的文明化作用。先生並解釋說：「這包括了
兩項事：其一為由理性產生的啟蒙，把征服自然做為口令，逐一打破
『對生產力的發展與欲望的擴大、生產的多樣性、利用自然之力或精
神力時，交換的阻礙與制約』。近代化就是打破這些阻礙與制約，並
且整片塗上西歐文明，也就是塗上『近代』一色的過程。我認為馬克
思的譬喻實在太貼切了。」[15]

　　先生並且追加解釋說道：

　　西方所謂以資本主義的方式讓農業社會走向工業社會，一般是認
　　為是一種自然的移轉，但實質上對外一面進行掠奪與海盜行為，
　　對內發展農業生產力，其蓄積資本的方式也是以掠奪農民為中
　　心。從這樣過程產生的，只有極少數的某些人能夠享有平等與自
　　由。平等與自由逐漸擴大，資本主義也逐漸成熟擴大。然而由於
　　其擴大不均勻，或者說對此有警戒感，所以馬克思才會憤而站
　　起，因為所謂自由、平等、博愛都已經形式化，所以馬克思要找
　　回其實質感，並且追求人性的真實解放。因此要挑戰資本主義的

---

[13] 同前註文，頁 158。
[14] 同前註文，頁 164～165。
[15] 同前註文，頁 163。

當時狀況並改變其狀況。我認為這樣就是所謂馬克思原來的主
張。因此雖然馬克思主義受到惡評，但至少在日本，我認為對其
並無偏見。[16]

先生認為知識分子會覺得馬克思主義具有全世界良心的魅力，因
為他認同平等、正義、自由與人類的尊嚴。所以我們可以看到先生與
大塚教授一樣，在敘述資本主義客觀過程的時候是基於馬克思，而在
闡述資本主義主觀精神的時候是基於韋伯，但是實際上馬克思和韋伯
在基本的思考方法上有很大不同，先生如何進行解釋，還要尚待進一
步的研究。此外就社會學和經濟史學而言，對馬克思和韋伯的態度，
歐美和日本學術界一直存在不同的態度，先生又是如何處理的，也是
尚待論證的課題。當然我們也不可忽略另外一個可能影響先生思路建
立的外在因素，就是當時候日本思想界對於 1960 年代初期，由美國
官方學者傳到日本的近代化論所造成的反響。[17]先生認為自己對歷史
的看法，和一般歷史研究者的看法有些不同，是由於先生的研究是由
農業，或者農村社會學、農業經濟學進入，一直到農業史，所以思考
的方法不同。因此這也是必須加以注意的一個重點。

五、「立言」──射向日本的一枝「諫言」之箭[18]

接下來我們要看一下先生從東大畢業後，在 1966 年進入亞洲研
究所工作，開始一系列的探討日本與亞洲、日本與台灣關係的研究，
與前文所述之關係。

先生認為：「戰前日本所走近代化之路，是以西歐為榜樣，對內
在日本列島內做為『異質的存在』而歧視演繹地被定位的琉球人、愛

---

[16] 同前註文，頁 167～168。

[17] 參閱和田春樹，〈近代化論〉，收錄於歷史學研究会、日本史研究会編，《講座日本史 9 日
本史學論爭》，東京：東京大学出版会，1974 年，頁 255～288。

[18] 參閱加藤祐三，〈《與日本人的對話》編者後記〉，《戴國煇全集 27》，台北：文訊雜誌社，
2011 年 4 月，頁 466。

奴、未解放部落民，以要使其磨滅的形式，由上用『滾輪』壓平。對外先將台灣、朝鮮殖民地化，以此爲墊腳石，後來歸結爲對中國、東南亞的全面侵略。八一五以降日本所走來之路，某程度不外是以國內的民主化爲基礎的戰前日本再生之路。可以說是日本民族的再生，而絕對難以說是轉生的這種走法。」[19]先生認爲這是終極地決定日本與東南亞的關係結構，事實上也是日本與亞洲的關係癥結。先生認爲日本雖然有敗戰的經驗，但如果繼續採取 1970 年代初期的形式，基本上將有維持明治維新以降的近代日本結構性體質去回歸的可能性。

　　另一方面，先生認爲日本人要認識亞洲的問題，最會引起混亂的是日本未經驗殖民統治的體驗此事，因此很難站在被統治者的一方思考事物，無法切身感覺地理解，是日本人在亞洲認識上經常不順利的原因之一。更重要的是戰後日本，在無意識之中持有「殖民地統治結束，殖民地問題就結束了」的意識，忘卻了以史爲鑑的重要性，因此先生從 1970 年代開始努力地與日本人對話，而且書寫成文，先後出版《與日本人的對話》、《日本人與亞洲》，後來彙集成《台灣與台灣人》一書。

　　先生爲什麼選擇台灣，並不是因爲先生出生於台灣，而是先生認爲近代日本與亞洲關係的原點是台灣，因爲近代日本與海外關係的最初之地就是台灣，近代日本最初派兵海外就是前往台灣，而且日本最初的殖民地也是台灣。況且，在日本資本主義的發展，如果除去台灣的殖民統治就難以說明，且在當時，戰後到 1970 年代日本資本主義發達史的研究中，台灣部分還沒有受到正當的對待。因此，先生認爲就近代日本與亞洲的關係進行正確定位之前，必須從近代日本與台灣關係進行正確定位開始。[20]或許這些可以視爲先生投入台灣研究的起點，在相當大的程度上，先生是要用台灣研究來批判日本近代化發展

---

[19] 戴國煇，〈從亞洲看日本人——內部國際化與外部國際化的呼籲〉，《戴國煇全集 13》，頁 48〜49。
[20] 戴國煇，〈從原點台灣看近代日本與亞洲〉，《戴國煇全集 13》，頁 218。

過程的錯誤之處，提醒日本人應當汲取歷史的教訓，化作自己的養分。

　　先生內心存在一個基本的想法，就是「基於批判性理智，構築人類主義的日本亞洲關係為目標」。先生自謂：「我基於理智批判日本、批判自己，在尋求與亞洲關係或中日關係而努力，實際是極為人性的人類主義的，思考是否能構築那種關係。」[21]先生如此地剖析自己，基於知識分子的良知努力向日本人提出諍言，先生也自知有些人並不喜歡這類的話，但先生一路走來始終如一。因為先生擔心很多日本人，特別是中堅分子，甚至是肩負未來的年輕人，會陷入只接收對自己寬容的認識與評價的這種非常危險的狀態。先生認為，日本如果要保有戰後所形成的社會安定與和平，必須具備能從不同的觀點將自己的定位放在「亞洲大」、「世界大」裡來衡量的這種文化的，以及思考上的彈性。具備了這種彈性之後，始能和鄰國共同創造面對未來的適應力。[22]

　　由此看來，先生的用心與善心極為明瞭，除了面對日本人外，先生也面對做為日本鄰人的台灣人說道：「在日本，我一直用日語、日文來批判日本的近代史，包括日本帝國主義、軍國主義。我認為身為日本近鄰，應該在必要的時候，提出相當的忠告與諍言，因為日本一旦走錯方向，我們也不好過。」[23]所以先生屢屢提到「知日」確實有其必要性。而且了解日本有助於我們認識日本，了解日本往何處去，更可以藉此思考台灣的未來。筆者認為這正是先生從立教大學退休後，選擇回到台灣的最大理由，因為台灣欠缺像先生這樣的知日派，先生的使命感讓先生決定將最後的歲月完全奉獻給台灣，繼續「正學以立言」。然而先生在 69 歲便過世，使得台灣缺少了一位引領台灣人了解日本的思想大家，更讓人嗟歎台灣「知日世代」的凋零。

---

[21] 戴國煇，〈從亞洲看日本——以我私人體驗為中心〉，《戴國煇全集 13》，頁 277。
[22] 戴國煇，〈日本與亞洲——回顧與展望〉，《戴國煇全集 13》，頁 328。
[23] 戴國煇，〈日本往何處去？〉，《戴國煇全集 14》，頁 23。

（本文在發表時原題名為〈正學以立言——戴國煇先生對近代日本政治的闡釋與批評〉，經過修改，特此註記。）

講評

◎楊永明[*]

　　許育銘教授以此篇論文，對戴國煇先生的整個學成過程做了一個很好的脈絡整理。戴國煇先生的研究從日本經濟史的角度切入，進一步到歐洲經濟史、社會經濟史，並與現代化的概念結合。在當時日本的社會環境中，戴國煇先生應是屬於左派的人物，發自內心地對亞洲各國以及居住於亞洲地區的人民投以關懷的眼光。

　　日本在整個 20 世紀亞洲與西方的接觸中，無論是社會、政治外交、經濟各方面，都扮演了主導性的角色，並對應時代潮流而有諸多作為。戴國煇先生本著以台灣為根的立場，納入了台灣與中國的視野，在這樣的架構之下，思索亞洲國家在 20 世紀與西方接觸時所受到現代化衝擊時，該如何尋找自我，並進一步對日本的政治經濟層面提出了批判。

　　戴國煇先生長年在日本治學、研究，卻不以身為日本與亞洲、日本與台灣之間的「橋樑」自居，而是基於與日本的接觸及知識提出建言，是一位提倡以日為鏡、以日為鑑的真正知日派。以目前台灣對日本的理解方式來說，戴國煇先生的治學態度，可謂典範。

　　戴國煇先生本身是農業經濟史專業，後來跨足歷史研究，卻不囿於學科的界線，對日本的政治經濟現狀積極發表意見。他並非從抽象的思維概念下手，而是以社會科學研究的方式，從實際的事件議題著眼，提出深刻的意見，足見戴國煇先生橫跨歷史與社會科學的領域架構，創造出對話空間。對於目前致力於鑽研自身領域的研究風氣來

[*] 目前為行政院新聞局局長，講評論文時為國立台灣大學政治學系教授。

說，戴國煇先生寬闊的視野，讓我們見識到不同學科之間融會貫通的
啓發性與可能性。

　　戴國煇先生的論著，是以學術性的筆調與自我要求對社會提出建
言，在學術當中自我實踐，不受學術新潮流思維的影響，確立自我定
位且在研究中不斷提升，其精神與功業，實為現代知識分子樹立起理
想標竿。

（編按：本文依學術研討會之論文講評記錄整理。）

台灣・日本・亞洲
戴國煇教授的近代日本思想史論一考[*]

◎陳瑋芬[**]

一、緒言：從台灣史到日本史

　　戴國煇教授的研究，總是顯現著一種關於歷史對台灣人民之重要性的深刻體認。他在東京大學就讀時，對韋伯（Max Weber，1864～1920）的社會學理論有所著力，對歷史的見解主要來自德國存在主義的代表人物雅斯培（Karl Jaspers, 1883～1969）、海德格（Martin Heidegger, 1889～1976），而對殖民主義的批判，除了源於左翼的帝國主義論之外，還深受阿爾及利亞著名的反殖民主義理論家弗朗茲・法農（Frantz Fanon, 1925～1961）的啓發。隨後他在 1970 年於日本創立「台灣近現代史研究會」，並且一生致力於追求被權力者和被時間所掩蔽的台灣史真相，期待重建台灣人民的歷史心靈和民族的認同。

　　他之研究台灣史，由客觀的史料調查出發，堅持歷史學的專業精神，更重要的，是始終持守一種對民眾和民族的關懷，把歷史還原到對民眾和民族處境的思考，並勇於批判和自省。有研究者把他的研究特質歸納爲下列幾個方面：（1）致力於掌握第一手材料；（2）「台灣出身的客家系中國人」；（3）站在弱小者的立場；（4）提出「共犯結構」的歷史觀點[1]。換言之，戴國煇教授面對受到重重強權支配、撥

---

[*] 本文之寫作，要特別感謝文訊雜誌社提供所需研究資料。2011 年 4 月 15 日於「戴國煇國際學術研討會」發表之際，承認論人台灣師範大學張崑將教授詳細評析，在場諸位學界先進惠賜寶貴意見，謹申謝忱。中央研究院中國文哲研究所副研究員。

[**] 中央研究院中國文哲研究所副研究員。

[1] 曾健民，〈一個對人對弱小者和對民族抱著無限關懷的歷史家——悼念戴國煇教授〉，《海

弄的台灣史，除了誠正地依據辛苦蒐集的史料，爬梳、追索歷史事實外，也確立了「台灣出身的客家系中國人」之身分認同和民族立場。他理直氣壯地爲台灣人的不幸與悲情，追究出其因，卻絲毫不貶損或懷疑台灣人的中國人本質與當然性。他未歸化日本籍，以一貫的態度批判日本帝國主義對台殖民的歷史，並毅然挺身投入「中國結‧台灣結」的論戰，且最早著手研究二二八史料。他不僅站在弱小者的立場，批判日本的殖民統治，也勇於自我批判，誠實指出了部分台灣人幫殖民地獨裁者助紂爲虐的「共犯結構」，點出了殖民統治下和獨裁統治下的人的兩面性。

　　他對歷史與現實針砭的熱情，不僅貫串他的台灣史研究，也同樣呈現在他的日本史研究中。他曾經引述他二哥戴國堯的話，說明他台灣史研究和生命的追求：

　　　　我們都是被扭曲的殖民地的孩子。如今，殖民地傷痕的本身成為我們不得不起步再次出發的原點，做為重新開闢的新道路的基石，我們必須好好地活用這個悲痛的經驗。我們一邊要痊癒殖民地的傷痕，一邊要超越它，必須將殖民地遺制的所有東西加以手段化、相對化，經過克服以變成我們自己能掌握的工具及東西。對於圍繞著我們的殖民地傷痕糾葛的本質及核心事物；我們只有通過內省和對決，才有可能擴大做為自舊殖民地被統治者身分求新生的內在自由之嶄新境界。

　　　　身為「殖民地的孩子」之體認，他昂然挺立於日本帝國主義奴化台灣政策與皇民化台灣人集團之前。他從來不媚日，並曾斷言日本對台灣的殖民統治不是為了台灣人的利益，因此台灣人沒有必要感謝日本人。同時，他也對日本「教科書事件」中否定侵略罪行大加批判，在日本史學界贏得極大尊重。

　　必須強調的是，他對日本殖民的批判，並不出於仇恨，卻出於憐憫，如同他在〈隱痛的傷痕〉所指出的：

> 歲月悠悠，戰後已三十多年了，任憑時光逝去，並未帶給日本人太多反省。馬齒徒增，我居然對於當年無法容忍的殖民地官僚與教員們的作風慢慢能夠了解了；他們不也是殖民主義的被害者嗎？對於這些人，除憐憫之情，我還有什麼可說的呢？
>
> 由於那些惡毒的辱罵所造成的傷痕，常常警惕著我，避免傷害學生的「心」，並且，鞭策著我，堅持一貫主張，去反殖民主義與反種族歧視。這樣說來，我個人的傷痕卻也不想積極地把它醫好，寧可讓傷痕留在，好做警鐘時時用它。[2]

　　他的反殖民主義與反種族歧視立場，正是出自被殖民、被歧視的傷痕，他把傷疤視為「警鐘」，由「理解」的角度出發，去憐憫依然抱持殖民威權態度的人們，也用這樣的角度去闡述殖民時期的日本史。[3]

　　筆者管見，戴教授直接論及近代日本思想史的文字，主要有下表所列數篇[4]。本文將以此為主，以附錄所列戴教授文章徵引書目以及相關藏書為輔[5]，嘗試對戴教授的歷史見解與主體性思考稍加疏解，以闡幽發微。

篇名	初出年	譯者	出處
亞洲之中的日本	1977	林彩美	原文名：Japan in Asia——Great

---

[2] 戴國煇，〈隱痛的傷痕〉，前引《海峽評論》第 123 期，2001 年 3 月號。

[3] 戴國煇，〈儒家思想與日本近代化：澀澤榮一的個案探討——並試論「和魂洋才」與「中體西用」之差異〉，原刊於《中山社會科學譯粹季刊》第 2 卷第 1 期，1997 年 1 月，頁 153～170。

[4] 感謝文訊編輯不吝提供。

[5] 請參閱文末附錄。

			Debate on Japan and Japanese Related to Nation's "Loss of Aim"，刊於 *The Japan Times*，1977 年 3 月 23 日 C12 版 收於《戴國煇全集 13・日本與亞洲卷一》
亞洲中的日本——把〈脫亞論〉與〈大亞洲主義〉交互重新解讀、再思考	1992	劉俊男	原刊於《三省堂ぶつくれつと》第 100 號，紀念特別號，東京：三省堂，1992 年 9 月，頁 182～184 收於《戴國煇全集 14・日本與亞洲卷二》
亞洲與日本Ⅱ——重新思索與近代化相關之諸問題	1990	劉靈均	原刊於富士ゼロックス・小林節太郎基金會編《第 3 回「日本文化を論ずる會」講演錄》，1990 年，頁 1～32 收於《戴國煇全集 14・日本與亞洲卷二》
儒家思想與日本近代化：澀澤榮一的個案探討——並試論和魂洋才與中體西用之差異	1987		原刊於《中山社會科學譯粹季刊》第 2 卷第 1 期，1987 年 1 月，頁 153～170 收於《戴國煇全集 13・日本與亞洲卷一》
明治維新與日本的民主政治發展——立足台灣，解讀中國「近代」座標軸之一個嘗試	1989		原刊於《中國民主前途研討會論文集》，台北：財團法人時報文教基金會，1989 年 8 月 16～18 日，頁 1～10 收於《戴國煇全集 14・日本與亞洲卷二》

二、關於「亞洲」的史觀

　　戴國煇教授在 1994 年出版的《台灣結與中國結》序言中說:「經過多年摸索,我已經把歷史當爲三個時間的流程來掌握:(一)當爲歷史的過去(The Past As History);(二)當爲歷史的現在(The Present As History);(三)當爲歷史的未來(The Future As History)。」[6]他進一步闡明:「一般朋友對歷史的看法是當它爲一過去的事物;其實,……目前所發生的一些事物,是過去在當前的一種顯現。所以我們命題爲『當爲歷史的現在』,……再者,當今的事物亦將影響到未來,甚至可以規制我們未來的導向,或者這些事物將在未來顯現出來。因此我認爲歷史具有三個局面,……這三個局面是有其一貫性、持續性的。」[7]

　　杜繼平博士曾分析戴教授對歷史時間的見解,指出係與海德格在《存在與時間》中揭櫫的歷史觀若合符節[8]。海德格認爲:「歷史主要不是意指過去之事這一意義上的『過去』,而是指出自這過去的淵源。『有歷史』的東西處在某種變易的聯繫中,在這裡『發展』是忽升忽降,以這種方式『有歷史』的東西同時也能造就歷史。這種東西以『造就時代的』或『劃時代』的方式在『當前』規定一種『將來』。在這裡歷史意味著一種貫穿『過去』、『現在』與『將來』的事件聯繫和『作用聯繫』。」又說:「歷史是生存著的此在所特有的發生在時間中的演歷,在格外強調的意義上被當作歷史的則是:在共處中『過去了的』而卻又『流傳下來的』和繼續起作用的演歷。」

　　戴教授也主張歷史不可能有斷層,人的過去與今日之所爲、未來之可能三者,形成一條不可分割的歷史長河。同時,他也再三提及第三世界反殖民主義的代表人物法農的思想[9],指出即使人的出生與民

---

[6] 戴國煇,《台灣結與中國結》序文,台北:遠流出版公司,1994 年。

[7] 同上著,頁 42。

[8] 杜繼平,〈爝火不熄‧長照天地──悼念戴國煇教授〉,前引《海峽評論》第 123 期,2001年 3 月號。

[9] 前引《台灣結與中國結》,頁 97～98。

族屬性是無法選擇的「命運」，但若能正視本身的歷史，從中汲取歷史的教訓，以為鑑戒，便能建構出自我的「歷史意識」[10]，又一再強調台灣的知識分子應超越、揚棄美國與日本的價值體系，確立本身思想的主體性。

本節希望透過〈亞洲之中的日本〉[11]、〈亞洲中的日本──把〈脫亞論〉與〈大亞洲主義〉交互重新解讀、再思考〉[12]二文，來分析戴教授「亞洲」史觀之特徵。

在 1977 年受邀撰寫的〈亞洲之中的日本〉中，他開篇就先對 *The Japan Times* 編輯者指定他以「亞洲中之日本」而非「世界中之日本」為題撰文提出討論。言下之意，日本與其被定位在亞洲，更妥切的說，也可以被定位在世界，尤其在經濟的領域上，的確具備放眼世界亦舉足輕重的影響力。接著切入正題，先就日本與亞洲的關係，回溯 19世紀後期日本知識分子倡議的亞洲路線，然後站在「戰後 30 年」的角度，思省「亞洲中的日本」當如何定位，以為當下和未來提出明鑑，因為他認為 *The Japan Times* 的編輯之所以提出「亞洲中之日本」議題，應該是意味著日本對亞洲應有的新思想摸索。

戴教授說：「為了不回到曾經走過的路，我認為有必要把 1885 年具有代表性的對亞洲的思想，再次做為『溫故知新』的材料來活用。」[13]這些代表性的對亞洲的思想，戴教授舉出四者。首先是岡倉天心（1863～1913）在《東洋的理想》[14]一書中提倡的「亞洲一體」。接著是福澤諭吉（1835～1901）在 1885 年發表〈脫亞論〉，則主張切斷與

---

[10] 前引《台灣結與中國結》，頁 40。

[11] 戴國煇，〈亞洲之中的日本〉，《戴國煇全集 13》，台北：文訊雜誌社，2011 年 4 月，頁 103～108（原文名：Japan in Asia——Great Debate on Japan and Japanese Related to Nation's "Loss of Aim"，刊於 *The Japan Times*，1977 年 3 月 23 日 C12 版）。

[12] 戴國煇，〈亞洲中的日本──把〈脫亞論〉與〈大亞洲主義〉交互重新解讀、再思考〉，《戴國煇全集 14》，台北：文訊雜誌社，2011 年 4 月，頁 231～233，原刊於《三省堂ぶつくれつと》第 100 號，紀念特別號，東京：三省堂，1992 年 9 月，頁 182～184。

[13] 前引戴國煇，〈亞洲之中的日本〉，頁 108。

[14] 佐伯彰一、桶谷秀昭、橋川文三譯，《東洋の理想　日本の覚醒　東洋の覚醒》，東洋文庫，東京：平凡社，1983 年。

停滯不前的中國與朝鮮之文化關係與精神上的孽緣，去尋求與西歐文明國的精神歸一，並結論道：「與其坐等鄰國的開明，共同振興亞洲，不如脫離其行列，與西洋文明國共進退。……我們要從內心謝絕亞洲東方的壞朋友。」[15]再者是 1893 年樽井藤吉（1850～1922）出版的《大東亞合邦論》[16]，書中指出日本和朝鮮兩國間存在著自然的、先天的親和性，兩國的關係是如同兄弟般道義上的關係，應該是平等的合邦，互相對等，故採取與雙方國號無關的「大東國」為新國家的名稱。至於清朝，應徹底尊重清朝的獨立，與大東國不是合邦，而是合縱、同盟的關係，而最終締造出「亞洲黃人國的一大聯邦」。最後是 1885 年大井憲太郎（1843～1922）在「大阪事件」中主張的「朝野官民同心協力」執行亞洲治國的方策，使清朝與朝鮮從屬於日本，讓日本成為亞洲之盟主。

戴教授認為，由福澤諭吉的「脫亞」思想，到樽井藤吉的「留亞‧聯亞」思想，再到大井憲太郎巧妙復合了侵略與解放的「侵亞‧興亞」思想，展現了 19 世紀末日本對亞洲關係的看法，再與「日支協作論」、「東亞共同體論」、「大東亞共榮圈」等口號，顯現出近代日本透過協作論、改造論、親略論等互相矛盾的要素，嘗試在亞洲確保其地位。然而這一切都被收斂在近代日本的國家性、結構性體質所製造出來的「時勢」中，直到 1945 年 8 月 15 日，迎來了敗戰[17]。

回顧這一段歷史後，戴教授說，30 年後的現在，「情況明顯改變了」，19 世紀末期所描繪的那些文明／未開化、西洋／東洋、白色人種／有色人種等對立的思考框架，明顯過時了，而「把國家＝統治階層＝民眾看成一體的看法本來就沒有結果。隨著人權意識的高昂，這會越來越明顯吧」。[18]他進一步指出，「漸漸醒悟的亞洲民眾，不僅是

---

[15] 「脫亞論」是未署名者於 1885 年（明治 18 年）3 月 16 日在日本報章《時事新報》發表的短文，現在普遍認為是福澤諭吉所作，在他後來的著作中延伸為「脫亞入歐」論。

[16] 戴教授文章中指出《大東亞合邦論》出版於 1893 年，是正確的，但或許是筆誤，分別在 105 及 106 頁，將《大東亞合邦論》的出版誤以為和〈脫亞論〉及大阪事件同一年。

[17] 前引戴國煇，〈亞洲之中的日本〉，頁 107。

[18] 前引戴國煇，〈亞洲之中的日本〉，頁 107。

對『被侵犯』表示出積極的抵抗，他們早已不肯繼續當人種主義或『血』的囚人」。[19]

　　既然 19 世紀日本知識分子提出的路向皆不可取，戴教授接著在〈亞洲中的日本——把〈脫亞論〉與〈大亞洲主義〉交互重新解讀、再思考〉一文中，進一步提出孫文（1866～1925）的〈大亞洲主義〉，指出當時的呼籲，依然可供今日的參照。他說，孫文雖然對於日本將軍備擴張與戰爭視為近代化獨一無二的道路感到失望，仍透過演講，「呼籲日本與中國合作，以仁義和道德為基礎，為重建亞洲的王道文化而努力。在王道文化的基礎上，吸收西歐科學，推進工業振興與武器改良。而學習西歐並不是為了模仿他們去滅絕他國，迫害其他民族，這些都不是目的，而是為了自衛而學習，應以此自戒」。[20]他認為孫文是以「極高的格調提問」，因為「日本民族在吸取歐美霸道文化的同時，也具備著亞洲王道文化的本質」。

　　雖然戴教授上述二文的篇幅並不長，卻早在 1970 年代，就先見之明且精確地描摩出日本的亞洲圖像之演變。岡倉天心浪跡印度時，喊出「亞洲乃一體」的口號[21]，並以英文寫作《東洋之理想》[22]，追溯中國、印度、日本的藝術之源。他特別著重「國民性」和藝術之間的關聯，指出藝術能夠相當程度的體現國民意識。他對當時歐化風潮相當不滿，大力鼓吹日本藝術的「再國民化」，甚至認為「歐洲的榮耀，就是亞洲的恥辱」[23]。而福澤諭吉、樽井藤吉、大井憲太郎的亞洲論述，則與當時「東洋」、「東亞」概念的發展相繫相關，可以說，

---

[19] 前引戴國煇，〈亞洲之中的日本〉，頁 108。
[20] 前引戴國煇，〈亞洲中的日本——把〈脫亞論〉與〈大亞洲主義〉交互重新解讀、再思考〉，頁 233。
[21] 按岡倉天心之子岡倉一雄的說明，《東洋の理想——アジアは一なり》乃岡倉天心於 1901 年因「日本美術院」經營不善，失意之極，孤劍飄然，遊歷印度，於當時所寄寓諸客舍持續成稿，完畢全書。參閱《東洋の理想——アジアは一なり》書首所附〈解說〉，收錄於岡倉天心著，岡倉一雄編，《岡倉天心全集》卷 1，東京：聖文閣，1939 年。
[22] *The Ideals of the East With Especial Reference to the Art of Japan* (London: John Marray, 1905).
[23] 岡倉天心，〈東洋の目覺め〉，收入龜井勝一郎、宮川寅雄編，《岡倉天心集》，《明治文學全集》第 38 冊，東京：筑摩書房，1968 年，頁 63。

日本人長期受漢文化的籠罩，在近代崛起之際，則企圖通過對「東洋」
的規定，確立自身的位置；另一方面，當充分近代化之後，又透過「西
洋」這個「他者」的協助，來確認自我的主體性[24]。

戴教授聚焦於 19 世紀末期的日本，若將時間軸延長到二次大戰
而觀，筆者認爲可以如下看待。18 世紀末期以降，當西洋的天文與地
理學改變了日本人眼前的世界，令他們意識到萬國的存在和「東洋」、
「西洋」的界線時，傳統的以中華爲主的華夷觀念便開始瓦解。世界
圖像的瓦解，成爲日本重構新的政治版圖和文化版圖的契機[25]。明治
維新的成功，一方面使日本從根本上擺脫了以中國爲中心的朝貢體制
的羈絆，脫離了中國文化的籠罩，重新區分了日本的「自我」和「他
者」；另一方面也使日本產生了擺脫西方，從西方邊緣的尷尬地位中
解脫出來的願望，希望再度確立一個地緣與政治、經濟、文化重疊的
「自我」[26]。近代日本的「東洋」、「東亞」論述正是由這樣的需求衍
生而出，它以「支那的特殊性」——非近代性來否定其存續的可能，
再直接把「日本化」與普遍性連結。對維新後國力的自豪、對東方傳
統的依戀與地緣上的認同感，加上對西方列強的畏懼，構成近代日本
複雜的亞洲論述。除了戴教授所論岡倉天心，尚有井上哲次郎（1855
～1944）、西晉一郎（1873～1943）、橘樸（1881～1945）等人也選擇

---

[24] 子安宣邦指出，「東亞」與帝制日本的發展息息相關，並且具備與歐洲相抗的性格。參
見氏著，《「アジア」はどう語られてきたか》，東京：藤原書店，2003 年。拙文〈自我
的客體化與普遍化——近代日本的「東洋」論及隱匿其中的「西洋」與「支那」〉則由
概念史的觀點，討論近代日本亞洲觀的演變。該文收於《中國文哲研究集刊》第 18 期，
頁 367～420，修改後改題〈「東洋」「東亞」「西洋」與「支那」——近代日本國家主
體性和普遍性的企求〉，收入拙著《近代日本漢學的「關鍵詞」研究——儒學及相關概
念的嬗變》，台北：台大出版中心，2005 年；簡體字版，上海：華東師範大學出版社，
2006 年。

[25] 桂島宣弘，〈アジア主義の生成と轉回——德川思想史からの照射の試み〉指出，從本
居宣長時代起，山鹿素行的日本型華夷思想，通過把中國當作「異朝」或「外朝」，確
立日本爲「中朝」，從而開始擺脫傳統以中國爲中心的華夷觀念，是亞洲主義的發端。
參見《思想史の十九世紀：「他者」としての德川日本》，東京：ぺりかん社，1999 年，
頁 196～231。

[26] 黑住眞，〈日本思想研究——中國認識〉，收入《中國——社會文化》第 11 號，1996 年，
頁 3～28。

了「回歸亞洲」，刻意與西化風潮分流，注重「傳統的日本精神」，以「東洋」文明和倫理來防衛「西洋」，其「東洋主義」和「亞細亞精神」是互為表裡的[27]。而除了福澤諭吉外，尚有津田左右吉（1873〜1961）、竹內好（1910〜1977）等人選擇「離脫亞洲」，致力說明日本與「東洋」、「東亞」之間是斷裂的，企圖擺脫傳統的華夷觀念[28]。

　　二次戰後，「東洋」、「東亞」成為帶有負面意義的語詞，是戰後日本需要積極重建關係的亞洲地域。可惜日本卻刻意與這個地域保持距離，甚至「東亞細亞」在尚未被重構時便消逝了。取而代之的「亞洲」概念，則以「東南亞（南方）」為核心，隨著日本的躋身列強而成為熱門的研究領域。當世界秩序面臨重組之時，日本為了確立自身的位置，再度對「亞洲」問題表示關心，尤其在亞洲的「地域概念」與「全球化」的市場經濟緊密連結後，日本政府重新提出亞洲廣域經濟圈的構想，提醒日本國民「重新認識亞洲」。然而這種對亞洲的重新認識和關心，卻沒有改變日本人對「東洋」、「東亞」的歷史毫無所悉的狀態。難怪戴教授在 1992 年寫作〈亞洲中的日本——把〈脫亞論〉與〈大亞洲主義〉交互重新解讀、再思考〉之文末，要對日本人提出如下的疑問：「做為經濟大國的日本，做為通過『PKO 法案』的日本，今後將以何種方式描繪出與亞洲及世界的構圖？」看見「PKO法案」背後，日本新軍國主義正在萌芽、滋長，戴教授一方面對於福澤所做出的文明論判斷和一國獨立的抉擇，認為有其「不得不然」的理由而可以理解，一方面一針見血地指出近代主權國家間戰爭的合法性連同民族國家的合理性，必須得到質疑。其中所透顯的亞洲史觀，並非為前人斷罪，而是以之為前人遺留給吾人必須思考的課題，由「當下」的角度，以史為鑑，不重蹈覆轍，為日本的出路和走向問題提出

[27] 山室信一，〈日本外交とアジア主義の交錯〉，日本政治學會編，《年報政治學　日本外交におけるアジア主義》，東京：岩波書店，1999 年，頁 199。
[28] 葛兆光，〈想像的和實際的：誰認同「亞洲」？——關於晚清至民初日本與中國的「亞洲主義」言說〉，對於晚清到民初中日對世界圖像的想像及「亞洲主義」有深刻的論述。參見《台大歷史學報》第 30 期，2002 年，頁 183〜206。

參照指標。

三、「近代化」在亞洲──日本和中國的比較

如同前述戴教授對 *The Japan Times* 編輯委託他以「亞洲中之日本」而非「世界中之日本」為題的提問，他對亞洲問題的關懷，其實是放在整個世界局勢的宏觀來省思的，〈亞洲與日本 II──重新思索與近代化相關之諸問題〉[29]一文，便是個好例子。在該文中，戴教授提出一個主題：「如何看待近代化」，試圖探討「對於人類史而言，近代化究竟是什麼，以及與我們的明天如何相關」[30]這個問題。

戴教授首先區辨了英語系的"modernization"、日文習用的「近代化」、及中文習用的「現代化」等詞，指出這些詞在他自己的議論脈絡中是不同的。他認為以"modernization"一詞所表徵的歐洲之近代化，可以用「從身分到契約」、「從封建社會到近代工業文明社會」之兩種概念來表述。換言之，前近代的社會是身分、封建的社會，相對的，近代社會就是契約社會。領主利用身分的體制強化既得利益，保護自己的既得利益，這樣的狀態受到近代精神所挑戰。

接著，他對於發展論的經濟學者羅斯陶（W.W. Rostow，筆者案：今中文學界譯作羅斯托）對"modernization" 所下的定義提出不同的看法，認為羅斯托所謂「近代社會就是產業社會，所以近代化就是產業化，產業化就是工業化」雖然確實表徵了近代化的某個部分，卻不是近代化的全部，是為不完全的近代化概念[31]。因為不論放眼世界或就亞洲觀之，「近代化」都不能這麼乾脆地被模式化。

這是因為西歐的近代化並不是事先有具體計畫，按步驟進行實現，而是從無到有的一種劃時代性之巨變，這種巨變的能源便是其社

---

[29] 戴國煇，〈亞洲與日本 II──重新思索與近代化相關之諸問題〉，《戴國煇全集 14》，頁157～192（原刊於富士ゼロックス‧小林節太郎基金會編，《第 3 回「日本文化を論ずる会」講演錄》，1990 年，頁 1～32 ）。

[30] 前引戴國煇，〈亞洲與日本 II──重新思索與近代化相關之諸問題〉，頁 158。

[31] 前引戴國煇，〈亞洲與日本 II──重新思索與近代化相關之諸問題〉，頁 159～162。

會內部的近代化「躁動」，然後一步步地自我發現、冒險、掠奪積累成型的。西方有充分的時間來做「自我」、「民族」的覺醒及確立其尊嚴和自主獨立之主體性。在這之前，沒有任何可供參照的模型。但是，中日兩國的近代化進程與歐美截然不同，是被迫面臨和接受歐美近代化的樣板與模型。中日兩國領導層應該選擇的走向已經由外面所規定，近代化的起步也將由上來向下發動和制約，如何解決問題之答案已經被先進諸國所提示。自發性的選擇因應之道可以說非常狹窄。因此中日近代化的關鍵，只剩下如何尋覓出解決之方法，而給創造性之主觀能動性以及做為留下來的空間都甚少，只不過是被逼迫著在模仿、採納、折衷或選擇而掙扎而已[32]。

　　那麼，「近代化在亞洲究竟變成什麼？」戴教授舉出「接納」、「抵抗」、「屈服」三個概念來表現亞洲對西方文化的態度，做為具體的例子，日本是接納、中國是抵抗、印度是屈服（也有抵抗，但最後還是被完全殖民地化）。他又以「資本主義的方式」、「社會主義的方式」、「軍事獨裁的方式」來描摩 20 世紀以後，亞洲各國所選擇的路向。指出日本在明治維新之後，以資本主義的方式迅速近代化；中國和越南則透過：（1）從農業轉向工業；（2）民族解放運動、獨立運動來顛覆帝國主義，或者顛覆依附帝國主義的各個勢力，主要由社會主義的角度，急速由農業社會移轉至工業社會；至於菲律賓、印尼等亞洲許多國家，既不能走向資本主義，也不打算走社會主義，進行的是軍事獨裁。至於台灣，戴教授在 1990 年撰文的當下，視之為「特殊的事例」，在 1980 年代末期戒嚴令取消，逐漸得到言論自由，依然有許多人抱持對特務機關執法的擔憂。

　　在綜述亞洲各國的近代史後，戴教授指出「近代化是需要成本和時間的，去達到一定程度的富裕」。他強調人類史上的近代化，意味

---

[32] 戴國煇，〈明治維新與日本的民主政治發展——立足台灣解讀中國「近代」座標軸之一個嘗試〉，《戴國煇全集 14》，頁 73～109（原刊於《中國民主前途研討會論文集》，台北：財團法人時報文教基金會，1989 年 8 月 16～18 日，頁 1～10 ）。

著某種變動，它必須包含下列六項要素：（1）生產力的水準；（2）民族統一，對少數民族壓抑（以優勢民族爲中心，形成壓抑少數民族的國民國家；（3）農村共同體解體，形成產業都市的市民生活；（4）市場經濟；（5）國民議會等民主主義式的管理機構；（6）合理主義思想的普遍化，以及個人中心主義的確立。因此不能單以工業化、產業化來當作近代化的指標，因爲這在軍事獨裁國家也可以達成[33]。

　　戴教授不僅放眼亞洲諸國，也關切愛奴、琉球、熊襲等日本少數民族的處境，指出明治維新後的廢藩置縣，就是以優勢民族爲中心，形成壓抑少數民族的國民國家。他反對以西歐近代所帶來的尺來丈量自己國家出現的問題，反對以優勢民族形構的普遍化價值來套用在少數民族身上。可以說，他受到強烈的政治關懷所驅使，透過情眞意切的文字，清理東亞儒教文化圈在亞洲對西方的圖式中，是經由怎樣的歷史軌跡，形成思想上的力學關係。他意識到西方所構築的知識體系，被日本近代國家制度以爲典範，再生產出一整套近代主義話語，做爲一個深深影響人們思想心靈的意識形態化敍事，反過來又爲日本國家的近代化包括帝國主義殖民侵略戰爭提供了理論邏輯上的支撐與合法性依據。1945 年日本的挫折和慘敗，給予國家制度致命的一擊，使社會結構和制度安排不得不發生了某些根本性的變動和扭轉，但是這個知識譜系做爲一個深層精神層面的制度並沒有產生根本的動搖，因此他要不斷地對當下日本提出尖銳的歷史批判。

　　關於中國的近代化問題，他在前引〈明治維新與日本的民主政治發展──立足台灣，解讀中國「近代」座標軸之一個嘗試〉一文中，以日本爲鏡鑑，爲中國之現代化提出建言。他提出衡量近代化成功與否的六大指標爲：（1）政治上的民主主義；（2）經濟上的資本主義；（3）產業上的大工業生產；（4）國民普通教育的普及；（5）軍備上要有國家軍隊的成立；（6）國民意識方面，高層次的個人主義得到充

---

[33] 前引戴國煇，〈亞洲與日本 II──重新思索與近代化相關之諸問題〉，頁 171～176。

分的舒展和成熟[34]。這六點正與前述近代化之六項要素若合符節。以
此六個指標衡量明治維新，可見其成功與局限。具體而言，明治維新
基本上達到了第二到第五項的成功，尤其在經濟層面上，但第一項和
第六項指標，卻顯出其近代化的嚴重缺陷——自由民權運動和大正民
主主義遭扼殺，蹂躪民眾的自由；同時，集團主義的精神風土依然故
我，導致法西斯與侵略戰爭之可怕後果。

　　接著戴教授指出，西洋之衝擊（western impact）與西洋之模型
（model）為日本和中國帶來不同的影響，尤其滿清之「帝權」走到
末期已搖搖欲墜，不能如明治天皇般在接受「大政奉還」後被創造性
地轉化為「新絕對主義權力」，令整個國家之各民族、社會、政治力
量皆得到統合[35]。加以中國人口之眾，民族、語言、宗教皆分歧多元，
不易做好近代化內涵的集中，最後康有為、梁啟超的戊戌變法也走上
失敗之路。此外，地理條件一再帶給日本幸運，它處於列強侵略目標
的最末端，西方主要列強都沒有充分軍力向日本直奔；相對的，中國
卻直接受到列強從領土到資源的掠奪及分割[36]。在這裡，戴教授一針
見血地指出，日本和中國雖然同在近世時期進行長年的鎖國，但日本
打開長崎出島這個重要港口，同時在內部進行收斂凝結，逐漸形成強
固的「和魂」，為民族的、國民的、政治的「集中」準備好充裕的條
件；相對的，中國在思想層次上，還停留在恢復「黃魂」反清復明的
階段，停滯在排滿革命思想的前近代思潮中。當日本成功走上近代化
之路後，趁機打劫掠奪中國之自然資源及勞力、賠款，佐助其近代化
發展；中國卻在西方列強和日本的勢力中苟延殘喘，在人民革命的浪
潮中左支右絀，狼狽不堪。

　　此處戴教授貫徹了他海德格式的史觀指出：「任何一個個體或群

---

[34] 前引戴國煇，〈明治維新與日本的民主政治發展——立足台灣，解讀中國「近代」座標
　　軸之一個嘗試〉，頁75。
[35] 前引戴國煇，〈明治維新與日本的民主政治發展——立足台灣，解讀中國「近代」座標
　　軸之一個嘗試〉，頁77～78。
[36] 前引戴國煇，〈明治維新與日本的民主政治發展——立足台灣，解讀中國「近代」座標
　　軸之一個嘗試〉，頁79～80。

體（包括近代國家、民族、集團）都可以借過去長期的歷史累積或沉澱形成的傳統（文化、意識），來因應新生事物甚至找出開拓未來生活的新方式。傳統在外來事物衝擊下顯示出其進步和反動、積極和消極的兩面性。新舊的對立與矛盾亟需經過揚棄才能夠有效地因應新的生活方式。對於在一個世紀內創造了二次民族振興奇蹟的日本，其成功除了外在條件之外，必然與其積極的主體性（有時常常說成是國民性）的確立與其實踐緊密相關。」他認為由近代化發展的客觀過程來看，日本人之主體性的近代化實踐努力和智慧，有一個相對穩定的規律是：「凝聚民族且保持自主獨立，自發地積極吸收異質的外來文化，把外來的異質文化與傳統有效地融合來促進近代化之改革。」[37]

　　為了解釋這種隱於無形，卻發揮重大作用的日本作風，並以之為吾人的借鏡，戴教授將問題的討論聚焦到「和魂洋才」與「中體西用」思想的比較，將於下一節合併另一篇章，進行闡述。

四、「和魂洋才」與「中體西用」論

　　戴國煇教授在前引〈明治維新與日本的民主政治發展──立足台灣，解讀中國「近代」座標軸之一個嘗試〉一文的後半段、及〈儒家思想與日本近代化：澀澤榮一的個案探討──並試論「和魂洋才」與「中體西用」之差異〉[38]一文中，都特別針對「和魂洋才」與「中體西用」思想，提出獨到的見解。前者重在「和魂洋才」與「中體西用」這種思想脈絡的梳理及內涵比較，後者重在論述澀澤榮一對兩種思想的轉化。

　　戴教授認為，這兩種思想的發生，都來自西潮衝擊，兩國也在經歷了富國強兵、直產興業（日本）和富國強兵、洋務運動（中國）之

---

[37] 前引戴國煇，〈明治維新與日本的民主政治發展──立足台灣，解讀中國「近代」座標軸之一個嘗試〉，頁83～84。

[38] 戴國煇，〈儒家思想與日本近代化：澀澤榮一的個案探討──並試論「和魂洋才」與「中體西用」之差異〉，《戴國煇全集13》，原刊於《中山社會科學譯粹季刊》第2卷第1期，1987年1月，頁153～170。

後，提出和魂洋才（日本）與中體西用（中國）之口號。但因其環境
及主要肩負者「精神境界」的差異而讓結果大不相同。

　　確如所言，晚清「中體西用」（「中學爲體，西學爲用」）思想的
成立，與洋務運動（1861～1874 年）密切相關；幕末「東道西藝」（「東
洋道德，西洋藝術」，又稱「和魂洋才」）之說的興起，則端始於安政
改革（1855～1860 年）之際。洋務運動及安政改革的思維基調，大抵
不脫離魏源《海國圖志》所謂「師夷之長技以制夷」。如自強運動中
堅馮桂芬（1809～1874）的「以中國之倫常名教爲原本，輔以諸國富
強之術」[39]，晚清首位駐英公使郭嵩燾（1818～1891）的「對外應通
洋人之情」[40]，幕末海防策士佐久間象山（1811～1864）的「東洋道
德，西洋藝術，精組不遣，表裏兼該」[41]，幕政改革推手橋本左內（1834
～1859）的「仁義之道，忠孝之教由吾開。器技之工，藝術之精取於
彼」[42]，皆可以證之。但「中體西用」、「東道西藝」這兩種相類的理
論，卻在現代化的進程中，爲中、日兩國帶往不同的路向──日本迅
速展開文明開化運動，中國則出現現代化的遲滯和挫折。戴教授這裡
除了提出環境因素外，又以領導者「精神境界」有異，而令兩國走上
不同的道路，「精神境界」之形容讓人饒富興味，究竟意在何指呢？
他在〈明治維新與日本的民主政治發展──立足台灣，解讀中國「近
代」座標軸之一個嘗試〉一文之末指出，日本近代化變革中的確對「人
的因素」有過重視，並努力培養出主體性，他們很少出現「全盤西化」
之偏頗思維，而在「揉合」與「融合」中堅持主體性[43]。

---

[39] 馮桂芬，《校邠廬抗議‧采西學議》，收入《近代中國史料叢刊》第 62 輯，台北：文海
　　出版社。
[40] 郭嵩燾，《郭嵩燾日記》第三卷（長沙：湖南人民出版社，1982 年）所錄光緒二年二月
　　初一條：「能知洋情，而後知所以控制之法；不知洋情，所向皆荆棘也。」他在 1875 年
　　的〈條議海 防事宜折〉中明確指出「西洋立國，有本有末，其本在朝廷政教，其末在
　　商賈，造船、制器，相輔以益其強，又末中之一節也。」可謂中體西用論的重大突破。
[41] 佐久間象山，《省諐錄》，《日本思想大系》第 55 卷，東京：岩波書店，1976 年，頁 413。
[42] 《日本思想大系》第 55 卷，東京：岩波書店，1976 年。
[43] 前引戴國煇，〈明治維新與日本的民主政治發展──立足台灣，解讀中國「近代」座標
　　軸之一個嘗試〉，頁 97～98。

　　關於這個主體性，戴教授以「和魂」觀之。他很客觀地指出，「因為自明治維新的政府誕生之後，亞洲一直受假借『大和魂』的日本軍國主義的侵略和蹂躪」，因此「如果要為日本的和魂歌頌，我們便會產生一種生理性的厭煩和抗拒」[44]。但是由歷史過程觀之，和魂的形成卻是導源於對朝鮮和中原中國的優勢文化之反應，並以此來凝聚日本。「和魂洋才」思想源出於中世紀的「和魂漢才」，是德川幕府的體制統治意識形態，到了幕末，曾短暫出現「和魂漢洋才」之過渡期口號，來做短暫之因應。明治政府成立之後，尤其甲午戰爭大勝清朝之後，日本便取掉了全部的漢才，而變成了單一的「和魂洋才」。

　　關於「中體西用」思想的核心，戴教授認為這只是統治階層固守中華帝國的虛幻夢想，因而欠缺內發性的精神凝聚企圖之主張力，是一種消極的與現實進行無可奈何的表面妥協式口號。他將此文化背景溯及《戰國策‧趙》之「中國者，聰明叡知之所居也，萬物財用之所聚也，賢聖之所教也，仁義之所施也。詩書禮樂之所用也，異敏技藝之所試也，遠方之所觀赴也，蠻夷之所義行也。」認為這是中國優越意識作祟，指出「以中國為世界經濟、文化之中心，只需以此向四圍擴散普及，何來收斂，凝集精神之課題之有？」[45]

　　所言如是。由佐久間象山、橋本左內、渡邊崋山（1793～1841）、吉田松陰（1830～1859）、勝海舟（1823～1899）、坂本龍馬（1836～1867）、福澤諭吉一貫而下的「東道西藝」論，可以概言為在「漢才」的思想基礎上，轉而追求「洋才」的致用性，因非官定意識形態，而僅是主張開化的知識分子的思考樣態之一，故不似中國的「中體西用」論般具備體系性和延展性，但它鮮明的特色在於「和魂」的執守，對主體性之追求毫不懈怠。而由魏源（1794～1897）、馮桂芬（1809～1874）、曾國藩（1811～1872）、李鴻章（1823～1901）、鄭觀應（1842

---

[44] 前引戴國煇，〈明治維新與日本的民主政治發展──立足台灣，解讀中國「近代」座標軸之一個嘗試〉，頁85。

[45] 前引戴國煇，〈明治維新與日本的民主政治發展──立足台灣，解讀中國「近代」座標軸之一個嘗試〉，頁86。

～1922）、陳熾（1855～1900）延展形構的「中體西用」論，雖然激
進派與保守派有別，基本上都側重於恭順倫理的執守，中學爲主，西
學充其量居於輔的地位，恭順倫理乃「中體」之核心，一旦臣民對君
主的忠誠與臣服關係產生搖動，無疑意味著爲「中體」與「西用」帶
來緊張關係與矛盾，蘊含制度危機的可能[46]。

　　然而這裡尚可以進一步討論的是，「中體西用」並非完全沒受到
晚清知識分子的挑戰。尤其早期留洋者，屢屢對中體西用論提出新的
挑戰，他們透過西學、西行，萌發「即體即用」、「體用一源」思想，
試圖克服「中體西用」論之罅漏，可惜終因與恭順倫理牴觸而功敗垂
成[47]。再者，「中國」之概念，日本古來伸根滋長，到了德川時期，佐
久間太華（？～1783）以政治上的神統不斷、宇內恆安論述日本之所
以可以稱爲「中國」[48]，淺見炯齋（1652～1711）的〈中國辨〉也開
宗明義以天地無所不包、無所不藏，顛覆了中國式的華夷秩序，主張
「吾國（指日本）固和天地共生」，「各有一分之天下而互無尊卑貴賤
之別」[49]。當時許多儒學者、國學者都主張「華」、「夷」的位置可以
互易，以此論否定清朝中國代表「華」的正統，應由日本取而代之，
同時也強調不可把日本本土的神道思想簡單地依附在儒、佛上，從而
喪失日本主體性[50]。

　　當然，戴教授強調的是，對主體性的固守，在近代得到創造性的
轉化，因而讓日本之近代化在短時間獲致成功。例如日本人雖然站在

---

[46] 楊貞德深入討論晚清朝中的禮法之爭，分析中體西用說在其中的困境，參見氏著，〈中體西用──晚清朝中理法爭議及其意涵〉，《理解、詮釋與儒家傳統：中國觀點》，台北：中央研究院中國文哲研究所，2010 年，頁 313～366。
[47] 拙稿〈西學之子：容閎與新島襄的異國經驗與文化認同〉（《中國文哲研究集刊》第 30 期，2007 年，頁 223～266）、〈西學啓蒙：中村敬宇和嚴復的文化翻譯與會通東西的實踐〉（《台灣東亞文明研究學刊》第 5 卷第 1 期〔總第 9 期〕，2008 年）有所論述。
[48] 佐久間太華，〈序〉，《和漢明辨》，收入《日本儒林叢書》第 4 卷，論辨部，東京：鳳出版，1978 年，頁 1。
[49] 淺見炯齋，〈中國辨〉，收入《山崎闇齋學派》，《日本思想大系》第 34 卷，東京：岩波書店，1982 年，頁 416。
[50] 拙稿〈由「天下」與「中國」概念的轉型看日本關於國際秩序的度量衡〉分析了中、日之「天下」與「中國」概念的變遷。收入黃自進主編《東亞世界中的日本社會特徵》，台北：中央研究院人文社會科學研究中心，2008 年，頁 165～203。

和歐美並無太大大差異之資本主義生產方式，所採用的卻是把「封建的
忠誠心」＝「儒家式擬似家族倫理道德」創造地轉化爲日本式「終身
僱傭制」來維持其企業內秩序並確保其安定成長之勞資關係[51]。我們
注意到戴教授的近代日本史論述中，特別著墨於福澤諭吉、中村正
直、澀澤榮一等人如何創造性的轉化儒家思想，容下節詳述。

五、福澤諭吉、中村正直、澀澤榮一對儒家思想的創造性轉化

　　戴教授曾在多處論及福澤諭吉。他認爲日本學界給福澤高度評
價，主要在其一貫據於在野立場的自由主義者、民主主義者、合理主
義者、女性解放論者的側面，但他將甲午戰爭定爲「文明與野蠻」之
戰爭，大力發動募捐運動，以支持日本當局對中國的侵略戰爭，做爲
中國人，是不便苟同的。尤有甚者，福澤晚年將「脫亞入歐」論升高
到不僅批判自由民權，更轉而支持國權之伸張，也讓日本有識之士感
到極爲痛惜。

　　然而戴教授也提醒我們，福澤對於西洋思想和儒家思想的創造性
轉化，則不容忽視。關於前者，福澤的功利主義是對邊沁（Jeremy
Bentham, 1748～1832）所主張之「企求最大多數之最大幸福之實現」
之修正；再者，他受到法國政治家、史學家基佐（F. P. Guillaume Guizot,
1787～1874）之《英國革命史》及《歐洲文明史》之刺激，撰寫《文
明論之概略》，卻不曾全盤抄襲，而自覺地立足於當年日本所處之特
殊狀況，白其內面意識到與西洋不同層次之「危機意識」，處處表現
在字裡行間。關於後者，福澤即使排拒儒學，與澀澤榮一同主張「士
魂商才」論，立足於儒家傳統，促進歐化，以佐助日本資本主義之發
展[52]。

[51] 前引戴國煇，〈明治維新與日本的民主政治發展──立足台灣，解讀中國「近代」座標軸之一個嘗試〉，頁 91。
[52] 前引戴國煇，〈明治維新與日本的民主政治發展──立足台灣，解讀中國「近代」座標軸之一個嘗試〉，頁 88。

關於中村正直，戴教授特別著眼於他譯自 Samuel Smiles（1812～1904）之 *Self-Help, With Illustrations of Character and Conduct*（1858年 7 月）的《西國立志編》，以之為促使日本列島住民進行人性或精神革命之翻譯暢銷書的頂尖，不容忽視[53]。他指出，從中村正直的個案可以窺知，他的學問基礎樹立於儒學（朱學為核心），然與洋學通底，並且接受了基督教之信仰。他認為中村「不外是儒家思想與西洋近代思想揉和的具體過程與其顯現」，且「並非只是『土』『洋』結合之一種」，而是具備「生機」之一類[54]。

至於澀澤榮一，他認為澀澤將儒學進行「新釋轉化」，以《論語》真正做為古典在新時代復生的一種思維運作，指出「他不是奉祭死去的孔子，而是企圖讓論著的孔子在現實中昂首闊步。」[55]他並以兩點概括澀澤的貢獻：（1）《論語》做為儒家的經典著作，講的是「義理人情」，即人際關係的準則教訓，而算盤則表示赤裸裸的賺錢工具，而澀澤榮一將其合為一璧，這就意味著將道德和功利相配而用並將其兩方保持了平衡；（2）在儒家思想的正宗發源地——中國，要麼將《論語》做為陳年古董，要把其徹底砸爛而後快；要麼將《論語》變成嚇人的說教和戒尺，只須誦讀而不許或懶得究其原始或根本要義。澀澤竟然能化腐朽為神奇，將其活用於日本近代資本主義企業的創設與發展上。

戴教授強調，我們應特別留意中村正直與澀澤榮一兩位「明治精神」之體現者在其內面處理「近代化和傳統」的課題時，並不曾發生太大矛盾或糾葛，並檢視其原因，以為借鏡。就澀澤的例子而言，他打破了中國傳統以儒家思想為統治秩序的手段或工具，將《論語》加以全新的解釋，使之變成他和近代企業人士的「對話」。換言之，是

---

[53] 前引戴國煇，〈明治維新與日本的民主政治發展——立足台灣，解讀中國「近代」座標軸之一個嘗試〉，頁 89。

[54] 前引戴國煇，〈明治維新與日本的民主政治發展——立足台灣，解讀中國「近代」座標軸之一個嘗試〉，頁 90。

[55] 前引戴國煇，〈儒家思想與日本近代化：澀澤榮一的個案探討——並試論和魂洋才與中體西用之差異〉，頁 131。

「把批判的武器變成武器的批判，形成一種批判的理性」[56]。再者，由認識論和方法論的角度而言，澀澤把傳統文化中看來是矛盾的東西──如「義和利」──變成新形勢、新條件下可肯定的內涵。他大膽地把《論語》從朱子學的框框中解放出來，在明治維新體制和歐美技術衝擊日本的新形勢下，重新解釋《論語》，使它轉生，真正肯定「現世」，將實學與實業結合。具體而言，他把儒家思想的「格物致知」，變成對生活現實的理論根據，從而開出了一條截然不同於宋明理學的，詮釋《論語》的新路[57]。最後，澀澤並不盲目崇拜《論語》，並發現其中雖講人際關係，但通篇較少談到人的自立自營能力，如此被統治者將產生一種可怕的依賴惰性，永遠只能乞求統治者的庇護。因此澀澤在《青淵百話》中專設一節談自治力，並提出了一個極為重要的問題，那就是「企業家的主體性和確立主體意識的問題」[58]。

戴教授回到「和魂洋才」、「中體西用」的論述脈絡，提點我們：「倘若沒有經過創造性轉化，良好消化『洋才』的『和魂』，即新主體就或許不能形成近代日本的民族精神（ethos）」。而晚清民初的中國沒有能夠找到契機和條件，把「漢魂」創造地轉化調適成為「中體」然後吻合於「西用」，發展中國型的資本主義近代化，是因為晚清改良派所謂的「中體」和近代黎明期日本的「和魂」相當不同，它死記硬背已空洞化的儒家思想，然後滿足於將「死」的孔子供奉在祭台上。因此令守舊勢力阻礙著各種「近代化」政策的實現。

六、結語：典型在夙昔

戴國煇教授可謂東亞論、亞洲論的先驅者，他在平生論著中一再申論主體性思考、共犯結構及民族主義的觀點，同樣貫徹在他的近代

[56] 前引戴國煇，〈儒家思想與日本近代化：澀澤榮一的個案探討──並試論和魂洋才與中體西用之差異〉，頁 139。
[57] 前引戴國煇，〈儒家思想與日本近代化：澀澤榮一的個案探討──並試論和魂洋才與中體西用之差異〉，頁 140。
[58] 前引戴國煇，〈儒家思想與日本近代化：澀澤榮一的個案探討──並試論和魂洋才與中體西用之差異〉，頁 141。

日本思想史的評述中。他的論述是站在中一日比較的座標上，既洋溢
對亞洲歷史、世界新局宏遠的洞見，也照應到個別知識分子思想立場
的深刻微觀。他多次表白自己始終堅持出身、民族、學術三大尊嚴的
立場，不甘隨波逐流、與時俯仰，字句是對中、日在國際中應持立場
和走向的諍言，始終站穩犀利的批判立場，試圖正確總結歷史經驗，
重新樹立台灣人做爲中華民族一員的主體性，並提醒日本不可重蹈軍
國主義的覆轍。他的關懷涵蓋對於文明史的歷史性和局限性、言論自
由和「眾論」形成的保障、民智與專權的鬥爭，政府和人民、公權和
私權的糾葛等多元的課題，其人雖遠，風範長存，著書立說中那充滿
批判精神的宏言讜論，不唯對當前的日本、中國和台灣仍深具警示意
義，相信已在台灣歷史上留下不可磨滅的一頁。

　　謹以此文，爲戴國煇教授在天之靈致敬與祝福。

【附錄】戴國煇教授文章徵引書目與相關藏書

〈亞洲中之日本〉

徵引書目	作者	文庫館藏出版項	藏	戴國煇文庫中作者的其他著作
《東洋の理想》	岡倉天心		否	岡倉天心，《岡倉天心全集》（東京：平凡社，1979～81）卷五【日記、旅行日誌】
〈脫亞論〉（1885）	福澤諭吉		否	福澤諭吉，《学問のすすめ》（東京：岩波書店，1978）
				福澤諭吉，《福澤諭吉全集》（東京：岩波書店，1969～1971）1～21 冊
				福澤諭吉，《福澤諭吉全集・別卷》（東京：岩波書店，1971）
				福澤諭吉、長谷川如是閑、亀井勝一郎著，《世界教養全集》卷 28，內有福澤諭吉的〈福翁自傳〉（東京：平凡社，1963）
				福澤諭吉，《福翁自傳》（東京都：慶応義塾，1958）
				福澤諭吉，《福翁自傳》（東京都：旺文社，1970）
				福澤諭吉協會編，《福澤諭吉關係新資料》（東京：福澤諭吉協會）
《大東合邦論》	樽井藤吉		否	【備註】森本藤吉，《大東合邦論》（東京：森本藤吉，1893）（台史檔案館藏書）
〈亞洲中的日本──把〈脫亞論〉與〈大亞洲主義〉交互重新解讀、再思考〉				

徵引書目	作者	文庫館藏出版項	藏	戴國煇文庫相關館藏
〈大亞洲主義〉	孫中山	伊地智善継、山口一郎監修,《孫文選集》(東京都:社會思想社,1985~1989)	是	小野川秀美責任編輯;島田慶次等譯,《孫文・毛澤東》(東京:中央公論社,1969)
				孫中山,《三民主義》(東京:岩波書店,1957)
				孫中山,《三民主義》(東京:中國國民黨中央執行委員會宣傳部,1930)

〈亞洲與日本 II ——重新思索與近代化相關之諸問題〉

徵引書目	作者	文庫館藏出版項	藏	戴國煇文庫相關館藏
	大塚久雄			大塚久雄,《宗教改革と近代社会》(東京:みすず書房,1961)
				大塚久雄,《社会科学の方法 : ヴェーバーとマルクス》(東京:岩波書店,1966)
				大塚久雄,《国民経済 : その歴史的考察》(東京:弘文堂,1965)
				大塚久雄,《意味喪失の時代に生きる》(東京:日本基督教団出版局,1979)
				大塚久雄,《歐洲経済史》(東京:弘文堂,1961)
				大塚久雄,《歷史と現代》(東京:朝日新聞社,1979)
				大塚久雄,《生活の貧しさと心の貧しさ》(東京:みすず書房,1978)

				大塚久雄,《社会科学における人間》(東京：岩波書店,1977)
				大塚久雄,《近代化の人間的基礎》(東京：筑摩書房,1968)
				大塚久雄,《近代資本主義の系譜》(東京：弘文堂,1957)
				大塚久雄,《西洋経済史》(東京：筑摩書房,1977)
				大塚久雄,《西洋経済史講座》(東京：岩波書店,1960～1962)
				大塚久雄,《プロテスタンティズムの倫理と資本主義の精神》(東京：岩波書店,1955)
				大塚久雄,《マックス・ヴェーバー研究》(東京：岩波書店,1965)
				大塚久雄,《マルキシズム》(東京：筑摩書房,1965～1966) 20、21 冊
				大塚久雄,《大塚久雄著作集》(東京：岩波書店,1969～1986) 1～13 冊
				大塚久雄、川島武宜、土居健郎著,《「甘え」と社会科学》(東京：弘文堂,1976)
	丸山真男			
《政治經濟學批判》	馬克思			
《根》	艾力克		？	

徵引書目	作者	文庫館藏出版項	藏	戴國煇文庫相關館藏
	斯・哈雷			
《資本主義、共產主義、そして共存》	J.K. Galbraith、Stanislav Menshikov 合著	中村達也譯、都留重人解說,《資本主義、共產主義、そして共存》（東京都：ダイヤモンド社,1989）	是	蓋伯瑞斯,《経済学の歴史：いま時代と思想を見直す》（東京都：ダイヤモンド社,1988）
				蓋伯瑞斯,《経済開發の展望》（東京都：ダイヤモンド社,1962）
				蓋伯瑞斯,《ハーヴァード経済学教授：マーヴィン教授の富と野望のロマン》（東京都：ダイヤモンド社,1991）

〈明治維新與日本的民主政治發展——立足台灣,解讀中國「近代」座標軸之一個嘗試〉

徵引書目	作者	文庫館藏出版項	藏	戴國煇文庫相關館藏
《西国立志編》	サミュエル・スマイルズ著,中村正直譯	東京：講談社,1981	是	
《明治維新私論：アジア型近代の模索》	松浦玲	東京：現代評論社,1979	是	松蒲玲,《続日本人にとって天皇とは何であったか：「大日本帝国」と「日本国」》（東京：勁草書房發賣,1979）
《明治維新》	遠山茂樹	東京：岩波書店,1972	是	遠山茂樹編,《年表》（東京都：日本評論社,1967）
《福澤諭吉：思想と政治との関連》	遠山茂樹	東京：東京大学出版会,1970	是	遠山茂樹,《戦後の歴史学と歴史意識》（東京：岩波書店,1968）
				遠山茂樹,《日本近代史》（東京：岩波書店,1975～1977）1～3 冊

				遠山茂樹,《明治維新と現代》(東京:岩波書店,1968)
				遠山茂樹,《昭和史》(東京:岩波書店,1959)
				幼方直吉、遠山茂樹、田中正俊編,《歷史像再構成の課題 : 歷史学の方法とアジア》(東京:御茶の水書房,1966)
				遠山茂樹,《歷史学から歷史教育へ》(東京:岩崎書店,1980)
				遠山茂樹、永原慶二編,《歷史学論集》(東京:河出書房新社,1961)
				東京歷史科学研究会編;江口朴郎、遠山茂樹監修,《歷史を学ぶ人々のために》(東京:三省堂,1970)
《教育敕語成立史の研究》				
《日本人の心》	世良正利			
《天皇制の歷史心理》	和歌森太郎			
《自敘千字文——中村正直傳》	中村正直 石井民司			

《明治維新研究史論》	下山三郎			
《明治再見》	牛尾喜道 草柳大藏			
《「脫亞」の明治維新》	田中彰			
《石門心学》	柴田實編			
《石門心学史の研究》	石川謙			
《石門心学史の経済座思想》	竹中靖一			

〈儒家思想與日本近代化：澀澤榮一的個案探討——並試論和魂洋才與中體西用之差異〉

徵引書目	作者	文庫館藏出版項	藏	戴國煇文庫相關館藏
《雨夜談：澀澤榮一自傳》	澀澤榮一		是	《雨夜談：澀澤榮一自傳》（東京：岩波書店，1984）
				《論語と算盤》（東京：国書刊行會，1985）
《澀澤榮一全集》（1930）	澀澤榮一		否	
《論語講義》	澀澤榮一		否	

《青淵百話》	澀澤榮一		否	
《澀澤榮一傳》（1939）	幸田露伴		是	
《よみがえる論語》	色部義明		是	《中国私記》（東京：福武，1984）
				《指導者論としての「論語」：先哲に学ぶ経営者の条件》（京都：PHP研究所，1983）
				《現代中国の屈折：近代化のゆくえ》（東京：学生社，1989）
				《私の歩んだ金融史：銀行生活五十年の出会い》（東京：日本経済新聞社，1982）
《名著─その人と時代─青淵百話》	長幸男		否	《実業の思想》（東京，筑摩書房，1964）
				《石橋湛山：人と思想》（東京：東洋経済新報社，1974）
				《テマ一九三〇年代の思想と社会》）（東京：リブロポト，1983）
				《テマ人文学の方法》（東京：リブロポト，1982）
				《テマ人日本思想の課題》（東京：リブロポト，1983）
				《テマ科学論の現在》（東京：リブロポト，1984）
《澀澤榮	土屋喬雄		否	《お雇い外国人》（東京：鹿島研究

一傳》1955				所出版會，1976）
				《日本資本主義史上の指導者たち》（東京：岩波書店，1939）
				《近代日本の政商》（東京：経済往來社，1968）
《大塚久雄著作集》	大塚久雄		是	《大塚久雄著作集》（東京：岩波書店，1969〜1986）
				《宗教改革と近代社会》（東京：みすず，1983）
				《社会科学の方法》（東京：岩波書店，1966）
				《共同体の基礎理論》（東京：岩波書店，1970）
				《国民経済：その歴史的考察》（東京：弘文堂，1965）
				《ウェバ》（東京：中央公論社，1988）
				《意味喪失の時代に生きる》（東京：日本基督教団出版局，1979）
				《欧洲経済史》（東京：弘文堂，1961）
				《歴史と現代》（東京：朝日新聞社，1979）
				《生活の貧しさと心の貧しさ》（東京：みすず書房，1978）
				《社会科学における人間》（東京：岩波書店，1977）

				《近代化の人間的基礎》（東京：筑摩書房，1968）
				《近代資本主義の系譜》（東京：弘文堂，1957）
				《西洋経済史》（東京：筑摩書房，1977）
				《西洋経済史講座》（東京：岩波書店，1960～1962）
				《「甘え」と社会科学》（東京：弘文堂，1976）
				《プロテスタンティズムの倫理と資本主義の精神》（東京：岩波書店，1955）
				《マックス・ウェバ研究》（東京：岩波書店，1965）
				《マルキッズム》（東京：筑摩書房，1965～1966）
《中國的宗教：儒教與道教》	韋伯		否	韋伯著、石山俊一編注，《卒業》（東京：篠崎書林，1976）
《帝國主義下的台灣》	矢內原忠雄		是	《帝國主義下の台灣》（東京：岩波書店，1929）
				《矢內原忠雄全集》（東京：岩波書店，1965）28、29冊
				《植民政策研究》（東京：岩波書店，1963）
				《植民政策講義及論文集》（東京：

				岩波書店，1943）
				《南洋群島の研究》（東京：岩波書店，1935）
				矢内原忠雄編，《新渡戶博士文集》（東京：田島道治，1936）
				《日本帝國主義下之台灣》（台北：海峽學術出版社，1999）
				《現代日本小史》（東京：みすず書房，1952）
《日本教育思想史研究——和魂洋才說》	加藤仁平	收入於《和魂洋才說》（東京：汲古書院，1987）	是	《藤樹学の発展とその意義》（東京：渾沌社出版部，1933）
《二十一世紀は日本、台湾、韓国だ：いま東アジアガ世界をソ？ドする》	中嶋嶺雄	東京：第一企画，1986	是	《三つの中国：連繫と相反》（東京：日本経済新聞社，1993）
				李登輝、中嶋嶺雄著；駱文森、楊明珠譯，《亞洲的智略》（台北：遠流出版公司，2000）
				パトリック・サバティエ著；花上克己譯；中嶋嶺雄監修，《最後の龍：鄧小平伝》（東京：時事通信社，1992）
				《失われた中国革命》（東京：新評論，1980）
				《戦後資料日中関係》（東京：日本評論社，1970）

				Roxane Witke 著；中嶋嶺雄、宇佐美滋譯，《江青》（京都：パシフィカ，1977）
				李登輝、中嶋嶺雄著，《アジアの知略：日本は歴史と未來に自信を持て》（東京：光文社，2000）

講評

◎張崑將[*]

　　陳瑋芬教授的〈台灣・日本・亞洲──戴國煇教授的近代日本思想史論一考〉論文，涉及到戴國煇教授的「亞洲文化論」，是頗為宏觀且特殊的主題，也讓我們在此可以專注於戴國煇教授到底有什麼樣的「亞洲文化論」。

　　本論文替我們鮮明地勾勒出戴國煇教授從台灣史、日本史的研究出發，進而思考「亞洲文化論」，可說由微觀到宏觀，也抓住作者比較擅長的近代日本思想史專業，企圖理出戴國煇教授的亞洲文化論。如所周知，一般對戴教授的研究，只會注意到他是台灣史、日本史的研究專家，很少注意到他對亞洲的整體思考之研究，尤其 21 世紀是正值亞洲崛起的時代，我們甚至可以說戴國煇教授是台灣學者中最早注意東亞論或亞洲論的先驅者，這當然與他長年在日本學界所受到的刺激息息相關。作者這篇文章在這樣有意義的紀念會上，相當更能凸顯戴國煇教授當年宏遠的洞見觀察。如果戴國煇教授尚在人世，對於現在的亞洲崛起，特別是中國崛起的現象，必然會一貫地以其犀利且批判性的立場，提供給我們文化界、政治界值得參考的見解。以下我針對本篇論文的「史料運用」及亞洲文化論述的「方法論」兩項課題，提出我個人的淺評。

　　首先在「史料的運用」上，本篇探討戴教授的亞洲文化論，運用的主要史料，是論文中第三頁的五篇文章，我個人覺得還可以再補充，甚至戴教授有關東南亞相關的研究，也應一併包括進來，如此才能比較完整地看出戴國煇教授的「亞洲文化論述」。同時這個表，我也覺得是否應按照其年代排比，增加一個年代排序，也許會令人更清

[*] 國立台灣師範大學東亞文化暨發展學系副教授。

楚戴教授在什麼樣的時代關心了亞洲論的什麼樣的課題，或是在什麼樣的機緣下寫了這些文章，這對我們脈絡化地看戴教授的亞洲文化論，應該是很有幫助的。

另外，在《台灣結與中國結》書中〈第四章　身分與立場〉一文，其中提到一本戴教授早年思考的文庫本《新亞洲的構圖──尋求創造芳鄰關係》（教養文庫，社會思想社，1977），是摘錄《與日本人的對話》（社會思想社，1971）、《日本人與亞洲》（新人物往來社，1973）、《討論日本之中的亞洲》（平凡社，1973）、《境界人的獨白》（龍溪書舍，1976）等書中的相關亞洲論述的文章，從書名叫「新亞洲的構圖」來看，戴教授從 1970 年代就思考「亞洲論」，這一文庫本，我覺得是探討戴教授的「亞洲論」或「東亞論」不可缺少的參考著作。

其次，本論文在點出戴教授有關各別的台灣論、日本論、中日比較的論述之後，對於戴教授在「亞洲文化論」的論述上，有無一種鮮明的「方法論」可以來涵蓋戴教授的「亞洲文化論」，亦即當我們閱讀完這篇文章後，似乎好像還要問「到底戴國煇教授對亞洲的文化論述有無一完整且長期關心的方法論？或是在亞洲論上戴國煇教授只是點綴一下而已？」在這篇文章中，作者似乎意有未盡，還沒有來得及處理這個問題。我個人認為是有的，理由有二：

一、只要我們觀察戴國煇教授的台灣史研究、日本研究的立場，戴國煇教授的亞洲論也絕不出這樣的批判反省論的亞洲論。

二、只要我們從戴國煇教授的一生是處在「一身三世」（日據、國民黨、解嚴後）、「一身兩地」（台灣與日本）的際遇來看，戴國煇教授的亞洲論必然也是與他所終身抱持的「出身的尊嚴」、「民族的尊嚴」、「學術的尊嚴」之立場一致。

因此，我們從戴教授研究亞洲一貫的立場，用他自己的話來說，是鮮明地「站在和平的動機」的一種反省批判論，從這樣的亞洲論述來看的話，因其追求「和平」（而不是緬懷過去大中國或大日本帝國），所以必然對過去歷史違反和平的論述或歌頌舊時代的英勇，往往批判

不遺餘力；因其是「亞洲論」，故必然是透過「比較的立場」而得出的論點。因此，我們若要爬梳戴國煇教授的亞洲論，首先它必然是「歷史性的批判反省論的亞洲論」，而其應用往往是用一種他所謂的「總體的、有機的、有生命的結構來把握非常複雜的歷史面貌」（參氏著〈歷史與社會新探——藉琉球、阿爾薩斯、魁北克的比較研究來看台灣問題〉一文），因而也可以稱之為「多層比較且有機的亞洲論」。這種「亞洲論述」乃奠立在日本走過「大東亞共榮圈」、中國長期自認為「亞洲中心」的民族的、歷史的論點而發，用戴教授的話來說，以上這些都屬於「低層次、低醒覺的自我陶醉」（同前文）的不健康之認識論。因此，戴教授提倡所謂的「整體的研究」，其理想是要透過兩部分：一是歷史的社會科學，以社會經濟史為重心。另一是歷史的人文科學，他所謂的「心理歷史學」，包括精神分析學、社會心理學、深層心理學等。這個研究方法論，不僅是用之於台灣史、日本史的研究，也當然適用於戴國煇教授的「亞洲論」。我覺得要談戴教授的「亞洲文化論」，可從上述的觀點去把握其「方法論」。

　　最後，我注意到在《台灣結與中國結》一書中的封面，其中有一張照片是與魯迅研究專家竹內好的同遊合照，而我們知道竹內好是很有名的「亞洲論」者，發表了像〈方法としてのアジア〉、〈中國的近代和日本的近代〉（1948）等著名的亞洲論述，指出日本在近代的發展中既不是東洋，也不是歐洲，而是「什麼都不是」、「日本是在東洋諸國中最不東洋的」的論點。我覺得到目前為止，似乎少有人提到戴國煇教授與竹內好的學問關係，而如果探討戴國煇教授的亞洲論或東亞論，其與竹內好所提出的亞洲論又有何關連與不同，我覺得是個值得關注的課題，也可以令人充分了解戴教授對亞洲論的思考，竟與日本當代的亞洲論者同步，只是他是從台灣的立場出發思考的亞洲論，必然與竹內好等當代的亞洲論有所不同，若能釐清或比較戴教授與竹內好的亞洲論，將更能凸顯身為台灣學者的戴教授在亞洲論述上的先驅者之地位與意義。

戴國煇的亞洲觀與中日關係

◎蔡增家[*]

摘　要

　　本文嘗試從戴國煇教授的亞洲觀出發，解構戴教授眼中的日本與亞洲關係，以及日本與中國的關係。本文認爲戴國煇教授所鋪陳的亞洲觀是一個相互對等、相互理解以及相互包容的亞洲觀，而他認爲日本在戰後以來之所以無法完全融入亞洲，最重要的便是日本仍然以過去的「強國─弱國」、「進步─落後」的二分法來看待亞洲各國。另外在日本與亞洲的關係，本文也將以戴國煇教授所提出日本人長期以來所存在的「依賴的結構」爲主體，來解構日本對亞洲的外交政策以及中日關係。本文發現雖然戴教授已去世多年，但日本外交政策的發展軌跡，卻仍然穩穩地依循著戴教授的思維與脈絡，本文將以 2001 年之後小泉純一郎時期的「新保守主義」，與民主黨上台後所倡導的「亞洲共同體」爲例證。

　　關鍵詞：亞洲觀、依賴的結構、新保守主義、亞洲共同體、戴國煇、日本

[*] 國立政治大學國際關係研究中心亞太所所長。

從經濟大國日本的經濟活動來看，與其把日本定位為亞洲的日本，毋寧是已經成為世界的日本了。即使如此，許多日本有識之士在心情上，比之「世界之中的日本」，更願選擇「亞洲之中的日本」為課題。

——戴國煇，〈亞洲之中的日本〉

我認為要創造出應有的日本與亞洲善鄰友好關係的前提條件，首先要把支撐「依賴的結構」亞洲情念的精神土壤，相互挖除崩解。我們與日本人如要構築真正的連帶，只有加深相互的理解，切斷各自體質中依賴的清念，然後不問國之大小、民族之多寡，以同等、同格交往，把各自民族所擁有的文化價值互相容許始有可能。

——戴國煇，〈憂慮新亞洲主義的抬頭〉

一、前言

從過去以來，大家都知道戴國煇教授是一位相當有名的台灣史學者，戴教授從世界的視野重新詮釋台灣人及台灣的地位，他認為台灣應該徹底清理日本殖民體制的遺毒，並從思想、文化上擺脫戰前遺留下來的日本價值觀，與戰後形成的美國價值觀，不要再淪為日、美帝國主義的精神奴隸，來重建中華民族自覺的主體意識，戴國煇教授的台灣史觀，無疑為現代的台灣史研究注入一股新的思潮。[1]

但是在另一方面，戴國煇教授也是一位知名的日本研究學者，他以在日本居住長達 40 年的觀察，從日本人眼中的亞洲觀來詮釋日本的對外政策，在《戴國煇全集》當中，便有一卷專門探討日本與亞洲之間的關係，而戴國煇教授從過去以來，便不遺餘力地批判日本殖民主義與軍國主義思想，他認為日本從 19 世紀末以來，所建立在「脫

[1] 戴國煇，〈我觀「中國結」與「台灣結」之爭論〉，《台灣結與中國結——睪丸理論與自立・共生的構圖》，台北：遠流出版公司，1994 年。

亞入歐」的觀念下所產生的「強者的邏輯」，是日本從戰後以來雖然成為世界第二大經濟體，但是卻遲遲無法完全融入亞洲的最主要因素。[2]

　　本文嘗試從戴國煇教授的亞洲觀出發，解構戴教授眼中的日本與亞洲關係，以及日本與中國的關係。本文認為戴國煇教授所鋪陳的亞洲觀是一個相互對等、相互理解以及相互包容的亞洲觀，而他認為日本在戰後以來之所以無法完全融入亞洲，最重要的便是日本仍然以過去的「強國一弱國」、「進步一落後」的二分法來看待亞洲各國。另外在日本與亞洲的關係，本文也將以戴國煇教授所提出日本人長期以來所存在的「依賴的結構」為主體，來解構日本對亞洲的外交政策以及中日關係。而筆者在細讀戴教授的作品之後，卻赫然發現在戴教授去世多年之後，日本外交政策的發展軌跡，仍然穩穩地依循著戴教授的思維與脈絡，本文將以 2001 年之後小泉純一郎時期的「新保守主義」，與民主黨上台後所倡導的「亞洲共同體」為例證。

　　本文主要劃分成五個部分，第一部分為前言，主要敘述本文的研究背景、目的與主要論點；第二部分則是探討亞洲之中的日本，主要從 19 世紀末期，日本國內「脫亞論」與「合邦論」兩大路線的爭辯，來分析日本與亞洲之間的互動關係；第三部分則是解構戴國煇教授所詮釋日本人的亞洲觀，主要從「依賴的結構」這個概念為中心，分析日本與亞洲之間所產生的不對等關係；第四部分則分別從 2001 年小泉純一郎所提倡對美一邊倒政策，以及 2009 年日本民主黨上台之後，所提出「東亞共同體」兩種截然不同的外交路線，來印證戴國煇教授的亞洲觀概念；最後第五部分則為結論，主要從以上四個部分的探討做簡單的結語。

二、亞洲之中的日本：脫亞論與合邦論的爭辯

---

[2] 戴國煇，〈憂慮新亞洲主義的抬頭〉，《戴國煇全集 13》，台北：文訊雜誌社，2011 年 4 月，頁 34。

　　自從 16 世紀江戶幕府時代以來，在鎖國政策下的日本，亞洲一直不是日本人所關注的焦點，就算是在 1867 年明治維新成功之後，亞洲仍然不是日本政治家的首要之選，日本政治家眼中的世界，盡是西方的資本主義體系，以及歐美的富國強兵，而亞洲真正成為日本人的問題，進入日本人的視野，則是在 19 世紀末，當明治維新成功、日本逐漸成為軍事強國，而想學習西方帝國主義亟思對外擴張政策之後。

　　當 1867 年明治維新成功之後，日本逐漸成為亞洲的軍事強權，但是日本的國民，卻尚未有成為一個泱泱軍事大國人民的心理建設，在政治家完成政治、軍事等硬體的建設之後，接下來的心態及想法等軟件工作就必須交給思想家了，而日本思想家就必須要建構一套讓日本「優越」於亞洲其他國家的想法，讓日本成為一個「內外兼備」的軍事強國。

　　在這期間，最有名的當屬於日本思想家福澤諭吉，其在 1885 年所提出的「脫亞入歐論」，而當時福澤諭吉眼中所謂的「亞」，竟然只有包含中國與朝鮮，而缺少了東南亞這一塊，原來日本人與東南亞之間的心理距離，竟是科技發達之後，縮短的物理距離所無法改變的，[3] 在這種「優越」概念的理解下，福澤諭吉所謂的「脫亞」，自然則是要切斷與落後的中國和朝鮮的文化及精神關係，而全心全力去尋求西方進步文明的精神。[4] 福澤的「脫亞、追歐」所型塑的心理優越感，竟在日本一發不可收拾，而這種「優越」的陰影，竟也像個鬼魅般無時無刻的浮現在日本人的心中，一直到今日。

　　但是就在同一個時期，另一位日本哲學家樽井藤吉，也在 1893 年出版了《大東合邦論》，雖然福澤與樽井這兩人，所提出其亞洲觀的時間差距，只有短短的八年，但是樽井藤吉的亞洲觀以及對亞洲的詮釋觀點，則與福澤諭吉的「脫亞論」想法卻是南轅北轍的，福澤建

---

[3] 戴國煇，〈與東南亞的溝通——要國際化先從日本內部做起〉，《戴國煇全集 13》，頁 81。
[4] 戴國煇，〈亞洲之中的日本〉，《戴國煇全集 13》，頁 105。

構的日本與亞洲關係，在地位上是「上下的關係」，而在互動上是「斷鍊的關係」，而樽井所認知的日本與亞洲關係，在地位上是「對等的關係」，而在互動上是「融合的關係」。[5]

樽井藤吉認為日本與亞洲之間，不論在地理上或是道義上都是相當密切的，因此，他認為日本與亞洲國家之間的關係，應該要定位為像「兄弟」般的友誼關係，所以樽井藤吉認為日本不但不能「脫亞」，而且更要「留亞」，樽井所謂的「留亞」概念，便是日本與朝鮮相互合邦，並進一步與清朝進行合縱連橫，形成一個以「亞洲黃種人國的聯邦」。[6]但是從歷史的發展看來，樽井藤吉的想法似乎沒有受到日本人太多的關注，反而被淹沒在日後軍國主義擴張的浪潮當中，一直到2009年日本民主黨上台後，提出「東亞共同體」的概念，才再度把樽井藤吉的想法，從冰封多時的冷凍櫃中重新取出來。

若以現代的國際關係理論來詮釋，福澤諭吉的「脫亞論」比較像是現實主義的概念，而樽井藤吉的「合邦論」則是偏向於理想主義的想法，[7]但若以日本近代史的發展脈絡看來，日本似乎是現實的考量大於理想的勾畫，優越的心理大於平等的對待。而在「脫亞入歐論」及「東亞合邦論」提出一百多年之後的今天，雖然日本在這段期間，歷經了軍國主義擴張、二次大戰戰敗以及戰後的經濟復興，但是日本卻似乎仍然還沒有完全擺脫「脫亞論」與「合邦論」路線爭辯的窠臼。

二次大戰之後日本的外交政策，便一直是擺盪在「美國派」與「亞洲派」之間，「美國派」主張日本應該在美日同盟的基礎下，一路追隨著美國的外交路線，以保護日本自身的利益與安全，因此，日本可以不必太在意鄰國的感受與觀感；而「亞洲派」則認為日本的地理位置身處於亞洲，日本不論在經濟或文化關係上都與亞洲鄰國息息相

---

[5] 戴國煇，〈亞洲之中的日本〉，《戴國煇全集13》，頁104。
[6] 戴國煇，〈亞洲之中的日本〉，《戴國煇全集13》，頁106。
[7] Kenneth N. Waltz, *Realism and International Politics* (New York: Routledge, 2008); Robert M.A. Crawford, *Idealism and Realism in International Relations* (New York: Routledge, 2008).

關，因此，日本首要的工作應該是要改善與鄰國之間的關係，例如韓國、中國與東南亞國家，而非一味地追隨遠不可及的美國。而就是因為戰後以來日本的外交政策，一直在「美國派」與「亞洲派」之間游移，這也讓日本與中國之間的雙邊關係，擺盪在衝突與合作之間。[8]

　　例如 2001 年小泉純一郎上台之後，所實施的對美一邊倒政策，讓日本國內興起一片「新保守主義」浪潮，這不但讓日本與中國之間的關係，陷入前所未有的低潮，更讓亞洲國家懷疑日本是否能夠負擔起東亞區域領導者的角色。[9]但很快地在 2009 年日本民主黨上台之後，日本卻又轉為極力倡導「東亞共同體」的概念，希望日本能在美國與中國之間，採取等距的外交政策，並進一步改善日本與中國之間的關係，同時也積極參與東亞區域經濟整合，以維護日本在亞洲地區的經濟利益。[10]

三、戴國煇所詮釋日本的亞洲觀：強者的邏輯與依賴的結構

　　日本的亞洲觀、日本如何看待其亞洲鄰國，一直是日本研究當中最被忽略的議題，當 1970 年代日本成為經濟大國之後，以官方經濟援助（ODA）大量援助中國及東南亞等亞洲鄰國，為何日本仍然無法真正融入亞洲呢？而當大家都以福澤諭吉「脫亞論」來解構日本人的優越感，嘗試以此來分析日本亞洲觀的全貌，卻忽視日本人優越感背後的深層義涵，不論是戰前的軍事優越感，或是戰後的經濟優越感，假若不去分析日本人優越感的來源，則對於日本的亞洲觀將會淪為一知半解。[11]

　　戴國煇教授在「日本與亞洲」的系列論文，便嘗試剖析日本人優

---

[8] 何思慎，《擺盪在兩岸之間：戰後日本對華政策(1945～1997)》，台北：東大出版社，1999年。

[9] 蔡增家，〈從新保守主義論述變遷中的日本防衛政策〉，《遠景基金會季刊》第 8 卷第 3 期，2007 年，頁 91～115。

[10] 蔡增家，〈從政治力學解構日本民主黨的經濟與外交政策〉，《中國政治學報》第 47 期，2010 年 12 月，頁 83～110。

[11] 戴國煇，〈亞洲之中的日本〉，《戴國煇全集 13》，頁 104。

越感背後的深層義涵，他認爲戰後日本的亞洲觀，就是存在著「強者的邏輯」與「依賴的結構」兩種概念，所謂「強者的邏輯」，就是兩國之間存在著上下的不對等關係，亦即統治者與被統治者的關係；而所謂「依賴的結構」，是指兩國之間因爲經濟發展的不平衡，而存在著發展中國家深深依賴著已開發國家的不平等產業結構關係。[12]

　　戴國煇教授認爲自從日本在 1950 年代，依賴著韓戰爆發之後軍事特需，以及 1970 年代的越戰發生之後經濟特需之賜，而快速達成經濟復興的目標之後，日本政府便嘗試透過對亞洲國家提供經濟援助的方式，來擴張其在亞洲地區的市場占有率。換句話說，戴國煇教授認爲日本官方經濟援助的背後，是存在著巨額的經濟利益，因爲只要一個國家接受了日本的官方經濟援助，便要點頭讓日本企業進入該國的內需市場，而日本的官方經濟援助，雖然可以改善被援助國家的基礎設施與生活水平，卻也會讓日本與亞洲鄰國之間的經濟依賴關係愈來愈深，這是亞洲鄰國雖然接受了日本官方經濟援助，但卻並未積極認同日本的主要原因。[13]

　　過去日本對於與亞洲鄰國關係，只重視表面經濟的商業利益關係，而忽視彼此之間的深層文化交流關係，日本認爲是亞洲鄰國要單方面來認識日本文化，而並非是日本要來重新理解亞洲的文化。戴國煇教授認爲日本若要改變這種情況，應該要將過去「強者的邏輯」轉爲「共存的邏輯」，將日本與亞洲鄰國的互動關係，從之前上下的不對等關係，轉化爲橫向的對等關係，也就是互惠、互利的關係。[14]在另一方面，日本也要將過去的「依賴的結構」轉化爲「互賴的結構」，透過經濟援助與文化交流這兩種方式，將日本與亞洲鄰國的關係，從之前的單向式經濟依賴關係，轉變爲雙向式的經濟文化互賴關係。[15]

　　從過去以來，日本與亞洲鄰國之所以發生關係，是因爲日本對外

---

[12] 戴國煇，〈憂慮新亞洲主義的抬頭〉，《戴國煇全集 13》，頁 34。
[13] 戴國煇，〈與東南亞的溝通——要國際化先從日本內部做起〉，《戴國煇全集 13》，頁 82。
[14] 戴國煇，〈憂慮新亞洲主義的抬頭〉，《戴國煇全集 13》，頁 34。
[15] 戴國煇，〈東南亞的虛像與實像〉，《戴國煇全集 13》，頁 11。

發動戰爭，和想要獲得更大的經濟利益，一直到了最近，日本才有人提出以促進彼此之間的文化交流，來改變日本與亞洲鄰國之間偏頗扭曲的互動結構。而戴國煇教授則認為日本對亞洲鄰國的態度，特別是對東南亞諸國，絕少以對等、同格的態度去面對，同時也缺乏以人與人交往為目標的雙向溝通，而日本在當前所指的對東南亞文化交流，它的主要依據仍是歐美的互動方式，只以自己國家利益為中心的思考方式，以經濟企業進入為目標的戰略利益思考。[16]

　　例如從過去以來，日本企業到東南亞販賣機器賺取巨額利潤，但卻從未想到要與該國進行文化交流，而在日本所舉行的文化交流活動當中，所受邀請的文化人也多為歐美人士，這可能是日本覺得不能從文化交流當中，獲得經濟利益的可能也是一項因素考量。但是戴國煇教授卻認為在日本的主要領導人，普遍認為東南亞這些發展中國家並無文化可言，這可能才是主要原因，戴教授認為日本這種過時的偏見，應該要予以矯正，同時只要日本這種錯誤的認知一直存在下去，那麼不管日本人在口號上如何喊亞洲為一體、為了亞洲人要如何等等，都將會淪為空話，日本當然得不到亞洲鄰國及東南亞國家的信任。[17]

　　戴國煇教授認為要創造出應有的日本與亞洲善鄰友好關係的前提條件，首先要把日本支撐「依賴的結構」，這種過時的亞洲概念的精神土壤，相互挖除並與以崩解。我們與日本人如要構築真正的連帶緊密關係，只有加深彼此相互的理解，切斷各自體質中依賴的不對等觀念，然後不問國家之大小、民族之多寡，以同等、同格的互動關係交往，再把各自民族所擁有的文化價值互相容許，如此才有可能發生。[18]

　　因此，從經濟大國日本的經濟活動來看，與其把日本定位為亞洲

---

[16] 戴國煇，〈與東南亞的溝通——要國際化先從日本內部做起〉，《戴國煇全集 13》，頁 82～86。

[17] 戴國煇，〈東南亞的虛像與實像〉，《戴國煇全集 13》，頁 11～12。

[18] 戴國煇，〈憂慮新亞洲主義的抬頭〉，《戴國煇全集 13》，頁 34～35。

的日本，毋寧日本早已經成為世界的日本了。即使如此，許多日本有識之士在心情上，比之「世界之中的日本」，更願選擇「亞洲之中的日本」為課題，畢竟日本在地理上與情感上都是身處於亞洲。[19]而戴國煇教授認為日本在亞洲鄰國眼中，之所以難以贏得信任的真相，便是以「經濟援助」的名目來掩飾其商業利益的目的，而不願真正放下身段去理解亞洲鄰國文化的深層義涵，這讓日本與亞洲鄰國之間，雖然地理位置相近，但是心理上卻出現巨大的隔閡的主要原因。[20]

四、1990 年代後日本新保守主義的源流與崛起

日本自從 1955 年體制以來，在國內政壇存在著三種政治勢力，第一種是以自民黨為主體的親美右派保守勢力，他們鼓吹參與《美日安保條約》，並追隨美國的東亞政策，同時採取美國與亞洲國家並重的外交政策，第二種是以社會黨為主體的反戰左派勢力，他們反對日本與美國簽訂《美日安保條約》，同時也不贊成日本進行再武裝，並認為日本應該採取獨立自主的外交政策，第三種是寄居在自民黨及以無黨籍自居的極右派軍國主義，他們仍然維持過去的皇權思想，鼓吹日本皇國史觀以及強調日本種族的優越性。[21]

這些右翼分子人數雖然不多，但是在日本國內聲音卻相當大，原因在於從戰後以來右翼勢力在日本的政界、經濟界、輿論界及學術文化界都占有相當高的地位，對於日本政府的決策也能產生相當大的影響力，過去在美國政府的刻意支持下，日本政壇一直是以右派保守勢力為主流，這種右派保守勢力不但維繫著自民黨在戰後的長期執政，

---

[19] 戴國煇，〈亞洲之中的日本〉，《戴國煇全集 13》，頁 105～106。

[20] 戴國煇，〈東南亞的虛像與實像〉，《戴國煇全集 13》，頁 13。

[21] 蒲島郁夫，《戰後政治の軌跡——自民党システムの形成と変容》，東京：岩波書店，2004年，頁9～11。另外有關日本右派保守勢力文獻，請參閱猪野健治，《日本の右翼》，東京：筑摩書房，2005 年；鈴木邦男，《新右翼——民族派の歴史と現在》，東京：彩流社，2005 年；堀幸雄，《戰後の右翼勢力》，東京：勁草書房，1993 年；犬道是，《右翼運動 100 年の軌跡——その抬頭・挫折・混迷》，東京：立花書房，1992 年；政治經濟学研究会，《「神国日本」大綱：憂国・愛国・救国真正右翼民族主義で国辱的経済破綻か》，東京：政治経済学研究会，2002 年。

同時也讓日本成為美國在東亞地區最重要的盟友。[22]

　　但是冷戰結束之後，在國際環境的轉變下，日本國內開始出現另外一種聲音，他們認為日本地處在東亞地區，應該要積極參與亞洲事務，同時終戰已經 60 周年了，日本也要跳脫過去歷史的包袱，讓日本成為一個正常國家，同時也要積極維護日本的民族利益及實現日本國家戰略，因此，參拜靖國神社及善用朝鮮半島危機來改變日本的防衛政策，則變成呼應新保守勢力主張的主要利器，這便是日本的新保守主義的形成。[23]

　　日本開始出現新保守主義的呼聲始於 1980 年代的中曾根康弘時代，中曾根在其代表著作《新的保守理論》這本書當中，一方面結合自由民主、憲政法治及市場經濟等西方保守主義的價值取向，一方面則結合維護威權、捍衛傳統的日本國家政治核心，1990 年後小澤一郎則進一步將新保守主義加以發揚光大，他在《日本改造計畫》這本書中，主張政治經濟改革及成為正常國家為日本新保守主義在冷戰後世界新秩序當中的所追求的目標，現今新保守主義的主張已經廣為被自民黨內主流派、日本政界及日本國民所接受。

　　另外在 1990 年代日本政壇積極鼓吹新保守主義思維的，便是由日本松下集團創辦人松下幸之助所成立專門訓練政治家的松下政經塾，在當時許多學有專精，同時有志進入政界的日本年輕人都會到松下政經塾上課，以為將來的競選及從政做準備，而 1990 年之後日本國內政局的轉變正好給予這些年輕的新保守勢力蔓延的溫牀。[24]

　　在 1990 年初期，自民黨新生代議員小澤一郎率領大批黨內議員出走另組新黨，形成日本政黨的戰國時代，這不但造成自民黨的垮台，同時也給予新保守主義發揚的空間，當時日本新興政黨紛紛成

---

[22] 佐藤光，《柳田国男の政治経済学——日本保守主義の源流を求めて》，京都：世界思想社，2004 年，頁 6～16。

[23] 張廣宇，《冷戰後日本的新保守主義與政治右傾化》，北京：北京大學出版社，2005 年，頁 3～4。

[24] 出井康博，《松下政経塾とは何か》，東京：新潮社，2004 年，頁 2～7。

立，許多無從政經驗的新人也在這個時候進入政壇，這些二次戰後出身的年輕人，既沒有日本極右派的軍國主義色彩，也沒有自民黨保守的親美思想，更沒有社會黨左派的反戰思想，他們一切以日本的國家利益為導向，以務實的作風來處理日本的外交政策，這種新保守主義投射在外交政策上便是喊出：日本應該要脫離過去的歷史包袱來成為真正的正常國家，同時日本應該要在國際上取得與其經濟地位相等的政治地位。

　　這也是在 1992 年通過《PKO 法案》，並在 1996 年之後日本自衛隊逐漸積極參與國際活動，並且日本也關注周邊國家的軍事動向，同時日本政府在國內也逐漸轉變其防衛政策的最主要原因。舉例來說，這種新保守主義投射在日、中、台三邊關係上，就是這些年輕議員不像過去傳統日本議員對兩岸存在著漢賊不兩立的思考模式，他們大部分既參加我國的日華懇談會，同時也參加中國大陸的日中議員聯盟，在議案上支持中國大陸或台灣與否，一切都以日本的國家利益為考量。因此，有人稱日本在 1990 年代的轉變為日本政壇的第一次世代交替。[25]

　　在第一次世代交替的時候，日本政壇好像正要面臨驚天動地的改變，但是很可惜的是這波世代交替浪潮主要是出現在民主黨、自由黨等其他在野政黨，而並沒有蔓延到自民黨，自民黨在 1993 年之後雖然有許多新人進來，但是他們的背景大多不脫是世襲的政治二世以及官僚體系的族議員，這讓自民黨內的年輕議員雖然年紀輕，卻都是承襲著父兄輩保守思想的枷鎖，這種現象造成保守勢力的自民黨對抗自由勢力的民主黨，日本政壇新舊勢力對抗的現象投射在日本的政策上，就形成我們在 2005 年日本眾議院改選當中，所看到支持與反對小泉祭拜靖國神社的兩種聲浪，以及支持與反對小泉一邊倒親美政策

---

[25] 藤原敏隆，《保守王国の崩壊：平成十年政変の"真実"》，東京：創風社，1999 年，頁22～28。

的兩種聲音。[26]

　　但是 1996 年之後國際環境卻出現相當大的轉變，這股轉變也驅動著日本防衛政策的改變，例如過去在非戰憲法的約束下，日本視強化軍事能力為一項禁忌，右翼團體在過去雖然極力強調日本軍事能力的獨立性，但是卻不被日本社會主流民意所接受，可是在 2001 年反恐戰爭之後，美國東亞政策逐漸產生轉變，美國開始要日本逐步負擔起東亞區域的防禦責任，再加上北韓核武威脅的日漸增強，例如 2001 年 12 月出現在日本鄰近海域的北韓不明船隻，2002 年北韓綁架日本人質事件，再加上中國潛艇出現在東海的日本海域之內，這些因素都強化右翼團體鼓吹日本國家應該要正常化的正當性，也讓右翼團體的主張逐漸被日本主流民意所接受。[27]

　　而國際環境的轉變也逐漸影響到日本國內的政治環境，同時也強化日本新保守勢力的鞏固，例如 1996 年之後左派日本社會黨勢力逐漸瓦解，再加上屬於自民黨內右傾新保守派小泉純一郎的上台，更鞏固日本右翼團體在政壇的勢力，自民黨自 1955 年成立以來，在黨內就一直有「主流派」和「非主流派」之分，主流派強調先經濟、後軍事（例如從吉田茂開始下承池田勇人、佐藤榮作），而非主流派則比較偏向民族主義（例如從岸信介開始下承福田赳夫、中曾根康弘），這也是非主流派出身的小泉上台之後會如此強調日本主體性的最主要原因，從過去中曾根康弘上台之後，立即在 1985 年打破戰後禁忌赴靖國神社參拜來看，從 2001 年以來小泉之所以會連續四年五次參拜靖國神社，我們也就不會感到意外了。[28]

　　2005 年 9 月 11 日日本舉行眾議院選舉，在這場選舉過程當中，小泉趁著郵政民營化的機會——消滅黨內的派閥，同時注入高知名

[26] 町村信孝，《保守の論理——「凛として美しい日本」をつくる》，東京：PHP 研究所，2005 年，頁 1～4。
[27] 文入努，《日米同盟はリアリズムか：純正保守主義による日本本位の功利主義的安全保障論》，東京：本の風景社，2004 年，頁 4～15。
[28] 淺井基文，《戦争する国しない国——戦後保守政治と平和憲法の危機》，東京：青木書店，2004 年，頁 7～12。

度、具有公眾形象，而有別於過去政治二世及官僚體系的候選人，形成日本戰後第二次的世代交替，這次的世代交替徹底改變了自民黨，同時也讓日本朝野新舊保守勢力合流在一起。而日本新保守勢力的崛起對於今後日本的防衛政策會產生何種改變呢？可以預知的是日本會更積極參與亞洲事務，也會持續邁向一個正常國家，並積極爭取成為聯合國常任理事國，在日、中、台三邊關係上，日本會以更務實的態度來看待兩岸關係，一切以國家利益為考量，有別於過去冷戰時期親中、親台的壁壘分明。總而言之，經過這次戰後最重要的選舉之後，日本總算是歷經真正的世代交替，同時也讓朝野的新保守勢力逐漸的合流，這股強大的力量正在驅使日本改變，尤其是在日本以改變防衛政策來追求正常化國家。[29]

五、日本民主黨的外交主張：從「脫亞入歐」到「親美入亞」

在日本民主黨於 2009 年 9 月贏得政權之後，民主黨的首任總理大臣鳩山由紀夫本身是理工科出身，同時繼承父親的政治志業，再加上選區是在農業為主的北海道，所以鳩山在過去的從政歷程當中，大部分都關注日本的內政及農業問題，對於日本的外交政策與議題，則並沒有太多的主張與想法，因此，鳩山在 2009 年 5 月接任民主黨黨魁之後，便借重外交戰略學者的諮詢來強化其在外交議題的能見度，而鳩山最重要的外交智囊便是寺島實郎及神原英資，尤其是寺島實郎，他有「鳩山的大腦」之稱，同時也是民主黨競選時的政權公約中外交政策的主要策劃者。[30]

而除了鳩山之外，若要了解日本民主黨的外交主張，本文認為可以從民主黨競選時的政權公約、新任外務大臣岡田克也的政治主張，以及民主黨外交智囊的說帖三個面向來分析。

---

[29] 土山實男，《安全保障の国際政治学》，東京：有斐閣，2004 年，頁 10～18。
[30] 板垣英憲，《鳩山家の使命：民主党鳩山由紀夫の夢と構想》，東京：サンガ新書，2008 年，頁 158～162。

　　首先在民主黨的政權公約方面：民主黨在這次國會大選中曾經提出政權公約，在這份政權公約的外交政策中，在對美關係上，民主黨主張構築更緊密、更對等的美日同盟關係，同時應該修正日美地位協定，並以沖繩縣民爲基礎討論駐日美軍基地的問題，在經濟上要積極推動簽署美日自由貿易協定；在亞洲問題方面，民主黨主張與中國、韓國等亞洲鄰國建立相互信賴的關係，並全力強化日中關係，在這種基礎上，鳩山上台之後，其內閣閣員不會再去參拜靖國神社，民主黨也希望能以建立新館來永久解決靖國神社的問題；另外民主黨也將強化對亞洲的外交，並以 FTA 爲基礎來構築東亞共同體。[31]

　　其次在新任外務大臣岡田克也的政治主張方面：鳩山內閣的新任外務大臣岡田克也是民主黨內著名的政策通，通產官僚出身的岡田不但對經濟政策相當有研究，同時對於安全保障等國際問題也相當有興趣，[32]岡田在擔任民主黨黨魁時期，曾經嚴厲批判小泉對美一邊倒的外交政策，並稱小泉純一郎的外交政策已經走投無路，同時中日、日韓關係惡化的結果是日本外交上的失敗，他認爲日本應該在日美關係的基礎上，推進重視亞洲的外交政策；在對中國政策上，岡田認爲日美同盟雖然是日本的外交基軸，但是如果不能與中國保持良好的關係，那麼對日本的經濟和政治作用都有損害，他把中、美、日三國的合作視爲未來亞洲和世界安全與繁榮的保證，也是日本在國際上能夠發揮更重要作用的條件。因此岡田被視爲民主黨內的親中派。[33]

---

[31] 〈政權交代：国民の生活が第一〉,《民主党の政權公約マニフェスト》，東京：民主党出版，2009 年，頁 22～23。

[32] 1990 年 2 月，岡田克也做爲自民黨新人首次參加日本第 39 屆眾議院大選，1993 年 6 月，便隨小澤一郎、羽田孜等一起脫離自民黨，成立了新生黨，1994 年 12 月，岡田克也又隨新生黨一起加入新進黨，1997 年，日本政界「破壞王」小澤一郎操縱新進黨解散，岡田克也一度與小澤一郎產生對立，參加了鹿野道彥組織的「國民之聲黨」。該黨旋即與羽田孜的「太陽黨」、細川護熙的「五人黨」合併爲「民政黨」。1998 年 4 月，岡田克也隨「民政黨」一起加入民主黨，這是他參加的第六個政黨了。〈日本准外相岡田克也辦公室掛孫中山手書橫幅〉，海峽資訊網，http://www.haixiainfo.com.tw/69296.html（2011 年 3 月 10 日進入）。

[33] 1999 年，他就做爲民主黨青年議員訪華團的團長訪問了北京與河南等地，此後開始追求實現每年訪問中國的目標。在參拜靖國神社問題上，岡田克也多次明確要求時任首相小

　　最後是民主黨外交智囊的說帖：在自民黨長期一黨執政之下，支持民主黨的學者並不多，目前民主黨在國內政策議題上，主要依賴政策學院大學教授飯尾潤以及北海道大學的山口二郎，在外交政策上，主要依賴有「鳩山大腦」之稱的寺島實郎，寺島目前擔任日本多摩大學校長、三井物產戰略研究所會長以及日本總和研究所，[34]他在外交構圖上最重要的便是「親美入亞」的主張，這項主張認為：日本對美國的外交關係應該要秉持兩大原則，一是與美國建立「大人的關係」，二是「不讓美國被亞洲孤立」。所謂的大人關係，是重新評估美日安保同盟的定位；而不讓美國被亞洲孤立，最重要的是「親美入亞」。寺島實郎的外交主張與亞洲觀深深影響著民主黨的外交政策。[35]

　　由以上分析我們可以發現民主黨的外交政策實是有以下三項特色。

　　首先是從過去對美國一邊倒到採取美日對等地位：民主黨與過去自民黨的外交政策最大不同便是在對美國的政策，民主黨認為應該要在美日同盟的框架下，修正從 1990 年以來對美一邊倒的政策，日本不應該盲目追隨附從美國的東亞政策，日本與美國在同盟當中應該是對等的地位，而並非附屬的地位，這樣美日兩國才能建立彼此互信的基礎，因此，民主黨美日同盟的框架不應改變，但是應該要修改美日

泉純一郎停止參拜，特別指出如果沒有得到中國方面的理解就不要去參拜。在東海油田問題上，岡田克也認為「應該在建立信賴關係的基礎上通過對話解決」。在北京申辦奧運會成功以後，岡田克也曾經出任日本國會支持北京奧運會議員聯盟的副會長。〈日本准外相岡田克也辦公室掛揷中山手書橫幅〉，海峽資訊網，
http://www.haixiainfo.com.tw/69296.html（20011 年 3 月 10 日進入）。
[34] 寺島實郎畢業於早稻田大學政治學研究所，離開學校之後進入三井物產工作，從 1980 年開始在報章雜誌上發表言論，早期被日本學界視為親美派大將，但是在九一一事件爆發之後，寺島開始對美國布希政府進行強烈的批判，並批評小泉派兵伊拉克的決議，從此開始主張日美同盟應該要導入中國的角色，主張日中美的等邊外交關係，並認為日本有必要更加認識其亞洲鄰國。ミンシュランリタイヤ，《民主黨 WHO's WHO：政権交代人物ガイド》，東京：第三書館，2009 年，頁 157～158。
[35] 黃菁菁，〈美日中應建立正三角關係〉，《中時電子報》，2009 年 9 月 11 日，
http://news.msn.com.tw/news1411344.aspx。

地位協定，在沖繩及橫須賀住民的角度思考重新檢討駐日美軍的地位，同時日本不應該派兵伊拉克及阿富汗支援美軍部隊，而應該以人道的角度幫助伊拉克及阿富汗政府展開重建工作。[36]

　　其次是從過去美日中不對等關係轉向美、日、中的對等關係：民主黨認爲過去自民黨政府過度重視美國，而輕忽亞洲的鄰國，特別是中國與韓國，這讓日本與周邊國家的關係遲遲無法改善，也讓日本與中國之間的關係一直處於官方熱、民間冷的特殊景象，同時也讓日中之間的歷史問題與東海油田問題遲遲無法解決，因此，民主黨主張應該在中日互惠性戰略夥伴關係的框架下，強化日本與中國之間的外交關係，重新建立日本與中國之間的相互信賴感，在歷史問題上，民主黨主張應該以 1995 年的「村山談話」爲基準，並從根本解決靖國神社的問題，讓日本在美國以及中國之間採取更爲對等的關係，這才符合日本的國家利益。[37]

　　最後是從過去的美國派迴盪到亞洲派：這幾年東亞區域經濟整合方興未艾，2010 年中國—東協自由貿易協定開始實施，2012 年東協加三的框架開始成形，而過去日本一直顧忌於美國的東亞政策，而對於一個沒有美國的東亞區域整合顯得興趣缺缺，這是不利於日本與亞洲鄰國經濟關係的開展，也不利於日本國家整體經濟的發展，因此，民主黨主張日本應該要重新回到亞洲，同時民主黨也提出建構東亞共同體的概念，讓日本以官方開發援助的模式協助東南亞後進國家發展經濟，由此可見，今後日本的官方開發援助政策將從過去輔助美國全球戰略布局的角色，轉變成爲提升日本在亞洲地區影響力的工具。[38]

六、結論

　　從 1980 年代之後，日本一直是亞洲地區唯一的先進工業國家，

---

[36] 〈政權交代：国民の生活が第一〉，《民主党の政権公約マニフェスト》，頁 22。
[37] 〈政權交代：民の生活が第一〉，《民主党の政権公約マニフェスト》，頁 23。
[38] 〈政權交代：国民の生活が第一〉，《民主党の政権公約マニフェスト》，頁 22。

也是亞洲國家重要的技術及資本的來源,日本原是可以像德國在歐洲經濟整合當中的角色一樣,在東亞區域經濟整合當中扮演重要的推手,但是在戰後日本對美國一邊倒的外交政策下,日本遲遲不願意在東協加三或是東協加六上,扮演更積極的角色,這讓日本錯過 2000年之後東亞區域經濟整合的大好時機,而日本在亞洲區域經濟領導者的地位,在中國經濟崛起之後,也為中國適時所取代。

其實亞洲國家早已不再是日本眼中的貧窮、落後的象徵,中國在2011 年超越日本成為世界第二大經濟體便是最好的例證,而日本在錯過東亞區域整合的班車之後,選擇加入由美國所領導的《跨太平洋經濟夥伴協定》(TPP),與中國所主導的東協加三相互抗衡,日本的地理位置雖然沒有改變,但是從心理層面來看,日本距離亞洲似乎已經愈來愈遠。

從戴國煇教授對日本與亞洲的概念當中,我們可以發現戴教授希望日本能夠拋棄過去殖民時期的「強者的邏輯」與「依賴的結構」的心態,打破過去以「經濟援助」的名目來掩飾其商業利益目的的作法,真正放下身段去理解亞洲鄰國文化的深層義涵,真誠的與亞洲鄰國進行心與心相互溝通的文化交流,唯有如此日本才有可能真正的融入亞洲。

戴國煇教授所勾畫的日本亞洲觀藍圖,最近似乎已經開始逐漸浮現了,近幾年日本外交政策的發展軌跡,似乎在緩緩依循著戴教授的思維與脈絡,例如自從 2005 年中日緊張關係發生之後,日本也開始積極推動中日雙邊的文化交流,希望從文化交流來改變中國下一代對日本的刻板印象與認知,而日本民主黨上台之後,其所推動的「亞洲共同體」概念,也是以「文化外交」為其主要重點,在國際化及全球化的浪潮下,日本人的亞洲觀是已經逐漸在改變,只是這種改變在日本國內好像還並不太普遍。

參考書目

網頁資料

- 黃菁菁，〈美日中應建立正三角關係〉，《中時電子報》，2009 年 9 月 11 日，http://news.msn.com.tw/news1411344.aspx。
- 〈日本准外相岡田克也辦公室掛孫中山手書橫幅〉，海峽資訊網，http://www.haixiainfo.com.tw/69296.html（2011 年 3 月 10 日進入）。

中文專書

- 何思慎，《擺盪在兩岸之間：戰後日本對華政策（1945～1997）》，台北：東大出版公司，1999 年。
- 張廣宇，《冷戰後日本的新保守主義與政治右傾化》，北京：北京大學出版社，2005 年。
- 戴國煇，《台灣結與中國結——罌九理論與自立‧共生的構圖》，台北：遠流出版公司，1994 年。

英文專書

- Crawford, Robert M.A., *Idealism and Realism in International Relations* (New York: Routledge, 2008).
- Waltz, Kenneth N., *Realism and International Politics* (New York: Routledge, 2008)

日文專書

- 蒲島郁夫，《戦後政治の軌跡——自民党システムの形成と変容》，東京：岩波書店，2004 年。
- 猪野健治，《日本の右翼》，東京：筑摩書房，2005 年。
- 鈴木邦男，《新右翼——民族派の歴史と現在》，東京：彩流社，2005 年。
- 堀幸雄，《戦後の右翼勢力》，東京：勁草書房，1993 年。

- 天道是，《右翼運動 100 年の軌跡——その抬頭・挫折・混迷》，東京：立花書房，1992 年。
- 政治経済学研究会，《「神国日本」大綱：憂国・愛国・救国真正右翼民族主義で国辱的経済破綻か》，東京：政治経済学研究会，2002 年。
- 佐藤光，《柳田国男の政治経済学——日本保守主義の源流を求めて》，京都：世界思想社，2004 年。
- 出井康博，《松下政経塾とは何か》，東京：新潮社，2004 年。
- 藤原敏隆，《保守王国の崩壊：平成十年政変の"真実"》，東京：創風社，1999 年。
- 町村信孝，《保守の論理——「凛として美しい日本」をつくる》，東京：PHP 研究所，2005 年。
- 文入努，《日米同盟はリアリズムか：純正保守主義による日本本位の功利主義的安全保障論》，東京：本の風景社，2004 年。
- 淺井基文，《戦争する国しない国——戦後保守政治と平和憲法の危機》，東京：青木書店，2004 年。
- 土山實男，《安全保障の国際政治学》，東京：有斐閣，2004 年。
- 板垣英憲，《鳩山家の使命：民主党鳩山由紀夫の夢と構想》，東京：サンガ，2008 年。
- 〈政権交代：国民の生活が第一〉《民主党の政権公約マニフェスト》，東京：民主党出版，2009 年。
- ミンシュランリタイヤ《民主党 WHO's WHO：政権交代人物ガイド》，東京：第三書館，2009 年。

中文期刊

- 蔡增家，〈從新保守主義論述變遷中的日本防衛政策〉，《遠景基金會季刊》，第 8 卷第 3 期，2007 年，頁 91～125。
- 蔡增家，〈從政治力學解構日本民主黨的經濟與外交政策〉，《中國政治學報》，第 47 期，2010 年 12 月，頁 83～110。

單篇論著

- 戴國煇,〈憂慮新亞洲主義的抬頭〉,《戴國煇全集 13》,台北:文訊雜誌社,2011 年 4 月,頁 31~42。

- 戴國煇,〈亞洲之中的日本〉,《戴國煇全集 13》,頁 103~108。

- 戴國煇,〈與東南亞的溝通——要國際化先從日本內部做起〉,《戴國煇全集 13》,頁 81~89。

- 戴國煇,〈東南亞的虛像與實像〉,《戴國煇全集 13》,頁 5~19。

講評

◎何思慎[*]

　　蔡增家教授發表之鴻文主要聚焦在戴國煇老師之亞洲觀的析論及戴老師的亞洲思想對當前日本的「亞洲外交」有何意義，全文的重點並非著墨於「中」日關係，故建議可將此文之題目改爲「戴國煇的亞洲觀與當代日本的亞洲外交」較符合論文之論述主軸。此外，文中提及「1867 年明治維新成功之後」，應改爲「1868 年明治維新展開之後」以符合日本歷史之發展進程。

　　有關蔡教授在論文中的論點，基本上個人無異見，且透過蔡教授的論文可以令我們進一步發現戴國煇老師當年提出的「亞洲論」歷久彌新，對當前日本與亞洲鄰國間的外交關係仍具現實性之意義，亦可證明在戴老師仙逝十年後，出版他一生之學術著述饒富價值。

　　日本自明治維新以來，在外交上即採「脫亞入歐」，其雖言明自身爲亞洲之一員，但在認同上卻將身分擬化爲「政治上的白人」，站在歐洲的角度，鄙視亞洲，其中特別是同處東亞之中國與韓國（朝鮮），視亞洲爲「他者」（others），而此亦令戰敗後的日本與東亞國家間難以拉近心理上的距離，跨越戰爭或殖民歷史的鴻溝，更令 1990 年代極欲「重返亞洲」，擺正不對等的美日關係之日本困難重重，更遑論主導東亞整合，催生「東亞共同體」。戴老師對「亞洲論」已爲日本找到「重返亞洲」的路徑，日本應揚棄明治維新以來所持的「日本的亞洲」之視角，以「在亞洲的日本」之身分，參與 21 世紀東亞之再造。

[*] 輔仁大學日文系（所）教授兼外交與國際事務學程副召集人。

　　有幸擔任蔡老師論文的評論，並參與《戴國煇全集 22・未結集 3：談日本與亞洲（二）》的校讀工作，使我得以一窺戴老師的「亞洲論」之堂奧，個人獲益良多，亦讓我能跨越時空，成為戴老師之門下，對個人今後之「日本研究」有莫大助益。

　　戴老師生前在學術上從不媚俗，趨炎附勢。誠如戴師母於老師全集發表會上所言，戴老師在各方政治勢力中皆不討好。然而，良心常不在多數，而在少數。戴老師為華人中少見的「知日派」，從老師的研究中，亦可讓在歷史上曾被日本殖民半世紀，且戰後於國際政治中遭日本背叛的台灣找到對日發言的位置，忝為「日本研究」學界的末學，應師從國煇老師「亞洲論」之視角，做一位敢對日本講真話的「諍友」。

1950 年代冷戰影響下的橫濱中華學校與東京中華學校

◎陳來幸[*]撰・李毓昭譯

前言

　　從許多層面來看，戰後日本的華僑社會研究都饒富趣味。第一個是來自於從戰爭剛結束到 1949 年為止，華僑社會直接或間接地受到中國國共內戰終於有結果的影響。影響之大與兩國地緣接近也有關係。第二個是台灣人以日本國民的身分，自戰前即普遍定居在日本各地的台灣人取得中華民國國籍，加入華僑社會，而形成的固有影響。而其勢力能與戰前既有的舊華僑社會相抗衡也是一個重要因素。第三個是日本的華僑社會是在敗戰國的社會中，以戰勝國外國人的身分復興，是形成過程很特殊的社區。因為日本在 1952 年 4 月之前是處在聯合國總司令部（GHQ）的占領下，複雜的間接統治體制造成的特殊性是應該提出的。再加上韓戰爆發，國共兩黨陣營的對立被放進東亞的冷戰結構中，日本政府的對中政策和對華僑政策因此與美國的遠東戰略有微妙的連結。要了解戰後日本華僑社會的本質，「台灣人」和「冷戰結構」或許可以說是兩個關鍵詞彙。戴國煇先生是在 1955 年來日本留學，正好是 GHQ 占領結束，華僑社會受到冷戰影響，而有兩分、三分的離心力在作用的時期。戴先生在著作中首先提出的台灣人身分認同[1]，或許是他以他者身分，在如此複雜的日本社會中培養出來，進而確定的自我意識。

---

[*] 日本兵庫縣立大學經濟學部教授。
[1] 戴國煇，《台湾と台湾人──アイデンティティを求めて》，東京：研文出版，1979 年。

　　由於資料公開等環境的改善，戰後時期的研究終於得以展開。將焦點放在「台灣人」角色上的分析才剛起步。最近，何義麟[2]、許瓊丰[3]和筆者等人紛紛發表了研究成果。從區域性特色來看，由於神戶存在蒐集資料的據點神戶華僑歷史博物館，以神戶為中心的史料一直在累積，並以貫穿戰前與戰後的台灣商人與華僑商人集中，因此，以神戶為對象的研究比較集中。這些新的研究成果指出，戰後領導華僑輿論的是進步的台灣人知識分子，率先表態支持共黨政權的華僑組織領袖也大半是這些台灣人知識分子[4]，還指出戰後華僑社會的演變與二二八事件也有密切的關聯性[5]。

　　另一方面，我們不能不說，與我們所矚目的「冷戰結構」中的華僑社會有關的歷史分析極為稀少。國民黨與共產黨兩個陣營在爭取華僑社會時，戰況最激烈的地方是華僑學校，因為那是最容易透過思想教育，對年輕華僑灌輸政府或政黨方針的教育現場。許氏的論文（2009b）除了初步整理戰後駐日代表團時期華僑教育基金的成立與經營過程，也描述了以香蕉的不結匯進口來彌補華僑學校經費不足等神戶華僑努力的軌跡，以及圍繞 1958 年校舍重建的問題，華僑社會決定性地背離國民黨政府的過程。換言之，揭露了國民黨對神戶華僑社會失去控制力的經過[6]。

　　本文的宗旨是著眼於整個華僑社會在該背景下的左傾現象，以被視為象徵的事件，亦即 1952 年 8、9 月的橫濱中華學校事件，以及 1953

[2] 何義麟，〈戰後在日台灣人之處境與認同：以蔡朝炘先生的經歷為中心〉，《台灣風物》第60 卷第 4 期，2010 年。
[3] 許瓊丰，〈在日華僑の経済秩序の再編——1945 年から 1950 年代までの神戸を中心に〉，《星陵台論集》第 41 卷第 3 號（2009 年 a）；同〈戰後中華民国政府の華僑政策と神戸中華同文学校の再建〉，《華僑華人研究》第 6 號（2009 年 b）。
[4] 拙文〈戰後日本における華僑社会の再建と構造変化〉，小林道彦、中西寬編著，《歷史の桎梏を越えて》，東京：千倉書房，2010 年；拙文〈在日台湾人アイデンティティの脱日本化：戰後神戸・大阪における華僑社会変容の諸契機〉，《近代アジアの自画像と他者》，京都：京都大学出版会，2011 年。
[5] 許瓊丰，〈戰後日本における華僑社会の再建過程に関する研究——在日台湾人と神戸華僑社会を中心に〉（兵庫縣立大學博士論文），2010 年。第四章主要討論這一點。
[6] 請參照註 3（2009b）。

年、1956 年東京中華學校的改組與重建爲主,描述關東地區華僑社會
的實態。在冷戰結構中,日本各地的情況互有緊密牽連。橫濱學校事
件是共黨政權在北京成立三年後發生的,具有被定位爲前哨戰的重要
性。橫濱山手中華學園編纂的《橫濱山手中華學校百年校誌:1898
～2004》中,將校史上的重要事件傳告後世,亦即位於中華街的橫濱
中華學校在分裂後,山手地區不得不另建校舍,成立橫濱山手中華學
校的始末[7]。那麼中華民國政府做爲另一邊的當事者,對此事件有什
麼看法,整個華僑學校事件又具有什麼樣的歷史意義呢?在此事已發
生超過 50 年的現今,筆者認爲有必要重新從雙方的立場客觀檢討這
個問題。這裡主要利用的是中央研究院近代史研究所檔案館所收藏
的,存放在外交部亞太司日本分部的「日本僑務」、「橫濱僑校」、「東
京中華學校」等檔案。當時,雖然日本和台灣的報紙也針對這個事件
有所報導,並且筆者認爲也有必要從北京政府方面的僑務政策加以分
析,但是,因篇幅關係,拙文將論述重點放在中華民國政府如何分析
這些事件,做出了什麼樣的決策。

一、橫濱華僑學校事件

(一)1952 年橫濱華僑學校事件的始末

　　1945 年 9 月戰爭結束,橫濱中華街化爲廢墟,華僑同心協力,想
要盡快振興。橫濱華僑聯合會(1950 年 6 月改稱爲「華僑總會」)在
中華會館位於山下町 140 號的原址成立,開始進行重建。他們在該地
以 5 月空襲時全毀的中華公立小學堂[8]爲基礎,經營方針從用廣東話
授課改成用北京話授課,並四處募款,隔年 7 月很快就在山下町 142
號蓋好第一期的木造新校舍,橫濱中華小學正式開課,多數教員是當
時聘請的會說北京話的留學生。到了 1947 年春季,有六百多人報名

---

[7] 分裂的母校那邊也有《橫濱中華學院百週年慶紀念特刊》(2000 年)。

[8] 以前有三所學校,分別是與戊戌政變後的康有爲流亡有淵源的橫濱中華學校(大同學
　校)、用廣東話授課的華僑學校,以及由江浙族群設立的中華學校,但因爲 1923 年發生
　關東大地震,三校全毀,廣東小學在隔年的 1924 年重建,改名爲「中華公立小學堂」。

通學，9 月時第二校舍就落成了，於是兼設中學部與幼稚園，在 1948 年正式改名爲「橫濱中華學校」。到了 1949 年 8 月底，第三期校舍的兩層樓鋼筋水泥建築落成，又開設了夜間社會人部[9]。駐日代表團設在東京，而日本正處於 GHQ 的占領政策下，東京、大阪、神戶等大規模的華僑學校有許多都借用日本的小學，好不容易才能重新營運，橫濱華僑卻能憑著意志力獨自建校，應該說是有其獨到之處。

由於在陳文瀾之後上任的校長王瀛爲了建設新中國而返國，繼任的李錫經校長也接著返國後，陳文瀾再度就任校長。陳校長於 1951 年 7 月再度上任時，正是 GHQ 和日本政府正在韓戰的影響下展開「清共活動（red purge）」，對左傾團體提高警戒，中華民國也透過由何世禮團長帶領，人員全面換新的駐日代表團，對華僑社會的管理和掌控政策急速強化的時期[10]。在這段期間，1952 年 1 月陳文瀾到任半年後就辭職，獲得代表團支持繼任的陳繼昌受到教職員的反對，大約兩個月也就不得不去職。從 4 月開始，學校就沒有校長，5 月以後董事長也形同出缺，陷於無法在 7 月舉行畢業典禮的情況。於是在家長們的要求下，教務主任烏勒吉[11]成爲實際處理校務的代理校長，八一事件就在這時發生。

橫濱總領事館僑務處處長等人於 1952 年 8 月 1 日早晨任命王慶仁[12]爲新校長，十多名董事帶著 6 名[13]新任教員，連同 2 名[14]日本人進

---

[9] 橫濱山手中華學校百年校誌編纂委員會，《橫濱山手中華學校百年校誌：1898～2004》，學校法人橫濱山手中華學園，2005 年，頁 92～95。

[10] 關於這一點，詳見陳焜旺主編，《日本華僑・留學生運動史》，日本華僑華人研究会，2004 年。

[11] 本名叫吾勒吉和希格，籍貫內蒙古自治區赤峰，1944 年留日，盛岡農林專門學校畢業。1950 年就任橫濱中華學校教師，歷任橫濱華僑聯誼會、橫濱華僑總會（親大陸系統）副會長等職（可兒弘明、斯波義信、游仲勳編，《華僑・華人事典》，東京：弘文堂，2002 年，頁 52～53）。

[12] 籍貫黑龍江省，1939 年來日，在新潟高田師範學校留學。1940 年加入國民黨，1950 年受聯合國總司令部（GHQ）的請求，由國防部派到日本。1952 年受政府之命，就任橫濱中華學校校長，直至 1960 年爲止。此後，就任多數親台系統華僑組織理事等職（同上，《華僑・華人事典》，頁 66）。據註 14 島田報告，王君原爲內政部調查員。

[13] 「（橫濱總領事館）呈報橫濱僑校經過情形請鑑核由」（11-E A P-02130「橫濱僑校 (1952/7-1953/10)」檔案），頁 21～23。《橫濱山手中華學校百年校誌》中指進入的人有 2

入學校，宣布「接收」橫濱中華學校。多名家長聽到消息，爲了保護學校就前往聚集，新任教員就這樣與家長和舊教員、學生們展開對峙。6 名教員中有 1 名與新校長留在 2 樓的董事長室，另外 5 名被驅趕到也在建地內的商會中。他們在那裡商量對策，聯絡警察，要求派員處理[15]。到了午後 5 點，大約 100 名戴著頭盔的日本警察蜂擁進入學校，命令舊教員離開。「台灣反對勢力借用日本警察的武力占領了中華學校的校舍，並貼上封條，禁止教師、家長、學生出入」[16]的事件就此發生。依照橫濱總領事館的分析，橫濱中華學校確實成了「中共爪牙之陰謀對象」，且認爲「有日韓籍共黨分子在後支持」此次的活動[17]。

　　9 月 1 日是新學期的第一天，在大雨滂沱中，華僑總會講堂聚集了 600 人，正在進行開學典禮時，發生了在橫濱港停泊的台灣海軍突然闖入的事件。各班導師帶著學生走向校舍，進入被新的王校長「占據」一個月的學校，想再開始上課。100 多名持棍棒的日本警察遂包圍他們，雙方發生打鬥，結果警察逮捕了首腦人物，教員和學生被趕出學校。此即「九一事件」。被趕出去的學生和家長們後來在烏勒吉校長的帶領下，分散到市內 14 個地方，做爲臨時教室上課[18]。

　　1953 年 2 月，由台灣人張南海擔任委員長的橫濱中華學校管理委員會與東京華僑總會、中國留日同學總會等團體，共同組成新校舍建設委員會，取得離中華街不遠的山手町 43 號土地，該年 9 月 1 日兩層樓的木造校舍落成。橫濱的中華學校就像這樣在冷戰中直接受到政治性的影響而一分爲二，直至今日。

名便衣警察和 20 名新教員，但實際上是十多名校董、1 名校長、6（乃至 7）名新教員、2 名日本人，以及數名職員。

[14] 「抄島田英二來函摘譯（第 1 號，1952 年 8 月 24 日）：橫濱中華學校接收經過」頁 62。島田報告中指出，王慶仁君偕新任職員 8 名及英二等日籍友人 2 人進入學校宣布接收。
[15] 「橫濱僑校報告書（董事長王嗣鳳）」（同上，「橫濱僑校」檔案），頁 150～155。
[16] 上述《橫濱山手中華學校百年校誌：1898～2004》，頁 108。
[17] 「（橫濱總領事館）呈報橫濱僑校經過情形請鑑核由」（「橫濱僑校」檔案），頁 23。
[18] 上述《橫濱山手中華學校百年校誌》，頁 110～112。

　　山手中華學校公開的來自北京政府的援助款在建設新校舍方面，以僑務委員會主任何香凝的名義捐贈的金額是幾十萬日圓[19]。根據送交中華民國政府外交部的報告書，北京政府提供的補助金估計為31,000美元左右[20]。

（二）中華民國政府的對應

　　在六年內換了五次校長確實是異常狀態。在戰後華僑社會的結構出現大幅變動時，中華民國政府自認為站在管理、統率政府機關和中華學校的立場上，在他們這一邊看來，情況是如何呢？國民黨中央改造委員會第三組在 8 月 9 日接到來自日本的報告，立刻召集總統府、國防部、外交部、內政部、僑務委員會等相關部會的代表，討論橫濱華僑學校的問題。主要內容是：第一，大家確定了一個共識，就是此次的共產黨活動與目前「反動分子」橫暴情形「不是橫濱一校問題」，而是「各地僑校均可能發生」的嚴重問題。第二，要制止這種暴行，「應循外交途徑要求日本政府切實援助」[21]。

　　第三組主任鄭彥棻在 8 月 25 日對外交部長葉公超表示，橫濱華僑學校的經費「向屬自籌，由董事捐助者頗多」，但因為在「此青黃不接之時，尤其與共黨鬥爭時期」，有必要「在教育基金內先撥少數款，以濟眉急」，要求外交部長「速電」駐日大使館[22]。

　　1952 年上半年，當時橫濱中華學校有 815 名在籍學生，33 名教職員，每年需要的經費約 800 萬日圓，其中一半可由學生每月的學費因應。事件發生後，由於繼續上學的學生減少到四分之一，只剩下200 多名（11 月當時），學校的營運陷入困境，不足的部分就由政府以因應緊急情況的方式，從一直不曾動用的教育基金撥款填補。華僑教育基金是在 1949 年 7 月駐日代表團時代時，從賠償物資的相關資

---

[19]　同上，頁 116。
[20]　上述「橫濱僑校報告書」，頁 160。
[21]　「（中國國民黨中央改造委員會第三組代電）橫濱僑校問題談話會會議記錄」，上述「橫濱僑校」檔案，頁 17。
[22]　「（外交部代電稿）關於撥款救濟橫濱僑校教職員事」，同上，頁 36～37。

金中挪出 50,000 美元設立的。有各地華僑募到同額捐款時才能從基金挪用相當額度的限制，而且使用目的也要受限，不是用來充實校舍建築或設施，就是供作優良教員的津貼。實際上，教育基金在 1953 年當時是在完全沒有動用過的情況下支用的，因此成爲眾所矚目的焦點[23]。

　　接到黨與政府的決策，也取得教育部的同意後，外交部就以 9 月 25 日的第 142 號電文，指示駐日大使館從基金撥款 1,500 美元給橫濱中華學校填補經費，後來又同意再次撥款 1,500 美元。1953 年 1 月 13 日當時，基金餘額變成 47,000 美元。這時，教育部應經營困難的學校要求，同意撥款代墊 4,000 美元（以 1 月到 3 月爲限，每月撥款 1,000 美元和預備金 1,000 美元）。因此，大使館於 1 月 24 日追加 1,000 美元的援助，並在 2 月 23 日撥款 800 美元，3 月 24 日撥款 400 美元。這幾次的使用都是因爲有「緊急不得已」的必要性[24]。

　　如上所述，自從 1952 年 8 月事件發生後，可以從史料中確定的挪用教育基金的總額是 5,200 美元。根據橫濱領事館總領事孫秉乾於 1953 年 4 月 6 日的報告，由於政府無法提供更多補助，橫濱中華學校爲了維持營運，東京方面也盡最大的可能努力自助，進行募款等活動。在該年春季，學生人數已增加到 265 人，每月的收入達到 15 至 16 萬日圓。校董會組成的募款委員會每個月都能募集到 10 萬日圓，雖然每個月的經費是 35 萬日圓，還有 10 萬日圓的缺口，但是因 2、3 月時「已節省政府津貼 600 美元」，他們也爲此感到自豪[25]。這份報告所提到的數字可以證明前面所論述的基金撥款數字大致無誤。可以說在這大約半年的期間，事件造成的損害，包含補充備品和修理費在內，都因爲基金的撥款而化解了一時的經營困難。

　　另一方面，這次事件在日本當局方面也有被看作爲日中兩國「反

---

[23]　「（駐日大使館）爲奉電撥付橫濱僑校美金 1,500 元電請鑑核由」，同上，頁 79～80。
[24]　「（駐日大使館）關於僑教基金事電復各情尚請察酌核示由（1953 年 4 月 6 日發）」，同上，頁 223～224。
[25]　「密（濱發 42 字第 0774 號：孫秉乾呈外交部代電）」，同上，頁 219。

共合作之第一步於橫濱中華學校事件時已開始」的一面[26]。8 月 1 日陪同去接收學校的兩名日本人中，有一人是島田英二，他被視爲台灣政府與日本政府攜手建立反共合作體制的重要人物，不只是向台北的國民黨政府遞交兼詳細報告的文件，也向台灣的政府首腦提出與根本方針有關的建言。在事件發生後的 8 月 14 日寫下的第一次島田書信中，他極力主張以日本當局「發動政治力量」建立的反共合作體制爲磐石，而在 9 月 13 日寫下的第二次書信中，他表示已在橫濱「可云已收預期之效果」，並提出見解說，「其次全國各地僑校依天時地利關係，當著手長崎及東京各校，時期以雙十節後爲佳」，至於「共黨勢力最盛，思想鬥爭亦當最烈」的大阪與神戶，應該留到最後「著手爲妥」。不僅如此，島田還說，美國大使館也注意到橫濱中華學校事件，要求提供情報，並曾派美國大使館員至學校視察。他又建議台灣政府「務須有堅定之方針方可不失體面」。具體上的善後措施，則是從駐日大使館的教育基金中暫時撥出 10,000 美元，「以供應變之急需」[27]。

　　總而言之，縱使違背基金運用的規定，也應該爲緊急情況做準備，不只挪用了 50,000 美元的華僑教育基金來維持橫濱中華學校的營運，此決策過程中也有日本與美國的積極建議與參與。

　　橫濱學校事件就像這樣，遠遠超過一個地區的華僑社會爲本國政府與學校的主導權進行鬥爭的層次，演變成將日本與美國捲入的國際關係的焦點。反共陣營這邊當然會強烈意識到，中國共產黨勢力在日本社會的抬頭，也對其在華僑社會的滲透有所警戒。而我們也應該注意到這時國民黨勢力也將警戒的目光對準了日籍與韓籍共產黨員進行國際合作的動向。

（三）以進口台灣香蕉來填補

　　事件發生後，新體制下的橫濱中華學校雖然不斷發生董事長與校

---

[26] 「抄島田英二來函摘譯（第 1 號，1952 年 8 月 24 日）」，同上，頁 62～63。
[27] 「抄島田英二來函摘譯（第 2 號，1952 年 9 月 13 日）」，同上，頁 64。

長對立等矛盾，但黨政府系統的學校已逐漸步入正軌。於是在隔年的 1953 年 9 月，在政府的協助下，將台灣香蕉的優先出口權讓渡給台北大一貿易行（台灣青果輸出同業公會會員）的東京代理店福光公司，獲得 250 萬日圓，可以在校董會的管理下產生每個月 80,000 日圓的利益。這相當於之前政府補助，用來彌補經常費的赤字的金額[28]。

台日之間依照通商協定進行的貿易才剛在 1950 年 9 月制度化。雖然有總貿易額等方面的限制，但是以物易物的方式改變爲一般的結帳方式，就整體上而言貿易變得比較容易[29]。這時進口台灣香蕉和出口日本蘋果確實是有利可圖的事業。依照 1951 年 6 月日本政府（通商省）的特別處置，同意在非商業目的，亦即慈善或振興教育等以公共福利爲目的的贈予條件下，香蕉的不結匯進口不受協定限定，駐日代表團可以介入，藉以籌措各地華僑學校的重建資金。但因爲駐日代表團解散，以及制度上的不完備，1952 年 11 月通商省這邊也廢止了這個制度[30]。這時想出來的替代方案是靠著正常進出口香蕉和蘋果來獲取利潤。如此，由政府的政策介入，將香蕉出口權分配給了橫濱中華學校。可以說，由於特定產物的進出口許可權掌握在政府手裡，才能夠用權威施恩。

無論如何，依靠香蕉入口權的分配，橫濱總領事館年來「爲處理該校問題費去無限精神與時間」的橫濱學校事件告一段落，「俾此僑校之經營責任復歸於華僑」[31]。

二、東京中華學校

橫濱華僑學校事件雖說有國民黨政權先發制人的一面，卻成了政府思考此後留日華僑對策的一大教訓。政府在戰後派出駐日代表團，

[28] 「關於橫濱中華學校辦理香蕉輸日經過情形復請查照由」，頁 244～245；「密（濱發 42 字第 2248 號〔1953 年 8 月 20 日〕：橫濱總領事館代電）」，頁 257～258。
[29] 川島真、清水麗、松田康博、楊永明，《日台関係史：1945～2008》，東京：東京大學出版会，2009 年，頁 24～46。
[30] 關於這一點，上述的許氏論文（2009 b）頁 66～67 有詳細記載。
[31] 上述「密電」（「橫濱僑校」檔案），頁 258。

駐外機構步入正軌之後，各地的華僑社會也終於結束混亂，於是在1947 年 1 月 21 日，代表團的僑務處長林定平在東京召集全國的華僑學校代表，進行日本華僑教育會議，試圖在這第一場會議上，由自己的主導，推動教育的統一與規格化，例如統一校名與教材、普及國語教育、統一放假日等事[32]。這也是政府在戰後爲了直接整合旅日華僑所做的嘗試。

在這段期間，經過中國共產黨建立了北京政府，中蘇聯盟形成，韓戰爆發，美國派出第七艦隊到台灣海峽，美國航空隊駐留台灣，中國人民志願軍參戰等史實的累積，東亞的冷戰體制變得更爲鞏固。1951 年 9 月，日本政府與多國締結《舊金山和約》，隔年 1952 年 4 月28 日和約生效後，就同時締結《日美安全保障條約》，等於實際結束了 GHQ 對日本的占領。生效當日，中華民國與日本政府締結《日華和平條約》，駐日代表團升格爲中華民國大使館。短短五個月之後，橫濱華僑學校事件就發生了。構築的東亞冷戰體制中，同一方陣營的日、美、中（中華民國）、韓的合作體制變得穩如磐石。爲了封鎖當前的敵人，想出了各種各樣的對策。就中華民國政府的立場來看，在這之前對於國外的華僑學校，從經營到教育內容都不曾出手管制，現在卻連人事都要積極介入，想必有其不得不然的理由。

（一）1953 年 9 月改組

最早對東京中華學校進行「整頓」是在橫濱學校事件發生一年後。事情從教導主任李敏德和 3 名教員被懷疑是中國共產黨間諜開始，然後在 6 月中旬，董事長鄭勇昌和常務董事被叫到大使館與大使會談，「爲避免橫濱僑校事件之重演」，當場決定撤換李主任，董事長在此階段對該決定面露難色[33]。後來眼看著改組行動遲滯不前，董顯

---

[32] 阿鳳，〈全日本華僑學校教育問題座談會印象記〉，《僑風》第 1 卷第 2 號，1947 年 4月。

[33] 「橫濱總領事館代電：孫秉乾發（1953 年 7 月 7 日）」上述「橫濱僑校」檔案，頁 240～241。

光大使（在任期間 1952～1956 年）便以嚴厲的姿態提出三原則：（1）不得繼續僱用 5 名親共教員;（2）必須自行設法補充教員和籌措經費;（3）不遵從指示者將繳銷其護照或華僑登記證。對於大使館如此堅決的態度，東京中華學校校董會只勸告被指名的 5 名教員悔改，決定不遵從大使指示，除了其中 1 名之外，暫緩解除其他 4 名的僱用。然而，大使對中華學校的作法大為憤怒，便於 8 月 16 日召開董事會。當天大使除了訓話之外，也針對是否要執行既定方針，要所有董事投票表決，結果大使案擁護派獲得 12 票，以認為應該接納悔悟教員的鄭董事長為主的反對派獲得 7 票，棄權 3 票。校董會的董事們經過長達 9 到 10 個小時的討論，最後決定聽從要團結起來遵照大使指示的勸告，取消該 5 名教員的華僑登記證[34]。

　　對學校行政如此強硬的干涉舉動雖然令校友會等團體有所反彈，但最後還是發出相當於半年薪資的退職金，讓 5 名教員離職。政府阻止這些人繼續受雇的目標順利達成。大使館與國民黨分別介紹教員補缺，高維先校長也在同時負起責任提出辭呈，由鄭董事長以代理校長的身分接受[35]。

（二）1956 年底的改組

　　橫濱總領事館做為僑務監督部門，對於「標榜中立，態度曖昧」的鄭勇昌董事長以及「暗中附和」的下一任校長楊名時等一部分教員始終感到不滿，覺得董事長「對自由中國毫不重視」，需要加以「整頓」。但因為正在要求中央將工作費用納入預算，決定「靜待時機」，大約三年的時間就這樣過去。梅蘭芳來日本公演時，鄭董事長送的禮物引起非議，就以此為藉口，總領事館動員「忠貞」的華僑領袖，勸鄭董事長辭去寧波同鄉會會長，接著經東京黨部協商，又與大使一起

---

[34] 「外交部收電機字第 3252 號（孫秉乾發第 115 號：1953 年 8 月 16 日）」，同上，頁 251～253。

[35] 同上，261 頁。

施壓，勸他辭去董事長職位，並決定在 1956 年暑假時改組董事會[36]。可是，財團法人東京中華學校如果要改組，就必須遵守日本法律。領事館多次與主管機構東京都廳洽談，了解到要為董事變更等事改變登記時，必須先由評議員會選出新的理監事，並在最後判斷，依照尊重財團自主性的日本法律，要干涉行政確有困難，於是放棄改組。此後領事館就開始分化鄭董事長和其他董事，以動員董事夫人組織婦女歸國觀光團等活動拉攏，做好萬全的準備，終於得到 28 名董事中的 17 名支持，然後在年假中的 12 月 28 日召開董事會。

董事會開會當天，鄭董事長的擁護派堅持反對改選和董事長辭職，並要求領事館大使館人員退離會場，雙方展開激烈舌戰，但最後還是投票表決，通過了鄭董事長的不信任案。事前的準備工作有了成果，政府這邊投下的不信任票有 17 票，反對票是 10 票，董事長確定要換人。於是到了 1957 年 1 月，東京的華僑學校以「事前計畫周密，處理慎重，臨機應變」，成功地「出乎匪方意料之外」，次任董事長張和祥和校長藏廣恩走馬上任[37]。

（三）必需品出口權的分配與校舍增建

如上所述，雖然驅逐了親共黨教員，一方面還因為風聞親共團體打算另設華僑學校，東京中華學校趕緊決定增建校舍。張和祥董事長於 1957 年 4 月向當地華僑募到 1,800 萬日圓，著手第一期的校舍建設工事，並於 7 月竣工，新蓋了八間教室。接著要開始第二期工事，首先需要 3,900 多萬日圓興建三層樓的校舍，但是這超過華僑獨立募款的能力。台灣政府於是決定先協助代墊 2,000 萬日圓。對於這筆 2,000 萬日圓的代墊款，想出的辦法是參考橫濱中華學校（中學校舍）的成功例子，第一期給予東京中華學校相當於 60,000 美金的蘋果優先進口

---

[36] 「密（濱發 45 字第 3046 號，孫秉乾 1956 年 10 月 8 日發外交部收代電）」(11-EAP-02124「東京中華學校」檔案)，頁 17～19。

[37] 「密（濱發 46 字第 0071 號，孫秉乾 1957 年 1 月 11 日發外交部收代電）」，同上檔案，頁 44～52。

權，再由獲得的利潤還款給政府。至於其餘的 1,900 萬日圓，如果第一期的利潤不足，就繼續同意其進口 40,000 美元以內的蘋果。換言之，與大阪、橫濱的情況相同，計畫由台灣政府賦予進出口優先權，然後以賺到的利潤來支付東京中華學校的增建費用[38]。

　　這裡出現一個疑問：難道沒有想到採用之前的香蕉進口方式嗎？從戰爭結束到 1950 年 9 月締結《日台貿易協定》的期間，香蕉的對日出口是以香蕉商人、青果合作社、農會主導的「自由放任」方式進行，但是簽訂貿易協定之後，隨著香蕉出口的制度化，政府開始介入，加上政府對分配出口權的想法，而鋪造出上述讓日華僑學校受惠的途徑。但是到了 1954 年，台中產香蕉有蟲害蔓延，又接二連三發生巨大的颱風損失，產量銳減，供給跟不上需求，日本進口商於是把目光轉向大陸產香蕉。1956 年新宿青果株式會社社長參加北京舉辦的日本商品展覽會，趁機簽訂廣東產香蕉的進口契約，為此後大陸產香蕉的輸出日本踏出第一步。此時介於 1956 到 1957 年之間，正是台灣香蕉的出口方式（政府的「臨時措施」）因此因素發生糾紛與混亂的時期[39]。

　　依照東京中華學校在 1957 年 12 月 4 日向本國外交部提出的資料「蘋果出口計畫」，可知是基於以下的判斷：以橫濱中華學校的經驗來說，每 30,000 美元可望獲得 1,100 萬日圓的利潤，但如果一次出口大量的蘋果，就有可能在台灣當地造成跌價，因此為了確保 2,000 萬日圓的利潤，一方面要請政府停發其他的進口許可，一方面也要有效利用市場價格，要求政府放寬進口許可期間的限制和允許分期進口[40]。

　　然而，由於當時暫時將蘋果列為禁止進口品，蘋果進口後來改成家庭藥品、西藥注射液、電影影片、寫真材料、化學原料等其他必需

---

[38] 「（駐日大使館）關於東京中華學校請准由日運蘋果至台以其盈餘歸還中國銀行東京分行墊借該校建築費事，電請查照核辦見復由」，同上檔案，頁 118～120。

[39] 劉淑靚，《台日蕉貿網絡與台灣的經濟菁英（1945～1971）》，台北：稻鄉出版社，2001年，頁 65～76。

[40] 「東京中華學校（呈）：附呈（一）蘋果進口計畫（二）本校第二期建築工程估價單」，上述「東京中華學校」檔案，頁 121～124。

品的進口[41]。最後要靠著出口利潤來籌措建築費似乎變得很困難，還曾因爲付款給建設公司的日期快到了，而從中國銀行東京分行借來3,800餘萬日圓因應[42]。

結語

遷到台灣的國民黨政府動員所有海外華僑，對共產黨集中反擊。對於在中日戰爭中失去黨的據點的日本華僑社會，中華民國政府必須延續駐日代表團時代，以《日華和平條約》的簽訂爲契機，透過強化過的親密而正式的外交管道，將身爲中國政府的權威運用到最大限度，以獲得華僑社會的支持。1952年9月發生的橫濱華僑學校事件就是國共雙方視爲兵家重地的華僑學校爭奪戰的開始。由於支持北京政府勢力的家長和教員在山下土地另建橫濱山手中華學校，橫濱中華學校就此分裂。而兩校的存在也因此使華僑社會一分爲二。隔年的1953年，第一次介入東京中華學校的人事，1956年底經過萬全的準備，中華民國政府如願使學校改組。對於政府對這兩所華僑學校的作法，我們可以從三個層面來思考。

第一個要思考的是華僑社會的地域特性。橫濱華僑社會大多數是廣東人。本文曾在開頭提到著眼於台灣人角色的戰後華僑社會研究動向。1948年，全國的在日中國人總數有33,146人，其中台灣人占全體的40.5％，該年神奈川縣的中國人總數有3,766人，台灣人僅有363人。雖然山手中華學園設立的核心——橫濱中華學校管理委員會委員長張南海是台灣人，但如同神戶或東京，似乎沒有跡象顯示有台灣人知識分子進入左派團體的核心。

與大阪一樣，台灣人的人數在東京比大陸出身者多，如別篇文章討論過的，支持北京政府的華僑民主促進會（1948年10月成立）主

---

[41] 「自備外匯特准輸台貨品明細表」，同上，頁156〜159。
[42] 「（駐日大使館）關於東京中華學校借用建築費事復請諒察由」（日領51字第0246號，1962年1月27日）」，同上，頁318。

要是由台灣人知識分子組成，其領導力擴及全國[43]。在本文追蹤的國民黨與中華民國政府的行動中，領事館和大使館動員的對象是在東京有些分量的個人和團體，其中包括浙江出身者和寧波同鄉會。在 1960 年 8 月當時，為東京中華學校基金募到較多金額（30 萬至 200 萬日圓）的 10 名個人和團體中，省籍是台灣者 4 人，廣東 1 人，福建 1 人，浙江 3 人，另外還有寧波同鄉會。其中提供最高金額 200 萬日圓的是董事長張和祥（浙江省寧波人），他在當時之前累計的捐款達到 21,202,000 日圓，排名在後的寧波同鄉會是 1,180 萬日圓，都超出眾人甚多[44]。這與渡海到台灣的政權中樞內有許多江浙出身的外省人不無關係。

　　神戶從戰前就有財力豐厚的台灣商人居住，台灣人在整體所占的比率也很高，但中華民國政府無法如願使其認為「左傾化」總部的中華同文學校改組是眾所周知的。省籍是必須進一步分析的課題。

　　其次，我想回頭看看國家與社會關係的層面。近代的日本華僑社會是在清朝末期成立的，基本上一直在自律中發展。由於其本國就在近鄰，與本國內的政治變動關係深厚，但華僑社區是以華僑學校為中心，幾乎都是自己獨立經營，沒有國家支援。在此社會中，國家的行政統治開始直接針對個別華僑是始於 GHQ 的占領時代。要以戰勝國民的身分與占領中的日本當局交涉，華僑必須有國家當後盾。隨著 1952 年以後冷戰體制的深化，國家這邊也有必要對華僑社會施加影響力，因而國民黨與共黨勢力針對華僑社會展開激烈的鬥爭，其中的焦點就是華僑學校。為了支援學校的營運，補助校舍建設，政府在困難的財政中想方設法，以配給香蕉、蘋果、醫藥品等進出口權獲利的方式支援。然而，這種特權的施行在台日之間的貿易轉變成以民間為主的市場自由化之後，就變得沒有意義了。唯有在本文討論的 1950 年

---

[43] 參照拙文註 4（2010 年）。

[44] 「東京中華學校基金認捐人名單（中華民國 49 年 8 月製）」，上述「東京中華學校」檔案，頁 307。名單中的認捐人累計捐款額位居第三名的是 47.2 萬，第四名是 35.5 萬。

代，政府才有可能給予如此的利益，所以可以說這是個特殊的時代。

第三，在冷戰結構中，日、美、台在華僑學校爭奪戰中的充分合作也是值得注意的。從橫濱中華學校事件發生時出動警察，並向中華民國政府提出事後報告的作法可知，日本政府和美國政府確實有參與，顯示出橫濱學校事件所蘊含的國際性。另一方面，如同中華民國政府所警覺的，中國共產黨當時正與日本共產黨等日本人左派團體和在日韓國共產黨員、台灣共產黨員建立合作體制。像這樣在日本的華僑社會中，東西雙方的陣營存在著錯綜複雜的國際關係是必須注意的。這方面我想另闢他處討論。

追記：在研討會上，得到了以評論人朱德蘭研究員為主在場的各位先生、女士的可貴意見。雖然拙文沒能一一答覆，但想做為今後的課題，好好研究。藉此追記，表示謝意。

參考文獻資料

著作

- 何義麟，《二・二八事件——「台湾人」形成のエスノポリティクス》，東京大学出版社，2003 年。
- 外務省編，《日本占領重要文書》第 1 卷基本編，日本図書センター，1989 年。
- 外務省政務局特別資料課，《日本占領及び管理重要文書集〔第七卷〕》，外務省，1950 年。
- 川島真、清水麗、松田康博、楊永明，《日台関係史：1945～2008》，東京大学出版会，2009 年。
- 経済安定本部総官房企画部調査課，《在日華僑経済実態調査報告書（昭和 22 年度調査総括）》，1948 年。
- 朱慧玲，《日本華僑華人社会の変遷》，日本僑報社，2003 年。
- 周祥賡，《日本居留四十年》，永順貿易社，1966 年。
- 戴國煇，《台湾と台湾人——アイデンティティを求めて》，研文出版，1979 年。
- 戴國煇，《華僑——「落葉帰根」から「落地生根」への苦悩と矛盾》，研文出版，1985 年。
- 中華会館編，《落地生根——神戸華僑と神阪中華会館の百年》，研文出版，2002 年。
- 陳焜旺主編，《日本華僑・留学生運動史》，日本華僑華人研究会，2004 年。
- 陳芳明，《謝雪紅：野の花は枯れず——ある台湾人女性革命家の生涯》，社会評論社，1998 年。
- 永野武，《歴史とアイデンティティ：在日中国人》，明石書店，1994 年。

- 楊國光,《ある台湾人の軌跡:楊春松とその時代》,露満堂,1999 年。
- 《横浜山手中華学校百年校志:1898～2004》,学校法人横浜山手中華学園,2005 年。
- 《横浜華僑婦女会五十年史;横浜華僑婦女会百年歴程》,横浜華僑婦女会,2004 年。
- 劉傑、川島真編,《一九四五年の歴史認識》,東京大学出版会,2009 年。
- 劉淑靚,《台日蕉貿網絡與台灣的經濟精英（1945～1971）》,稻鄉出版社,2001 年。

論文

- 何義麟,〈戰後在日台灣人之處境與認同：以蔡朝炘先生的經歷為中心〉,《台灣風物》第 60 卷第 4 期,2010 年。
- 許瓊丰（2009a）,〈在日華僑の経済秩序の再編──1945 年から 1950 年代までの神戸を中心に〉,《星陵台論集》第 41 卷第 3 號,2009 年。
- 許瓊丰（2009b）,〈戰後中華民国政府の華僑政策と神戸中華同文学校の再建〉,《華僑華人研究》第 6 號,2009 年。
- 許瓊丰,《戰後日本における華僑社会の再編過程に関する研究──在日台湾人と神戸華僑社会を中心に》,兵庫縣立大學博士論文（未公刊）, 2010 年。
- 許淑真,〈第二次大戦後在日台湾出身者の国籍取得について〉,《近百年日中関係の史的展開と阪神華僑》,科学研究費補助金（基盤研究〔B〕〔1〕）研究成果報告：平成 7 年度～平成 8 年度,1997 年。
- 渋谷玲奈,〈戰後における「華僑社会」の形成──留学生との統合に関連して〉,《成蹊大学法学政治学研究》第 32 號,2006 年。
- 陳來幸,〈神戸における台湾人の歴史〉,《創立 30 周年記念誌》,社団法人兵庫県台湾同郷会会報,2003 年。
- 陳來幸,〈戰後日本における華僑社会の再建と構造変化〉,小林道

彦、中西寬編著《歷史の桎梏を越えて》，千倉書房，2010 年。

- 陳來幸，〈在日台湾人アイデンティティの脱日本化：戦後神戸・大阪における華僑社会変容の諸契機〉，《近代アジアの自画像と他者》，京都大学出版会，2011 年。
- 湯熙勇，〈国籍回復とそれをめぐる争い——戦後在外台湾人の国籍問題（1945～48）〉，《阪神華僑の国際ネットワークに関する研究》Ⅲ，科研報告書，2005 年。

講評

◎朱德蘭[*]

　　本文除了前言、結語外，共分為兩節，每節各有三項子題，主要內容是以冷戰期間國共兩黨對立，和以日、美、陸、台四面外交關係為背景，通過 1952 年橫濱中華學校事件、東京中華學校改組與重建問題，詳盡分析國共兩黨爭取橫濱、東京僑校治理權，以及兩黨引爆僑校內部分裂，日、美兩國反應態度積極之實況。

　　本文在結論中指出：一、僑校分裂必須要考慮日本華僑社會的地域特性；二、長久以來，日本華僑社會係於自律中發展，幾乎沒有依賴國家的支援，國家權力針對個別華僑的介入，始於 GHQ 占領時代，其對象為華僑學校。換言之，1950 年代是個很特殊的時代；三、日、美兩國政府都參與國共兩黨所引發的僑校事件，僑校事件帶有國際性。其見解頗為客觀。本人認為作者史學訓練紮實，因對相關文獻理解透徹，故能很精確、熟稔的掌握問題、詮釋問題，進而獲得合理的論證。

　　唯，本人想從其他角度提出若干看法，即：

　　一、根據民國 20 年（1931）國民政府公布〈僑務委員會組織法〉第一條記載：「僑務委員會掌理僑務行政，及輔導僑民事業事項。」

　　民國 35 年（1946）行政院頒布〈畫分僑民教育行政權責辦法〉第一條記載：「海外僑民教育，由僑務委員會負責實施，教育部、外交部予以協助。……」第四條記載：「關於僑民中小學師資，國內設校（班）訓練，由教育部辦理；海外師資登記及出國師資介紹，由僑

* 中央研究院人文社會科學研究中心研究員。

委會辦理。」

　　本文沒有提到僑務委員會，不知僑委會是否受到國共兩黨長期鬥爭的影響，以致戰後與日本華僑、華僑學校完全沒有接觸，不能發揮其應有的職權？

　　有關僑委會法令條文，作者可參考民國 51 年（1962）僑務委員會編印的《僑務法規》一書。

　　二、根據 1995 年東京芙蓉書房出版《白團》一書，另，戴國煇先生替林照真撰著，1996 年台北時報文化公司出版的《覆面部隊——日本白團在台秘史》寫序，在標題為〈台灣現代史上一個重要的課題〉序文中言及，日中兩國在反共、冷戰背景下，自 1949 年起（至 1969年為止），便已展開同步反共之活動。

　　但作者在第一節橫濱華僑學校事件（二）中華民國政府的對應裡敘述：「這次事件在日本當局方面也有被看作為日中兩國『反共合作之第一步於橫濱中華學校事件時已開始』的一面。」似乎應做修訂。

　　三、本文出現許多重要人物，如：烏勒吉、王慶仁、張南海、鄭彥棻、孫秉乾、島田英二、鄭勇昌、張和祥、藏廣恩等等。又言及國民黨政府將台灣香蕉優先輸出權讓渡給東京福光公司云云，這些人名、特殊公司在註腳中應做一簡要介紹，以便讀者了解較好。

　　四、1952 年橫濱僑校事件乃一觸動日、美兩國政府敏感神經，注意國共兩黨對立之重大事件，作者除利用中央研究院近代史研究所典藏外交部史料〈日本僑務〉、〈橫濱僑校〉、〈東京中華學校〉之外，建議參考台、陸、日、美等地數位化報紙資料庫，以對照多面輿論之方式，從中比較各國政府議論僑校事件、僑務問題之觀點。

　　綜上，冷戰時代日本華僑社會之變遷是一很重要的研究課題，本文雖有若干疑點尚待釐清，但結構嚴謹、敘述流暢，仍屬一篇頗具水準的論文。

戴國煇的生命史追索與其客家論述

◎安煥然*

旅居日本四十餘年，自道其研究途徑是「以邊陲射向中心」，而以華僑史和台灣史研究稱著於日本學界的戴國煇（1931～2001），曾公開宣稱自己是「出生於台灣的客家系中國人」，[1]並常以自己是「台灣出生的客家人」而自豪。[2]

在任職日本亞洲經濟研究所期間，他曾到訪東南亞進行客家文獻資料的蒐集工作，並在旅居日本期間極力推廣客家文化事務。而客家人的身分認同意識更是常常貫徹於其華僑史和台灣史等相關研究論述之中。解讀戴國煇這種特殊的客家情結，本文嘗試從戴國煇的生命史追索、華僑史研究、台灣史研究，以及「中原／邊陲意識」，來探討其客家論述。

一、客家人身分認同與生命史追述

相較於戴國煇的其他論述，其客家專論為數並不多。惟在華僑史和台灣史論著中卻常提及客家。從《戴國煇全集》收載的基本文章，以客家為主題論述的，主要僅有以下九篇：

· 〈客家風俗——舊曆年三題〉（日文，未結集，1973）
· 〈何謂「客家」〉（日文，1978）
· 〈台灣客家與日本〉（日文，未結集，1979）

---

* 馬來西亞南方學院中文系系主任。

[1] 〈出生於台灣的客家系中國人——戴國煇教授（史學）〉，《聯合報》2001年1月10日，轉貼於《客家風情網頁》http://www.hakkaonline.com/forum/thread-7749-1-1.html。

[2] 楊中美，〈正派治史做人：悼憶戴國煇師——以台灣生的客家人而自豪〉，發表於2005年1月11日，張貼於夏潮聯合會網頁 Chinatide Association http://www.xiachao.org.tw/。

　　・〈客家系「華僑」的故事——世界客屬第五屆聯誼大會〉（日文，未結集，1980）

　　・〈以民族統一爲祈願——華僑「客家」世界大會的召開〉（日文，未結集，1980）

　　・〈對中國人而言之中原與邊境——與自身之歷史（台灣、客家、華僑）相連起來〉（日文，未結集，1983）

　　・〈「中國人」的中原意識與邊疆觀——從自我體驗來自我剖析或解釋〉（中文，演講稿，1984）

　　・〈近代有關客家人的問題探討——日帝殖民統治與台灣客家人〉（中文，台灣研討會專題演講，1988）

　　・〈台灣客家的認同問題〉（中文，《台灣結與中國結》第六章，2002）

　　戴國煇的客家論述，多數是以日文撰寫。在內容性質上，除了介紹性質的短評，其客家的學術專論主要是對客家人意識及客家認同問題的探討。而在此課題的探討上，戴國煇又常以其「自身之歷史」的生命歷程，來與讀者分享他的客家認同意識形構和看法。

　　一個族群的認同，涉及人的主觀意識。族群的區分界定，既是「被別人認定的歸屬」（ascription by others），亦有「自我認定的歸屬」（self-ascription）。族群的邊界不一定是地理上的，而主要還在於其社會邊界，強調具有某些特定的文化特徵來界定我群的邊界。在這個意義上，族群邊界是由「族群認同」生成和維持。當代人類學常以「建構模式」（constructionist approach）做爲族群研究的主要範式，[3]而且這種認同意識的產生必須放置在族群間的互動中探察，才能探出端倪。在以客家爲主題的一次演講中，戴國煇的開場白即表明：

---

3 Fredrik Barth, "Introduction", in Fredrik Barth(ed.) Ethnic Group and Boundaries, Boston: Little, Brown and Company ,1969,pp.9～38；陳志明,〈從費孝通先生的觀點看中國的人類學族群研究〉，喬健、李沛良、馬戎主編，《文化、族群與社會的反思》，北京：北京大學出版社，2005 年，頁 174～188。

　　我想，我如何地慢慢認同自己為客家，當然是先碰上有非客家後，才會逐漸地做下自我認識，認識到我自己是客家人。[4]

　　戴國煇的「客家人」認同意識形成，是一個經歷了漸進式的心理建構的過程。因而，探討戴國煇的客家論述，就不得不先從其生命史的追索中探察。

　　戴國煇，祖籍廣東梅縣，出生於台灣中壢郡平鎮莊（今桃園平鎮），是台灣客家人聚集的地區。據他的追述，在這個地方，即使是住在他家隔壁的佃農「福佬仔」，也得講客家話。小時候，處在客語系「主流」環境中長大的戴國煇，並沒有強烈客家認同的危機意識。對客家文化的認知也不太深。只知道中壢靠海邊的客家人，包括他們家母是講「海陸」客家話，但他們家常用的卻是「四縣」客家話。[5]

　　中學時代，戴國煇到新竹州立中學就讀。在日本殖民統治的校園裡，日本人學生很霸道，常常欺侮「本島人」。戴國煇開始感受到台灣「本島人」同受日本人的欺凌，卻又感歎於彼此內部的不團結。當時，同屬「本島人」的福佬閩南系和客家系同學之間都對彼此存有一些相當負面的刻板印象。客家同學視福佬閩南系同學「狡猾」、「油條」，而大多數從鄉下出來的客家同學，對於都市的商業社會沒有什麼認識與體驗，福佬閩南系同學遂譏笑他們「阿呆」（笨蛋）。由於這個區別，戴國煇感歎，當時台灣的客家人和福佬人同樣受日本人欺凌，但他們之間卻難於構起「被迫害者」間的共識與連帶團結。戴國煇指出，這是基於語言、生活習慣和氣質的不同，同時也是日本殖民統治者的挑撥離間政策促進了「本島人」之間的分歧所致。[6]

　　身為客家子弟，戴國煇的父親雖然向孩子一再灌輸「我們是來自

[4] 戴國煇，〈「中國人」的中原意識與邊疆觀——從自我體驗來自我剖析或解釋〉，《戴國煇全集2》，台北：文訊雜誌社，2011年4月，頁17。

[5] 戴國煇，〈「中國人」的中原意識與邊疆觀——從自我體驗來自我剖析或解釋〉，《戴國煇全集2》，頁17～20。

[6] 戴國煇，〈「中國人」的中原意識與邊疆觀——從自我體驗來自我剖析或解釋〉，《戴國煇全集2》，頁18。

中原的客家」的認同意識，但是年少氣盛的戴國煇當年並不怎麼認同
父親的那一套說教，甚至早熟的潛意識裡懷有對父親的反抗。戰後翌
年，也就是 1946 年年底，戴國煇在未得父親允許就轉入台北一中（即
今建國中學）。在台北求學的新生活，班上幾乎都是福佬閩南系同學，
身邊的客家系同學屈指可數。也因而，在福佬人占絕對優勢的台北大
都市裡，有些同學竟將自己的客家身分也給隱瞞起來。此種隱瞞「自
己的身分」的心態作為，在戴國煇的心裡，委實不快而產生了疑念的
思緒。這種不快感和疑慮，直到 1955 年赴日深造，仍始終牽掛內心
深處未曾離去。[7]

　　真正擴大戴國煇對客家認知視野的，是台灣光復後，從東南亞戰
後復員回來的大哥。戴國煇認為，對客家認識的範圍，分別將其在現
實中延伸東南亞，在文獻上延伸到中國大陸，都是大哥幫他做到的。[8]
具有被征調到東南亞作戰經歷的大哥，在戰後復員回來台灣，告訴他
關於東南亞的見聞，提及東南亞華人社會，其實也有很多和他們家講
同樣客家話的客家人，甚至於有與他們家母親一樣，梳同樣髮型的，
穿「大婆衫」的客家婦女。

　　他大哥後來還帶回來了一本羅香林原著《客家研究導論》的日譯
本。這本客家學的經典之作，深化了戴國煇的客家認知。他詳讀了羅
香林的著作，發現客家人在中國大陸的分布都在「邊陲之地」。不僅
於此，比較台灣和東南亞，這兩個地方的客家人亦有類似的歷史情
形。因而由此意識到，客家人的潛意識裡面有雙重、三重錯綜複雜的
「邊疆意識」。[9]

　　對於此種客家「邊疆意識」或「邊陲情結」的探討，後來成了戴
國煇客家研究的主要內容。如果說戴國煇的生命決定了他的研究，而

---

[7] 戴國煇，〈對中國人而言之中原與邊境——與自身之歷史（台灣、客家、華僑）相連起來〉，
《戴國煇全集 8》，台北：文訊雜誌社，2011 年 4 月，頁 330～331。
[8] 戴國煇，〈對中國人而言之中原與邊境——與自身之歷史（台灣、客家、華僑）相連起來〉，
《戴國煇全集 8》，頁 333。
[9] 戴國煇，〈「中國人」的中原意識與邊疆觀——從自我體驗來自我剖析或解釋〉，《戴國煇
全集 2》，頁 20。

他的研究又重塑了他的生命，那麼，對客家認同意識及其生命史的追索，也就一直貫穿在戴國煇的學術關懷之中。事實上，戴國煇的學術生涯涉獵雖廣，卻不能孤立看待。1955 年，戴國煇留學日本，其後十年間在東京大學農業經濟系就讀。原本他的博士論文是關於 7 世紀到 17 世紀中國甘蔗糖業發展的歷史。研究所畢業後，進入日本亞洲經濟研究所，因其台灣出身的背景，遂以台灣經濟為中心，與日本學者合編了《台灣經濟總合研究（上、下・資料篇）》（1968）及《台灣農業（上、下）》（1972）。後來又因其是出身台灣，會講客家話的客家人，而閩南話也懂一些，促使他的研究興趣和研究範圍延伸到當時的東南亞華僑研究。

在中國經濟史、台灣史和華僑史三者之間，並非一無關係，而是其研究的連鎖。在此研究連鎖之中，經常又夾帶著其客家論述以及對客家事務的關心。戴國煇不僅在旅居日本期間積極推廣客家文化，主編《客家之聲》，還是世界客屬第五屆聯誼大會的主要推動者。而且在台灣史和華僑史論著中，戴國煇經常會在間中對客家人課題多有論述。1970 年代他為了從事華僑研究，到東南亞實地訪問搜集資料，就曾編纂一份《客家關係文獻目錄》；而在台灣史的論述上，「台灣客家」亦是他關心的課題之一。在《台灣結與中國結——睪丸理論與自立・共生的構圖》（1994）一書中，戴國煇更是特闢一章，專論台灣客家的認同問題。

由此可知，戴國煇的學術關懷，經常帶有濃烈的客家情意結。與其說是理性客觀的持平撰述，不如說是他主觀情感上的偏好所致。這是他的生命史追索的一部分。

旅居日本這麼多年，戴國煇始終抱著一種「尊嚴」為處世哲學。除了民族的尊嚴，他認為「出生的尊嚴」也是非常重要的。沒有任何人能夠事先選擇自己的父母親，雙親或單親為客家人即生為客家人。這種尊重自己是客家人出身的事實是戴國煇生命史追索，處世的出發

點。[10]可以這麼說，戴國煇的客家認同意識，來自於一種對自我認同的尊嚴自覺，也是他不斷在對台北一中求學時代遺存下來的不快感和疑念，處在福佬人占優勢的環境，一些人不敢承認自己是客家人，刻意隱藏自己的客家人身分的回應。處在「邊陲」的少數族群，該要如何積極地回應和消解自己受歧視的窘境和苦悶，一直是戴國煇學術關懷的其中一個焦點。

二、華僑研究與「客家系華僑」的故事

　　戴國煇的華僑、台灣、客家研究，既是其研究的連鎖，亦有其一貫的學術關懷和研究視角。戴教授在任職日本亞洲經濟研究所期間，曾至東南亞對華人社會，特別是客家人進行訪問，奠定了其華僑研究與客家研究之根基。可以說，戴國煇客家研究的其中一個切入點是從其華僑研究中「發現」的。因而，我們不妨先來談談他的華僑史研究，以及在其華僑史研究中的「客家系華僑」的論述。

　　同樣是處居邊陲，同樣是東南亞各國的少數族群，「華僑」是戴國煇學術研究的一個重心主柱。[11]1966 年戴國煇在研究所的學業告一段落後，決定在日本就業，最初的專職工作地點是亞洲經濟研究所。雖然事前他完全沒有預料到自己會成為（日本）華僑，並把華僑研究當作自己的研究課題之一，[12]但是會講中國方言、客家話和閩南話，

---

[10] 戴國煇，〈第六章 台灣客家的認同問題〉，《戴國煇全集 4》，台北：文訊雜誌社，2011年 4 月，頁 228。
[11] 日語中的「華僑」二字，既是俗稱也是概稱。但隨著戰後政治局勢的轉變，東南亞「華僑」多已從「落葉歸根」轉變成「落地生根」政治認同意識日濃的「華人」，所以「華僑」一詞並不適當地用以概稱東南亞華人。嚴格來說，華僑是指仍保有中國國籍而長期居留在外國者，華人則是指血緣與文化上還保留「中華民族」之紐帶，但國籍上已無關係者。戴國煇研究華僑，其實是意識到這一點。因而他雖仍延用「華僑」一詞，是在日本學界的一種習慣用法，其實同時涵蓋了華僑與華人兩部分。戴國煇在使用華僑一詞時，經常是加上了引號的「華僑」這樣的標記方式。見戴國煇，〈客家系「華僑」的故事——世界客屬第五屆聯誼大會〉，《戴國煇全集 12》，台北：文訊雜誌社，2011 年 4 月，頁 221。
[12] 戴國煇，〈對中國人而言之中原與邊境——與自身之歷史（台灣、客家、華僑）相連起來〉，《戴國煇全集 8》，頁 342。

卻是戴國煇從事華僑研究的條件之一。[13]

　　對於日本學界狹隘的華僑研究格局，他多有批評。戰後日本學界的華僑研究，主要還是在於試圖要掌握實態的研究，其研究動機包括如何利用華僑，或如何與華僑一同經營合資企業，或如何定位這個販賣日本商品的交易者等型態的時代要求。[14]但戴國煇卻秉持著其一貫的治史自覺性，注意到應該在「世界史」的視野上，以及在與東南亞的有機結構上抓住華僑華人的問題來做研究。他強調，研究「華僑」必須把問題放置在當地的歷史脈絡中，以及當地具體的政經文教結構下去重新審視和描繪華人社會的真實樣貌。唯有把華人社會當成當地社會的一部分來討論，才可以正確分析其結構。如果欠缺把握華人在當地的客觀變貌，甚至不恰當的以主觀意圖去看東南亞華人問題，也可能會助長當地種族衝突、民族分裂、壓制華人的結果。[15]

　　戴國煇對東南亞，尤其是對馬來西亞、新加坡和印尼的華人實況頗為了解，而且是具有一份「同理心」的理解。根據他的觀察，東南亞複合經濟社會的困境以及其排華暴動的悲劇性歷史根源，事實上是歐美將亞洲變成殖民地過程所產生的副產品，是殖民地統治過程中產生的不幸結構。令人遺憾的是，此種結構性問題經常不被人察覺。只要東南亞華人繼續在國內和國際上被當成政治抗爭的棋子，利用狹隘的種族主義來取得或維持政權的不人道政客繼續存在，悲劇性的狀況就不會改變。[16]

　　1969年秋，戴國煇首次到訪東南亞，從事實地考察的工作。這一年的5月，馬來西亞發生了五一三種族暴動事件，而在此三年前，1965年印尼蘇卡諾政權發生政變，也爆發了九三〇排華事件。面對東南亞華人社會的苦難，戴國煇是以人道主義立場，寄以同情的。在評論東

[13] 戴國煇，〈東南亞的華人問題──華僑研究與華僑觀的省思〉，《戴國煇全集12》，頁103。
[14] 戴國煇，〈東南亞的華人問題──華僑研究與華僑觀的省思〉，《戴國煇全集12》，頁109。
[15] 戴國煇，〈東南亞華人研究的觀點〉，《戴國煇全集11》，台北：文訊雜誌社，2011年4月，頁79～106。
[16] 戴國煇，〈來自內部的「華僑」論──以東南亞為主〉，《戴國煇全集12》，頁285～316。

南亞國情和華人問題時，他常常提醒日本學界切勿當了東南亞狹隘種族主義、極端國家主義和盲目的愛國主義者的幫凶而不自覺，陷華人於不義。[17]事實上，東南亞華人不全是有錢有勢的華商階層，卻可悲地常被當地極端的種族主義及政治權謀家做為政治抗爭的棋子，煽起當地土著的排他情緒。戴國煇認為，從事「華僑」研究，就以印尼的問題而言，必須去探索印尼人貧困的真正原因，從歷史觀點去分析、了解把華人當成代罪羔羊，以及印尼持續這麼做的政治、經濟與社會結構。[18]他對馬來西亞 1970 年代推行的土著優先政策（Bumipetra Policy）提出批評，畢竟非馬來人渴望在馬來西亞的土地上同樣取得社會、政治、文化方面的平等地位。但戴國煇也對馬來西亞的族群關係前景抱持一定的樂觀態度。他認為，馬來西亞所面臨的集體相互關係是歷史的遺產，如果有持續負面影響力，同時也擁有轉向正面的可能性。華人的問題，事實上同時也是馬來人及印度人的問題，彼此間應相互承認這一點，並要用心善意協調。馬來西亞擁有不同歷史文化的民族，同處於一個國度，這是我們當下所追尋的人類共通問題之一，從國際環境的現狀來看，他甚至樂觀地以為馬來西亞國民國家的形成及其族群關係的重新定位，將會是「人類史上一個偉大的實驗場所」。[19]

《華僑──從「落葉歸根」走向「落地生根」的苦悶與矛盾》一書是戴國煇華僑研究之集大成之作。[20]他在書中提出雙重／多元認同的觀點，認為東南亞華人的「政治、法律認同」和「社會、文化認同」應該分開看待。中國的政治影響力是東南亞「華人化」問題的「準外因」，但從「落葉歸根」到「落地生根」，從「華僑」到「華人」，其中的苦悶和矛盾，其中的主要關鍵，無疑來自居住國本身。戴國煇認為，東南亞國家不應對華人進行強迫性的同化、統合政策，而應將華

[17] 戴國煇，〈來自內部的「華僑」論──以東南亞為主〉，《戴國煇全集 12》，頁 285～316。
[18] 戴國煇，〈來自內部的「華僑」論──以東南亞為主〉，《戴國煇全集 12》，頁 292。
[19] 戴國煇，〈馬來西亞的布米普特拉政策與華人〉，《戴國煇全集 12》，頁 457～487。
[20] 戴國煇，《戴國煇全集 11》，台北：文訊雜誌社，2011 年 4 月。

人視爲本國的一個少數民族，並在平等的基礎上共同塑造新興國形象。

　　談回戴國煇的客家研究。在進行華僑研究的史料收集基礎工程階段，戴國煇除了編纂《和文華僑關係文獻目錄》（按：「和文」即日文）、《華文華僑關係文獻目錄》、《歐文及現地文獻華僑文獻目錄》，他還特地編纂了《客家關係文獻目錄》，[21]可見他對華僑研究中的客家問題之偏好。

　　相較於重視當地國歷史情境的東南亞華僑研究，戴國煇對各地客家人的觀察，卻是「跨國越界」的。在研究華僑的當兒，戴國煇常有意無意地，對東南亞華人社會內部的次幫群客家多做論述，並提出超越地域國界的「客家系華僑」的概念，而且認爲客家是華人社會內部裡一個較爲與眾不同的特殊幫群。他指出，在東南亞的華人社會有所謂「幫」群的概念，例如福建幫、潮州幫、廣肇幫、客家幫、海南幫、三江幫等六大幫群。但值得留意的是，在這六大幫當中，除了客家以外的各幫都冠有籍貫。一般來說，所謂的鄉幫，指的就是說同樣方言的地緣群體，但客家卻因其特殊歷史背景，源起黃河中原之地，常因戰亂與社會變遷四散於中國內外，不能單用一村、一縣、一府或是一省這種地域性的分法來涵蓋客家人。事實上，從廣東、福建、江西、廣西、四川、台灣到海南島都有客家人聚集之地，這是與其他「華僑」顯著不同的地方。因而戴國煇在探討客家幫的議題時，總會跳脫地緣的框架，而習慣從「語緣」的角度來做說明。[22]

　　另一方面，若從當今世界環境的變貌觀察，戴國煇也理解到世界各地的客家鄉親之中，不會說客家話的人並不在少數，可是他們仍向客家認同，因而客家人的組織也要超越「語緣」的層次。他指出，客家系華僑除了在地緣上已經超越了縣境、省境甚至於國籍所屬的國

[21] 戴國煇，〈東南亞的華人問題——華僑研究與華僑觀的省思〉，《戴國煇全集12》，頁112。
[22] 戴國煇，〈客家系「華僑」的故事——世界客屬第五屆聯誼大會〉，《戴國煇全集12》，頁281～284。

境，跟形同「娘家」的中國大陸和台灣之間也存在著密不可分的紐帶關係。這是其他「華僑」幫群裡所沒有的特點。[23]

　　由於「客家系華僑」具有此種跨越地緣、「語緣」層次的客家認同，不論會講客家話與否，其客家意識往往強烈，戴國煇把這種客家意識視爲客家精神的體現。但對其具體內容，至少在 1980 年代以前，戴國煇的客家認知還是相當模糊的，很多時候只是延續羅香林的客家起源論述，例如客家的根源依音韻論很容易追溯到中國的中原，客家是未渲染纏足奇習的唯一漢族族群。[24]他對華人社會內部的幫群也存有一些刻板印象，例如福建閩南人多商業人才，頭腦靈活，文人亦多，卻沒有政治家；廣東人大多是血氣方剛的人，而客家人則是淳樸著名，所謂的客家乃是南宋時自黃河流域南下的最後一支北方民族。[25]

　　然而，仔細探察戴國煇對「客家系華僑」的印象論述，也不是胡亂吹捧客家人的「優良」品質，而是從歷史情境中去理解客家人具有特殊表現的因由。他指出，客家人不限於出身地區，蓋由於其由北方南下無法在某特定地區落地生根的關係吧。因其無法在某特定地區落地生根而生活貧困，因此唯有以考試尋求出人頭地的機會，遂而多有當醫生、學者和軍人。他同一般客家學者一樣，以爲客家人也出了不少革命家，太平天國的主流就是客家人。太平天國有一部分流亡者後來南下東馬來西亞及婆羅洲。但他同時也指說，這些客家人具有北方人的激烈個性，而較具山頭主義。[26]

　　在東南亞客家系華僑之中，戴國煇對新加坡的李光耀和大作家韓素音二人情有獨鍾，對他們讚賞有加。但是卻對殷商胡文虎持有保留態度。他說胡文虎「以萬金油發了財出了名，但興趣不怎麼雅致，是

[23] 戴國煇，〈客家系「華僑」的故事——世界客屬第五屆聯誼大會〉，《戴國煇全集 12》，頁283。

[24] 戴國煇，〈何謂「客家」〉，《戴國煇全集 1》，台北：文訊雜誌社，2011 年 4 月，頁227～233。

[25] 戴國煇，〈東南亞的華人問題——華僑研究與華僑觀的省思〉，《戴國煇全集 12》，頁133。

[26] 戴國煇，〈東南亞的華人問題——華僑研究與華僑觀的省思〉，《戴國煇全集 12》，頁134。

金緣好而人緣不佳吧，對其人的評價並不高。」[27]

　　戴國煇對胡文虎的評價，其實相當持平。雖言胡文虎是 1930 年代客屬運動的主要倡議人，當時正值抗日籌賑時期，胡文虎結合自身的經濟財勢，利用中國現代複雜的歷史環境和客家在海外的特殊境況，運用社會資本參與客家運動，極力塑造客家人大團結的族群意識，[28]但是意氣風發的胡文虎搞客家運動，實與當年另一位抗日籌賑領袖，福建幫的陳嘉庚之間存有矛盾。新馬各地客屬公會的倡建，當年必定掛有胡文虎的照片，對胡文虎個人社會地位、個人名望的提升，以及擴大其商業資本網絡，無疑是頗有助益的。但沒過幾年，如火如荼的客屬公會成立運動，就因日本入侵馬來亞而中斷。近年來筆者在馬來半島南部的田野調查了解，當年胡文虎推動的客家運動，似乎未臻完滿。根據當地一些客家父老的追記，他們對胡文虎的倡組客屬公會和作風，也頗有意見。[29]這樣的觀察結果是與戴國煇的持平論述相類似的。由此可窺，戴國煇並不全然是「泛客家主義」的提倡者，他不會草率地就把「客家系華僑」名人全都給吹捧得虛胖。

　　事實上，在 1970 年代末至 1980 年，戴國煇在日本積極推動客家文化事務，協力組織客家同鄉會和崇正協同組合，並曾極力匯聚世界各地「客家系華僑」，催生世界客屬第五屆聯誼大會在日本之召開。當時他自己的內心具有強烈的客家意識，但他也曾坦言，對支持客家意識的具體內容，當時他還不明白，還在追索。有人在世界客屬第五屆聯誼大會後在背後指責他開歷史的倒車，搞「泛客家主義」，這誠是誤解。當年他搞世界客屬聯誼大會，一來是以「民族統一為祈願」，從客家鄉親的念祖情懷，祈求華僑全體的團結，促使中國大陸與台灣共同著眼於民族大義，藉溝通與對談來達成結合。[30]另一方面，他更

[27] 戴國煇，〈何謂「客家」〉，《戴國煇全集 1》，頁 232。
[28] 張侃，〈胡文虎與馬來西亞客家社團關係初探〉，林金樹主編，《中華心‧客家情：第一屆客家學研討會論文集》，吉隆坡：馬來四客家學研究會，2005 年，頁 43~76。
[29] 安煥然，〈馬來西亞柔佛客家人的移殖及其族群認同探析〉，《台灣東南亞學刊》第 6 卷第 1 期，2009 年 4 月，頁 93~95。
[30] 戴國煇，〈以民族統一為祈願──華僑「客家」世界大會的召開〉，《戴國煇全集 12》，頁

是希望來自世界各地的「客家系華僑」藉此大會，超越世俗中政治、國家的藩籬，淡化血緣中那層世俗的政治意味，並在確立文化的認同上更進一步追求民族和解與世界和平。[31]然而，戴國煇在日本參與客家社團組織期間，曾遭遇各項人事和財務上的紛擾糾葛。或基於此，促使戴國煇也自省客家人的內部問題和劣根性，對「客家系華僑」的「素質」抱持比較中肯的看法。[32]

三、台灣史研究中的「客家系台灣人」的故事

戴國煇的「客家系華僑」是站在跨國越邊的角度來看待世界各地客家人的特性問題，但如同前述，他並不像一般日本的客家論述，僅僅泛談客家的「硬頸」精神，或謂客家是亞洲「最強的華僑集團」之類誇耀的言論。[33]做爲一位「正派治史」的學者，戴國煇始終堅持從歷史事實出發，既有世界史的視角，同時亦關注在地的歷史文化情境。其華僑史如此，其治台灣史亦然。而在台灣史的研究中，「客家系台灣人」則是他經常關注的一個課題。

戴國煇在其著名的《台灣總體相》第一章〈台灣的界說〉，談及本省人時，就特闢一節「客家系本省人」，專論台灣的客家人，並在文中斥責一般俗見，以爲客家人比閩南系漢族晚來才被叫作客家的謬誤。他指說，客家這種自稱或他稱，中國大陸自不必說，連在世界各地的華人社會也慣用無阻，並不是限定在台灣的稱法。[34]由此可見其客家視野及其客家意識在台灣史研究中的展露。

戴國煇是戰後日本學界裡頭，台灣史研究的先驅者和提倡者。[35]他

277～279。

[31] 戴國煇，〈客家系「華僑」的故事——世界客屬第五屆聯誼大會〉，《戴國煇全集 12》，頁 284。

[32] 關於此點，感謝周子秋先生在戴國煇國際學術研討會上提供資訊。謹此致謝。

[33] 根津清，《客家：最強的華僑集團》，東京：ダイヤモンド社，1994 年；高木桂藏著，沙子芳譯，《硬頸客家人——中國猶太人的生活智慧》，台北縣：世茂出版社，1996 年。

[34] 戴國煇，《戴國煇全集 2》，頁 139～140。

[35] 春山明哲，〈戰後日本的台灣史研究——回顧「台灣近現代史研究會」〉，若林正丈、吳

批評一些日本和台灣學界過度抬高日本殖民台灣時期的「正面影響」。[36]對於早期台灣客家人的探討，他一方面撰文專論早期日本和西方文獻對台灣客家人的敘述，一方面又斥責日本殖民政府戶口登記，只是基於行政上的考量，將本島客家人歸入「廣東」（粵籍），是完全不了解客家所致，[37]甚至指責「日本人研究客家不值一讀」。[38]

對早期台灣閩、客族群間的衝突、械鬥問題，戴國煇亦是把其研究視角放置於台灣的歷史脈絡中來探察。根據他的考察，台灣居民遷移有先後，為土地資源和水源的爭奪，促使早期台灣族群間的械鬥頻仍。族群械鬥衝突的第一個尖峰期是在清乾隆年間，第二尖峰期是在道光、咸豐、同治年間。為了爭奪墾殖開拓的地盤，最初是移居台灣的福佬人內部，即泉州人和漳州人之間的衝突，稍後則是福佬人與客家人的械鬥，為搶奪地盤、確保水源，展開激烈抗爭。而最終，就是以漢族對原住民各族的角力為中心重疊紛爭的結構。日本占領台灣，殖民地化後，基本上不外乎是對上述台灣社會的重疊紛爭結構增加新的介入者。與漢族移居者不同的是，日本帝國主義體制是攜帶近代的重裝備與制度，進行規模更大的介入。在這種歷史情境下，台灣漢人移民沒有充裕時間來培養「同胞」意識，即限定於漢族台灣人之「台灣人」意識，最終未能使其成熟。由於有這樣的歷史背景，日本殖民地化後的台灣，在漢族與原住民的對立，甚至漢族內福佬人和客家人的統合亦未能成熟情形之下，提供給日本統治者難得的「分割統治」之基礎。這時期，福佬內部的泉、漳對立已漸淡化，但是客家與福佬

密察主編，《跨界的台灣史研究——與東南亞史的交錯》，台北：播種者文化，2004 年，頁 23～61。

[36] 戴國煇，《戴國煇全集 6》，台北：文訊雜誌社，2011 年 4 月，頁 31～92；另見張隆志，〈殖民現代性分析與台灣近代史研究——本土史學史與方法論芻議〉，若林正丈、吳密察主編，《跨界的台灣史研究——與東南亞史的交錯》，頁 133～160。

[37] 戴國煇，〈日帝殖民統治與台灣客家人——近代有關客家人的問題探討座談會〉，《戴國煇全集 25》，台北：文訊雜誌社，2011 年 4 月，頁 341～343；戴國煇，〈台灣客家與日本〉，《戴國煇全集 8》，頁 289～292。

[38] 戴國煇，〈第六章台灣客家的認同問題〉，《戴國煇全集 4》，台北：文訊雜誌社，2011，頁 215。

的對立，仍在整個日本人統治期間繼續存在。這才是二戰前台灣「本島人」內部之所以族群不團結的根本原因。[39]

　　這種研究視角和研究結果，與前述其華僑研究相類似。戴國煇認為，殖民地統治不論古今東西，在本質上就是試圖用「分割統治」的政策，以利其殖民統治。在台灣的日本殖民地政府自然也不例外。[40]仔細推敲戴國煇這種理解歷史的透徹力，不難發現，一方面這是他本身的歷史識見，另一方面其實也與前述，他生命史上自中學時代以來蒙受日本學生欺凌，又感歎基於語言、生活習慣和氣質的不同，同時也是日本殖民統治者的挑撥離間政策促進了「本島」的福佬、客家、原住民之間的分歧，使大家難以團結起來，所產生的一種「同理心」的共鳴。台灣的閩、客族群問題和東南亞華人問題都不是孤立例子。不論是台灣的日本殖民，抑或歐美的殖民東南亞，他們所使用的政策伎倆和遺存的問題都是相類似的。

　　對殖民統治的批評，始終是戴國煇的一貫作風。戴國煇曾力挺同是留日農科出身，又都是客家人的李登輝當總統。1996年他辭去日本立教大學的教職返台，顯然是想助李登輝一臂之力，李登輝亦禮聘戴國煇為總統府國家安全會議諮詢委員。可是，後來戴國煇對李登輝過於親日的「台灣的主張」，頗為不滿而分道揚鑣。這不僅僅是簡單的從政、失政與否的問題，還在於他對其歷史認知的執著。

　　另一方面，戴國煇曾嚴詞批判兩蔣戒嚴時代的獨裁統治，但他也以中國民族立場批判王育德、史明等台獨運動者。他批評台獨的主體是閩南（福佬）人，基於福佬沙文主義，所謂的「台灣人」、「台灣話」常不包括客家系台灣人與台灣的客家語。[41]有學者推斷，戴國煇的中國民族主義意識較強，也可能與其台灣客家人的身分認同有關，自覺

[39] 戴國煇，〈對中國人而言之中原與邊境——與自身之歷史（台灣、客家、華僑）相連起來〉，《戴國煇全集8》，頁327～329。

[40] 戴國煇，〈對中國人而言之中原與邊境——與自身之歷史（台灣、客家、華僑）相連起來〉，《戴國煇全集8》，頁329。

[41] 戴國煇、葉芸芸，《戴國煇全集3》，台北：文訊雜誌社，2011年4月，頁361～380。

處在外省人與福佬人兩大優勢族群之間，必須考量弱勢族群之最佳生存策略，因而在文化意識上，其自以爲的客家認同是更強調祖源或是「原鄉」情感的。清代閩客械鬥之疑慮猶存，而在日本殖民統治的觀察上，戴國煇的台灣史研究更傾向強調日本殖民統治初期之武裝抗日行動，不像福佬人較重視日本殖民台灣中期與晚期的近代化治理的經驗，也不像一些本省籍福佬人在解嚴後出版回憶錄自承親日的情感表白。[42]

　　但是，號稱以台灣文化爲主體的歷史論述，並不全然是福佬人的專利。事實上，自 1980 年代以來台灣本土意識高漲和民主化的騷動，以台灣爲主體的客家論述和客家意識也隨之誕生。1987 年台灣解嚴，台北一批客家知識分子創辦《客家風雲雜誌》，是爲台灣客家運動的開始。而翌年的「還我母語運動」台北萬人大遊行，則是台灣客家相關議題發展的里程碑。1999 年台灣客家公共事務協會（HAPA）成立，首任會長鍾肇政提出「新個客家人」概念，呼籲台灣客家人不要再沉溺在過去「中原」溯源的歷史虛相榮光，揚棄自卑的過客心態，「要做台灣的主人，不是客人」。2001 年行政院設立了客家委員會，2003 年國立中央大學設立客家學院，同年客家電視頻道聯播網創立，以上種種客家運動的展開，都助長了具有本土意識的台灣客家研究的崛興，如今已蔚爲台灣研究的一門顯學。

　　遺憾的是，台灣這些年來的客家研究卻很少參引戴國煇的文章和論點，甚至連徐正光主編的《台灣客家研究概論》所列的「延伸閱讀」參考書目，也未有任何一篇戴國煇的客家論著文章。[43]這種學術研究的氛圍是令人納悶的。

　　一個可能的理解是，戴國煇的客家「中原意識」太強，在強調台灣主體性的客家研究中並不受落。弔詭的是，戴國煇是較早提出「客

---

[42] 黃智慧，〈台灣的日本觀解析(1987～)：族群與歷史交錯下的複雜系統現象〉，《思想》第 14 期，「台灣的日本症候群」，2010 年 1 月，頁 53～98。

[43] 徐正光主編，《台灣客家研究概論》，台北行政院客家委員會、台灣客家研究學會，2007 年。

家系台灣人」來指稱台灣客家的學者。[44]這樣的提法，正好符合施正鋒《台灣客家族群政治與政策》所指出的，其優點在於不突出人數最多的福佬族群，也不暗示任何階層的從屬關係，同時使各族群都享用「台灣人」這個令人驕傲的稱呼。[45]

四、世界人類的問題：中原與邊陲

　　戴國煇批評台獨，而台灣主體性意識較強烈者一般上對戴國煇的言論也不具好感。李喬對戴國煇的批評即為一例。朱真一更是在《絕望的少數？？──海外客家台灣人的心與情》一書中直斥戴國煇是「客家台灣人中，中原意識或情結最濃的先鋒。」朱氏的論據是摘引戴國煇的一篇文章提到：

> 外祖母到我家來，那時她七十幾歲，她很漂亮，鼻樑高高地，客家山歌唱得好得很，我突然問我爸爸外祖母是不是平埔番，我馬上挨了一個耳光，我爸爸說「你這個混帳！我們家怎麼會有雜種」。[46]

　　朱真一的引文指責，事實上是斷章取義的誤讀。1984 年戴國煇在紐約哥倫比亞大學的一場為題「『中國人』的中原意識與邊疆觀」的演講中，也曾舉了以下類似的例子：「我就問家父：『客家是什麼？』他說：『客家就是講客家話人，是從中原來的。』還說我們客家是正統的漢族。再問他正統是什麼，他就答不出來了。反正他確信是中原正統出身。跟閩南人不一樣。」[47]

---

[44] 戴國煇，〈第六章台灣客家的認同問題〉，《戴國煇全集4》，頁 225～226。

[45] 施正鋒，《台灣客家族群政治與政策》，台中：新新台灣文化教育基金會，2004 年，頁 262。

[46] 朱真一，《絕望的少數？──海外客家台灣人的心與情》，台北：陳康宏、客家雜誌，2003 年，頁 86。

[47] 戴國煇，〈「中國人」的中原意識與邊疆觀──從自我體驗來自我剖析或解釋〉，《戴國煇全集2》，頁 19。

　　很明顯，以上對話，實則是戴國煇父親對客家「中原情結」認同的看法，而且是一種情感上的主觀認同情意結。在談論客家特性時，戴國煇雖然是延伸羅香林的客家中原溯源思維，以為客家人是正宗的中原漢人。但是對於客家種性的血緣純正與否，他並不去追究。戴國煇對客家認同和對客家意識探討的興趣，不在於客家人的中原淵源的真確與否，而是從其生命史的追索中，嘗試去解讀為什麼客家具有此種中原情結。這才是戴國煇客家意識探索的焦點所在。

　　戴國煇涉獵的客家論著相當廣泛，他不可能不知曉客家「中原血統論」的虛晃。日本學者中川孝曾指出，早期西方傳教士吹捧客家是「血統純正的漢族」的意圖，是借此激化漢民族與少數民族的對立情緒，從而削弱中國人團結成一體從事抵抗的力量。這是早期歐美人客家研究的歷史本質，羅香林等客家研究者沒有正視到這一點，反而強化了這樣的論說。巧的是，中川孝的文章就收錄在戴國煇主編的《東南アジア華人社會の研究》上冊。[48]

　　戴國煇關心的，是客家人「自我同定」的主觀認同問題。他指出，客家人在長期流浪求生存的路程經驗中，意識急切需求精神上的寄託，「中原」這集體想像的記憶遂變成他們的價值中心，同時亦成為一種歷史的「真實」。然而「中原」在何方，有無其「事實」已不成他們探討的所在。[49]將客家之根源置於中原，將客家意識或是更高層次的客家精神，當作中原崇正精神的信念，即使不是歷史的事實，只要客家人自己這樣相信，那就成為某種的「真實」。[50]這是書寫歷史，對所謂的「真相」，更具多元視角的歷史體認。

　　從東南亞華人的考察中，戴國煇也注意到，這種中原意識也不限於客家。廣府人也有強烈的中原意識，閩南人別名福佬人，也有以河

---

[48] 中川孝，〈華人社會と客家史研究の現代的課題〉，戴國煇編，《東南アジア華人社會の研究・上》，東京：アジア經濟研究所，1974年，頁59～86。

[49] 戴國煇，〈「中國人」的中原意識與邊疆觀——從自我體驗來自我剖析或解釋〉，《戴國煇全集2》，頁25。

[50] 戴國煇，〈對中國人而言之中原與邊境——與自身之歷史（台灣、客家、華僑）相連起來〉，《戴國煇全集8》，頁341。

洛（黃河和洛水）人而自居的。一般說來，東南亞的老「華僑」或是接受華語教育的華人們，還是具有強烈的中華思想、中華意識。東南亞華人耗盡心力捍衛自己的民族性，其因由就在於處居邊陲地位的他們，在當地國面對人種或民族差別對待及疏離的狀況。[51]

就台灣客家人的處境而言，戴國煇指出，基於歷史的因緣，福佬人占據了台灣的平原地帶，後退的原住民固守高山地帶，而客家的開拓者則正好在這兩者中間的山麓地帶扎根拓墾。他們在這些地方居住，形成一個一個客家集村，這個狀況置換為「邊疆台灣」的座標軸，既是客家族群被迫站在邊境上，也是他本身自站在其地位，繼續保持農民的純樸性格，或以教育的突出表現，投身教育界和醫生等專業領域。客家本島人雖然僅占台灣漢族的 13%，其客觀環境促成的自衛互助的我群團結意識卻較強，而且「自尊心」也比一般人較為在乎、執著。這也是少數族群處居邊陲，遭受差別、疏離待遇，出於反動的心理。[52]

世界上到處充斥著壓抑和歧視的問題，「中心與邊陲」往往亦是相對的，少數族群面臨歧視和差別待遇時，自然就產生了強烈的認同危機意識。這不單是台灣人內部閩客之間的矛盾，或是東南亞華人的苦悶，而是世界人類共同的問題。

關鍵在於如何回應。這一點上，戴國煇在其華僑史和台灣史論著中，常舉引美國的例子來做對比。他總是樂觀地以為，處居邊陲位置的人可以把負面的價值轉化為一種積極進取、較正面的精神昇華，帶來創新境界的理想。他甚至認為，這些問題不只是東南亞華人或台灣客家人所擁有的課題，也是第三世界受欺凌的人們所一直追求，普遍的價值：自由、平等、民主、人權的尊重與社會正義的實現，這是世

---

[51] 戴國煇，〈對中國人而言之中原與邊境——與自身之歷史（台灣、客家、華僑）相連起來〉，《戴國煇全集 8》，頁 361～366。

[52] 戴國煇，〈對中國人而言之中原與邊境——與自身之歷史（台灣、客家、華僑）相連起來〉，《戴國煇全集 8》，頁 329。

界人類共有的課題。[53]

　　戴國煇經常舉例洪秀全、孫中山、葉劍英、朱德、鄧小平、郭沫若、韓素音、李光耀等當代客家名人，引以自豪。但他對「客家人是最優秀」的迷思，持有一定的警覺性。戴國煇曾幽默地指說：

> 過去我們客家鄉親認為客家人優秀，我卻不這麼認為，任何民族都有優秀也有糟糕的。就像我們吃的習慣，自己講客家菜好，其實只不過是「媽媽菜好」，因為被媽媽養慣了，就認為媽媽做的菜最好。[54]

　　他在《台灣結與中國結》一書亦指出，客家人其實未必一定是優秀的，只是因為客家人長期生活在較為艱困的環境而比較努力讀書求上進，而在醫學界、政界和企業界出現不少客家傑出人士。不論客家人的良莠與否，更重要是客家人不必自卑，不應隱藏自己的客家人身分，這是一種「尊嚴」問題。身為客家人應具有客家人的尊嚴，這是不能逃避的現實，而且它是站在推廣世界性人權宣言的層次上，尊重所有人種或民族的出生的尊嚴，如此才能達到真正的自我實現。[55]

五、結語

　　綜上所述，與其說戴國煇的客家「中原情結」強烈，不如說那是他的「邊陲情結」濃烈所致。出生台灣，戴國煇經歷台灣的苦難，旅居日本多年仍不放棄中華民國國籍，卻因學術評論上批評台灣國民黨政權的獨裁統治，被列入黑名單，很長一段時期不能返回台灣。此種邊緣化的心境，在他從事華僑研究時，也能以同理心去感受東南亞華人的苦悶與矛盾。在他生命史上的追索中，其台灣客家人的「邊陲情

---

[53] 戴國煇，〈世界的動盪與東南亞華人的未來〉，《戴國煇全集 12》，頁 515。
[54] 戴國煇，〈日帝殖民統治與台灣客家人——近代有關客家人的問題探討座談會〉，《戴國煇全集 6》，頁 341。
[55] 戴國煇，〈第六章 台灣客家的認同問題〉，《戴國煇全集 4》，頁 230～231。

結」也變得特別濃烈。

　　戴國煇的學術研究，由於涉及東南亞華人和台灣，使他能夠在比較之中，以更寬廣的視野和思維去看待問題。站在世界史的高度，是戴國煇經常自覺到的研究視角。但是熟悉戴國煇學術成果之人，也不難發現，其治史的方法，常是一貫地主張必須把握在地的歷史文化脈絡，也強調其研究對象應當努力進行主體性的經營。[56]

　　處居邊陲的少數族群要學會自強，活出尊嚴，而主流社會亦要學會相互尊重。搞客家研究不是製造和加劇族群對立，而是希望誠懇對話。戴國煇曾多次表示，他搞客家研究，並不意圖與非客家人鬧情緒甚至於搞分裂。倒是希望能提供資料，獎勵日本朋友或閩南朋友研究。他拒絕自艾自憐的客家認同心態。他提出客家議題，是要解決問題，發現問題所在，加以分析，以解開問題的癥結。一些客家人執著於「中原情結」，他抱以理解的同情。與此同時，他意識到邊陲意識的激越反動心理，並不只是客家人獨有，那是世界人類共同面臨的問題。

　　對生命史的追索，加上人道的關懷，戴國煇的客家論述是其寬宏視野，一貫正派治史理念下的研究成果。可惜，戴國煇的客家論述，不曉得是因日文的閱讀障礙，還是世人難以體悟其「中原／邊陲」情結，在強調台灣主體性的客家研究裡，卻是有意無意地讓他給「缺席」了。

---

[56] 戴國煇，〈世界的動盪與東南亞華人的未來〉，《戴國煇全集 12》，頁 493。

講評

◎蕭新煌[*]

　　就像本文作者安煥然教授所說，老戴（戴國煇教授生前我對他的稱呼，他有時也會以忘年交兄長之誼，叫我老蕭）的「客家專論為數並不多」，但他「客家人」的身分認同常貫徹於其華僑史和台灣史等相關研究論述，而且更值得注意的是安教授在文章一開頭就挑明，老戴常以自己是「出生於台灣的客家系中國人」和「台灣出生的客家人」自居。

　　確實，講研究和出版，老戴的「客家研究」著作有兩個特色，一是從「華僑」（海外華人）視角看東南亞華僑，再看到東南亞「客家系華僑」；二是對台灣客家，也是從東南亞華僑角度看，而且較少「正式」的研究。換言之，老戴對台灣客家有比較多的「華僑論述」，和較強烈的個人認同「理念」，比較缺少的是在社會科學界所謂族群研究架構下的當代台灣客家研究成果。

　　老戴的客家著作，多以日文寫，看來是寫給他心目中的外國人看，即講給外國人聽，而且以自己經驗做為「立論」基礎，因此難免主觀，親切感當然十足，但是可被檢討的經驗科學論述就或許不那麼強，加上他長年在日本，他在台灣中壢的客家生命史其實也不是那麼長和完整。在他的台灣在地「客家認同形成史」過程中，對照的是「霸道的日本殖民者」和「不友善的福佬人」。在台北的求學「不快」和自我「隱瞞」，加上他早期接受了羅香林的「大中原意識形態的客家史觀」，乃形塑了老戴後來在治學對東南亞客家，甚至於台灣客家，

---

[*] 中央研究院社會學研究所研究員兼所長、亞太區域研究專題中心研究員暨國立台灣大學社會學系教授。

時而會以「大中國→中原→邊陲客家」的三階（段）層加以論述；亦即從大到小，從遠到近，從深到淺，從體到顯。

　　在他看來，東南亞和台灣的客家都不過是中原的中國人之系，所以他用「系」，而不用「族群」。「系」指涉的是靜態和必然的分類，而似乎不太在意有量變與質變的可能性。也因為老戴沒有機會細細觀察、紀錄和研究戰後，尤其 1980 年代以來，「客家族群」在台灣社會多元化、政治民主化大典範轉變過程中，其族群地位的變遷；更沒有好好對 1980 年代後期間自稱「台灣客家人」（不只是出生在台灣的中國客家系族裔），所集體發動的「台灣客家母語（文化運動）」（1988），以及其所帶來的種種質變。所以，老戴才會一直無法「區隔」台灣客家「族群」和東南亞客家「幫」其實已展現了不同的政治社會處境；他或許也沒有正視到台灣客家族群已在台灣「落地生根」，已完全「在地化」，已成為台灣整個「國家社會」（national society）中多元族群結構的重要成分，而非仍停留在東南亞各國中，那種不過是華人族群類屬下的一個「幫」，一個「群」，或一個「語系」而已。

　　台灣的客家人已透過社會運動提升其族群地位到「國家社會」顯性層級。但東南亞客家仍只是華人族群下一個「隱性」幫、群、語系，這其中的差異或許就是老戴的自我「邊陲情結」，讓他未看到台灣經驗中已有的客家變遷。

　　台灣客家人用集體奮鬥，步步擺脫了中國歷史「中原－邊陲」宿命，而躍升成為台灣政治社會「多元族群」契機，也脫離了老戴念茲在茲的邊陲位置和苦悶情境。或許老戴的客家論述就是因為這樣，而被 1980 年代以來新生的客家族群研究「善意」的給予「缺席」了。

　　至於老戴對東南亞華人和客家幫群的「邊陲」處境觀察，或許除了有其研究基線的參考價值外，還可以與時下流行的「離散」（diaspora）概念，有所連結。我想，老戴在東南亞華人和客家的論述，應該不會被當前海外華人研究給「故意缺席掉」。

戴國煇思索原點的農學研究

◎森久男[*]撰・林彩美譯

摘　要

　　戴先生的著述活動涉及多方面，但是其思索原點有出生成長的台灣社會的原風景、生活在殖民地時代末期與戰後激動期的個人體驗，以及在東大農經所受農業經濟學為基礎的社會科學的專門訓練的存在。1950 年至 1960 年代，在日本與中國展開有關解釋中國近現代史的各種學術論爭。進入東大農經的博士課程後，戴先生除學到農業經濟學的分析手法之外，也學到亞洲社會停滯論、中國農業史、中國社會史論戰、資本主義的萌芽論爭、洋務運動論爭、大塚史學、馬克思主義等等當時流行的社會科學各種各樣的方法論。

　　1970 年前後，戴先生在日本的論壇嶄露頭角，其主張受到注目的基本理由是摻入了戰前・戰後在台灣的個人體驗，驅使在東大農經學到的社會科學的分析手法，把日本・中國（台灣）關係以及台灣歷史與現狀，提出讀者料想不到的尖銳問題。當時在日本右翼・左翼的論客正在展開其各自的中國論，而不屬於中國共產黨，也不屬於中國國民黨之台灣人自立的主張是完全的盲點，給了日本論壇非常新鮮的衝擊。

　　戴先生雖然在東大農經受了農業經濟學的訓練，但個人的關心在於台灣史的研究。博士論文的主題是從中國農業史的視角選擇了中國（台灣）甘蔗糖業史。1967 年戴先生成為首位以外國人身分任職亞洲

經濟研究所的正式所員，從事台灣經濟・台灣農業研究業務，1971
年當了華僑・華人研究企畫主查前後，逐漸開拓自身的境地。

　　另一方面，戴先生除了亞洲經濟研究所的業務，並主持東寧會・
後藤新平研究會、台灣近現代史研究會等，以組織東大年輕的研究生
爲中心的台灣史研究團隊。在這種環境之下，戴先生個人的研究主題
逐漸從台灣農業移到台灣史。此間，戴先生在 1976 年從亞洲經濟研
究所轉職到立教大學文學部史學科當教授，終於以歷史研究爲本務。
但是戴先生並非單純企圖研究主題的脫農業化，其台灣史研究的根柢
還是一貫地存在著對台灣農業社會的洞察。

前言

　　戴國煇先生在東大研究所專攻農業經濟學，但其著述活動除了專門的農業經濟學之外，也涉及台灣近現代史、台灣知識分子論、現代台灣政治論、中（台）日關係、華僑問題等多方面，在廣泛領域發表其鑲嵌「一針見血」箴言的諸多文章。戴先生文章的特徵是將自己客觀化，從多面向觀察事物之點，以其獨自且獨特的觀點，獲得很多讀者。

　　戴先生生涯中所留下的著述量是龐大的，讀者因其提出不拘既成常識的敏銳問題而深受感動。然而，戴先生所論主題之廣，要掌握其思索的全體像是不容易的。那麼，在本稿我只把焦點集中在戴先生的農學研究，來接近其思索的特質。

一、農業經濟學者——戴國煇

（一）青少年時期的殖民地體驗與台灣的復歸祖國

　　1931 年戴先生出生於新竹州中壢郡的富裕在村地主的大家族，日本統治時期末期的台灣農村社會的原風景印刻在其心中。1944 年戴先生畢業於村裡的宋屋公學校，考進州下唯一的新竹中學，中、小學都以日語受了教育。在 20 歲前後多愁善感的時期，經歷了日本的敗戰、台灣的復歸祖國、「二二八事件」、戒嚴令的施行、國民政府的台灣撤退、農地改革、白色恐怖等激盪的時期。

　　1945 年 8 月日本敗戰後，台灣人熱烈歡迎復歸祖國，卻因國民政府稚拙的台灣接收之故，對祖國的期望在短時間變成失望。1947 年 1 月戴先生在台北參加響應北京女學生沈崇受美國兵凌辱的抗議遊行[1]。2 月 28 日反國民黨暴動發生，已轉學入建國中學初三的戴國煇，目睹了混亂場面並受了很大的衝擊。後來戴先生對該事件外省人的虐政做

---

[1] 林彩美編譯，〈生平年表・1947 年條〉，《戴國煇全集 27》，台北：文訊雜誌社，2011 年 4 月，頁 84。

了嚴厲批判，也指摘台灣人對外省人有過非人道的行為[2]。1947 年 9
月戴國煇考進建國中學高中部，1950 年 6 月畢業。為了避開台北政治
糾紛，獨自南下投考省立台中農學院農業經濟系，於 9 月入學。1952
年 3 年級時組織同班同學參加農村復興委員會的農村調查。1954 年農
學院畢業，到鳳山受預備軍官訓練，又轉台中復興崗砲兵學校服完兵
役[3]。

　　兵役終了，戴先生參加教育部舉辦的留學考試。當初預定在日本
學二至三年農業問題，再去美國體驗大農場經營，然後轉往北歐學做
奶酪才回國。而於 1955 年 11 月負笈東瀛[4]。

（二）留學東京大學研究所

　　1956 年 4 月，戴先生考進東京大學農學部農業經濟學科研究所的
碩士課程，是戰後東大農經研究生中第一位台灣去的正式留學生。戴
先生的台灣研究，根柢存在著其青少年時期的殖民地體驗以及戰後台
灣的激動期的經驗，而他做為專門的學問的訓練場地就是東大農經。

　　東大農經學科有農政學、經濟學第一・第二・第三的四講座，戴
先生是在近代經濟學領域的東畑精一、神谷慶治兩教授之下學農業經
濟學[5]。當時近代經濟學還處於數理經濟學與計量經濟學等數學手法
還未發達的比較悠閒的時期。戴先生選在近代經濟學講座學習，應是
對他未受馬克思主義的左翼教條所囚，柔軟思考的形成有很大幫助。

　　1958 年 4 月戴先生修完碩士課程又進修博士課程。在台灣戴先生
幾乎未能讀到社會科學系研究所學生必須的教養書籍，來日後為適應
日本的生活以及寫碩士論文而忙碌，真正開始社會科學的研究是讀博
士課程之後的事[6]。

　　戴先生除了當時在日本流行的馬克思主義之外，又去聽東大經濟

---

[2] 戴國煇，《台湾—人間・歷史・心性—》，東京：岩波書店，1988 年，頁 102。
[3] 同註 1，〈生平年表・1954 年條〉，頁 84。
[4] 戴國煇，《日本人とアジア》，東京：新人物往來社，1973 年，頁 92。
[5] 戴國煇，《台湾と台湾人》，東京：研文出版，1979 年，頁 65。
[6] 戴國煇，《台湾という名のヤヌス》，東京：三省堂，1996 年，頁 164。

學部教授大塚久雄教授的「大塚史學」[7]，透過這門課而學到馬克斯‧韋伯的「新教的倫理與資本主義的精神」。戴先生深感欠缺存在於歐洲宗教社會學背景的基督教素養，而開始研究「摩西引領以色列人逃出埃及」到以色列建國的猶太人的歷史，從這裡思考「台灣人與猶太人之差異」[8]而做了思索。

戰後，在東大學習的台灣留學生人數增加，1960 年 5 月組織親睦性質的東大中國同學會，戴先生被選任第一屆、第二屆總幹事。1961年 7 月，企畫邀請中國農村復興委員會的李登輝先生來會，以「台灣農業的發展現況與展望」為題做了演講[9]。

當時，戴先生在東大農經所學農業經濟學的成果，以〈家族經營原理的變貌〉（《食糧管理月報》，1960 年 8 月）、〈糖業在台灣經濟的地位──戰前與戰後的比較〉（《今日之中國》，1963 年 11 月）、〈故鄉的米‧日本的米〉（《食生活》，1964 年 8 月）、〈台灣（中國）的農地改革與農地問題〉（近藤康男等編，《日本農業年報 XV》，1966 年 11月）等文章發表[10]。與此同時，戴先生把將來研究的目標台灣糖業史與台灣史放入視野，把精力傾注於中國古代至清朝末期的中國糖業史研究。

1963 年東大研究所博士課程的在學期間修完的同時，戴先生辦理退學，1965 年擔任女子營養大學的外聘講師（擔任科目為食糧經濟學）與亞洲經濟研究所的調查研究部專門員（囑託），1966 年戴先生寫好博士論文（《中國甘蔗糖業之發展》）取得東京大學農學博士學位[11]。

---

[7] 戴先生在 1988 年秋到中國大陸一星期旅行後，記述了「我深深感到應可具有主體性地擔負起『現代化』的 "ethos"（即日本大塚久雄博士所言「近代性的人的類型」）在大陸社會中的單薄，而深覺不安和疼痛」（《台湾、いずこへ行く》，東京：研文出版，1990年，頁 247）。從以上的記述為線索來判斷，可見戴先生是透過「大塚史學」學到馬克斯‧韋伯的宗教社會學。

[8] 戴國煇，《台湾という名のヤヌス》，頁 165、174～177。

[9] 同註 1，1960 年、1961 年條。

[10] 上述四篇分別收錄於《戴國煇全集 13》、《戴國煇全集 10》、《戴國煇全集 20》、《戴國煇全集 7》。

[11] 同註 1，1966 年條。

（三）從亞洲經濟研究所到立教大學

　　1958 年設立的亞洲經濟研究所，第一任所長是東大農經的恩師東畑精一先生，戴先生受東畑先生的推薦當了兩年亞研所調查研究部囑託之後，於 1967 年成爲研究所第一位外國籍正式所員[12]。戴國煇先生擔任以笹本武治先生爲主查的台灣經濟研究企畫的實質執行者，於 1968 年出版《台灣經濟總合研究》（上・中・下）。研究委員有東大教授川野重任（《台灣米穀經濟》著者）、陳仁端、羅明哲、吳惠然（以上東大農經研究生）、劉進慶（東大經濟研究生）等參加，殷章甫（東大農經研究生）以協助者列名。

　　接著戴先生擔任以齊藤一夫先生爲主查的台灣農業研究企畫，於 1972 年出版《台灣的農業》（上・下）。在此研究企畫東大農經的台灣留學生各自分擔執筆如下：戴國煇「第 2 章　戰後台灣農業之發展」、殷章甫「第 7 章　農業政策」及「第 12 章　土地利用」、陳仁端「第 8 章　食糧作物」。此期間戴先生又有〈國民黨土地政策過程的一個側面——兼悼湯惠蓀教授〉（《亞洲經濟》，1970 年 12 月）、〈轉換期的台灣農業問題〉（瀧川勉編，《東南亞的農業・農民問題》，1971 年）等研究成果的發表。

　　此後，戴先生擔任「東南亞華人的社會・經濟研究會」（1971～1972 年）的主查，而出版了《東南亞華僑社會的研究》（上・下，1974 年・1975 年）。來日後，戴先生關心在日華僑的生活情況，在進行華僑研究企畫的過程中，其問題關心從東南亞華僑、華人問題擴展到在日朝鮮・韓國人問題、猶太人問題與美國黑人問題。

　　戴先生以擔任台灣經濟・台灣農業・華僑問題做爲亞洲經濟研究所的研究業務。而戴先生的研究姿態在出版《台灣的農業》的 1970 年前後，其基本骨幹已明確形成。亦即在公領域的研究把華僑問題放在中心，私領域的研究使台灣史研究真正開展起來，持續關心中國（台

---

[12] 矢吹晉，《李登輝・その虛像と實像》所收〈追悼・戴国煇—解說に代えて〉一文，東京：草風館，2002 年，頁 208。

灣）農業史，而對現代台灣農業的關心漸趨淡薄。

　　戴先生在東大農經學習農業經濟學的時候，台灣的農業社會特徵還很明顯，但因 1970 年代前半達成高度經濟成長之故，農業占台灣經濟的比重逐漸降低。此過程也使戴先生的知性關心，擴展到農業經濟學以外領域的多方面，從 1970 年前後有關台灣史、台灣知識分子論、中（台灣）日關係、東南亞問題等，戴先生正式展開在大眾媒體的社會性發言。1971 年第一本評論集《與日本人的對話──日本・中國台灣・亞洲》由社會思想社出版。

　　戴先生一邊做好亞洲經濟研究所的研究業務，一邊更加傾向於台灣史研究。然而戴先生的問題意識於博士論文的執筆過程就已培育出來。在東大讀研究生時期以來，戴先生常在神田神保町的古書店街散步遛達，當時以低廉的價格廣泛蒐集了戰前期台灣關係古書、史料。今天成為世界數一數二的台灣關係檔案館（archives）之戴國煇文庫的基礎，就是在此時期建立的。

　　對戴國煇的研究成果給了很高評價的立教大學後藤均平教授，推薦戴國煇為立教大學文學部史學科教授。結果，戴先生在 1976 年 4 月從亞研所移籍到立教大學[13]。自此戴先生因是文學部史學科教授而歷史研究變成其專門，但並非完全捨棄農業經濟學的視點，做為台灣史研究的原點，一貫地強調農業問題的重要性。

二、從農學研究到歷史研究

（一）研究的觀點

　　戴先生在《經濟學人》（《エコノミスト》，1979 年 8 月 7 日）以〈我的研究主題〉發表了短文，在開場白說：把最初的系統工作整理在《中國甘蔗糖業之發展》（1967 年）出版以來，我有意識地試著「漫反射」。然後把自己研究的全體構想給了如下的說明：

---

[13] 同註 12，頁 212。

第一個指標設在寫完《中國甘蔗糖業之發展》的續篇，整理為「中國甘蔗糖業史」的定本。但是，這方面實質上的工作是只花一些時間收集資料而已，其餘是跟年輕的研究夥伴一起辦「台灣近現代史研究會」（刊行會誌《台灣近現代史研究》，事務局設在立教大學東洋史研究室內），在那裡和最近相繼發表論文的森久男君進行議論，並從他那裡得到很多指教。

第二個指標是要寫完「台灣──人、風土、歷史」。這可以說是整理出台灣近現代的通史。我的霧社事件研究、一連串的台灣知識分子論、對日本人的台灣研究的考證和批判等等工作，可以理解為其基礎作業。

邁進這第二個指標的路程和課題，很自然地通向對日本帝國主義的台灣統治的批判，可是一做得不好就大有可能會墮入觀念上的「告發者」的陷阱。確立做為被害者的立場和向世間發出相應的主張，這在展望今後應有的中日關係上是必要的。

可是所有被統治者不分民族、階級、階層都是同一程度的被害者嗎？只能回答說否。那麼，就必須明確這種多層結構，把其內部的有機的關聯性放在日本帝國的台灣統治的全結構中予以正確定位。

正因為出於這樣的想法，才在我內心裡產生了對清末台灣的考察、台灣的地主制度、台灣本地資產階級、台灣的少數民族和漢族、抗日運動的諸種現象等等觀點。要告發與彈劾帝國主義、殖民地主義者是容易的，特別是借司空見慣的圖式和語言的那種告發。沒有比把自己關在狹窄的「被害者」的框架裡，擺著「告發者」的架子而自滿的人更自我拖延發現真正的敵人者。而筆者也認為沒有比永遠的「被害者」更是非生產性的。在這個脈絡裡我同時也進行著自問「被侵犯者」這一邊的責任的作業。

第三個指標設定在解釋清楚「華僑」問題的原因，以及把華僑史放在世界史裡應有的地位上。……

　　戴先生的第一、第二目標是從農學（農業經濟學）研究而衍生的問題意識，第三的目標是在東大農經的研究生時代所觀察的在日華僑生態，或因亞研所職務上的研究活動所觸發者。

　　在戴先生台灣史研究的根柢，有生於殖民末期台灣農村的原體驗，也存在著東大研究所正式的學問訓練。正如他自己以「漫反射」形容，從多角的觀點排除偏見、形成客觀考察的獨特歷史觀。

　　（依亞研時期的同事矢吹晉回憶說：「戴先生參加竹內好所主持的『中國之會』，戴國煇非常尊敬竹內先生。批判與自我批判的邏輯與倫理應是向竹內好學習的吧。」[14]）

（二）中國（台灣）糖業史研究

　　戴先生在出版的博士論文（《中國甘蔗糖業之發展》，亞洲經濟研究所，1967 年）的後記有如下對執筆動機的說明：「本書相當於我的有關中國糖業研究的第一部。筆者開始做中國糖業的研究，是想要透過資本主義化基礎的甘蔗糖業來解明日本把台灣殖民地化的歷史過程。」糖業史是跨農業與工業兩方面的研究領域，近代製糖業確立以前是以甘蔗栽培為主要考察對象。該書的課題在於解明近代台灣糖業史的前史，其構成如下：

序論

第一章　甘蔗的品種與甘蔗栽培的地域性發展

第二章　甘蔗栽培的技術性發展

第三章　甘蔗糖製造的技術性發展

第四章　台灣舊式糖業的發展

結語

---

[14] 同註 12，頁 209。竹內好「中國之會」的「規定」是：「一、不反對民主主義；二、對政治不插嘴；三、在真理上沒有自己與他人的差別；四、不從世界的大勢談起；五、不信用良識、公正、不偏不黨；六、以日本人的立場思考日中問題。」六項。1978 年，戴先生在《台灣近現代史研究》創刊號以「補白」為題記述如下：「我們同仁之間有一些默契。第一是不要預設框架；第二是要脫離『正統』和既有框架的束縛，保持自由；第三是不把『政治』帶進研究會。大概就是這三點。」可以讀出戴先生的「補白」有與尊重自外於既成權威自立的「中國之會」的精神相通的思考模式。

　　台灣糖業在明朝隨著從對岸福建省農業移民的增加而被移植,其
起源在中國大陸。第一至三章是考察從古代到明朝,在中國的甘蔗栽
培法與製糖技術的發展,第四章的台灣舊式糖業的發展是分為「第一
節　甘蔗的台灣傳播」與「第二節　明末清初的台灣糖業」。

　　「結語」是做為本書的結論,有「把中國傳統甘蔗糖業的發展過
程透過其栽培法與製糖技術去探索的結果,至少到 17 世紀末,即使
受易姓革命的餘波而有下降的時期,大體來看雖緩慢可說沿著發展的
趨勢走過來」如上敘述。可是,中國甘蔗糖業在明末清初的發展階段,
是向機械制製糖的質的轉換失敗而停滯。戴先生對此有關社會性背景
與原因,如下做了論文的結尾:

> 因此中國封建社會在轉化為半封建、半殖民地社會的過程被編入
> 其中的甘蔗糖業雖潛在地擁有相當傾斜於近代化的萌芽,終於無
> 法以自力近代化,曾經的大輸出國,反而淪落、挫折為輸入國過
> 程的前史究明就在此做為結束。

　　戴先生在「附錄　關係文獻解題」上,認為信夫清三郎的〈領台
前台灣糖業發達的結構〉(《近代日本產業史序說》,1942 年)是以經
濟史學方法做研究的先驅性勞作而給以高評價,引用同書的「如生產
赤糖的糖廍以及生產白糖的糖間已明確具備工廠制手工業的型態」的
一節記述,並有「其後的研究者在台灣經濟史或台灣糖業史研究之
中,沒有將此更加深的形跡」如上之記述。

　　信夫的研究是繼承戰前日本在明治維新研究中工廠制手工業論
爭的問題意識。後來,戴先生做了「從大中華帝國＝清朝的體內,為
何沒有資本主義的生產模式的自生性誕生才是問題」[15]如上敘述。戴
先生吸收了戰前日本的工廠制手工業論爭與戰後中國的資本主義的
萌芽論爭,因類似的學術論爭的成果,而認為中國(台灣)的自生性

---

[15] 同註 8,頁 165。

資本主義發展的失敗，是因清朝末期台灣的經濟發展的特質與劉銘傳洋務運動的局限所致。

（三）清末期台灣研究

戴先生在《中國甘蔗糖業之發展》一書中，對清末期台灣的農業生產力之高有了認識，認爲這才是日本統治期台灣總督府開展經濟發展政策之所以可能的前提條件，洞察了台灣本地經濟的潛在力。由此引出清末期劉銘傳洋務運動的意義與局限之問題意識。

1970 年戴先生發表了〈清末台灣的一個考察〉[16]，對舊台灣總督府關係者所主張的「台灣是由日本開發的」，給以「世界史上的任何殖民體制，是包括有主體、客體雙方面。因而若忽視客體方面的社會經濟發展之階段，尤其是忽略或輕視被殖民統治前夕，當然不可能全面地掌握殖民地統治史的全貌」的批評。亦即從做爲殖民地經濟發展前提條件，不僅台灣總督府的政策開展到政策施展的客體，且台灣社會經濟結構都應放入視野的問題意識，考察了清末期台灣洋務運動的特質。

關於劉銘傳在台灣開展的洋務運動的功過，戴先生說：「在清末腐敗體制下，就連智將劉銘傳的作爲亦無法奏功係理所當然的。」一邊指出其局限，一邊評價由於清末期台灣商品經濟的發展，使之招進洋務運動成爲可能，而透過社會資本投資與民族資本的間接效果，吹進資本主義開發的新風，在台灣經濟內部產生資本主義生產的胎動，將其結果看成是成爲日本統治期的殖民地經濟發展的基礎。

關於清末期台灣農村經濟的實際狀態，戴先生在 1976 年發表了〈晚清期台灣農業的概貌〉[17]。本論文所利用的資料是 1874 年先行於征台之役潛入台灣的樺山資紀的〈台灣記事〉與水野遵的〈台灣征蕃記〉，以及 1881 年與 1891 年以上海・福州領事身分視察台灣的上野

---

[16] 《日本法とアジア》，仁井田陞博士追悼論文集・第三卷，東京：勁草書房，1970 年。
[17] 收入加藤讓編，《現代日本農業の新展開》，神谷慶治先生古稀記念論文集，1976 年。

專一之〈台灣嶋實踐錄〉。甲午戰爭後，樺山與水野各以第一任台灣總督與第一任民政局長，擔負初期台灣統治的責任者。

　　本論文分析了樺山的手記，介紹淡水近郊使役水牛的水稻栽培，淡水港的煤炭、樟腦、茶葉的輸出情況，打狗港的砂糖輸出與鴉片的輸入，並介紹台南、打狗一帶的甘蔗糖業發展狀況。接著，從水野的紀錄摘錄淡水河流域漢族開拓民與先住民族的土地紛爭，以及樟腦生產的發展狀況之相關記述。更從上野的報告書引用有關台灣經濟價值之「台灣等從通商貿易上或從東洋政略之點而論，均是對將來吾國具有重大關係之地方」的一節，定位爲後來在日本台灣領有論具體化的伏筆。

三、日本統治期台灣殖民地社會的研究

（一）對後藤新平與其台灣統治政策的評價

　　透過清末期台灣的考察，戴先生引導出將台灣領有初期兒玉總督、後藤民政長官的殖民地統治政策的意義相對化的新視角。亦即清末本地資本（地主制以及以農村商品經濟發展爲基礎誕生的本地資產階級）的發展，才是招來劉銘傳的改革之因，並指明這是使兒玉・後藤時期使台灣產業開發成爲可能的前提條件。

　　戴先生以個人的殖民地體驗爲基礎，開展了殖民地知識分子論這獨自的研究領域。1972 年在《朝日ジャーナル》雜誌上相繼發表了〈樺山資紀與水野遵〉〈伊澤修二與後藤新平〉〈細川嘉六與矢內原忠雄〉三篇論考，開拓了可說是殖民地比較人物論的新境地。但是這樣的問題意識的擴散，卻導致了把戴先生從日本統治期台灣社會經濟史分析或殖民地統治政策的實證研究中疏離的結果。

　　戴先生在 1970 年組織了以東大研究生爲中心的小規模台灣研究團隊（東寧會），1975 年末兼任東大農經研究所特殊講義的外聘講師，將東寧會取消而發展爲後藤新平研究會。成立日本領台初期台灣統治

政策的正式研究組織。與此同時，戴先生與東寧會中心會員所做的霧社事件研究持續並行進行著，1981 年將共同研究的成果集結成《台灣霧社蜂起事件——研究與資料》一書，由社會思想社出版。

　　後藤新平研究會會員數增加，在研究報告主題多樣化之中，成立台灣近現代史研究會，創刊了會刊《台灣近現代史研究》。在這期間戴先生的研究範圍更加擴大，到 1987 年活動休止時，代表後藤新平研究的領台初期台灣統治政策的研究，除了一部分同仁的個別論文發表外，未見有正式的成果刊行。

　　戴先生正式的台灣殖民地經濟研究終以未完成而終了，但以農業經濟學的分析視角，抽引出台灣經濟史‧台灣社會運動史的本質性特質的歷史觀卻一貫保持著。戴先生在 1970 年代把研究的重點由農業經濟學移到歷史學，其研究的根本觀點——有關台灣農業社會特質的洞察，亦即將由農業經濟學所培養的社會科學的感覺，做為他思索的原點並貫徹始終[18]。

（二）台灣的寄生地主制與本地資產階級

　　檢討了清末期台灣商品經濟的發展與洋務運動的結果，戴先生肯定地評價當時的台灣並非「瘴癘之地」而是「富庶之地」，所謂台灣總督府的經濟開發政策的「成功」，是在已擁有潛在力的、名之為本地經濟的「台木」上的「接木（接枝）」而已，強調地主制與本地資產階級在殖民地的經濟發展所扮演角色的重要性；將台灣的殖民地經濟發展的主要原因，理解為政策開展「主體」的台灣總督府之施策，與其「客體」的本地經濟之相互作用；並尖銳地指出後者的重要性，可評價為戴先生在台灣史研究的先驅性貢獻。

　　台灣總督府透過土地整理事業（地租改正），改革了「一田兩主」

---

[18] 以下介紹有關戴先生的寄生地主制、本地資產階級以及台灣民族主義運動的內在因果關聯的獨自觀點，在前列〈清末台灣的一個考察〉一文提示了全體像，此後在所執筆的各種著述中亦重複論及。戴先生在 1988 年出版的《台灣—人間‧歷史‧心性—》（中文版《台灣總體相——住民‧歷史‧心性》，1989 年）可說是做為對台灣寄生地主制本質洞察之基礎，也是其歷史觀之集大成者。

制，廢止上級所有權者的大租戶，把土地所有權一元化給下級所有權者的小租戶，令小租戶負納稅的義務。在台灣則與朝鮮不同，未對農民施行大規模的土地收奪，土地整理事業結束後，台灣的地主制在台灣總督府的庇護之下，以寄生地主化持續下去。

　　戴先生把台灣的地主制與本地資產階級的相互關係概括如下。亦即清末期以地主商品經濟的發展為基礎，台灣本地資產階級開始成長，經過日本統治期的土地調查事業，土豪士紳的土地所有權受到保證，因台灣總督府的獎勵，大中地主以糖業為中心投下資本。然而1910年代以後，呼應日本資本主義的發展，台灣的甘蔗栽培飛躍性地發展，1912至1923年基於台灣總督府令，台灣人單獨設立會社（公司）遭到禁止，本地資產階級的發展受到了抑制，同時期，在台灣與甘蔗栽培並行，水稻栽培也有所發展，大中地主層的高率佃租收奪是受到保障的。

（三）台灣的民族主義運動與寄生地主制

　　1895年依《馬關條約》台灣割讓給日本，於日本軍登陸台灣之際，出現亞洲第一個共和制國家——台灣民主國。土豪劣紳、官吏、清朝軍從台灣早早撤退，但台灣南部展開了民眾激烈的抗日武裝鬥爭。戴先生將此激烈抗日游擊鬥爭的原動力，看成是拜已完成小農經營發展的小租戶或現耕佃戶的本地經濟勢力之賜。

　　1910年代以後，日本的殖民地統治確立，台灣的民族主義運動轉換成合法的體制內改良運動。戴先生指出做為背景存在的寄生地主制與本地資產階級的特質如下。

　　即大中地主層對初期武裝抗日運動，站在旁觀者立場。日俄戰爭後，經過土地整理事業，台灣寄生地主制正式確立，大中地主層立刻順應了殖民地統治體制。地主或本地資本階級雖是被統治民族，卻可分到日本殖民地統治的殘羹，對下層佃農、農業勞動者，有著不勞而獲之生活的統治階級特質。台灣的武裝抗日民族運動，以羅福星事件

（1913年）、西來庵事件（1915年）爲最後而結束。台灣的民族運動以寄生地主制的開展爲基礎，以民族資產階級爲主體，轉換成溫和的社會文化運動，迎接 1921 年的台灣文化協會的成立。後來一部分激進的青年左傾化，受此驚嚇之故，以大中地主層爲基盤的一部分本地資產階級，做爲殖民地統治體制中的從犯被納入體制中。溫和的本地資本階級開展了台灣議會設置運動，中日戰爭發生後，受到嚴厲的彈壓，後退到單純的地方自治運動，一部分會員也被捲入皇民化運動之中。

（四）漢族對先住民族的「原罪」

戴先生冷靜地凝視自己出身於寄生地主大家族的事實，尖銳地描繪出被統治民族內在與殖民地統治的共犯結構。也就是說明、清時期漢族農民移住台灣，透過開墾土地，掠奪了台灣先住民族（高山族）的土地，將其視爲壓迫者，以做爲外來者集團的漢族之一員，對先住民族的「原罪」有強烈的自覺[19]。

戴先生發表了有關霧社事件連續的論考，其發想的根源爲「我知道我父祖做爲開拓農民移住台灣後，蠶食原住民的土地，而寄生地主化」，基於此觀點，做爲克服大漢民族主義的實踐根據，期望內部少數民族的自主平等的實現，存在著有必要正確定位霧社蜂起事件的認識。

結語

戴先生從農業經濟學的研究出發，以台灣爲中心，把關心擴大到多方面的研究領域，誠如他自己形容爲「漫反射」，他把台灣研究將來發展的方向性，以富於含蓄性的表現做出提示。

戴先生對台灣史研究有很大的貢獻，他不但自己發表了諸多優異的著作，還透過東寧會（包含後來的後藤新平研究會、台灣近現代史

---

[19] 同註 6，頁 148、182。

研究會）組織了年輕的研究生做台灣史研究，發揮了啓蒙的角色，築構日後日本與台灣的台灣史研究之學問基礎。

　　本小論的筆者做爲過去「戴國煇學校」的學生之一，對其厚實的學風猶抱深深的懷念之感。

講評

◎張靜貞[*]

　　謝謝主辦單位的邀請，很榮幸有此機緣參加戴國煇教授的紀念研討會，也很高興能有機會先拜讀了森教授的文稿，透過森教授有系統的整理與回顧當中，了解到戴教授一生在農學研究的成就與由來，對台灣本土農業經濟的研究與傳承獲得非常多的啟示。

　　森教授的回顧文章有一個主軸，就是強調戴教授在農學領域研究是採用一種「漫反射」的方式，「從多角的觀點排除偏見，形成客觀考察的獨特歷史觀」，因而獲致了許多獨特的成果。我對「漫反射」此一名詞深感好奇，故上網查了百科全書，找出它的定義。根據百度百科[1]，所謂的「漫反射」是一「光線被粗糙表面無規則地向各個方向反射的現象」，「很多物體表面粗看起來似乎是平滑，但如果用放大鏡仔細觀察，會看到其表面其實是凹凸不平的，所以本來是平行的太陽光被這些表面反射後，就瀰漫地射向不同方向」，這個現象之功用主要是用來解釋「人眼之所以能看清物體全貌，主要是靠漫反射光在眼內的成像」。

　　對於史學研究者而言，「人們依靠漫反射現象，才能從不同方向看到物體」，「漫反射」應該不僅僅是研究方法，也是一種使命。對照戴教授畢生在台灣糖業史與農學的研究成果，應該可以從這裡深刻體會到戴教授如何從不同的角度去思考台灣農業在歷史上所扮演的角色，也如何透過各種史料客觀的比對去找出真正的定位。

　　森教授的文章從戴教授的台灣糖業發展史出發，接著漫反射到台

[*] 中央研究院經濟所研究員暨國立台灣大學農業經濟學系教授。
[1] 參見網頁：http://baike.baidu.com/view/43946.htm#sub43946

灣近代史的研究與華僑史，如森教授文章的標題「探索原點」點出，其根基都出自於對台灣農業社會的觀察，這就是戴教授農學研究之特質。

首先在台灣糖業史的部分，戴先生博士論文《中國甘蔗糖業之發展》（1967 年），原始動機是嘗試透過資本主義化基礎的中國糖業，解讀日本將台灣殖民地化的歷史過程，論文內容從甘蔗栽培到機械化製糖技術，跨農工兩大領域，在漫反射過程中，主要是引用日本學者信夫清三郎的〈領台前台灣糖業發達的結構〉當中的經濟史研究工廠制手工業論爭，最後戴教授的結論有二，其一是中國製糖業的停滯與中國的自生性資本主義發展的失敗有關，其二是台灣自生性資本主義發展的失敗，是因清末期台灣的經濟發展的特質與劉銘傳洋務運動的局限所致 。

對照今日，我們可由這段回顧糖業歷史中來省思今日台灣糖業的興衰，我根據台糖公司虎尾糖廠廠長林榮輝先生的資料，得知先民來台種蔗製糖迄今已跨越 660 年，從早期台灣糖廍草創時期，到日據台灣糖業茁壯全盛年代，直到今日台灣糖業的沒落，即將走入歷史，令人感慨。

林廠長的資料顯示，台灣的甘蔗栽植最早可回溯到元代汪大淵《島夷志略》之記載，台灣原住民能夠「煮海水為鹽，釀蔗漿為酒 」，當時已擁有甘蔗加工技術。明代鄭芝龍自福建移民到台灣開墾種甘蔗，引進大規模栽培與製糖技術。清代採取懷柔減輕賦稅制度，在台灣大幅種蔗製糖，回銷大陸，當時白糖占三分之一，赤糖三分之二，顯示清代手工製糖技術已經相當純熟，還曾經外銷到澳洲。日據時期，兒玉總督引進日本三井財團新式製糖株式會社，正式成立現代化糖廠，直到光復後，成立台糖公司科技製糖，但因為失去大陸市場，生產過剩導致價格低落，故必須採斤米斤糖的保證糖價保護政策。但隨著市場開放，台灣砂糖面對進口競爭，生產量從 1976／77 年最高紀錄年產 107 萬公噸，目前只剩下 2 座糖廠，每年僅生產 50,000 公噸。

面對近年來全世界的糖價與糧價飆漲，戴教授當年所做的檢討特別值得我們今日再度來省思，台灣先人所奠基的糖業要何去何從？還是真的就此走入歷史？

接著戴教授的台灣近代史研究，森教授根據〈晚清期台灣農業的概貌──藉日本密探及外交官等報告之剖析〉（1976 年），指出「戴先生在《中國甘蔗糖業之發展》一書中，洞察了台灣本地經濟的潛在力」，這個構成來自於當時台灣稻米生產以及茶葉、樟腦、砂糖的輸出，除引用中國史料中關於清末劉銘傳在台灣洋務運動的開展與失敗外，也引用日本學者樺山資紀〈台灣記事〉、水野遵〈台灣征蕃記〉、上野專一〈台灣嶋實踐錄〉等史料，進行漫反射研究。最後戴教授獲得台灣社會經濟結構是做為殖民地經濟發展之前提條件之結論。

第三個漫反射成果是戴教授對於清末期台灣史之研究，森教授認為這是戴先生「以個人的殖民地體驗為基礎，開展了殖民地知識分子論這獨自的研究領域」，所參考之日本史料包括〈樺山資紀與水野遵〉、〈伊澤修二與後藤新平〉、〈細川嘉六與矢內原忠雄〉的三編論考。雖然這研究領域開啓了戴先生在「殖民地比較人物論的新境地，但導致戴先生從日治台灣史分析……中疏離的結果……未見有正式成果發表。」不過，今日看來戴教授當時以農業經濟學的分析視角，從「台灣樟腦、砂糖、米、煤等資源物產豐富，且是向東洋與南洋地區擴張貿易與延長航路的重要跳板」出發，把台灣經濟發展史與社會運動史的關聯性與本質反射出來，的確有其獨到之論點，領人深感欽佩。

最後值得一提的是戴教授對於寄生地主制之研究成果，這也是下一篇論文發表人所要探討的土地制度改革的前傳，戴教授的出發點是台灣總督府的台灣殖民地統治政策，這也是延續前面台灣史研究的漫反射之一。他的基本結論包含兩部分，第一是他認為日治時代所實施的土地所有權一元化，基本上是改革台灣原有的「一田兩主制」，保留地主階級，廢止大租戶，給與小租戶，由小租戶擔負納稅義務，因此，基本上應該是寄生地主制在殖民地體制下的重編與強化，他想強

調當時的土地改革的本質是一種本土經濟的「台木」上的「接木」。

　　第二個結論是土地制度的改革奠下日後台灣資產階級興起與民族主義運動發展之基石。這是因為當時日本殖民地政府把中上階級的地主編入殖民地體制內，土地所有權受了保證，大中地主以糖業為中心投下資本，但 1912 至 1923 年，台灣地主單獨設立會社遭到日本政府禁止，故資產階級的發展受到抑制，而同一時期因甘蔗與水稻栽培並行發展，大中地主高佃租率受到保障，但下層佃農的民族運動在寄生地主制之下也因而開展。

　　最後，從森教授的回顧中我們深刻了解戴教授的諸多史學研究的根源都是出自於對農業經濟與農業社會的關懷，漫反射終歸可以回溯到原點。飲水思源，我們後代可從戴教授的治學精神中學習到歷史的研究就是探索人與事的關係，要放開視野，用客觀的證據來找出歷史的連貫性，從真相中學習教訓與獲得省思。

耕地三七五減租政策之過去與未來[*]

◎徐世榮[**]

摘　要

　　本研究認為三七五減租政策制定之初，在法律位階與實質內容上並不相稱，僅以行政命令位階而執行侵奪人民財產權的作為，於行政法概念上實有違誤，應予以釐清。於實質內容上，政策內容充滿階級歧視與行政恣意，政策手段與所欲達成之目的之間關聯不符比例原則檢驗，雖時移境遷，仍應提出強烈質疑。

　　研究架構中對於大法官解釋提出質疑與分析，並以行政法理論檢視此一特別犧牲是否真屬公益之所需。同時亦以還原歷史真相為目的，盡可能尋找當年曾歷經相關過程的當事人進行訪談，完整記錄口述歷史，並獲知有許多業主後代現今仍深陷纏訟之中。

　　本研究認為三七五減租乃係政府為安撫社會不滿情緒而倉促提出之政策，用意雖在安定社會情勢，但政府規避原應負擔的社會救助之責，將此照護義務全數轉嫁予特定社會群體身上，造成其長達一甲子苦難，理應為此負起善後與賠償之全責。

---

[*] 本文受國科會專題研究計畫之補助，計畫編號為 NSC 98-2410-H-004-147。
[**] 國立政治大學地政學系教授。

一、三七五減租政策的流變

（一）實施背景

　　台灣早期農業人口甚多而土地有限，產生所謂「競租」的情形，佃農若不願接受租佃條件，則很快的會被其他人取代，在這樣的情況下，租佃制度逐漸偏向有利於土地持有者。日據時期普遍佃租之租率皆為五成左右，在較肥沃的地區亦存在高達六成甚至七成的租率，且佃農承租土地須預先繳納將近一年租金之高額押金。此外，部分地區尚有收取「副產物租」、「鐵租」等習慣，所謂副產物租即除主要作物外，佃農所種植之蔬菜、甘藷等作物或所飼養之家禽、家畜亦須繳交部分給業主；鐵租則是無論實際收穫量多寡，皆須繳納約定數量的佃租。若遇到包佃轉租之情形，則更是層層剝削。但因租佃契約多為短期之口頭租約，業主有權「撤佃」，在農業人口多而耕地少的情形下，佃農為了能繼續租賃土地，只得接受不平等的租佃條件。

　　不公平的租佃制度，造成佃農沉重的負擔，但是在當時卻並未造成業佃間關係的惡化，主要是由於業佃間存在著所謂的「生計倫理」，長久以來權利強烈不對等，使得佃農忽略受到剝削的事實，而感激業主讓其有地可耕，不致使其生活完全失卻依據；而業主對佃農亦會視情況減免租金及不隨意撤佃等等，讓佃農得以維持基本的生活，因此業佃間存在數代情誼者相當普遍，衍生出近似於父慈子孝的意識形態。

　　1920 年代開始，蓬萊米的移植成功使佃農收益增加，促成了佃農地位的抬頭，各地農民紛紛組成「農民組合」，以對抗日本帝國主義侵略及「製糖會社」的剝削。面對各地迭起的農民運動，日據政府一方面強力壓制，一方面成立「業佃會」來調解及仲裁業佃糾紛，並積極推動書面契約保障業佃雙方權益，在 1940 年時，72.54%的佃耕地之租佃關係已採取了書面契約的形式（柯志明 1994：244）[1]。

---

[1] 劉志偉，《戰後台灣土地關係轉型中的國家，地主與農民，1945～53》，國立清華大學社

　　戰後業佃會的運作停擺，書面租賃契約的比率下滑，租佃糾紛又缺乏調解仲裁的機構，業佃雙方之權益因此缺乏保障。此時國民政府為了因應國共內戰的需要，對台採行諸多的糧食控制措施，例如 1946 年的田賦徵實，以及 1947 年的隨賦徵購及大中戶餘糧收購等等，更高的耕地租稅負擔直接衝擊到農業生產所得。

　　加上當時大陸地區發行金圓券造成之惡性通膨，業主一方面蒙受大量損失，一方面亦將部分負擔轉嫁給佃農，使得佃農更加窮困。

　　國民政府來台後，檢討中國大陸淪陷的主要原因，一般咸認是因為土地改革無法有效且及時施行，因而造成農村中地主與佃農的關係長期對立，給予共黨利用矛盾介入的機會，於是有了農民起義的背景因素。當時的政府認為，台灣傳統農村社會一直存在著惡劣的租佃制度，是共產主義發展的溫牀，此外又遭逢日本高壓統治 50 年，戰後甫經政府接收，人心浮動，易起紛亂，在種種因素摻和之下，認為社會正處於極易被共黨蠱惑狀態。因此，政府遷台後，在政策上即改弦易轍，決心以「土地改革」政策安撫農民的心，避免被共黨滲透，再次發生農民起義、顛覆政府之舉。總而言之，國民政府來台以後，立即以強烈手段雷厲風行地推動三七五減租政策，實際上是具有強烈的政治義涵。

　　依照孫中山先生之民生主義，土地改革政策分為三階段：三七五減租、公地放領及耕者有其田，其中三七五減租可以說是耕者有其田政策之預備階段，藉之將租佃關係長期固定，並取得書面資料，避免業主收回，順便調查業主究屬何人，土地放領對象為何。同時藉由限制所有權來壓低地價，以利後續耕者有其田政策之推行。

　　然而，為了使政策推行順利，國民政府刻意忽略當時的土地出租人大多僅擁有小面積土地，並不足以稱為「地主」的事實，將「地主」的定義大幅擴張，並藉機大肆宣揚租佃制度的不公，刻意型塑出地主

階級為剝削者的形象，造成整體政策逾越了扶植自耕農之政策本旨，變相地打壓出租人，對土地出租人的財產權造成嚴重侵害，且出租人至今仍背負著整個社會共同的敵意，在法律上的權利受到壓制、在社會普遍觀感上亦受到不公平的歧視。

（二）民國 38 年之《台灣省私有耕地租用辦法》

三七五減租政策實行之初，最迫切面臨的乃是高租額造成佃農負擔沉重、口頭契約使租佃關係不穩定的問題。國民政府希望藉由租率的降低，來改善農民的生活，而推動書面租約形成較穩定、較長期的租佃關係，則可引導佃農願意投入更多的勞力及資本，進行土地改良或購置耕作設備，以提升整體農業產量，為台灣成為反共基地所需的資源打下基礎。

因此於民國 38 年 4 月 14 日頒布《台灣省私有耕地租用辦法》，規定自民國 38 年第一期作開始，耕地租額不得超過主要作物正產品全年收穫總量的千分之三百七十五，並取消押金、鐵租、副產物租等造成佃農負擔之租佃條件，強制所有耕地租佃皆需簽訂書面契約，並嚴格禁止轉租。在租約之終止部分則引用《土地法》之規定，將租約分為定期與不定期，容許定期租約期滿後由出租人收回自耕，若期滿後無換約而繼續由承租人耕作者，視為不定期租約，嚴格限制收回並可繼承。與現今民法之房屋租賃規定較為相近，衡諸當時的社會情況，目的與手段尚稱相符，雖對土地所有權人之權利產生侵害，但若能以法律明定之，尚屬合理。

（三）民國 40 年之《耕地三七五減租條例》

由於三七五減租之推行，是以行政命令為基礎，並無法律依據，造成之租佃糾紛，法院無適當法律可憑依判決，且倉促執行之下，各地方政府施行時之標準不一，如租約限定之期限，有三年、五年及六年等不同之情形。到了民國 40 年，其中三年期的租約租期即將屆滿，當時正逢政府預備推行土地改革的第二階段——耕者有其田，為了避

免租佃關係變動造成政策推行的阻礙，故於民國 40 年 6 月 7 日公布
《耕地三七五減租條例》做爲政策實施之法律依據。

　　《耕地三七五減租條例》大抵是沿用私有耕地租用辦法的架構，
然而爲了能夠順利推行耕者有其田政策，不僅直接將租佃期限一律延
長至六年，更極端嚴格的限制租約之終止，又允許世襲，並對違法終
止租約之出租人祭出刑罰。至此幾乎可以說是只要承租人或其後代有
繼續承租的意願，出租人即無法收回其耕地，過去所簽訂的租約，無
異於一夕之間轉變爲無限期之永久租約。

（四）民國 42 至 48 年

　　民國 42 年以後，耕者有其田政策實施完畢，除個人有土地得保
留最高三甲外，其餘超額土地及共有土地皆已徵收放領給佃農，台灣
原本就僅占極少數的所謂「地主」階級已被掃除，沒有再繼續打擊地
主的必要。但對於耕作地爲業主保留地而未獲承領之佃農，仍繼續實
施三七五減租政策，希望藉由減租條例的保護增加佃農之耕作收益，
逐漸累積資本以購置屬於自己的耕地，達到扶植自耕農的目的。

（五）民國 49 年以後

　　民國 49 年以後，政府爲了促進耕地變更利用，減少開發時的紛
爭，陸續規定三七五租約終止時，出租人必須給予承租人補償。如民
國 49 年獎勵投資條例公布，規定耕地變更作工業使用時，得終止租
約，但同時應給予佃農土地地價三分之一數額之損失補償。[2]59 年修
正時將補償數額改爲地價扣除土地增值稅後餘額之三分之一。其後平
均地權條例數次修正，規定因「耕地徵收或照價收買」、「變更爲建築
使用」、「土地重劃」等原因終止租約者，皆需依同樣的標準補償耕地
承租人。民國 72 年《耕地三七五減租條例》修正時，規定出租耕地

---

[2] 獎勵投資條例第二十八條（民國 49 年公布）編爲工業用地區域內之出租耕地，出租人如
變更作工業使用時，不論爲自用、出賣或出租得就變更使用部分終止租約。出租人依前
項終止租約時，除應補償承租人爲改良土地所支付之費用，及尚未收穫之農作改良物外，
並應給予該土地地價三分之一數額之損失補償。

經依法變更爲非耕地[3]或因擴大家庭農場經營規模[4]而終止租約時，皆需給予佃農終止租約當期之公告土地現值，減除土地增值稅後餘額三分之一做爲補償。由於補償規定的出現，形成了佃農的期待利益，使得佃農續租耕地不再以耕作爲主要目的，產業轉型後，耕地租約卻並未相對的消失，反而隨著土地價值的增長，造成業佃間紛爭迭起，可說是現今三七五租佃制度中所有問題的癥結所在。

（六）民國 89 年《農業發展條例》修正

由於三七五減租條例的嚴格規定，使得出租人終止租約不僅難如登天，還必須付出巨額的補償，造成土地流通困難，所有權人寧可荒廢亦不願出租其土地，土地無法有效利用。因此民國 89 年《農業發展條例》修正，第二十一條規定自中華民國 89 年 1 月 4 日修正施行後所訂立之耕地租賃契約，適用《農業發展條例》的新規定[5]，但在此之前的舊耕地租約，則繼續適用《耕地三七五減租條例》。此項修正隱藏了一個重要的義涵，就是《耕地三七五減租條例》實際上已不再適合現代社會，但由於牽涉到補償金額的龐大利益，唯恐貿然廢止會造成紛爭，只得繼續保留舊有的租約。

《農業發展條例》修正後，雖然舊有租佃契約仍繼續適用《耕地三七五減租條例》，但社會上不論是業主或是佃農，皆認爲《耕地三七五減租條例》當初制定的目的已不復存在[6]，反而衍生出許多糾紛，

---

[3] 《耕地三七五減租條例》第十七條第一項第五款（民國 72 年修正）。
[4] 《耕地三七五減租條例》第十九條（民國 72 年修正）：出租人爲擴大家庭農場經營規模，得收回與其自耕地同一或鄰近地段內之耕地自耕，不受前項第二款規定之限制。
[5] 《農業發展條例》第二十一條（民國 89 年修正）：本條例中華民國八十九年一月四日修正施行後所訂立之耕地租賃契約之租期、租金及支付方式，由出租人與承租人約定之，不受土地法第一百十條及第一百十二條之限制。租期逾一年未訂立書面契約者，不適用民法第四百二十二條之規定。前項耕地租賃約定有期限者，其租賃關係於期限屆滿時消滅，不適用民法第四百五十一條及土地法第一百零九條、第一百十四條之規定；當事人另有約定於期限屆滿前得終止租約者，租賃關係於終止時消滅，其終止應於六個月前通知他方當事人；約定期限未達六個月者，應於十五日前通知。耕地租賃未定期限者，雙方得隨時終止租約。但應於六個月前通知對方。
[6] 三七五農權益促進會於民國 89 年推動《耕地三七五減租條例》修正案，建議修正規定爲一年內完成租約之終止並補償承租人。

應由政府擬定配套措施逐步走向落日。

（七）民國 93 年大法官 580 號釋字

民國 93 年 7 月 9 日，大法官會議針對該項規定，做成了釋字第 580 號解釋：「惟不問情狀如何，補償額度一概爲三分之一之規定，有關機關應衡酌憲法第二十二條保障契約自由之意旨及社會經濟條件之變遷等情事，儘速予以檢討修正。」及「耕地租約期滿時，出租人爲擴大家庭農場經營規模、提升土地利用效率而收回耕地時，準用同條例第十七條第二項第三款之規定，應以終止租約當期土地公告現值扣除土地增值稅餘額後之三分之一補償承租人。……與憲法第二十三條比例原則及第十五條保障人民財產權之規定不符，應自本解釋公布日起，至遲於屆滿二年時，失其效力。」

在大法官做出 580 號解釋之後，行政機關應對出租人不合理補償承租人之規定「儘速予以檢討修正」，並於第十九條第二項準用第十七條第二項第三款之規定失效後，積極辦理出租人爲「擴大家庭農場經營規模、提升土地利用效率」而收回耕地之案件。然而自民國 95 年規定失效至今已逾四年之久，修正案仍在研議中，期間經過民國 98 年底租約期滿，業主紛紛依相關規定不再續約，行政機關又因沒有法律明確規定，各地處理方式不一，造成了許多糾紛。截至民國 98 年底止，仍有 35,186 件的租約與 56,862 戶的出租人、44,625 戶承租人受到《耕地三七五減租條例》的束縛。

（八）小結

耕地三七五減租政策最初實施時之規定，確實有助於改善佃農生活，雖然土地所有權人亦因此承受犧牲，但在當時的時空環境下，許多出租人皆表示可以接受，但是政策演變到後來，已經逐漸悖離了「扶植自耕農」的初衷，使得佃農爲了高額補償的期待利益，被束縛在土地上，而承租人 60 年來亦承受著無法收回土地的痛苦，以及社會對「地主」的歧視。

二、三七五減租政策之內容與對財產權之限制

　　耕地三七五減租政策是土地改革政策三階段中的第一階段，國民
政府於 38 年撤退來台後，在威權的意識形態主導下，為了實施土地
改革的政策，所採取的方法就是對農戶進行階級標籤的分類，製造民
眾之間對彼此的衝突和矛盾，並且把「地主」二字的定義給予大幅度
的擴張，只要擁有土地所有權並將其出租者即為地主[7]，而不考慮該
土地所有權人所擁有的土地面積多寡及其富力程度。

　　如前述，國民政府意圖在人民之間製造衝突與矛盾，用以化解社
會動盪與經濟惡化的民怨橫生。同時，在政治工作部分，深受大陸潰
敗的教訓影響，亟欲整肅台灣數十萬的農民人口，防堵群眾運動，避
免農民起義事件重演，於是，土地政策的推動與改善農民生活的任務
勢在必行。首要之務在收攏多數群眾的人心，因而運用階級鬥爭的矛
盾順利轉嫁了廣大農民對於時局的不安情緒。

　　事實上，台灣之耕地極為細分，幾乎沒有所謂的「地主階級」。
根據民國 41 年地籍總歸戶的調查，將台灣私有土地所有權人之戶數
按面積大小分組，發現「台灣之私有耕地所有人以小戶居多。……全
省六一一、一九三戶中，所有面積在一甲以下者，占七〇‧六二%，
三甲以下者達九三‧二三%。至滿十甲以上之戶，約占千分之八，祇
五、〇五一戶。內一〇〇甲以上者，為六六戶。」[8]

表 1　台灣省私有耕地各類所有人之戶數：依所有人之耕地面積大小分組

耕地所有人之面積分組	自耕戶數		出租戶數		自耕兼出租戶數		總計	
	實數	百分比（%）	實數	百分比（%）	實數	百分比（%）	實數	百分比（%）

---

[7] 《實施耕者有其田條例》第六條第一項規定，「本條例所稱地主，指以土地出租與他人耕作之土地所有權人。其不自任耕作，或雖自任耕作而以雇工耕作為主體者，其耕地除自耕部份外，以出租論」。

[8] 湯惠蓀，《台灣之土地改革》，頁 65。

未滿 0.5 甲	242,280	56.05	31,547	41.05	15,128	14.82	288,955	47.28
0.5～1 甲	101,293	23.43	20,349	26.48	21,017	20.59	142,659	23.34
1～2 甲	60,899	14.09	15,213	19.80	27,304	26.76	103,416	16.92
2～3 甲	16,140	3.73	5,043	6.56	13,579	13.31	34,762	5.69
3～4 甲	5,683	1.31	2,123	2.76	7,655	7.50	15,461	2.53
4～6 甲	3,898	0.90	1,630	2.12	7,650	7.50	13,178	2.16
6～10 甲	1,552	0.36	699	0.91	5,460	5.35	7,711	1.26
10～20 甲	430	0.10	219	0.28	3,036	2.97	3,685	0.60
20～50 甲	97	0.02	26	0.03	981	0.96	1,104	0.18
50～100 甲	14	0.00	1	0.00	181	0.18	196	0.03
100 甲以上	6	0.00	0	0.00	60	0.06	66	0.01
總計	432,292	100.00	76,850	100.00	102,051	100.00	611,193	100.00

資料來源：台灣省地政局之民國 41 年 6 月地籍總歸戶統計，湯惠蓀，《台灣之土地改革》，頁 65。

　　根據地籍總歸戶之統計，大部分的土地所有權人僅擁有小面積的土地，所有面積在 3 甲以下者，占 93.23％。而 3 甲之耕地如若出租，亦僅可供六口之家勉強溫飽[9]，這些出租人並不能夠稱得上是「地主」。而擁有 10 甲以上土地而完全出租不自任耕作者，全台灣僅 246 戶，占總土地所有權人戶數的萬分之四，100 甲以上而完全出租者則無。由此可知台灣擁有較大面積土地且無自任耕作而全部出租、勉強可稱之為「地主」之所有權人，僅占極少數。根據朱嗣德以耕地面積

---

[9] 內政部長黃季陸在立法院聯席會議答詢地主保留土地面積問題（民國 41 年 1 月 20 日）：本條例規定地主保留中等水田三甲，完全是顧念地主生活，因為台灣省地普通為六口之家，三甲水田之收益，每年可達新台幣六千餘元，可以勉強溫飽，至於有人主張以地主人口之多少計算保留其耕地，用意雖善，然地主家庭人口數目時有增減，變動很大，手續太繁，且有男女老幼大口小口之別，亦難獲絕對公平。內政部編印，《台灣光復初期土地改革實錄專輯》，1992 年，頁 191。

與產量及每人之需求量所做的統計：「在減租實施前，地主從土地上之收入，為 12.37 人稻穀，及 3.35 人甘藷量，減租後為 8.16 人稻穀及 2.20 人甘藷量。……佃農收入低，地主收入亦有限，用　國父的話來說：是『大貧和小貧』而已」[10]。

　　「地主」定義的擴張，使得許多僅擁有小面積土地之出租人亦被視為「地主」，受到政策上許多不公平的待遇，不僅權利受到侵奪，更被扣上一頂「地主」的帽子。而在民國 42 年實施耕者有其田政策時，政府僅允許出租人保留維持基本生活之土地，其餘超過規定面積的土地皆予以徵收放領，在此之後，台灣本不應再有「地主」。而當過去的佃農在政策保護下逐漸提升社經地位，出租人為國家所作的犧牲也應該告一段落。但是，相當遺憾的，政府遲遲不願撕下過去其為出租人錯誤貼上的地主標籤，並且持續的侵害出租人財產權。

　　依據民國 98 年底的統計資料，現存三七五租約之出租人仍有五萬餘戶，平均每戶之出租面積，僅約三分地左右[11]，卻仍被稱為「地主」，無法擺脫整體社會的歧視，使這些出租人不論在法律上或是行政上，處處受到不公平的對待。

（一）強制訂約

　　財產權是憲法保障的基本人權之一部分，是人民賴以維生的重要權利，對基本人權的剝奪與限制須經法律明定，並透過比例原則的檢驗與操作，方得審慎為之。民國 38 年實施耕地三七五減租政策時，是依據民國 38 年 4 月 14 日台灣省政府通過之《台灣省私有耕地租用辦法》來進行，然而此租用辦法在法律的位階上僅屬行政命令，理論上並無實質有效的法律效果，根本不應執行。但在當時卻以強制手段逼迫業主登記簽訂租約，甚至規定可由佃農單獨提出申請：

---

[10] 朱嗣德，〈台灣土地改革之效益〉，《蔣公與土地改革研討會論文集》，中國土地改革協會印行，頁 101。

[11] 截至民國 98 年底止，台灣地區各鄉（鎮、市、區）公所登記有案之三七五耕地租約，仍有 35,186 件，土地筆數 73,349 筆，土地面積 17,740 公頃，承租人、出租人戶數分別為 44,625 戶及 56,862 戶。

業佃租約簽訂前，應辦理申請登記，及凡有租佃關係者均應一律換
訂租約並申請登記，不得隱匿，其因地主不在，或其他特殊情事，
業佃雙方不能會同申請時，得由一方提出申請，由鄉鎮（區）公所
通知他方補辦手續，不得牽延。[12]

受到國民政府的強勢壓制影響，自 38 年 5 月下旬起至 6 月中旬
止，短短一個月內即已完成所有耕地租約之簽訂[13]，共計完成換約農
戶 296,043 家、換定租約達 377,364 件、土地筆數 817,231 筆、面積約
256,557 公頃[14]。如此的高效率，一部分原因要歸功於二二八事件後社
會上的肅殺氣氛，民間流傳當時的台灣省政府主席陳誠曾說：「三七
五減租工作一定要確實實行，我相信困難是有的，刁皮搗蛋不要臉皮
的人也許有，但是，我相信，不要命的人總不會有。」雖然這句話在
官方文獻中並無正式記載，但是民間廣泛流傳，足以呈現出當時政府
之高壓手段。

台南 A01[15]：我被抓去派出所啦，叫我去派出所簽名啦，他說三七五
就要簽，你如果不簽不讓你回去。我說那沒關係，我就在這給你養
沒關係啊，到最後也是沒辦法，這樣子一個月全省都簽好。（訪談紀
錄 3）

（二）片面續約、片面更改租約內容

三七五租約乃由業佃雙方於民國 38 年簽訂，其後政府藉由制定
與修正《耕地三七五減租條例》，一再片面更改租約內容，逐次加入

---

[12] 殷章甫，《中國之土地改革》，中華文化復興運動推行委員會主編，中央文物供應社發行，頁 67。
[13] 同上註。
[14] 《2007 年內政部統計年報》，頁 387。
[15] 本研究訪問出租人與佃農共計 27 位，為維護當事人隱私，受訪者姓名以地區代號表示之。

原先所未包含的限制及要求，使出租人權利不斷地被限縮。例如私有耕地租用辦法中未明訂租期，因此租約有三年、五年、六年等不同的情形，且依照辦法，租約期滿後，出租人可收回自耕[16]。但是民國40年《耕者有其田條例》公布施行後，將租期一律延長為六年，又以第十七條及第十九條嚴格的契約終止條件及允許繼承的規定，變相將租期無限期延長[17]，這與最初所簽訂之租約內容已大相逕庭。然而政府片面的更改租約內容，又允許承租人單方續約[18]，無異於強制出租人遵守，嚴重違反契約自由以及信賴保護的原則。

　　《耕地三七五減租條例》是一部行政法規，但規範的內容卻是兩造雙方皆為一般民眾，因此實質上屬於私權事件，應有私法自治的原則用以操作處理。即使吾人肯認《耕地三七五減租條例》的特殊性質，但關於締約自由的違反嚴重地破壞了私法自治的精神，再者，先簽約後片面改動契約文字，如同兒戲一般，此等舉措嚴重動搖了人民對政府的信任。悲慘的是，就如強制簽約時一樣，出租人自始至終皆無權置喙，只得默默承受。

---

[16] 《台灣省私有耕地租用辦法》第九條：出租人非依土地法第一百零九條、第一百十四條，或土地法施行法第二十七條規之規定，不得終止租約。又，土地法一百零九條：依定有期限之契約租用耕地者，於契約屆滿時，除出租人收回自耕外，如承租人繼續耕作，視為不定期限繼續契約。

[17] 相關之規定如下：《耕地三七五減租條例》（民國40年公布實施）
第十七條：
耕地租約在租佃期限未屆滿前，非有左列情形之一不得終止：
一、承租人死亡而無繼承人時。
二、承租人放棄耕作權時。
三、地租積欠達兩年之總額時。
四、非因不可抗力繼續一年不為耕作時。
五、經依法編定或變更為非耕地使用時。
第十九條：
耕地租約期滿時，有左列情形之一者，出租人不得收回自耕：
一、出租人不能自任耕作者。
二、出租人所有收益足以維持一家生活者。
三、出租人因收回耕地，致承租人失其家庭生活依據者。

[18] 《耕地三七五減租條例》第二十條（民國40年公布施行）：
耕地租約於租期屆滿時，除出租人依本條例收回自耕外，如承租人願繼續承租者，應續訂租約。

宜蘭 A04：那時候公權力介入，最早是連公告都沒有公告。就是你一期六年到期就續約就對了。後來經過相關的人員跟政府單位（反應），才有公告。沒有通知當事人，一直到七十還是八十幾年，才有發通知給雙方的當事人。……他會通知你，雙方你都要來辦。雙方如果說有那一方沒有來辦，……大部分都是這樣的啦，出租人沒有去辦，承租人來辦，那就是視同續約。單方續約，早期的單方大部分都是承租人，出租人都沒有去，因為認為說：「我去沒有用啊，你就是要強制執行續約啊。」所以大部分出租人去的意願都比較低，承租人不是每一個人都很有意願，承租人坦白講有時候教育程度比較低，他不知道公部門的事要這樣辦理，沒有去，他們承辦人員會跟承租人講說：「那我替你辦好了。」所以他那個後來就叫逕為裁決。（訪談紀錄 11）

新竹 A02：他每六年要訂約一次，那我跑到市公所去，民政課，我說：「我是地主，我不訂約可以嗎？」他笑一笑說：「我跟你講，百分之八十的地主都不來訂約啦。」我不去訂，但是不去訂，市公所主動幫你訂，反正你不來也一樣啊，你沒有權利拿回去。因為那幾個限制住了，你根本拿不回去。來不來都一樣，我們主動幫你訂了。（訪談紀錄 6）

（三）刑罰之規定

事實上，行政法規中並不乏帶有行政罰或刑罰的規定在，但通常皆屬較為合乎比例、公平合理的方式。於是，當我們檢討《耕地三七五減租條例》之時，不難見到規定上屢有令人不安的「情輕法重」、「顯失平衡」之狀況發生，《耕地三七五減租條例》第二十一條至第二十四條即是關於刑罰之規定，出租人未依法終止租約者，都將被處以徒刑，超收地租或收取押租金者亦會被處以拘役或罰金。而承租人僅有

在違法轉租時，有處以拘役或罰金之規定。由是觀之，減租條例對於出租人以及承租人的要求與處罰態樣的嚴重程度並不相符，且對於出租人之懲罰顯然比承租人更爲嚴厲，在同一部法律裡出現雙重處罰標準，此爲不合理的差別待遇。

（四）地租之永久固定

耕地三七五減租最重要的內涵之一，便是規定耕地之租額不得超過年收穫量之千分之三百七十五。然而所謂年收穫量，並非依照實際之收穫量計算，而是根據耕地之「地目等則」而定有不同的年收穫量標準。年收穫量標準的評定，可追溯到日據時代，當時日本政府爲整理田賦，曾就已利用之土地（以耕地爲主），實施測量、調查，先將耕地的地目分爲田（水田）及畑（旱田）兩種，根據每筆耕地一甲之收穫量，重新釐定每筆土地之地目、等則，以爲課稅之張本。並每隔若干年舉行一次全省性調整或區域性調整。其最後一次之調整，係由民國 31 至 33 年竣事。

至民國 38 年實施耕地三七五減租時，並無重新調查每筆耕地之實際產量，而是由各縣市之「推行三七五地租委員會」[19]以日據時期調查之地目等則爲基礎，參照前三年間各地之平均生產量，制訂各等則之收穫量標準[20]，水田之租金以稻穀計價，旱田之租金則以甘藷計價。自民國 33 年調整地目等則後已經過五年，隨著農業技術的進步，耕地之實際產量皆有增加，但戰後農業生產量，因戰爭破壞的影響而低於一般標準，故民國 38 年實施三七五減租時，所訂的年收穫量標

---

[19] 依照《耕地三七五減租條例》第四條規定，全年收穫總量標準，由各地的耕地租佃委員會評定，但民國 38 年實施三七五減租時，該條例尚未制訂，故實際上是由「推行三七五地租委員會」所評定。

[20] 各縣市耕地收穫量標準，係在民國 38 年 5 月，由縣市推行三七五地租委員會評定之。省地政局曾依據光復前日據政府自民國 31 年 5 月至 33 年 2 月所舉辦之田賦調查有關資料，並參照光復後自民國 35 至 37 年各種耕地主要作物單位面積平均生產量，擬訂全省各等則耕地主要作物全年收穫量參考表，發交各縣市參考。各縣市推行三七五地租委員會爰依據是項參考表，斟酌當地實際情形，及公地放租所訂收穫量標準，分別予以評議後報省核定。湯惠蓀，〈台灣之土地改革〉，《中國農村復興聯合委員會特刊》第 9 號，台北：中國農村復興聯合委員會，1954 年，頁 23。

準，遠較實際之耕地生產量爲低。

　　耕地之年產量標準制定後，戰爭所造成之破壞逐漸復原，並經過耕作技術及水利設施的改良，數十年來耕地實際之產量普遍已大幅增加數倍之多。而政府雖每年皆進行農業產量之統計，明確知曉實際產量與既定產量標準相差懸殊之情形，卻至今無任何重新調整之計畫。故三七五減租表面上爲固定租率之「定率制」，實質上乃是採用「定額制」的租金計算，租金比率實際上不及千分之三百七十五。

　　台北 A01：那時候實施三七五的時候，是都沒有肥料。那時候的農民是用稻草，稻草割起來以後就拿去豬寮、牛寮給他大便尿尿，再拿去做堆肥，再拿去田裡，都這樣一直做肥料、做堆肥然後再去種田。所以那時候訂的時候，那時候土地有等則，尤其是像我們田庄那裡，訂的很低，十四等則，我舉一個例子，一年，政府當初訂的時候三千多斤，三千多斤我才收他三七五這樣收喔。所以我說他在訂的時候，他訂三七五的那時候是都沒有肥料。到民國四十年以後，從日本進口硫氨這些肥料來，大家都一直：「喔～硫氨真好」這樣收成就一直好起來，好起來農民都得到，那沒關係，讓你得到沒關係。自從有肥料以後，每年每年（產量）都一直增加，政府給你三七五的租約，是一次六年，六年都讓你不能抗爭，你不同意：「現在收成那麼多，為什麼還是給我三七五？」沒辦法，講也沒有用。公所的印章蓋下去，你就要照這樣，再怎麼抗爭也沒有用，這種情形實在是非常的不合理。（訪談紀錄 1）

（五）終止租約之限制

　　民國 38 年三七五租約簽訂時，所依據之《台灣省私有耕地租用辦法》中第九條，援用《土地法》第一百零九條之規定，將耕地租約分爲「定期限」與「不定期限」兩種：依定有期限之契約租用耕地者，

於契約屆滿時，除出租人收回自耕外，如承租人繼續耕作，視為不定期限繼續契約。而不定期限之租約終止規定則與《耕地三七五減租條例》類似。儘管依租用辦法之規定，租約期限屆滿時得由出租人收回自耕，但由於當時租約期限最短為三年，而《耕地三七五減租條例》在租約期限屆滿前即公布施行，因此尚無租約可適用此項規定收回自耕。

《耕地三七五減租條例》在民國 40 年公布施行，對於租約之終止訂有十分嚴格之規訂，如第十七條：

耕地租約在租佃期限未屆滿前，非有左列情形之一不得終止：

一、承租人死亡而無繼承人時。

二、承租人放棄耕作權時。

三、地租積欠達兩年之總額時。

四、非因不可抗力繼續一年不為耕作時。

五、經依法編定或變更為非耕地使用時。

第十九條：

耕地租約期滿時，有左列情形之一者，出租人不得收回自耕：

一、出租人不能自任耕作者。

二、出租人所有收益足以維持一家生活者。

三、出租人因收回耕地，致承租人失其家庭生活依據者。

依上述規定，出租人幾乎沒有主動終止租約之權利，僅能被動地等待用地變更或承租人放棄耕作權。但在當時仍出現許多佃農或基於業佃情誼、或基於業主利誘等而自動退耕的情形。為此，政府於民國 43 年曾一度修法，規定承租人放棄耕作權僅能因遷徙或轉業兩種原因，不得自由放棄，拉高了租約終止的門檻。

至民國 72 年條例再次修正時，又回復承租人可自由放棄耕作權之規定，並放寬第十九條第一項第二款，出租人所有收益足以維持一家生活者不得收回自耕之限制，規定租約期限屆滿時，出租人為擴大家庭農場經營規模，得收回與其自耕地同一或鄰近地段內之耕地自

耕。但是同時亦加入了出租人終止租約時,除應補償佃農土地改良費用及未收穫之農作物價額外,尚須給予終止租約當期之公告土地現值,減除土地增值稅後餘額三分之一做為補償。

(六)小結

眾所周知,三七五減租政策本來就是國民政府為了安定社會、穩定經濟而制定的特別法,提供佃農生活維持與政策保護,此故,前所述及諸多顯失公平的規定,因為迫切的情勢需要,也只能妥協從權。當時的政策設計,原本希望佃農能夠在政策強力護航之下,累積資本,購買屬於自己的土地後,能夠有效投資,發達資本。未料,待到佃農財富日增之後,反而未因此而排除適用,還繼續依照以前的邏輯,繼續給予「佃農身分」更多保護,最末,反變成將佃農和地主都綁在土地上無法脫身,違背了扶植自耕農的初衷。

現今無論在法律的制定或是判決上都可以看出來,回歸法治國原則,重視私人財產權的維護,以基本人權的保障為核心,嚴格釐清權利義務關係,不再因為過去政策的牽礙而縛手縛腳。目前的國家農業政策發展方向和司法對於過去錯誤行政的謬失導正並無偏廢,不意卻因而引發佃農的強烈不滿,究其原因,乃係既得利益者面臨長期優勢即將喪失的反撲。

對於弱勢(佃農)的過度保護以及對於弱勢中稍具優勢的族群(業主)過度打擊,長此以往,反而使雙方地位互異顛倒且日漸懸殊。但彼此的階級對立心態並未改變,在這樣的情況之下,只會更容易滋生仇恨跟誤會。在今時今日,佃農之子都已經擔任國家領導人之位,心中念茲在茲仍是當年窮困的遭遇。佃農有被壓迫的悲情意識,業主又何獨不然?他們並沒有做錯什麼事,只是在錯誤的時間點上擁有土地所有權,然後被迫出租土地,一租 60 年,而且還得面對承租者的刻薄奚落。喪失土地、喪失尊嚴,卻要世世代代虧欠佃農。

三、當前之政策困境

（一）耕地租金與實際行情不符

　　由於用以計算租金之年收穫總量之標準，自三七五減租政策實施以降，從未予以調整，導致耕地租金一直維持在 60 年前之標準。而在耕地之產量大幅增加的情形下，租金相對十分低廉，尤其在佃農轉而種植花卉等高經濟價值之農產品的情況，仍是按照原來之租金水準計算，其間差距使得實際租金遠不及產量之千分之三百七十五。

　　原本訂定產量標準計算租金之措施，乃是以增加之收穫可全部收歸己有之誘因，來引導佃農努力增產。但是在目前產業轉型，農業收入偏低的情況下，許多佃農缺乏耕作意願，卻因期待終止租約時的補償利益而繼續維持租約。此時低廉的租金，則變相地成為佃農一項划算的「投資」，佃農僅需將耕地維持最低限度之利用，並按期繳納租金，即可以相當低的成本維持租約，坐等終止租約之補償利益。

　　由於農業經營收入偏低，部分地區之耕地供過於求，市場租金極低甚至是零租金，三七五耕地之實際租金雖已十分低廉，但仍卻較市場行情為高，三七五減租契約在此種情形下，反而對承租人不利，但承租人仍不願意放棄租約，足見許多承租人確實將之視為一種「投資」。

　　若年產量標準能夠確實按照實際情況調整，則承租人維持租約之成本提高，若承租人不正常從事生產，而放任耕地低度利用，則可能不足以支付租金，如此可誘使非確實有耕作意願之承租人放棄租約，避免投機情形發生。

（二）耕地租佃委員會之組成

　　租佃委員會主要的功能，在於評定作物年收穫總量之標準，用以計算租金，以及為租佃爭議進行調處。而其組成依《耕地三七五減租條例》第三條之規定：直轄市或縣 （市） 政府及鄉 （鎮、市、區）

公所，應分別設立耕地租佃委員會。……前項委員會佃農代表人數，不得少於地主與自耕農代表人數之總和；其組織規程，由內政部、直轄市政府擬訂，報請行政院核定。目前各地之耕地租佃委員會，大致是由當然委員 2 人、地主委員 2 人、自耕農委員 2 人及佃農委員 5 人組成。扣除行政官員擔任之當然委員，佃農委員人數超過半數，這樣的制度設計，使得耕地承租人除了法律的保護之外，在業佃爭議之調解、調處方面亦擁有完全的優勢。

　　除了人數上的差異之外，租佃委員會是由設籍於當地之居民組成，而佃農委員既然必須自任耕作，勢必居住於當地，但出租人或其後代則卻未必居住於土地所在地。如此一來，出租人對土地現況並不熟悉，又缺乏地緣、人緣，相較之下佃農不僅在委員會內有人數上的優勢，還有地方人脈，因此在耕地租佃委員會之調解、調處結果，往往會對承租人較為有利。在這樣的情況下，出租人為求公平起見，多會繼續向法院提起訴訟，視調解、調處為形式上之程序，反而使之失去調和紛爭之功能，徒增訟累。

　　桃園 A03：在鄉鎮調解的時候，出租人幾乎都是外地人，他的佃農自己是本地人，他們有人情關係有血緣關係，所以在這種調解的時候……如果是佃農方面沒有什麼錯誤的話，就直接不能收回，當符合出租人方面認為是承租人違反租約，而且你確實也違反租約行為的話才調解，而且通常幾乎有一半以上是就是說不同意出租人收回，……所以他這個目前的調解委員會坦白講是比較偏，尤其是出租人這方面如果法律知識不夠，又比較沒有堅定的態度的話，通常做出來的調解都是比較偏，會比法院判決偏向佃農。（訪談紀錄 13）

（三）耕地之違規使用

　　在嚴格的限制下，出租人 60 年來無法收回自己的土地，又經繼

承，對耕地之管理難免較為鬆散，往往給予有投機心態的佃農可趁之機。出租耕地未正常耕作使用，而建築農舍、工廠、墳墓等案例俯拾即是。更有甚者，佃農利用承租耕地任意傾倒事業廢棄物牟利，反使出租人承受刑責之情形，亦時有所聞。似乎印證了亞瑟楊的名言：「給予一個人一塊貧瘠土地的所有權，他將使其變成花園，但若給他承租一個有九年租約的花園，他將使其變成荒漠。」

　　本研究經實地查訪，發現承租人違規使用之情形確實相當嚴重，以下圖片攝自受訪者桃園 A02 之出租耕地：

圖 1　承租人於耕地上興建工廠與堆放雜物

圖 2　承租人將耕地供他人建築墳墓

圖 3　承租人以耕地興建豪華別墅與景觀水池

圖 4　承租人擴建別墅施工中之廢土堆、遭剷平之山坡與水泥噴漿

圖 5　承租人於耕地上挖掘大坑，焚燒廢棄物牟利

　　雖然承租人違規使用之情形，出租人可依第十七條中「繼續一年不爲耕作使用」之規定終止租約，但各地承辦人員並不主動查證，而是必須由出租人自行拍照舉證，但舉證往往相當困難，除了必須於一年間往返當地數次外，少部分出租人表示曾在搜證時受到承租人恐嚇或攻擊。此外，租約尚不因承租人違規而當然終止，仍必須經過調解、調處、訴訟等程序，曠日費時，即使最後得以取回耕地，也已經來不及阻止耕地遭受永久破壞。[21]

---

[21] 以下爲自 89 年《農業發展條例》修正後至 99 年間整理出租耕地違規使用之相關判決，以供參考：

1. 98，上，310 判決	1. 99，台上，1576 判決	11. 99，台上，587 判決
2. 97，上，875 判決	2. 99，台上，1602 判決	12. 99，台上，525 判決
3. 97，重上，176 判決	3. 99，台上，1419 判決	13. 98，台上，2282 判決
4. 93，上，485 判決	4. 99，台上，1261 判決	14. 98，台上，2148 判決
5. 94，上，385 判決	5. 99，台上，1001 判決	15. 98，台上，1727 判決
	6. 99，台上，920 判決	16. 98，台上，1454 判決
	7. 99，台上，856 判決	17. 98，台上，1326 判決
	8. 99，台上，732 判決	18. 98，台上，771 判決
	9. 99，台上，667 判決	19. 98，台上，569 判決
	10. 99，台上，612 判決	20. 98，台上，477 判決

（四）耕地不為耕作使用

由於產業轉型，許多耕地承租人實際上已不再務農，尤其租約經過繼承者，此種情形更為普遍。根據《耕地三七五減租條例》之規定，耕地若非因不可抗力繼續一年不為耕作使用，則出租人可終止租約。但是目前規定相當寬鬆，在政策的保護下，承租人有許多方式可以規避出租人的收回。

首先，由於出租人要依條例規定收回，必須負舉證之責任，如同檢舉耕地違規使用之情形，必須於一年內持續往返蒐證，又須經過調解、調處之程序，承租人只要在調解、調處期間前往翻土、播種或噴灑除草劑等，便不算「繼續一年不為耕作使用」，其後若是再度任之荒廢，則出租人又必須重新蒐證。本研究經實地查訪，發現與正常情況下出租之耕地相較，三七五耕地荒廢或低度利用之情形相當普遍，以下照片攝自受訪者桃園 A02 之兩塊比鄰之出租耕地，對照之下可看出明顯差別：

圖 6　依三七五租約出租之耕地，茶樹及雜草任意生長。右圖為噴灑除草劑後之農地

圖 7　出租人收回後另行依正常條件出租之耕地

　　種植果樹亦是常見的情形之一，由於果樹種植期間較長，往往數年後才得收成，期間即使不施照顧，果樹依然會繼續生長，因此往往被認為符合做耕作使用之規定。但實際上許多承租人種植果樹後，完全不加以施肥、除草、防治病蟲害等，放任野草蔓生，此種作法等同荒廢。荒廢的耕地不僅造成本身土地資源的浪費，更有可能成為病蟲害的溫牀，影響到鄰近土地的耕作，造成糾紛。

　　桃園 A03：承租人荒廢的情形有很多種，一種是完全荒廢，荒煙漫草那當然證據很容易取得。另外一種是現在最多的，是所謂的種土芭樂，這個東西呢目前我們實務上經驗來講是說，既然種的是芭樂樹的話也算是有耕作，但是呢我們如果思考一下耕作的定義的話，其實那些都是荒廢的，……種了土芭樂以後就讓他野生，但是他是果樹唷，不是野草。芭樂長在樹上，然後你去把它稔，你看掉了一堆這個爛芭樂，他沒有去收成，他的果樹與果樹之間完全沒有去除草，沒有施肥，那芭樂就一顆一顆小小個，賣也賣不出去阿，那麼醜的芭樂，讓他果實爛了就自己掉下來，所以他的果樹旁邊都是一堆爛芭樂。（訪談紀錄 13）

　　台灣為因應加入 WTO 後之農業衝擊，積極輔導農地休耕並給予補助的政策，並經內政部 79 年 11 月 19 日台內地字第 848494 號函示：「因配合政府稻田轉作計畫休耕經核定有案者，無耕地三七五減租條例第十七條第一項第四款規定之適用。」此項政策正好成為無耕作意願之三七五耕地承租人，規避出租人收回最好的方式，承租人不僅不必承擔災害、歉收等風險，正常工作之餘又可請領休耕補助，最重要的是能夠不必耕作卻完全合法地維持租約。

　　然而承租耕地之本意，乃是支付租金於耕地上從事農作物生產。現行規定造成承租人承租土地來進行休耕，已是一種十分扭曲的經濟現象。且目前的休耕政策完全是為減少農產品的產出，而非是以恢復

地力爲目的，耕地承租人支付租金既不爲生產、又不爲土壤改良以利後續生產，而是以休耕補助和維持租約之期待利益爲目的，實在是毫無道理可言。

　　此外，尚有承租人申請休耕後，未按休耕規定種植綠肥作物、進行蟲害防治並翻土等，造成病蟲害影響臨地之利用。甚至有拍照交差後，即將綠肥翻耕，繼續種植作物等「假休耕」的情形。在一般之耕地若出現類似情形，主管機關審查不嚴而照樣發給休耕補助，至多被視爲對農民的補貼。但在三七五耕地，休耕補助之審查卻成爲租約存續與否的重要關鍵，常因此引發租佃爭議。[22]

> 宜蘭 A03：前一陣子有一個報紙，休耕比耕作好，休耕的都全部不要做，有四萬五可以領。但是如果像三星鄉我的那個就更屬害，休耕的作物種好，相照一照，就都犁掉，再種蔥，正常收作物。……休耕可以領錢，還多一個雜糧的收入。
>
> 宜蘭 A05：法律規定是不行，法律規定是只要休耕的話你就不能夠種任何東西，有這個規定，但是規定是規定啦，行政人員眼睛也看到，主要是沒有人告、沒有人檢舉他就不管。
>
> 宜蘭 A04：如果按照條例來講，休耕他是沒有耕作的，我們是可以收回的。那內政部怎麼解釋？不可抗力，這個叫作不可抗力？我們陳情，他說休耕是不可抗力的。宜蘭的佃農還有一點良心，中南部的休耕沒有錢給出租人喔。因為他休耕有跟政府領補助

---

[22] 相關判決整理如下：

1. 99，台上，732 判決	8. 96，台上，2763 判決	15. 95，台上，1625 判決
2. 99，台上，525 判決	9. 96，台上，2772 判決	16. 95，台上，772 判決
3. 98，台上，771 判決	10. 96，台上，2575 判決	17. 93，台上，2411 判決
4. 98，台上，569 判決	11. 96，台上，1521 判決	18. 93，台上，1672 判決
5. 97，台上，1899 判決	12. 96，台上，1141 判決	19. 93，台上，1296 判決
6. 97，台上，1066 判決	13. 95，台上，1911 判決	20. 93，台上，303 判決
7. 97，台上，254 判決	14. 95，台上，1619 判決	

款，全部都放在自己的口袋。（訪談紀錄 11）

（五）承租人未自任耕作

　　《耕地三七五減租條例》規定承租人須自任耕作，並且嚴禁轉租。但是自任耕作之定義，再過去與現在有著非常大的差異。民國42 年實施耕者有其田政策時，在《實施耕者有其田條例》第六條規定：本條例所稱地主，指以土地出租與他人耕作之土地所有權人，其不自任耕作，或雖自任耕作而以雇工耕作為主體者，其耕地除自耕部分外，以出租論。但果園、茶園、工業原料、改良機耕與墾荒等，雇工耕作，不在此限。

　　換言之，民國 42 年實施耕者有其田時，對於「自任耕作」的定義相當嚴格，土地所有權人即使自行參與農耕工作，但以雇工耕作為主，仍會被視為出租。並且必須由承辦人員至現場一一訪察確認。

　　在行政院 44 年 11 月 22 日台（44）內字第 6703 號令中，亦規定「承租人以雇工耕作為主體者為不能自任耕作；承租人將承租耕地無償讓與他人使用，為違反原約定之使用方式」，此時之規定尚與實施耕者有其田時之規定相近。然而內政部 73 年 1 月 27 日台內地字第203180 號函中指出：「承租人如在承租耕地自任耕作，僅將部分作業委託他人代耕，乃農業經營之事實需要，應非法所禁止，惟依耕地三七五減租條例第十六條規定，承租人應自任耕作，從而承租人不得將耕作全部作業委託他人代耕。至其部分或全部委託代耕之情形，以承租人有無自行經營為準。」

　　大法官釋字第 580 號亦有類似見解：「減租條例第十九條第一項第一款之規定，為實現憲法第一百四十三條第四項扶植自耕農之意旨所必要，惟另依憲法第一百四十六條及憲法增修條文第十條第一項發展農業工業化及現代化之意旨，所謂出租人之自任耕作，不以人力親自實施耕作為限，為農業科技化及企業化經營之自行耕作或委託代耕

者亦屬之。」

　　綜上所述，承租人即使委託代耕業者耕種，只要本身有參與經營即屬自任耕作。此外，按照目前之規定，三七五租約的承租人是否確實自任耕作，已不再需要由行政機關現場勘查，只需要填具一張簡單的切結書，說明「申請人確實繼續自任耕作」，即可續訂租約。委託代耕業者從事耕作，故為當前台灣現代化農業生產之趨勢，吾人亦不希望承租人皆以傳統人力工具參與耕作，但不能因此而忽視重要的事實，即「委託代耕」與「轉租」之界線十分模糊[23]，目前之作法恐怕與《耕地三七五減租條例》中「承租人應自任耕作」及嚴格禁止轉租的立法意旨有所不符。

　　土地所有權人因為早期將土地出租或雇工耕作，60 年來承受著「不勞而獲」的罵名，處處受到歧視。而今承租人承租耕地後，又將耕地委託他人耕作，如此既不提供土地資本，又不付出勞力，實際上乃無異於包租轉佃的「二頭家」，本應是政策極力打擊的對象，卻反而享受政府各方面的保護措施，不免令人覺得有所不公。從另一角度觀之，如今之耕地承租人已不若早期佃農，必須用鋤頭、耕牛辛苦耕耘，僅需打電話請業者代為耕作即可獲得生產利益，是否仍需政策如此過度保護，值得思考。

　　宜蘭 A05：照減租條例的話，應該他要自任耕作，不是自任經營喔，他現在把他解釋說只要自己經營，就算自耕。把「耕作」、「經

---

[23] 相關判決整理如下：

1. 99，台上，1419 判決	8. 98，台上，2282 判決	15. 97，台上，1899 判決
2. 99，台上，1001 判決	9. 98，台上，1454 判決	16. 97，台上，1553 判決
3. 99，台上，920 判決	10. 98，台上，1326 判決	17. 97，台上，1592 判決
4. 99，台上，856 判決	11. 98，台上，771 判決	18. 97，台上，832 判決
5. 99，台上，732 判決	12. 98，台上，569 判決	19. 96，台上，2750 判決
6. 99，台上，667 判決	13. 98，台上，477 判決	20. 96，台上，2595 判決
7. 99，台上，525 判決	14. 97，台上，2257 判決	

營」兩個字劃上等號。什麼叫經營？在家吹電風。說：「田幫我
翻一翻，肥料撒一撒」，就是經營了，在裡面看電視啊，就是經
營了，政府就是認定這樣。

宜蘭 A06：現在變成佃農是二房東，他也可以收錢。

宜蘭 A07：不勞而獲、他不勞而獲。（訪談紀錄 11）

（五）擴大家庭農場經營收回自耕之限制

　　自大法官做出 580 號解釋，使《耕地三七五減租條例》第十九條
第三項規定失效之後，出租人依擴大家庭農場經營之方式將三七五出
租耕地收回自耕，不再需要給予承租人土地公告現值減除土地增值稅
後三分之一的補償。因此許多出租人便紛紛提出在民國 97 年底租約
期限屆滿時，以擴大家庭農場經營之方式收回耕地。然而由於行政院
一直未有配套修法，出租人得無償收回之規定引起承租人反彈，內政
部為了避免糾紛，以行政函示企圖限縮擴大家庭農場經營之適用範
圍。

　　內政部 97 年 7 月 1 日台內地字第 0970105525 號函中，對於「耕
地」及「自耕地」之認定：「出租人為擴大家庭農場經營規模，得收
回與其自耕地同一或鄰近地段內之耕地自耕，不受前項第二款規定之
限制。」所稱「耕地」及「自耕地」，依《農業發展條例》第三條第
十一款之規定：「耕地：指依區域計畫法劃定為特定農業區、一般農
業區、山坡地保育區及森林區之農牧用地。」質言之，倘三七五租約
土地已依法變更為非耕地，或出租人以非耕地做為「自耕地」者，其
依《減租條例》第十九條第二項以擴大家庭農場經營規模為由申請收
回自耕，於法未合。

　　出租人欲以擴大家庭農場經營之方式將出租耕地收回自耕，需先
於出租耕地之近鄰地區擁有一塊「自耕地」，內政部之函示將所謂「自
耕地」及欲收回之「耕地」之定義，限縮為《農業發展條例》規定內

之耕地，換言之，都市計畫區內之農業用地，在內政部的解釋中不屬於「耕地」之範圍，不能適用擴大家庭農場的規定收回自耕。內政部企圖阻止出租人依法收回自耕之意圖至為明顯。此項函示已被高雄高等行政法院 98 年訴字第 529 號判決，以及台中高等行政法院 98 年訴字第 347 號判決拒絕適用。

除此之外，出租人即使符合依擴大家庭農場經營收回自耕之要件，亦有許多無法收回。由於地方行政機關對規定之不了解或其他原因，要求出租人與承租人協議補償金額，未於期限內完成補償，並持收據辦理者，准由承租人續訂租約六年。[24]如此一來大法官 580 號解釋形同虛設，因為承租人假若不同意出租人收回自耕，自不會同意開立收據，出租人亦無從辦理收回事宜。

（六）不能維持生活之認定標準

根據《耕地三七五減租條例》第十九條第一項第二款及第三款之規定，出租人所有收益足以維持一家生活者，或出租人因收回耕地，致承租人失其家庭生活依據者，不得收回自耕。而其中「足以維持一家生活」或「失其家庭生活依據」之認定標準，依目前之規定，僅依租約期滿前一年同一戶籍內直系血親家庭收入與生活費用之差額計算。因此出租人及承租人皆可以「分戶」的方式，將有收入之親屬戶籍遷出，留下無謀生能力之親屬與承租人同戶，藉以規避條例限制。[25]

宜蘭 A03：我現在就是一個承租人其中一個原來在三星鄉公所當科員，當科長。九十六年六月十五號他五個兄弟，他媽媽八十八

---

[24] 宜蘭縣冬山鄉公所，發文字號：冬鄉民字第 0980008329 號函。
[25] 相關判決整理如下：

1.93，台上，2255 判決	4.91，台上，967 判決	7.89，台上，2743 判決
2.92，台上，202 判決	5.91，台上，908 判決	8.89，台上，2244 判決
3.91，台再，47 判決	6.91，台上，880 判決	9.89，台上，1790 判決
		10.89，台上，1455 判決

歲了，他去台北叫一個他的兄弟，做裝潢的，不報所得稅。……
媽媽跟他，跟那個孩子，不用報稅的人變成一個戶。二十九號變
成二十九之一。二十九之一的那個因為他沒有報稅，就規避掉，
變成你沒有辦法給他收回來。……五個兒子，另外找一個兒子沒
有收入的跟他當一戶，其他四個兒子他可以不管。根本這個法條
是王八蛋。對不對？你怎麼可以……租一點點地要養他幾代？
（訪談紀錄 10）

宜蘭 A06：他家裡開瓦斯行，家裡只有兩個夫妻都是年輕在做瓦
斯行，兩個小孩子在念小學，他說這樣無法生活。無法生活這樣
也好，那個鄉公所說這種家庭這樣沒有辦法生活，三層樓、開冷
氣、開轎車，瓦斯行還有貨車，沒有辦法生活。我最後很不客氣
我說你這怎麼談？他是我親戚我們就住在隔壁啊，你比我清楚，
你只有加一個官印蓋下去我就要聽你的，怎麼談？……為了這一
件事情他們弄一個三人的小組還是兩人的小組，專程去訪談。怎
麼訪談？他就這樣講：你們收入明明就這麼多，怎麼說不能生
活？結果要怎麼下台？……最後鄉公所的為了解套：你寫一張切
結書給我，說你收入不好或怎麼樣。就這一張就給我判不能收
回。所以我說這很好玩耶，國稅局的資料、中華民國國稅局的資
料都不準，還要你現場寫一張切結書，你就完了沒事。公文照樣
下來，不能收回。（訪談紀錄 11）

　　若以目前社會救助法之規定，申請低收入戶之補助規定十分嚴
格[26]，包含配偶、一親等之直系血親、同一戶籍或共同生活之其他直

---

[26]《社會救助法》第四條：本法所稱低收入戶，指經申請戶籍所在地直轄市、縣（市）主
管機關審核認定，符合家庭總收入平均分配全家人口，每人每月在最低生活費以下，且
家庭財產未超過中央、直轄市主管機關公告之當年度一定金額者。前項所稱最低生活
費，由中央、直轄市主管機關參照中央主計機關所公布當地區最近一年平均每人消費支
出百分之六十定之，並至少每三年檢討一次；直轄市主管機關並應報中央主管機關備查。
第一項所稱家庭財產，包括動產及不動產，其金額應分別定之。

系血親及兄弟姊妹及認列綜合所得稅扶養親屬免稅額之納稅義務
人，其財產、收入等都要納入考量。國家對人民盡社會救助之義務，
尚且如此嚴格把關，何以出租人為國家政策所做的特別犧牲，卻是如
此草率為之？

　　再者，以民國 42 年實施耕者有其田政策時，對老弱孤寡廢疾地
主准予保留之審查標準加以比較。根據《耕者有其田條例》施行細則
之規定，老弱孤寡廢疾業主申請保留耕地，除了身分、年齡外，尚必
須符合「四十一年度全年戶稅負擔總額在一百元以下者」及「無人扶
養」兩項條件。且當時所謂扶養之人，事實上認定範圍異常廣泛，包
含所有父母、成年子女及養子女、兄弟姊妹等，不論有無共同生活，
亦不論扶養人經濟能力，皆一律視為有人扶養而不得保留。同為土地
改革政策，標準卻全然不同，無怪乎造成業佃爭議不斷。

（七）耕地出售限制

　　《耕地三七五減租條例》第十五條有佃農之優先購買權規定，此
項優先購買權具有物權效力，出租人未通知承租人而與第二人訂立之
買賣契約，不得對抗承租人。若出租人出賣耕地，承租人主張優先購
買權，依法應「依相同條件」購買，然而實務上由於補償之規定，承
租人往往會要求出租人按照地價三分之一的補償標準予以降價。

　　然而此種承租人主張優先購買權，又不願依相同條件購買的情
形，若出租人不願意降價出售，則又形成租佃爭議，必須進入調解、
調處的程序。如此對於原先欲購買耕地的買家而言，又必須等待調

第一項申請應檢附之文件、審核認定程序等事項之規定，由直轄市、縣（市）主管機關
定之。
《社會救助法》第五條：前條第一項所定家庭，其應計算人口範圍，除申請人外，包括
下列人員：
一、配偶。
二、一親等之直系血親。
三、同一戶籍或共同生活之其他直系血親及兄弟姊妹。
四、前三款以外，認列綜合所得稅扶養親屬免稅額之納稅義務人。

解、調處後，才可進行交易，相當費時與不便，且購買之後土地仍無法收回使用。因此實務上具有三七五租約之土地，很少流通。

> 新竹 A03：現在是打算要賣，那我就去找這個佃農來談，他說：「好啊，我有優先承購權啊」，他要給你壓低價碼，他要比別人還低啊，然後他就一直跟你講「情」啊。台灣社會不是講「法」，法不是在前面，理也不是在前面，因為這個台灣人就是大家心都很軟，……我的佃農就會來跟我講：「你若要賣，先賣我，那算便宜一點。你也念在你阿祖那個時代，跟我阿祖大家都是好朋友。」……我跟你講，我是很想跟他講說，照馬英九的一句話，四個字：「依法辦理」。（訪談紀錄 14）

四、終止租約之補償與租賃權價值

（一）補償規定之流變

由於《耕地三七五減租條例》中，對於租約之終止有十分嚴苛的規定，如佃農無違法情事，則除非佃農主動放棄其耕作權，否則業主幾乎不可能終止租約。因此早期出租人為了能夠取回自己的耕地，往往和佃農協商，付給佃農一定數額的權利金做為放棄耕作權之交換條件，久而久之形成約定俗成的交易習慣。

民國 49 年 9 月 10 日公布施行之《獎勵投資條例》（現已廢止），為了避免三七五出租耕地開發時產生業佃間糾紛，促進土地的變更使用，將這項習慣納入法律明文規定，當出租耕地編定為工業用地時，出租人如變更作工業使用時，得終止租約，同時應補償承租人土地地價三分之一[27]。

---

[27] 《獎勵投資條例》（民國 49 年公布）第二十八條：
編為工業用地區域內之出租耕地，出租人如變更作工業使用時，不論為自用、出賣或出租得就變更使用部份終止租約。

　　此項規定略為鬆綁了原本終止租約之限制，經編定為工業區之土地，出租人在變更使用後，可收回土地自用、出賣或出租。但是出租人之土地變更後價值雖然增加，卻同時亦須負擔土地增值稅，扣除給承租人之三分之一地價補償及繳納土地增值稅後，其可分得的地價甚至比承租人還少，有違常理。因此於民國 59 年 12 月 24 日修正公布之《獎勵投資條例》第五十四條中，將該項規定改為「以出售地價扣除繳納土地增值稅後餘額三分之一，補償原耕地承租人」。[28]

　　民國 66 年《平均地權條例》修正時，將獎勵投資條例中的補償標準引進，第十一條規定「耕地徵收或照價收買」[29]及第七十六、七十七條規定「變更為建築使用」而終止租約之情形，出租人皆需比照上述方式補償承租人地價扣除土地增值稅餘額之三分之一。民國 75 年《平均地權條例》再次修正時，又於第六十三條規定「因土地重劃而不能達到原租賃目的」之情形，亦須依相同的標準來補償承租人[30]。

　　規定演變至此，幾乎包含所有耕地終止租約的情形，都必須依法按照「地價扣除土地增值稅後三分之一」的標準補償佃農，然而其中「變更為工業使用」、「變更為建築使用」及「土地重劃」等情形，皆可能造成地價之上漲，且終止租約後出租人可收回自用或出賣，即使須補償佃農地價之三分之一，亦較原本必須無限期出租而無法收回之僵局來得有利，故並未引起出租人之強烈反對。

　　出租人依前項終止租約時，除應補償承租人為改良土地所支付之費用，及尚未收穫之農作改良物外，並應給予該土地地價三分之一數額之損失補償。
[28] 《獎勵投資條例》（民國 59 年修正）第五十四條第二項：
　　前項終止租約，除補償承租人為改良土地所支付之費用及尚未收穫之農作改良物外，並應以出售地價扣除繳納土地增值稅後餘額之三分之一，補償原耕地承租人。
[29] 《平均地權條例》（民國 66 年修正）第十一條：
　　依法徵收或照價收買之土地為出租耕地時，除由政府補償承租人為改良土地所支付之費用，及尚未收穫之農作改良物外，並應由土地所有權人，以所得之補償地價，扣除土地增值稅後餘額之三分之一，補償耕地承租人。
[30] 《平均地權條例》（民國 75 年修正）第七十七條：
　　耕地出租人依前條規定終止租約收回耕地時，除應補償承租人為改良土地所支付之費用及尚未收穫之農作改良物外，應就申請終止租約當期之公告土地現值，預計土地增值稅，並按該公告土地現值減除預計土地增值稅後餘額三分之一給予補償。

　　然而《平均地權條例》第十一條規定，耕地依法徵收或照價收買時，出租人亦應補償承租人地價扣除土地增值稅後餘額之三分之一。此項規定與前述「變更為工業使用」、「變更為建築使用」及「土地重劃」等情形，其終止租約之前提大不相同。由於出租人於土地依法徵收或照價收買後，並無法將耕地收回自用或出售，且獲得之補償地價相當有限，卻須以同樣的標準補償承租人，造成出租人既已為公共利益犧牲，又必須付出鉅額之補償，損失甚鉅。加上給佃農之補償費乃由政府自徵收補償中扣除，直接發給承租人，出租人毫無選擇之餘地，在當時引發劇烈爭議。

　　因此，民國 93 年大法官會議釋字第 579 號，針對《平均地權條例》第十一條做出解釋：

　　　出租之耕地因公用徵收時，立法機關依憲法保障財產權及保護農
　　　民之意旨，審酌耕地所有權之現存價值及耕地租賃權之價值，採
　　　用代位總計各別分算代償之方法，將出租耕地上負擔之租賃權價
　　　值代為扣交耕地承租人，以為補償，其於土地所有權人財產權之
　　　保障，尚不生侵害問題。惟近年來社會經濟發展、產業結構顯有
　　　變遷，為因應農地使用政策，上開為保護農民生活而以耕地租賃
　　　權為出租耕地上負擔並據以推估其價值之規定，應儘速檢討修
　　　正，以符憲法意旨，併予指明。

　　大法官會議釋字第 579 號認為耕地租賃權因物權化之結果，已形同耕地之負擔，因此《平均地權條例》第十一條補償承租人租賃權價值之規定「尚不生侵害問題」，但又稱「應儘速檢討修正」，並未明確指出該條規定「違憲」或「合憲」。因此該條規定在大法官會議解釋後，並無修正，其適用範圍包含《耕地三七五減租條例》中之租賃關係及《農業發展條例》修正後之耕地租賃。

　　民國 72 年《耕地三七五減租條例》修正時，又將平均地權條例

中出租人終止租約時對承租人補償之方式，列入第十七條之規定中，規定耕地租約在租佃期限未屆滿前，經依法編定或變更為非耕地使用時，應補償承租人終止租約當期之公告土地現值，減除土地增值稅後餘額三分之一[31]。而耕地租約期滿，「出租人為擴大家庭農場經營規模，得收回與其自耕地同一或鄰近地段內之耕地自耕」[32]，準用十七條之補償規定。

在該條例修正後，凡是三七五出租耕地在依法編定或變更為非耕地使用時，出租人皆可終止租約，不再以平均地權條例所規定之事項為限。此外，亦同時放寬第十九條第一項第二款中，出租人所有收益足以維持一家生活者，不得收回自耕之規定，讓出租人得於租約期限屆滿後以擴大家庭農場之方式收回自耕。此次修正使得出租人不必再被動地等待用地變更以終止租約，而可以主動收回耕地，似乎為三七五減租政策之解套鋪了一條路，但是收回自耕亦必須給予佃農地價三分之一的高額補償，成為一大障礙。

民國 87 至 89 年間，承租人組成團體「三七五佃農權益促進會」，積極推動《耕地三七五減租條例》修正，其修正內容大抵為三七五耕地承租人可主動提出終止租約，同時請求分割移轉面積三分之一之耕地，或請求土地地價三分之一做為土地改良費用之補償，出租人並應於一年內完成租約之終止及補償事宜，此項修正案並在立法院通過一讀。此舉引發出租人極大不滿，組成「三七五地主權益促進會」（後更名為「農地政策受害人協會」）發起大規模抗爭，最後阻止了草案通過。

[31] 《耕地三七五減租條例》（民國 72 年修正）第十七條第二項：
依前項第五款規定，終止租約時，除法律另有規定外，出租人應給予承租人左列補償：
一、承租人改良土地所支付之費用。但以未失效能部分之價值為限。
二、尚未收穫農作物之價額。
三、終止租約當期之公告土地現值，減除土地增值稅後餘額三分之一。
[32] 《耕地三七五減租條例》第十九條第二項、第三項：
出租人為擴大家庭農場經營規模，得收回與其自耕地同一或鄰近地段內之耕地自耕，不受前項第二款規定之限制。
出租人依前項規定收回耕地時，準用第十七條第二項規定補償承租人。

　　此項修正案與《農業發展條例》之修正幾乎是同時進行，《農業發展條例》修正後，新的耕地租賃契約已不再適用《耕地三七五減租條例》；而此次修正案則是由佃農團體發起，要求主動終止租約並獲得補償。兩者皆隱含了一個重要的事實，那就是耕地三七五減租政策早已不適合現代社會，徒增業佃間之對立糾紛及土地無法有效利用之困境，而佃農亦已不再需要《耕地三七五減租條例》來保障其耕作權，甚至希望能盡快解約，以就土地本身價值來獲取利益。同時也凸顯了業佃雙方所有問題的癥結點，就在此補償制度，若是承租人失去這項期待利益，則不願耕作者就沒有理由繼續維持租約，許多問題當可迎刃而解。

　　民國 89 年之後之政策走向轉變，不再著眼於保護佃農的耕作權，而是設法讓政策走入歷史。民國 93 年 7 月 6 日大法官會議釋字第 580 號解釋：

> 耕地租約期滿時，出租人為擴大家庭農場經營規模、提升土地利用效率而收回耕地時……準用同條例第十七條第二項第三款部分，以補償承租人作為收回耕地之附加條件，不當限制耕地出租人之財產權，難謂無悖於憲法第一百四十六條與憲法增修條文第十條第一項發展農業之意旨，且與憲法第二十三條比例原則及第十五條保障人民財產權之規定不符，應自本解釋公布日起，至遲於屆滿二年時，失其效力。

　　根據釋字 580 號之解釋文，自民國 95 年 7 月 6 日起，出租人於租約期限屆滿時，為擴大家庭農場經營規模而收回耕地，將不須給予承租人第十七條第二項第三款規定之補償。而依第十七條第一項第五款「經依法編定或變更為非耕地使用時」之租約終止，則仍須給予承租人終止租約當期之公告土地現值，減除土地增值稅後餘額三分之一之補償。行政院針對此項解釋，目前正在研擬修法，修法方向大抵為

出租人依法終止租約時，其補償額或補償方式應由雙方協議。

（二）補償之性質

假若行政院之修正草案通過，則未來終止租約之補償，將不再以地價三分之一為標準，而是由雙方協議為之。而補償之性質究竟是土地改良費用、對承租人之經濟援助或是權益價值之損失等，都將會直接影響協議的結果。

自《獎勵投資條例》將民間習慣納入法律明文，規定耕地租約終止應由出租人補償地價三分之一予承租人開始，至《平均地權條例》及《耕地三七五減租條例》援用此項規定，皆不曾清楚定義此項補償之性質，其所補償者究竟為何？又為何以三分之一地價為標準？都未加以詳細解釋。因此若要探討補償之性質，應回溯到補償之源頭，也就是「民間交易習慣」。由於《耕地三七五減租條例》中，對租約終止之規定極其嚴格，出租人想要收回耕地，幾乎只有承租人自願放棄耕作權一途，因此出租人往往與佃農協商，以所謂「權利金」利誘佃農放棄其耕作權，或是做為佃農轉業之輔導金，其金額主要受業佃間情誼、經濟狀況等影響而不同，並非終止租約後，承租人就其財產權損失數額請求之損失補償。這也是現行法中，除了耕地租賃外，其餘租賃契約終止皆無相關補償規定的原因所在。

而《獎勵投資條例》之規定，乃是為避免耕地變更開發時之糾紛，故參考民間行情，將補償額定為地價三分之一。值得注意的是，早期由於耕地價值較低，地價三分之一之補償可能僅約當於數年之租金，但當土地變更使用而使地價上漲，地價三分之一之補償便形成可觀的利益，尤其現今不論土地有否經過變更，土地價值皆不可與數十年前同日而語，繼續維持同樣比例使出租人蒙受極大的損失，其補償金額超過數十年來所收租金總額的數倍之多，也模糊了補償的性質，使許多承租人誤以為自己對所耕土地擁有三分之一的財產權，造成業佃間許多的糾紛。

因此大法官會議 579 號解釋中指出：

惟近年來社會經濟發展、產業結構顯有變遷，為因應農地使用政策，上開為保護農民生活而以耕地租賃權為出租耕地上負擔並據以推估其價值之規定，應儘速檢討修正，以符憲法意旨，併予指明。

580 號解釋文中亦有類似意旨：

惟不問情狀如何，補償額度一概為三分之一之規定，有關機關應衡酌憲法第二十二條保障契約自由之意旨及社會經濟條件之變遷等情事，儘速予以檢討修正。

　　大法官會議認為租賃權價值之估計則應採更合理之估計方法，不宜繼續按照現行規定一律以三分之一為補償額度。目前行政院正針對此項決議進行修法，本章將探討三七五承租人租賃權的權益價值，以及補償之負擔義務應如何歸屬。

（三）「租賃權」之權益價值來源

　　廖義男大法官在釋字 579 號解釋不同意見書中指出：

租賃權固為承租人財產權之一種，但租賃契約之承租人，係以支付租金為對價，而取得租賃標的物之使用、收益權能。租賃標的物如因國家為公用或公益目的之必要而予以徵收，則該租賃標的物即客觀不能再供原來約定使用目的之用，租賃契約即因此客觀不能而歸於無效。承租人使用收益租賃標的物之租賃權固然因此而消滅，但同時亦免除其給付租金之義務，因租賃權與給付租金義務係居於對價關係，價值相同，故承租人之總財產權實質上並

不因徵收而受有損失。

　　根據廖義男大法官之見解，承租人之租賃權與出租人之租金請求
權價值相同，可延伸為當租約期限屆滿或出租人依法終止租約時，承
租人雖喪失對租賃物使用收益之權能，但同時亦免除給付租金之義
務，因此承租人之總財產權並無損失，因此並不須給予任何補償。

　　若以權利估價的角度來探求租賃權之權益價值，其主要來自於
「差額租金」以及「殘餘年限」[33]。所謂差額租金，指的是契約租金
與市場租金之差額，若契約租金低於市場租金，則此租約對承租人的
保障即為「在租約期限屆滿前，可以低於市場租金之代價使用土地之
利益」。此利益便是租賃權之主要價值來源。若契約租金高於市場租
金，則此時維持租約反而對承租人不利，租賃權價值為負。殘餘年限
則是租約終止時至租約期限屆滿時之殘餘時間。由此概念可知，租賃
權價值等於差額租金與殘餘年限之積。而若租約期限屆滿，則殘餘年
限為零，租賃關係自然終止，無租賃權補償的問題。換言之，租賃權
價值僅在租約期限屆滿前終止租賃關係時產生。

（四）終止租約應補償之內容探討

　　依權利救濟原則，按有侵害必有救濟的法諺，應先肯認的是終止
租約此一行為產生了何種損害，再由損害填補原則來評估損害賠償的
範圍，一般而言是損益相當。根據《耕地三七五減租條例》第十七條，
出租人於租約期限屆滿前應給予承租人下列補償：

　　一、承租人改良土地所支付之費用。但以未失效能部分之價值為
限。

　　二、尚未收穫農作物之價額。

　　三、終止租約當期之公告土地現值，減除土地增值稅後餘額三分

[33] 陳奉瑤，〈租賃權估價——以台灣三七五佃耕地收回為例〉，《三七五耕地租賃權價值補
償評估原則之研究——以耕地變更為非耕地時終止租約之補償為範圍》，內政部委
託研究，2006年。

之一。

　　其中土地改良費用及尚未收穫農作物之價額,皆有具體之價值來源,較易於計算,亦是應合理補償承租人之費用。但值得一提者,承租人持續耕作、翻土,使土地維持可耕作狀態,以及施肥、休耕等,並不屬土地改良之項目。所謂土地改良,乃指改良耕地之水利、臨路情況等,使耕作更爲方便或增加產量者方屬之。目前耕地之土地改良,以政府實施之農地重劃爲主,其重劃費用由土地所有權人負擔,因此不能視爲承租人之土地改良。但若承租人確實投入資本勞力,調整土地形狀、改良水利等,出租人終止租約時自應給予補償。

　　前述第三款之規定,一般被視爲是租賃權價值之補償,然而如前所述,此項補償充其量僅爲利誘承租人放棄耕作權之權利金而已,且其價值一律爲三分之一的規定,已經大法官解釋認爲「應儘速予以檢討修正」。本研究擬以估價方法探討之,或可爲租賃權價值之計算建立一參考標準。

1. 差額租金

　　三七五租約與一般耕地租約之差別,在於三七五租約之租金水準仍停留在 60 年前,可謂相當低廉,與市場租金相較,產生差額租金。若於租約期限屆滿前終止租約,則承租人將無法繼續低價使用耕地,造成承租人之損失,因此應補償承租人自租約終止時至租約期限屆滿前,市場租金高於契約租金的部分。然而在部分地區,市場租金爲零[34],出租人終止租約並未造成承租人損失,因此不必補償。若承租人於租約期限屆滿前放棄耕作權,則亦應以相同標準補償出租人至租約期限屆滿前損失之租金收益,方爲公平。

2. 殘餘年限

　　過去三七五耕地租賃權之價值之所以如此之高,乃因租約終止困難,幾乎等同於無限期之租賃。然而目前已有擴大家庭農場經營之收回自耕規定,使得耕地租約終止不再遙遙無期,應回歸契約本質,以

---

[34] 請參照「訪談紀錄 15」。

六年一期為限。出租人於耕地租約期限屆滿前終止租約，僅需補償承租人殘餘年限之損失。

　　然而，差額租金之產生，乃因政府數十年來怠於調整耕地年收穫量標準所致；而耕地租約延續至今 60 年，亦是政府強制簽約、強制續約的結果，並不可歸責於出租人或承租人任何一方，若要求其負擔補償義務，豈非於數十年的壓迫之後，再一次侵害其財產權。因此本研究認為此項補償之義務，應由國家負擔。

　　桃園 A03：我相信我是一個冤枉的人，我沒有做任何錯的事情，我只不過有一個財產然後租給人家，這是合乎正常的規定。然後你突然限制了我不能收回，度過了六十年後你應該要把財產還給我。或是說你現在說坐牢，你發現你是無辜的坐牢六十年，應該放你出來了，但是為什麼放出來的時候還要去要求說你如果出來還要給多少錢？這是不合理的。這是一個就是說你對一個受迫害的族群，你要給他平反的時候，你還要要求說不補償受迫害者，反而還要受迫害者付一筆很高額的金錢來換取他的自由，這帳面講講不通，對不對？（訪談紀錄 13）

（五）小結

　　早期政府為了促進土地之開發轉用，避免租佃糾紛，在耕地三七五租約終止時訂立了補償之規定，然而長久以來卻反而成為租佃問題的癥結所在。高額補償的誘因，使承租人想方設法使租約繼續存在，而非按照政策原意，逐漸累積資本，脫離佃農行列，目前的制度設計，使三七五減租政策完全與扶植自耕農的基本國策背道而馳。若欲解決當前政策的困境，則勢必要盡速修正補償規定，重新建立合理的補償標準。並且應由政府負擔補償責任，以免租佃雙方為了補償問題，再生糾紛，破壞彼此的情誼。

　　目前行政院研擬修法方向，乃是由業佃雙方協議補償金額，本研究認為，如此恐會引發更多之租佃爭議。主要是由於承租人對於政策本質的誤解，使其認為租賃權亦包含實質的土地部分（甚或是全部）所有權，而主張鉅額的賠償。例如承租人可能受到耕者有其田的政策影響，認為既然當初承領耕地之佃農繳納十年租金即可取得土地所有權，現在也應比照辦理。

　　此外，承租人對於業佃關係的錯置與誤會也型塑了彼此關係中的混亂，部分承租人誤認為自己數十年來耕作田土是為業主賣命，因此認為業主須為承租人的經濟弱勢負起協助義務，甚而在退休時業主也須讓其安養天年，提供退休保障。也由於這樣的心態使然，對於終止租約時的高額補償，總是理所當然的接受，認為那是長期辛勤工作的勞動所得，「沒有功勞也有苦勞」。

　　此番誤會實乃政府當初為順利實施土地改革，型塑土地出租人為「地主階級」、不勞而獲之剝削者等意識形態所導致，須由政府積極出面予以澄清，為出租人平反。土地改革政策過去對土地所有權人財產權之侵害，尚待政府予以彌補，現今社會經濟情況早已轉變，實應還給土地出租人一個公道，不應再繼續以補償之規定壓迫之。

五、從社會救助政策觀點展望三七五減租政策未來

　　從法律與權利救濟觀點而言，三七五條例毋寧是一種國家處於危急存亡之秋時的一種不得已措施，台灣社會由於歷史環境的特殊性，在國民黨政府遷台時，因戰亂、貪汙導致國家財政困難，卻又面臨對外戰爭、對內社會動盪不安的強烈挑戰，必須以雷霆萬鈞之勢，迅速解決內政上的問題。

　　於是，國民政府面臨無米之炊，將原本應該由國家負擔的救助義務，轉嫁到土地所有權人身上，使得業主在毫無選擇的情況下，硬生生承受了土地必須強制以低廉的代價出租給佃農，終止租約時，又必須補償三分之一地價給佃農的不公政策。如《耕地三七五減租條例》

第十九條中，規定出租人因收回耕地，致承租人失其家庭生活依據者，不得收回自耕之規定，就是政府轉嫁社會救助責任的確實證據。

耕地三七五減租政策無疑是以土地所有權人之資本，對耕地承租人進行經濟援助的社會救助政策，然而，此項社會救助的義務本應屬於國家，本章將由此角度出發，來為三七五減租目前面臨之政策困境尋求解決之道。

我國憲法中關於社會國原則之概念，可由第十三章基本國策與增修條文中大略窺其堂奧。其相關法條規定如下：第十三章第三節之國民經濟（第一百四十二條～第一百五十一條）、第十三章第四節之社會安全（第一百五十二條～第一百五十七條）、第十三章第五節之教育文化（第一百五十八條～第一百六十七條）、第十三章第六節對少數民族之保障。我國憲法所揭諸之社會國原則概念，實非單純能僅以方針條款或憲法委託視之，觀諸我國憲法第一百五十二條至一百五十七條之規定，係屬學說上之社會基本權，就各該憲法條文觀之均為要求國家「應」如何作為，顯見並非單純「憲法委託」的類型化。規範對象除立法機關外，兼及國家其他機關，故立法院不得以有立法裁量權為由，遲不作為；此等憲法義務對於行政機關而言，應屬具強制性誡命，無正當理由：例如戰爭或不可抗力事故外，消極拒絕履行或不作為，應屬違憲行為。

此故，一般咸認我國法制上，社會國原則與法治國原則實已相互匯流之情形，故於我國法制上已然確立社會法治國原則之概念。並可據此而推論出，針對社會基本權利所應為之相應保護。有鑑於社會基本權之社會性質，得為人民直接具以請求之主觀公權利性質。人民雖依此而得以請求國家給付行政，但不代表國家即得以毫無審查標準的一律照准。

從基本權利的保障可以推論出，生存權的義涵、內容係指：保障人民在急迫狀態下，尚能擁有符合人格尊嚴之生存條件。社會正義在功能上的體現，主要係對於經濟資源及負擔作合理之再分配；至於同

屬不確定法律概念之社會安全，則強調個人物質上之生存保障，其中尤以社會保險為中心。因此，社會國原則即在追求及保障人民之幸福，政府應以致力實現此原則為最重要之任務。

　　憲法為人民基本權利之保障書，傳統上絕大多數國家憲法關於基本權利之規定，大多數著重於公民與政治權利保障，國家僅扮演秩序維護者之角色，亦即保障人民自由權不受干預與侵害之秩序維護者角色。但是 19 世紀末社會國理念興起之後，國家角色不再僅僅只是秩序維護者，同時也應該扮演實現社會正義之資源分配者角色，人民之經濟社會文化權利同屬於國家給付行政之重要範圍。

　　我國憲法仿效德國威瑪憲法之體制，除國家組織基本架構與予以人民基本權利保護之外，另外於憲法第十三章加入所謂第三種結構之基本國策，規範國家實現社會國理想之基本方向與原則。而基本國策於我國學說上，相當於德國威瑪憲法之社會基本權條款，其基本功能，依據我國目前通說上僅得做為國家制定政策之參考方針。

　　所謂基本國策係指國家為謀整體經濟與社會發展，依據憲法相關規定而制定出之總體性與長期性經濟社會政策，主要做為國家制定相關法律與具體政策以保障人民之準據，同屬於憲法基本權利保障、國家組織與基本國策之三大支柱，於內容上為國家基本價值之承諾。國家一切政策皆應遵循之，為全國上下必須共同努力之目的。

　　在這樣的脈絡之下，三七五租約即是依循著基本國策中關於農民保護的憲法委託而來，第一百五十三條明訂：國家為改良勞工及農民之生活，增進其生產技能，應制定保護勞工及農民之法律，實施保護勞工及農民之政策。我國以農立國，農業發展與糧食生產是國民賴以生存的根本，因此將農民的保護納入基本國策並無違誤。

　　我國《社會救助法》於 69 年 6 月 14 日總統頒布施行，第一條開宗明義指出：「為照顧低收入及救助遭受急難或災害者，並協助其自立，特制定本法。」由此可知，社會救助的目的，同時具有「安貧」與「脫貧」兩種面向，首要之務在於急難救助，進而確實保障低收入

者的基本生活，更有甚者，在於協助低收入者自力更生，脫離貧窮困境。

　　傳統社會救助意欲將具工作能力者排除，在設計上希望無工作者能進入就業市場，避免過度的依賴社會福利，致使在預算上形成互相排擠的效果。當時的政策設計思考是認為，無法進入就業市場乃係國民個人的問題，因此社會救助係以為工作能力者設阻進入為務。然而，針對現今國內與國際經濟情勢的變化，失業已非個人能力可以控制，既然失業是經濟問題，國家自然應當負擔起照護義務，做為土地出租者的土地所有權人，在責任歸屬的劃分上自始不應為國家的替罪羔羊，然而在社會觀感上，長期以來卻都將地主視為貪婪而沒有良心的群體，本文認為，社會大眾的誤解雖然其來有自，受到傳統教育的影響甚深，但在知識普及的現代，應還原歷史真相，而非一味以傳統思維來混淆視聽。

　　政府實施社會救助的目的由初期社會秩序的維持到強調基本生存的維護。在基本生存的思考之下，社會救助乃是補個人生存資源之不足。換言之，個人的所有資源都必須預先納入考量，也就是所謂的「資產耗盡」原則。此原則使受助者的自立脫貧可能性降低，特別是《耕地三七五減租條例》中的父死子繼規定，更將此一資產耗盡原則發揮到極致，該規定原本的用意是使佃農生活得以改善，甚至對其有所寄望期待，在累積資產後得以改行轉業，從事資本再生產利用的工作，進而自立脫貧。但是父死子繼的永續經營，卻將使佃農世代無法擺脫務農耕田的命運。

　　《憲法》第一百五十五條後段明定：人民之老弱殘廢，無力生活，及受非常災害者，國家應予以適當之扶助與救濟。明確賦予國家保障與提供人民生存必要之物質與協助。社會安全事項，乃國家實現人民享有人性尊嚴生活所應盡之照顧義務，除中央外，與居民生活關係更為密切之地方自治團體自亦應共同承擔。

　　從憲法理論的推衍可以得出，社會救助的義務承擔對象首要為中

央政府、爾後是地方自治團體，再後是個人自助的義務，最末無計可施之際，方能要求其他國民在非常時刻做出特別犧牲。此一操作方式，亦是比例原則的處理步驟，畢竟國民並沒有爲他人做犧牲的道德義務與忍受義務，因此國家若以立法方式要求國民做出特別犧牲，應以最小侵害性爲原則，並在日後制定補償辦法。

憲法係以促進人民福祉爲主要基本原則，國家應依法提供人民各種必要社會救助給付，以保障人民得維持合乎人性尊嚴之基本生活需求，扶助並照顧經濟上弱勢之人民，推行社會安全制度。前述制度因涉及國家資源之分配，立法機關就各種社會給付之優先順序、規範目的、受益人範圍、給付方式及額度等項之有關規定，自享有充分之形成自由，斟酌對人民保護照顧之需求及國家財政等社會政策考量，制定法律，將社會資源爲限定性之分配。

職是之故，三七五租約所欲保障的對象，也不應僅依身分別而一視同仁的認定，尚須考量到其餘因素的差異性而給予不同的區分處理。國家的資源有限，有關社會救助之立法，必須考量國家之經濟及財政狀況，依資源有效利用之原則，並注意與一般國民間之平等關係，就社會保障資源爲妥善分配；對於受益人範圍之決定，應斟酌其財力、收入、家計負擔及須照顧之必要性妥爲規定，不得僅以受益人之特定職位或身分做爲差別對待之唯一依據；關於給付方式及額度之規定，亦應力求與受益人之基本生活需求相當，不得超過達成立法目的所需必要限度而給予明顯過度之照顧。

社會救助之主要任務爲實現社會救助受領者獲得具有人性尊嚴之生活，國家應保障人民人性尊嚴之義務，藉由社會救助之給付應協助社會救助受領者免除成爲社會救助受領者，而遭受之人性尊嚴傷害。同時，社會救助應爲協助社會救助受領者自助之工具，實現其得以不再依賴社會救助而尊嚴之生存。

由是觀之，三七五減租或許有其時代任務及急難救助義涵，唯最終仍必須回歸扶植受助者得以自助自立的正確方向，而非爲其建立起

一套得以世代繼承永不交替的保護措施，如此的「救助」，根本已成為新的特權製造，失去救助本旨，到最末，坐吃山空而期待三分之一補償利益的佃農後代，已成為社會中不務正業、其心可誅的弱勢流氓。

　　有鑑於此，在考量到適當性原則與是否過度增加國家經濟負擔之前提下，應盡量滿足社會救助受領者，亦即是三七五條例中的佃農一方之個人期望。個別性原則之滿足界限，主要基於憲法之平等原則，也就是說，相同之事物為相同之對待，不同之事物為合理之差別待遇，以達至實質上的真正平等。

　　在未來改善的部分，政府應當就三七五減租政策做出通盤檢討，承認政策設計中的謬誤，針對現在仍受三七五租約保護的租用者進行轉業輔導，而非任其一直對三分之一補償抱有期待利益。畢竟該期待利益係屬政府法令措拖的設計不當而產生，並非其勞力付出所應得，若仍承認佃農對此補償有合理要求的權利，則毫無正當性可言。

　　社會救助為現代國家社會保障制度之重要組成部分，其因人民因各種原因導致生活發生困難，無法維持基本生活水準時，由社會組織提供物質援助和服務之一種社會公益活動和行為；但由國家提供者實為履行《憲法》第一百五十五條之義務，並非恩惠給付。

　　現代社會之救助活動領域寬泛，內容豐富，主要有最低生活保障、醫療救助、住房救助、教育救助、法律援助、農村救助性扶貧、社會互濟、孤寡病殘救助、貧困救助、失業救助、災害救助等，涉及人民生活之各個層面，其中包括城鄉之貧困居住者及社會弱勢群體。

　　統而言之，社會救助的目的，在於使弱勢家庭與個人重建，增強其自立自助能力，而不須長期依賴國家之救助。因此，三七五租約的修正與調整，亦應以此一原則做為操作基準，而不能聽由承租人主張經濟弱勢、若耕地被收回則生活無以為繼做為藉口，由過度保護而演變成權利濫用。

六、結論與建議

　　基於國家對人民賦有生存照顧義務，社會福利行政屬於給付行政，社會救助法係一種最低限度及最後之社會保障制度，以保障人民之生存權。《耕地三七五減租條例》的制定係發生在我國政經情勢尚屬不穩定的「動員戡亂時期」，彼時國共交戰的局面仍持續進行中，故制定三七五減租有其現實上的急迫性。

　　唯時過境遷，客觀環境已今非昔比，法律的修改自也必須與時俱進，以比例原則檢視三七五減租的內容，就目的、手段、最小侵害性等面向分別討論：

　　以目的而言，彼時嚴峻情勢下所必須安定佃農，照顧廣大農民的時代任務已不存在，此並非表示農民生活現下過得很好，只是隨著經濟環境改善，農業政策及農民的照護義務有其職分所應當負責的單位、法令，三七五租約中的佃農自應由農委會及政府照護，而非繼續存續於三七五租約中。

　　以手段而言，三七五租約係屬社會救助的一部分，我國現時各種社會福利措施皆已大備，雖非臻至完美，但各類屬性的需援助對象大多能受到協助，三七五減租制定之時，政府尚無農民保險的開辦，因此很大程度的將農民保險中的任務：「為維護農民健康，增進農民福利，促進農村安定，制定本條例」強制加諸於業主負擔。關於此處的特別犧牲，有其時代的特別考量，前已述及。但自民國 78 年農民保險開辦之後，三七五減租中的業主是否仍應繼續承受此一不必要的義務，則不無疑問。本文以為，若有其他可歸責於國家的救助措施，則不應由個人來擔負國家本應承擔的照護義務。

　　以最小侵害性而言，基本國策與財產權的衝突在此產生，基於社會連帶與所得重分配而創設之社會保障制度。蓋社會扶助、社會救助所為之給付，僅係國家基於財力及社會需要而為之單方面給付，具有所得再分配或社會資源再分配，以救助不幸者，對於有限財源為合於

正義之再分配。

　　而三七五減租係屬一種慷他人之慨的產物，並非將社會資源進行重新分配，而是劫貧濟貧式的「強盜施捨」行為。空有社會救助的形式，卻無社會救助的實質正當性，因其在救助特定群體的同時，也造成了另一群體的特別犧牲，事後亦無對此一特別犧牲提出合理的補償措施。

　　準此，三七五減租實為一立法嚴重疏漏的錯誤政策，無論諸多大法官解釋都為其盡力遮掩，以時代的非常產物為由，照顧農民生計為果，想方設法尋找合憲性解釋，且總不忘強調此為立法形成自由，司法不應過度介入，唯此並不足以證成三七五減租至今仍存在的荒謬性。

　　針對此一問題的解決之道，可由其他現存的社會救助以及社會保險（兩者統稱社會福利政策）來疏通處理。低收入戶、身心障礙、老弱孤寡等各類不同對象的承租人，應各歸由目前政府所屬不同單位來尋求協助，而非繼續認為出租人應為承租人的生活困境負責，甚而要求出租人應為承租人的晚年生活及後代持續盡到照顧的責任。

　　三七五減租係屬政治問題，既是政治問題，便需以政治方式取得妥協，方為正途。此條例遲遲未能處理、廢除的根本原因在於三分之一的補償規定所帶來的期待利益過於龐大，導致佃農不願放棄租作權。政府對於此一現象不應漠視，無論是歸咎於歷史共業或時代錯誤，都應盡速凝聚朝野共識，制訂落日條款，消弭業佃對立。

參考文獻

內政部

・不詳《台灣省三七五減租考查報告》。

・1992《台灣光復初期土地改革實錄專輯》。

內政部、農復會

・1969《台灣農村地主佃農經濟調查研究》。

王長璽、張維光

・1955《台灣土地改革》。台北：中國地政研究所。

王益滔

・1966〈光復前台灣之土地制度與土地政策〉，收於「台灣銀行經濟研究
　室」編，《台灣經濟史十集》，頁 52～86。台北：台灣銀行。

・1991《王益滔教授論文集，第一冊（全三冊）》。台北：國立台灣大學
　農業經濟學系。

・1964《台灣之土地制度與土地政策》。台北：台銀經研究室。

朱柏松

・2004《台灣土地制度史之研究──清據時期台灣之開發及其土地制度》。

朱嗣德

・1986〈台灣土地改革之效益〉，蔣公與土地改革研討會，中國土地改革
　協會印行。

行政院農村復興委員會

・1999《浙江省農村調查（民國二十二年）》，近代中國史料叢刊三編第
　八十八輯，據民國 22 年版影印。台北縣永和市：文海出版社。

沈時可

・2000〈台灣光復後推行土地改革之經過〉，收於沈時可等著，張力耕編
　校，內政部編，《台灣土地改革文集》，頁 1～14。台北：內政部。

・2000〈土地改革工作紀實〉，收於沈時可等著，張力耕編校，內政部編，
　《台灣土地改革文集》，頁 15～70。台北：內政部。

尚瑞國、郭迺鋒
・2003〈財政短絀、「肥料換穀制度」與台灣戰後初期之經濟發展——1954
　年12部門個體結構型CGE模型分析〉,《農業經濟半年刊》。
侯坤宏（編）
・《土地改革史料》。台北縣新店市：國史館。
洪鍾毓
・〈農家負擔之調查研究〉,《土地改革月刊》第二卷第十五期。
馬壽華
・1964《台灣完成耕者有其田法治實錄》。台北：思上書屋。
殷章甫
・不詳,《台灣省實施耕者有其田之研討》。台灣土地及農業問題資料叢
　書,蕭錚主編。台北：成文出版社。
・《中國之土地改革》,中華文化復興運動推行委員會主編,中央文物供
　應社發行。
殷章甫、蘇志超、林英彥、顏愛靜
・1982《三七五出租耕地業主佃農經濟狀況及其耕地使用情形調查研
　究》。台北：國立政治大學地政學系。
殷章甫、劉建哲
・1986《農業基礎條件與農業結構變遷之研究（75農建-7,1-企-10）研
　究報告之二》。台北：國立政治大學地政研究所。
徐世榮、蕭新煌
・2003〈戰後初期台灣業佃關係之探討——兼論耕者有其田政策〉,《台
　灣史研究》,10（2）：35-66。
徐世榮、李承嘉、黃金聰、陳奉瑤、黃信勳、戴政新
・2006〈農地保有合理化事業在台灣實踐之研究——以雲林縣斗南鎮為
　例〉,《2006海峽兩岸四地土地學術研討會論文集》, 政治大學地政學
　系、中國地政研究所
徐世榮

- 2006〈悲慘的共有出租耕地業主〉，黨國體制與冷戰初期的兩岸社會經濟學術研討會，中央研究院近代史研究所。
- 2007〈被操弄的農戶「分類」──以台灣土地改革為例〉，戰後資源分配問題學術研討會，台灣歷史學會。

陳淑銖
- 1996《浙江省土地問題與二五減租》。台北縣新店市：國史館。

陳奉瑤、梁仁旭
- 2006《三七五耕地租賃權價值補償評估原則之研究──以耕地變更為非耕地時終止租約之補償為範圍》，內政部委託研究。國立台灣大學暨國立政治大學判例研究委員會編纂。
- 1976《中華民國裁判類編─行政法（一）》。台北：台灣書店。
- 1976《中華民國裁判類編─行政法（二）》。台北：台灣書店。

國民政府主計處統計局
- 1978《中國土地人口租佃制度之統計分析》。中國經濟史料叢書第一輯第一種，台北：華世出版社。

湯惠蓀
- 1954《台灣之土地改革》，中國農村復興聯合委員會特刊第九號。台北：中國農村復興聯合委員會。

華松年
- 1984《台灣糧政史》。台北：台灣商務印書館股份有限公司。

熊夢祥等（編）
- 1989《台灣土地改革紀實》。台中：台灣省文獻委員會。

熊鼎盛
-〈台灣地籍總歸戶之檢討〉，《土地改革月刊》第二卷第六期。台北：土地改革月刊社。

台灣省政府
- 不詳《台灣省扶植自耕農實施方案》。
- 不詳《台灣省地政法令輯要【上冊】》。

- 1950《三七五減租文告暨法令輯要》。

台灣省政府民政廳地政局（編印）
- 不詳《台灣省四十年度三七五減租工作概況》。
- 不詳《台灣省推行三七五地租手冊》。

台灣省臨時省議會
- 不詳《台灣省臨時省議會公報》。

鄧文儀
- 1955《台灣實施耕者有其田紀實》。台北：中央文物供應社。

趙岡
- 2005《中國傳統農村的地權分配》。台北：聯經出版社。

劉志偉
- 1998《戰後台灣土地關係轉型中的國家，地主與農民（1945～1953）》，國立清華大學社會人類學研究所。

樊家忠
- 1995《戰後土地改革對農業生產效率的影響》。台北：國立台灣大學經濟學研究所。

Amsden, Alice H.
- 1985　"The State and Taiwan's Economic Development," In *Bringing the State Back In*, eds. Peter B. Evans, Dietrich Rueschemeyer and Theda Skocpol, 78-106. New York: Cambridge University Press.

Gold, Thomas B.
- 1986　*State and Society in the Taiwan Miracle*, New York: M. E. Sharpe, Inc.

Kingdon, John W.
- 2003　*Agendas, Alternatives, and Public Policies*, second edition, New York: Addison-Wesley Educational Publishers Inc.

Skocpol, Theda
- 1982　"Bringing the State Back In: Strategies of Analysis in Current

Research," In *Bringing the State Back In*, eds. Peter B. Evans, Dietrich Rueschemeyer and Theda Skocpol, 3-37. New York: Cambridge University Press.Stone, Deborah A.

· 2000　*Policy Paradox: The Art of Political Decision Making*, revised edition, New York: W. W. Norton & Company, Inc.

講評

◎劉瑞華[*]

　　徐世榮教授的這篇文章內容豐富，題目「耕地三七五減租政策之過去與未來」看似並非嚴肅的學術議題，不過文章內容針對減租政策的現實問題，所謂「過去與未來」是從當年政策過程中檢討，發現該項政策目前存在的問題，尋求未來解決之道。

　　耕地三七五減租政策在理論與現實都是廣受學術圈重視的問題。理論方面，張五常教授的租佃理論就是以台灣耕地三七五減租政策為研究對象，此外顧應昌教授也從這個政策發展出土地市場扭曲的政策理論。實務方面除了早期兩大官方立場的文獻，近來專案計畫研究報告也相當多，我所認識經濟學界熊秉元、黃宗煌、馬凱都做過相關研究。我個人也研究過三七五減租，不過只是針對土地改革的歷史研究。

　　基本上耕地三七五減租政策在當時是一項管制土地租金的臨時性政策，卻在民國 40 年以《減租條例》立法方式變成永久政策，造成了長期破壞土地租佃市場機制的嚴重問題，留下了至今 70 年難以解決的問題。徐教授的文章重點式的回顧了這個政策的過程，指出目前台灣仍有很多土地受到耕地三七五減租政策的限制，不僅地主長期受到利益損失，而且土地利用的效率很差。

　　早期官方文獻對三七五減租幾乎都是正面的評價，不過學者的研究很早就提出不少質疑與批評。本文指出的土地產權受到不合理限制的問題，雖然社會大眾或許仍存有早期政府宣傳的印象，但是在相

[*] 國立清華大學經濟學系教授兼藝術中心主任。

關專業領域中已經被認識了解，真正問題在於如何解決當年政策的束縛。民國 72 年《減租條例》修正也是因應問題的結果，不過大法官580 號釋憲文對於《減租條例》修正條文要求地主收回土地需補償佃農的規定做出違憲的認定，已經將解決問題的途徑提升到憲法層次。從民國 93 年 580 號釋憲之後許多人期待，政策將朝向恢復地主利益的方向修改，可是徐教授在這篇文章中清楚呈現至今問題依舊存在，因此也就有未來該怎麼辦的實際問題。

　　首先我要指出，減租政策限制租金開始施行時，因為嚴重不利於地主出租土地，立即導致許多地主撤租，因此政府隨即禁止撤租，強制延長租約，造成租佃土地的財產權缺損，讓租佃土地價值受傷害。民國 72 年《減租條例》的修正，雖然仍然有不利於地主的補償要求，但是基本上訂出了一個地主解約的價格，讓土地的租佃契約可以從減租政策的限制中解脫。然後 580 號釋憲再指出憲法保障財產，地主應該有權處分土地，因此減租條例要求地主負擔額外的補償是違憲的。至此，恢復憲法保障的完整財產權是未來應行之道已經很明確。問題不在於應該如何，而是為何沒做？

　　根據制度經濟學的理論架構，耕地三七五減租政策包括規則與執行。以行政命令限制市場行為若要改變只需廢止命令。《減租條例》因為已經立法，規則已經取得法律地位，執行面除了行政，還有司法，長期以來已經建立了穩定性，一直到釋憲之後才出現改變的機會。不過，改變仍然需要依循制度，行政、司法與立法必須三者共同完成。徐教授在這篇文章裡認為情況依舊維持著不利於地主的偏差，對此我有一點研究方法上的建議。

　　三七五減租政策在 70 年之間歷經了幾次變革，如《減租條例》修正、《農業發展條例》與幾次釋憲案，從歷史研究的角度應該可以探究政策執行的結果是否有明顯的變化。這篇文章中，徐教授提供了許多訪談的紀錄，顯示地主對於目前情況仍舊不滿。不過，這些訪談是何時進行，地主不滿的情況是過去或現在，在文中並未清楚說明，

因此並不足以論斷情況是否改善。而且，訪談對象似乎僅限於地主，並未取得佃農方面的意見，也是缺憾。此外，既然採取訪談方法，負責執行的有關行政部門的意見也值得參考，甚至立法委員都有責任面對這些問題。

　　另一個可以研究減租政策執行結果的層面是司法，文中有許多註腳提及司法判例，可是文章並未針對內容分析，並不知道這項政策執行的變遷情況，例如在《減租條例》的修正前後，以及 580 號釋憲前後的司法判決是否有變化。此外，司法執行的情形還未必完全反映於判例內容之中，580 號釋憲後很可能造成司法機關暫緩相關案件的審判，等待修法，如此會形成制度變動中隱藏的嚴重成本。這方面的證據將強力支持徐教授這篇文章的論點。

　　如果我的理解無誤，徐教授在文章裡提出的處理方式是改正《減租條例》中要求地主補償佃戶的規定，改由政府負擔，這屬於財富分配的看法。徐教授的這個主張或許和戴國煇教授一向採取的左派立場有些差別，不過這應該從時空背景上理解。戴國煇教授對於台灣在日本殖民政策下所發展的經濟結構通常有較重的批判，戰後地主所擁有的土地是如何得來？這牽涉到漢人與原住民以及不同階級與政府的關係，答案可能非常複雜。簡言之，如果地主的土地所有權是階級衝突透過國家機器（包括殖民政府）的協助，那麼減租以及耕者有其田就有其正當性。當然，土地改革已經過了 60 年，我很同意徐教授，地主付出的代價已經夠大了。

　　最後，我認為徐教授再度提起了台灣長久以來的一項重要土地問題，580 號釋憲之後政府必須對政策有所改變，至今沒有作為乃是非常嚴重的怠惰，徐教授的文章提醒我們繼續關切這個問題，期待知識的力量能夠有助於推進社會的公平與效率。

台灣史研究之開拓者戴國煇
以日本時代為中心

◎春山明哲[*]撰・蔣智揚譯

前言——關於《與日本人的對話》

我是從《與日本人的對話——日本・中國台灣・亞洲》（社會思想社，1971 年）這本書才知道戴國煇。讀了這本書之後，到亞洲經濟研究所訪問主任調查研究員的戴先生是在 1973 年 1 月底。

這本書有幾處稍微特別的地方。一個就是其書名，在副題「中國」的字體旁邊附有稍小的「台灣」字體，恰如象徵著台灣島的地理關係是在中國大陸的旁邊。後來經過一段時間，我才想像著說不定那是表示戴先生對中國和台灣未來的政治關係之「預想」乃至「構想」。

另一個特別之處是作者在他的簡歷上寫著：「1931 年 4 月 15 日出生於中國台灣省中壢（祖籍為廣東省梅縣）」。即使是日本人，稍有常識的都知道，在 1931 年即昭和六年，台灣是日本的領土。但是戴先生做為歷史學家，雖然強烈主張以「日本的殖民地台灣」做為對象的社會科學研究之必要性，卻主張著 1931 年的台灣是中國的一省之「虛構」。此作者簡歷的寫法有時省略了中壢，有時寫成桃園縣，但在戴先生所有單行本的簡歷都是一致的。難道他是有意在表示「否定」1895 年的《馬關條約》嗎？我在戴先生生前未能請教此寫法的理由，未免糊塗。

在此書之中，與「台灣史」有直接關係的是〈日本統治者與台灣知識分子——某副教授之死與再出發的苦惱〉。那是將刊載在東大中

---
[*] 日本台灣學會理事長。

國同學會會刊《暖流》第 5 號（1964 年 2 月刊）上，〈某副教授之死與再出發的苦惱〉之文章加以修改而成的。此文獻提出台灣的知識分子之悲劇以及日本「原罪」之驗證，可說是戴國煇所謂台灣史研究的原型。又戴國煇投稿《暖流》的文獻可供作瞭解其歷史研究「助跑時期」的重要資料。

此《與日本人的對話》之書名，象徵著此後戴國煇以一個研究者的姿態或做爲一個知識分子在日本的社會所展開言論活動的特色。事實上，戴國煇已經嘗試過很多以對談、座談會、演講的方式來「與日本人對話」。

後來我參加戴國煇組織的台灣史共同研究社團（當初是「東寧會」，後來歷經「後藤新平研究會」而變爲「台灣近現代史研究會」）。在 1988 年研究會解散之前，我與戴先生親密交往了 15 年。此後我們雖然也曾一起工作過，但自從 1996 年戴先生夫婦回台灣以後，在他短期旅日中，我只和他見過幾次面。2001 年突然收到了戴先生逝世的訃聞。

因此我所說的戴國煇先生是「日本時代」的戴先生，也就是發行霧社事件之研究或《台灣近現代史研究》雜誌等自 1970 年代至 1980 年代在日本做爲「台灣史研究之開拓者」的戴先生。

但是在台灣，很少人知道日本時代的戴國煇，所以我想在此「戴國煇研討會」來回顧做爲台灣史研究開拓者之戴先生的業績。不過事先尚請大家見諒一點，因爲與在日本出版的《戴國煇著作選 II》之解題執筆和時期重疊，所以其內容難免有大幅的重複。又，台灣史研究以外戴國煇所研究華僑、客家、身分、近代中國的領域，我希望讓給松永正義教授來做論述。

關於戴國煇，我曾寫過短篇簡介，現在再次提出做介紹：

戴國煇　1931.4.15～　歷史學者，出生於台灣。1954 年畢業於國立中興大學農學院，1955（昭和 30）年來日，取得東大研究所碩

士及 1966 年農學博士（中國甘蔗糖業史）之學位。歷經亞洲經濟研究所主任調查研究員，1976 年擔任立教大學文學部教授，專攻台灣近現代史、華僑史、近代中日之關係等。除了結合實證分析與自我驗證，以獨特的方法論重新建構亞洲的歷史形象之外，另為建立日本人與亞洲諸民族對等的新關係而提出建言。通過共同研究，也大力激勵了年輕研究者。有《台灣及台灣人》（1979年）、《華僑》（1980 年）、《台灣》（1988 年）等多部著作。在台灣近現代史研究會之共同研究上有《台灣霧社蜂起事件》（1981年）。（《現代日本朝日人物事典》）

報社為了編纂袖珍型事典，必須力求極為精簡濃縮的表現，所以未能盡意表達。又因為只記述戴國煇前半的事業，所以未能看到他的後半生的成就[1]。不過今日再閱讀他的著作，當可重新確認我所謂「戴國煇觀」，即「結合實證分析和自我驗證，以獨特的方法論重新塑造亞洲的歷史形象」。

一、台灣史之探索

台灣史研究之出發點

〈日本人的台灣研究——關於台灣的舊慣調查〉（《季刊東亞》財團法人霞山會，東亞學院，第 4 集，1968 年 8 月）〔參見《全集》7〕之開頭有如下一文：

對於有志學術研究的人而言，我認為不但不得忽略以往所累積相關的研究成果，而且要以目前的觀點積極整理之，然後弄清該如何學習，或不該學習。更要確立方法以將其作批判性的繼承，並且必須超越迄今的業績以達成當然的社會使命。

---

[1] 筆者春山將「戴國煇逝世」的報導投稿在 2001 年 3 月刊行之《東アジア近代史研究》第 4 號上。

　　很少有這樣開場白的論文，可說一開始就有尖刃直逼要害的劍術架勢，甚至具揮刀下劈之感，堪稱精神抖擻之文章。之所以如此，也是因為對於當時「目前殖民統治結束已有四分之一世紀，但仰賴學界傳統之台灣研究史卻沒有可寫的行情。」的狀況，戴國煇提出強烈異議。他是一個勁兒在拚命。「台灣做為殖民地被統治了半世紀，卻完全不當問題而了之（？），這究竟是怎麼一回事？筆者對日本近代史研究者及中國研究者存有無限的質疑。」

　　這篇論稿可能是戴國煇「初稿以日文寫出，而在日本發表」的最初論文，可說是他一連串以日文撰寫的文筆活動的出發點。正如他在結論所說「此拙稿是筆者最初的『日本人對台灣之研究』──研究史之嘗試──，今後也想伺機一點一點寫下去」，此文讓人感覺是戴國煇開始走向歷史學研究者的宣言。在此提前說一下，這篇論文也許可說在戰後日本的台灣史研究上，具有里程碑之意義。雖然如此，以後在戴國煇所出單行本內，這篇論文並未收錄，這是一個謎。揭載的《季刊東亞》雜誌是由財團法人霞山會・東亞學院所編輯發行的雜誌《東亞時論》改名而來的，第 4 集相當於通卷第 104 號。此誌為中國研究者所知，但難說廣為人知。由於《季刊東亞》已廢刊，所以知道戴國煇有這篇論文的人可能也不多。

　　又附加一言，對於臨時台灣舊慣調查會的事業以及主導該事業的京都帝大教授岡松參太郎之事，我會加以研究的契機之一就是讀了這篇〈日本人的台灣研究〉[2]。

從農業經濟到歷史學

　　有關日本人所做台灣研究之歷史評論，戴國煇當初的計畫預定先提出「台灣舊慣調查」，然後依序評論「土地調查事業」、矢內原忠雄的評價、伊能嘉矩的《台灣文化誌》、川野重任的《台灣米穀經濟

---

[2] 春山明哲，〈台湾近現代史研究会の思い出〉，《近代日本と台湾》，藤原書店，2008 年，頁 352。

論》[3]。但除了〈細川嘉六與矢內原忠雄〉〔參見《全集》15〕以外，其他未能彙齊。

　　戴國煇其次的著作為〈清末台灣的一個考察〉〔參見《全集》6，〈晚清期台灣的社會經濟——並試論如何科學地認識日人治台史〉〕。此論文本來的預定是對於仁井田陞博士「曾以某種形式接受他教導恩惠的廣泛人士所投寄文章」，「將其基於某一致的問題意識，以多角且有機的結構編撰的企畫性出版物」，但仁井田陞博士於 1966 年 6 月去世，所以不得不改變計畫，並將刊行日期延後，最後出版了《仁井田陞博士追悼論文集》全 3 卷[4]。

　　第 3 卷編輯在「日本法與亞洲」之主題下，在此第 3 章「日本帝國主義的法與政策」中有此〈清末台灣的一個考察〉。順便一提，本章除了亞洲經濟研究所所員的戴國煇之外，還有梶村秀樹（朝鮮近現代史，高中教師）、姜德相（朝鮮近現代史）為執筆者。從當時的頭銜可知道他們都是新進者，絕非大家之輩。編輯委員除了福島正夫（早大教授，現代中國法），還有佐伯有一（東大教授，東洋史）、渡邊洋三（東大教授、本國公法）及利谷信義（東大助教授，法社會學・民法）等人，能一窺他們的見識，深覺有趣。

　　不知是誰在這主題上給了戴國煇執筆的機會，但川島武宜在與竹內好、丸山真男的座談會「仁井田陞與東洋學」上，關於末弘嚴太郎的〈支那慣行調查〉，曾說「真正能認真理解它並做了調查的人，我想可能只有仁井田先生」[5]。我認為川島武宜做此發言殊堪玩味。戴國煇後期回顧東大時代時，追憶著曾為其師的仁井田陞與竹內好，戴國煇會研究起台灣舊慣調查與清末台灣，其走向的定位說不定是受到仁井田與竹內所帶來知識環境的影響，我不禁要如此想像。

[3]「日本における中国研究の課題（Ⅰ）」研討會，《アジア経済》第 11 卷第 6 號，1970 年 6 月，頁 74。

[4]《仁井田陞博士追悼論文集　第 3 卷》之後記。雖由編輯委員會掛名，認為可能由代表福島正夫執筆。

[5] 朝永振一郎、野上彌生子等，《逆説としての現代》，東京：みすず書房，1970 年，頁 128〜129。

在此論稿中戴國煇也顯示有關研究方法論之基本認識，他說「所謂殖民地統治包含主體、客體雙方面，因此如果對客體方面的社會經濟之發展階段，尤其對剛要被殖民統治之前的分析避而不談，則不可能對殖民地統治史有全面的把握」。

戴國煇為何並如何走向歷史研究的途徑？1931 年出生於日本統治下殖民地台灣的他，在少年期就充滿了「不合理」的體驗。1955 年赴日留學，在日本與二哥重逢，二哥說「涉及我們自身殖民地傷痕的糾葛，對其真正本質的核心部分投射內省與對決的目光，這樣才可能擴展舊殖民地被統治者做為人類的內在自由之境域！」關於這些勸導等之經過，在《世界》雜誌 1985 年 10 月號所刊載〈戰後台日關係與我——尋求中日兩民族的真正友好關係〉〔參見《全集》4〕中戴國煇坦率地吐露心聲。

在此文中戴國煇提到他與農業經濟學者東畑精一及博士論文指導教授的東大神谷慶治的學術關係。有關東畑精一，有與下河邊淳對談的《〈齊民要術〉與東畑精一老師的回憶》（《月刊 NIRA》8 卷 12 號，1986 年 12 月）〔參見《全集》25〕，其中戴國煇追憶說因為東畑而加深了對台灣、中國、亞洲、日本的關心。

本來戴國煇的學位論文〈中國甘蔗糖業的發展過程〉〔參見《全集》10〕是歷史論文。其第一章為依據從紀元前約 300 年的戰國時代到紀元後約 550 年的南北朝之文獻檢討甘蔗的存在，並繼續展開唐、宋、元、明代之甘蔗耕作。第二章及第三章描述甘蔗的栽培及蔗糖製造技術之發展。而第四章所談的正是「在台灣之舊式糖業發展」，檢討到明末清初的時期為止。最後增補「糖業在台灣經濟上的地位——兼作戰前與戰後之比較」[6]。從該學位論文之結構看來，他的觀點從「清末台灣的一個考察」移轉到殖民地時期的台灣，也不能不說是很自然的。不過對戴國煇而言，歷史研究並非單純的客觀之實證性研究

---

[6] 《中國甘蔗糖業的發展過程》（戴國煇學位論文要旨）。中央研究院人文社會科學聯合圖書館所藏「戴國煇文庫」資料。學位論文收藏於國立國會圖書館關西館。

對象。

　　據說東畑或神谷都曾積極勸導戴國煇去上農學部以外的講課，所以戴國煇才認識了仁井田陞和竹內好。在前述的〈戰後台日關係與我〉中，戴國煇提及結識了「尾崎秀樹[7]、竹內好等有良心的日人圈」，他說「我從竹內好老師那裡學到很多。其中我認為最重要的是能夠認識一項具高貴課題的思想上經營，亦即為了對抗殖民地體制及殖民地遺制並講求手段，進一步克服殖民地的傷痕，必須在有良心的日本人與真正能自立的台灣人之間加強合作，並持續戮力以赴」。竹內在自己主持的《中國》雜誌上曾二次編撰台灣特集，介紹吳濁流與楊逵的作品，並提起霧社事件。

從東寧會到台灣近現代史研究會

　　戴國煇把台灣殖民地的歷史做為「在有良心的日本人與真正能自立的台灣人之間加強合作」之研究場所，而做為其中心所形成的就是「東寧會」，亦即後來的「台灣近現代史研究會」。

　　1967 年 4 月，戴國煇成為亞洲經濟研究所的正式所員。依據林彩美製作，胎中千鶴編輯的「戴國煇略年譜」，在該年 9 月 23 日之條項中有「認真努力於台灣關係史資料之收購」，好像台灣史研究從此逐漸開始。而且在 1969 年 11 月 13 日之條項中有「台灣研究會（東寧會？）」。（東寧會？）是林彩美所作註記。能清楚確認「東寧會」之名稱是在 1971 年 5 月 15 日。同年 6 月 5 日之條項中可見到「關於皇民化運動」（可能是戴國煇所寫）報告之標題。在 1972 年「研究會」欄中之 4 月處有「東寧會（週六、月例會）」。

　　戴國煇的記載有「記憶中，類似社團的小組是在 1970 年暑假建立的。」「若林正丈君某日攜同宇野〔利玄〕、松永〔正義〕兩君來亞洲經濟研究所訪問我。」對於台灣的研究，「他們所具熱情能加以確

---

[7] 尾崎秀樹，1928 年生於台北，文藝評論家，著有《旧植民地文学の研究》、《ゾルゲ事件》等書。

定，真使我高興。盼望此日來臨，耐心等待久矣。」又戴國煇記載著，
也邀請了池田敏雄（平凡社，民俗學）、中村ふしゑ（〈訪問霧社〉之
作者）、加藤祐三、亞研同事之小島麗逸、矢吹晉，鼓勵他們選擇「霧
社事件」做為共同研究之主題，還有河原功、松田はるひ，以及春山
也加入此研究小組[8]。我為了台灣相關的歷史研究而去訪問戴國煇先
生是在 1973 年 1 月底。有關此步調緩慢的研究小組「東寧會」後來
歷經「後藤新平研究會」而展開為「台灣近現代史研究會」，其情形
有我所作報告的記錄[9]，詳細請參考之。

在此要特記的是，自此研究會參與者中，日後研究者輩出[10]。台
灣近現代史研究會也是台灣研究的「搖籃」。

霧社事件研究

戴國煇關於霧社事件的主要論稿為〈霧社蜂起事件的概要與研究
的今日意義──台灣少數民族喚起的問題〉（《思想》1973 年 2 月）〔參
見《全集》1〕及〈霧社蜂起與中國革命──漢族系中國人內部的少
數民族問題（上・下）〉（《思想》1974 年 2 月號及 3 月號）〔參見《全
集》1〕。此二論稿成為明確顯示戴國煇的歷史研究態度之著作。

戴國煇寫道，身為被虐待壓迫的台灣少數民族之「高山族本身被
『文明人』壓迫，對此所作自己的抗戰史，他們認為遲早會被寫出來。
我的嘗試可說是在他們自己寫出本身光榮的抗戰史之前的連結作
業」。他說「提起霧社起義乃是揭發日本人的舊有傷痕，其目的不是
要告發日本人。我認為這完全是為了告發自己的一個作業」。如此從

---

[8] 戴國煇，〈序──霧社蜂起事件の共同研究について〉，戴國煇編著，《台湾霧社蜂起事件
　　─研究と資料─》，社会思想社，1981 年，頁 1～3。

[9] 前揭春山明哲，〈台湾近現代史研究会の思い出〉，《近代日本と台湾》所收。又此文翻譯
　　成中文，收錄於若林正丈、吳密察所主編《跨界的台湾史研究》（台灣，播種者文化有限
　　公司，2004 年）。

[10] 例如有若林正丈（自東京大學至早稻田大學）、松永正義（一橋大學）、河原功（成蹊學
　　園，東京大學）、栗原純（東京女子大學）、檜山幸夫（中京大學）、岡崎郁子（吉備國
　　際大學）、近藤正己（近畿大學）等人。參照前揭春山明哲，〈台湾近現代史研究会の思
　　い出〉，《近代日本と台湾》，頁 361。

所謂人類之惡業的觀點來看，他不認為自己的手沒有弄髒。在此可以
看出戴國煇對於歷史，結合「實證研究」與「自我驗證」的態度。

　　在此論稿的結尾，戴國煇主張霧社事件不僅對日本人，對全中國
人、全人類也是有益的歷史教訓，「尤其對新一代的中國人，在探求
與擬訂應有的少數民族政策時，可說包含著幾乎無可取代的教訓。在
現代中國人對世界史的新挑戰上，我認為不要妨礙國內少數民族的自
立發展乃是重要的課題之一。（略）我相信漢族在本身內部也必須克
制大漢民族的意識。」

　　正如其副標題所示，透過對於霧社事件的具體新聞雜誌記事之論
說等的分析，〈霧社蜂起與中國革命〉論及此漢民族意識與少數民族
之問題。正如其結尾所示，仿效孫文所說中國革命尚未成功，戴國煇
呼籲要正確定位霧社起義，做為「以期克制大漢民族主義，亦即對外
實踐不稱霸的保證，對內實現少數民族之自主平等」的有效素材。

　　霧社事件的共同研究開始不久之後，一則衝擊性的新聞於 1974
年 12 月被報導。在印尼莫羅泰島的中村輝夫，阿美族名史尼育唔的
人被「發現」了。他於 1943 年入營成為高砂族陸軍特別志願兵而被
派遣到菲律賓，然後到莫羅泰島，此後三十年多的歲月流逝。〈關於
台灣皇民化運動的展開——從原皇軍補助兵中村輝夫的生還談起〉
〔參見《全集》1〕這篇文章，乃是將關於這位中村士兵回歸台灣與
涉及此事所做各種報導〈什麼原因使他不回答「本名」〉的文章（初
出《アサヒグラフ》1975 年 1 月 24 日）〔參見《全集》1〕，以及此事
所觸發而描述九一八事變以後之台灣與台灣人的〈關於台灣皇民化運
動的展開〉（初出《展望》1975 年 4 月）二者加以合併而成的。

台灣籍民問題

　　〈日本的殖民地統治與台灣籍民〉〔參見《全集》4〕為《台灣近
現代史研究》第 3 號（1981 年 1 月）所揭載的資料介紹，而由本誌復
刻的《於廈門的台灣籍民問題》（廈門領事井上庚二郎所作研究資料）

之解說。所謂「台灣籍民」，依據戴國煇詳加解說的定義，乃是「日本統治下台灣的本島人，而指居住在日本本土以及台灣以外的海外，尤其對岸廈門爲中心的中國各地，乃至南洋（即現在的東南亞一帶）等地者」。不過，在此定義之外戴國煇研究此問題的機會之一，是在 1969 年 11 月至 1970 年 1 月他首次做東南亞旅行時，重新被確認「台灣呆狗」（台灣的瘋狂笨狗）的歷史存在。像這樣提出歷史的主題，由此事本身也可知道戴國煇「自我驗證」的範圍之廣吧！

　　《台灣近現代史研究》是先前所述以戴國煇爲中心的研究團隊「東寧會」同仁的研究雜誌，於 1978 年創刊，至 1988 年的第 6 號刊行了 6 冊。實際上，由於此雜誌的名稱爲《台灣近現代史研究》，因此該會的名稱便改爲台灣近現代史研究會[11]。

二、台灣史與日本、中國的近代

台灣史與近代日本

　　與日本知識分子的交流，成爲給予戴國煇各種表現場合的契機。尤其在中國文學者中，與思想家、評論家的竹內好之交流，認爲應該相互帶來了甚多的果實。其中之一就是戴國煇投稿給《朝日ジャーナル》的企劃「近代日本與中國」。

　　依據竹內好所說，那是在美國總統尼克森的中國訪問聲明出來的 1971 年夏天，應《朝日ジャーナル》編輯部的委託，橋川文三也加入而成立的企劃「近代日本與中國」[12]。此企劃的方針是透過人物像來思考日本的近代，聚焦在與中國的關係，不論人物或機構，不是單獨而以二個或三個的組合來塑出立體觀。此時只有戴國煇獲得寫三篇的機會。他回憶說「那完全是拜竹內先生的『台灣欠缺』所賜。」[13]。此三篇爲〈樺山資紀與水野遵〉、〈伊澤修二與後藤新平〉、〈細川嘉六

---

[11] 前揭春山明哲，〈台湾近現代史研究会の思い出〉，《近代日本と台湾》。
[12] 竹內好、橋川文三編，《近代日本と中国（上）》（朝日新聞社，1974 年）竹內所寫的序。
[13] 戴國煇，〈台湾史研究をめぐる諸問題〉《社会科学研究》（中京大學社會科學研究所）第 5 卷第 2 號，1985 年，頁 13。此演講記錄收錄於本書。

與矢內原忠雄〉〔三篇參見《全集》15〕。不過，連載成爲單行本《近代日本與中國（上・下）》時，後面二篇被收錄。

　　〈樺山資紀與水野遵〉的組合，是首任台灣總督樺山與首任民政局長水野的名符其實之絕配，可說是適當的選擇。首先樺山與水野分別於 1873 年（明治 6 年）與 1872 年的早期就出發做台灣勘查。樺山的《台灣日記》與水野的《台灣征蕃記》等記錄，戴國煇活用這些資料所作描述也甚具臨場感。

　　〈細川嘉六與矢內原忠雄〉也是趣味盎然。細川嘉六與矢內原忠雄於 1910 年進入新渡戶稻造校長時代的第一高等學校，他們的學問與生活委實是對照性的。細川爲「野武士」而致力於社會主義的實踐運動，矢內原則爲「秀才」而屬無教會派基督徒的學者，但是他們都是戴國煇所寫「在日本的科學性亞洲研究之草創者」，也都是「戰時下的鬥士，對於因日中關係的言論活動而狂暴橫行的日本法西斯主義，膽敢挑戰其毒牙」。說起來戴國煇的筆致對矢內原有嚴格之處。這樣說是因爲研讀了《日本帝國主義下之台灣》的戴國煇，對矢內原的記述與邏輯有難以同意的地方。就是「至少經濟的開發與普通教育的普及，認爲給了殖民地社會永續的利益」這一段[14]。關於對矢內原的批評，戴國煇似乎有其構想，但遺憾的是最後未能正式地寫出。

　　相對之下，〈伊澤修二與後藤新平〉的組合則有未必適中之處。伊澤爲日本統治台灣初期的學務官僚，留在台灣很短。對此，衆所周知後藤新平擔任民政長官長達八年多，統治全程施展鐵腕。比較之下多少顯得勉強吧！戴國煇對後藤則認爲「他的施策與『成功』，因爲已有甚多日本人做了讚許之語，故加以割愛。」而不著墨。但是，戴國煇認爲對後藤新平有正式研究的必要，有一時期曾做爲共同研究的對象。我們的研究會於 1975 年至 1977 年在「後藤新平研究會」的名稱之下進行了後藤研究[15]。又，關於戴國煇的後藤新平論，與松本健

---

[14] 前揭戴國煇，〈台灣史研究をめぐる諸問題〉。本書所收，頁 13。
[15] 春山明哲，〈「後藤新平傳」編纂事業與〈後藤新平文獻〉之成立〉，前揭《近代日本と

一的對談〈從台灣經營看近代史的斷面〉(《知識》1989 年 8 月號)〔參見《全集》26〕饒富趣味。

台灣史與近代中國

　　以上三篇論稿收錄於戴國煇的評論集《日本人與亞洲》(新人物往來社，1973 年)，彙整於「第一部　日本人與殖民地」。包含在該書「第二部　殖民地與知識分子」內的是〈殖民地體制與「知識分子」〉、〈郁達夫與台灣——中國新文學運動一個斷面〉、〈台灣的詩與其真實——羅福星的一生〉〔三篇參見《全集》15〕。這些文章有一共同點，正如戴國煇自己所題「殖民地與知識分子」，乃以吳濁流、郁達夫、羅福星等「漢民族」的「知識分子」為對象。而首先以「文學」為其共同的主題，使戴國煇在作者群中不無稍微被孤立的印象。但是，反面思考則戴國煇對文學的關心不是頗為深切的嗎？

　　又，在此做一加註，戴國煇在〈台灣的詩與其真實——羅福星的一生〉中再錄羅福星所作〈祝我民國詞〉、〈絕命詞〉、〈寄愛卿詩〉等三首詞與詩，在初出的《亞洲》1971 年 12 月號中所載譯文為陳千武所譯，但補記曰「要向陳氏致歉，對譯文不滿意，有機會將嘗試自譯。」，不過再錄於《日本人與亞洲》時，譯詩卻被割愛。不知「自譯」了沒有？

　　戴國煇曾有「要寫中國近代史」的構想[16]。關於郁達夫與羅福星的論稿可能是要在中國近代史中將台灣定位的構圖之一要素吧。後來，他曾研究司馬遼太郎與李登輝對談台灣民主化過程的「出埃及記」[17]。在談到這點的該演講中，他說曾經苦讀馬克斯・韋伯所說，要探究日本的近代必須探究歐洲的近代，要理解歐洲的文化必須進入

　　台湾》，頁 376～377，〈「後藤新平研究会」のこと〉。

[16] 戴國煇，〈中国"社会史論戦"紹介にみられる若干の問題〉，《アジア経済》第 13 卷第 1號，1972 年 1 月號，頁 57。

[17] 參照戴國煇，《台湾という名のヤヌス－静かなる革命への道－》(三省堂，1996 年) 的第五章〈出エジプト記と台湾の民主化試論〉。

聖經的世界。而且有一段說「以利用馬克斯・韋伯的宗教社會學之形式，希望能以世界性的比較宗教社會學爲範本來思考中國社會的近代化。[18]」如果寫出的話，戴國煇可望有另外的歷史學形象。

三、在日本的台灣史研究

戰後日本的台灣研究——至 1960 年代

　　1969 年，亞洲經濟研究所的機關誌《亞洲經濟》迎接創刊 100 號，做爲此紀念特集，揭載了《在日本的開發中國家研究》。同年 9 月此以單行本再版。

　　在可說是其序文的〈紀念 100 號〉中，亞洲經濟研究所會長東畑精一如此敘述，「不僅是亞洲，環視世界上新興的獨立諸國（所謂後進國），此十年的歲月誠爲多事之秋，其邁向獨立建國之途大體爲『試誤法』的重複。由舊殖民地體制轉移爲新獨立國體制，充滿了諸多的失望，並非那樣順遂的坦途。」

　　基於這樣的現狀認識，在此特集評論了關於中國、韓國、菲律賓等亞洲國家以及阿拉伯諸國、非洲、拉丁美洲之研究[19]，中國是由政治、經濟、台灣的三部分構成，戴國煇則負責「中國－台灣」。

　　戴國煇在此所舉各種文獻的書誌資訊，現在看起來也許不能說有特別價值。但是，戴國煇懷疑「在戰後日本應該展望的階段，現在有真正值得回顧的『台灣研究』嗎？」並感歎「戰後的不景氣有時蒙蔽了人們的眼睛」，他的研究評論在當時的日本，使人感到一種台灣研究的魄力，促使日本人認識台灣。

　　在關係此紀念特集而召開的研討會〈在日本的中國研究之課題（Ⅰ）〉（《亞洲經濟》第 11 卷第 6 號，1970 年 6 月）中，幼方直吉激賞戴國煇論文的同時，指出研究者的社會責任，殖民統治的責任問

---

[18] 戴國煇〈台湾の近百年と日本 私的体験からのアプローチ 〉《CHAPEL NEWS》（立教学院諸生徒礼拝堂），440 號，1996 年 1 月號，頁 15。

[19] 除了國別、地區別的評論，也揭載了國際政治、亞洲法等綜合性橫向主題，以及書報雜誌之相關評論。

題，做為學問上的條理而貫穿全篇。又，池田敏雄述說「對從事戰前
民俗調查的我們來說，也覺得對社會責任的反省受到嚴格的詰問。以
模稜的態度所規避之事，被率直指摘，反倒覺得鬆了一口氣。[20]」。另
外，尾崎秀樹指出「從戴氏論文的終結處，我們必須對先前的問題追
根究底。（略）乃是具有更大廣度的論文，對於今後應如何引領中國
研究或台灣研究的態勢，其所包含種種要因促使我們參與自主性的問
題。[21]」

　　今天回顧起來，1960 年代的最後所寫〈日本的台灣研究〉〔參見
《全集》7〕，以及前述〈日本人的台灣研究〉、〈清末台灣的一個考察〉，
在台灣研究史上，雖說是「戴國煇歷史著作老三篇」（松永正義所言），
但我認為具有學術史價值。

　　〈岡田謙博士與台灣〉（《亞洲經濟資料月報》1970 年 10 月號）
〔參見《全集》15〕，是對在戰前台北帝國大學從事人類學、民族學
研究的岡田謙，加以追悼兼業績評論的文章。為與〈在日本之台灣研
究〉大約同一時期者，台灣原住民研究的評論是構成台灣研究的重要
領域，從這點來看，本文可說起了補全的作用。又，看著岡田謙的著
作目錄，隱約可見戴國煇做為資料收藏家（collector）的活動，顧名
思義本文也令人認為戴國煇不無書誌學者的資質。

　　〈從一張名片談起——憶與李約瑟博士之交〉（《歷史與地理》
〔山川出版社〕324 號，1982 年 8 月號）〔參見《全集》15〕，為知曉
戴國煇走向歷史研究者歷程的好素材之一，同時也是從「一張名片」
繹出與《中國的科學與文明》的著者李約瑟（Joseph Needham）相逢
的時空而饒富趣味的一篇。也可說戴國煇的本領就在像這樣的歷史隨
筆，不過日文「隨筆」的語感似乎過於輕描淡寫了。

---

[20]《アジア経済》第 11 卷第 6 號，1970 年 6 月，頁 72。
[21] 同上，頁 71。

在 1985 年的台灣史研究之回顧

　　做爲戴國煇在日本的台灣史研究之彙總回顧，有在中京大學社會科學研究所的演講記錄〈身分與立場——環繞台灣史研究的基本問題〉（《社會科學研究》5 卷 2 號，1985 年）〔參見《全集》4〕。在此演講的背後，尙有如下之來龍去脈：岩波書店委託戴國煇寫紀念雜誌《世界》創刊 40 周年的報導，由於適逢戴氏來日 30 周年，因此以合併的形式接受關於中京大學教授檜山幸夫的台灣史研究之演講，也就是在前述《世界》（1985 年 10 月號）所揭載〈戰後台日關係與我——尋求中日兩民族的眞正友好關係〉。合讀二者，當更能明瞭戴國煇的台灣史研究觀乃至方法論之特徵。

結語——我的戴國煇論、備忘錄

　　代替結語，以下是對於做爲歷史家的戴國煇，以他在日本開拓台灣史研究的情形爲中心，記下我的備忘錄。

　　自 1960 年代末由戴國煇發起而萌芽的台灣研究團隊，自 1970 年開始稱爲「東寧會」，進行以霧社事件的共同研究爲中心之台灣史研究活動。其後歷經「後藤新平研究會」，在 1978 年成爲「台灣近現代史研究會」，至 1988 年刊行雜誌《台灣近現代史研究》第 6 號才停止其最後的活動。戴國煇爲此約二十年間台灣史研究團隊的實質主持者。此研究會的參加者在全盛時期達約四十人，其中大多數繼續在大學或研究機關進行台灣研究的活動。我認爲從 1970 年代直到 1980 年代，要說「台灣近現代史研究會」在日本扮演了台灣史研究的中心要角亦不爲過[22]。戴國煇在台灣史研究的領域內結集了甚多人員，就此意義堪稱卓越的研究組織者。

　　戴國煇於 1955 年來日本留學，當初的目的是要研究農業經濟學，後來轉爲研究日本統治下的殖民地台灣這一段台灣史。其動機或背景

---

[22] 春山明哲，〈台湾近現代史研究会の思い出〉，前揭《近代日本と台湾》，頁 343～363。

可說是迄 1945 年即 14 歲之前對殖民地台灣的親身體驗。戴國煇後來曾說此原始體驗轉換並昇華爲學問的經營，其契機爲被在日本的二哥勸導。同時戴國煇也具有將自身的體驗感受爲「台灣的歷史」之資質，並將其當作自己爲學的職志，我認爲如此持之以恆而使他成爲歷史學者。

此學問乃是對知識經營之深切理解與愛情，而使其孕育的外在條件就是昭和 30 至 40 年代的東大環境，也就是戰後的日本知識分子。對於東畑精一、神谷慶治、竹內好、松本重治、穗積五一等，戴國煇總是抱著對尊師的懷念提起這些人。做爲可說超越性存在的矢內原忠雄，乃是東大校長，戴氏回憶說當時能上丸山真男或大塚久男的授課，是東大的黃金時代。1970 年代以後，戴國煇在對談或座談會、研討會的場合遇上很多知識分子或研究者。關於與此日本知識分子們的交流之內容與意義，將不無重新研究之價值。

以 1970 年代爲中心而言，戴國煇對日本與日本人持續熱心地發送「訊息」，像這樣的台灣人（或中國人、外國人）並未存在。他在報章雜誌以日文所寫的論說、評論、隨筆、演講記錄等等約近四百篇。其實說起來歷史學的學術性專門論述，即使包括〈晚清期台灣的社會經濟〉等也絕非很多。戴國煇的大部分研究精力不是產生狹隘研究者領域的論文，可說是花在以日本的社會普通想法、認識、史觀本身爲對象所發出的批判言論。因此，如果將這些單純認爲是對時局的擴散性言辭，可能會錯失許多戴國煇的真實價值。即使政治評論暫且不提，至少他的歷史評論包含許多研究上的概念與直觀，這些我在研究會等場合上，聽過戴國煇以他特有的語調娓娓道來，至今回憶中逐漸形成的印象是歷史家的戴國煇而不僅是歷史學者。

最後對做爲歷史資料收藏家的戴國煇，也做一敘述。據戴國煇夫人林彩美女士所言，戴家的孩子長期不知道有〔年終〕獎金此事。因爲戴國煇一拿到獎金，就用來購買舊書或史料。戴國煇所遺留藏書與史料，現在做爲台灣的中央研究院人文社會科學聯合圖書館「戴國煇

文庫」加以保存、整理，並分批依序被公開利用。以前在習志野的家
宅「梅苑」有書庫，我常登門去利用資料。戴國煇擔任立教大學教授
的時候，曾聽他說有一建築構想，要在池袋設台灣研究會館供作公開
利用的場所。記得那時我說只會留下債務而反對。那樣龐大的收藏未
能落腳東京，至今覺得遺憾，不過如果在台灣的研究能夠進展的話，
期待資料獲得好的歸宿。

　　像戴國煇這樣，在長達 40 年期間與日本社會緊張對峙，對日本
人批判並想加以理解的台灣人屬極端少數，覺得今後不會再有他人
了。這是日本的台灣殖民統治所帶來意想不到的歷史遺產之一，這樣
說的話戴國煇會苦笑吧！

講評

◎吳密察

　　春山明哲先生自從 1970 年代初期，即受戴國煇先生之啓發，與
幾位日本年輕學者，以戴國煇先生爲中心組織研究會，並一起進行後
藤新平、霧社事件等專題研究、編輯發行《台灣近現代史研究》，是
對於戴國煇先生在日本之台灣研究經歷最爲熟悉的一位學者。他在這
之前，便曾經對於他們與戴國煇先生所組織的「台灣近現代史研究會」
之歷史做過整理，最近又因爲執筆《戴國煇著作選》解題的關係，顯
然又將戴國煇先生的著作做了充分的閱讀，因此我們可以透過他這篇
相當掌握要領的文章，來了解戴國煇先生如何在日本推動台灣史研
究，以及戴國煇先生在日本社會、學術界的影響。

　　我雖然在 1980 年就透過王詩琅先生的介紹與台灣近現代史研究
會的若林正丈先生在台北認識，後來也認識了栗原純先生，王詩琅先
生也曾經不止一次跟我提過戴國煇先生（當時我幫忙王詩琅先生做一
些《台灣風物》的編輯、發行工作，戴國煇與莊永明、陳運棟三人是
當時《台灣風物》少數的長期訂戶，令人印象深刻），但還是要等到
1982 年首次出國到日本去時，才透過當時在立教大學讀書的陳梅卿小
姐見到戴國煇先生。

　　1984 年到日本留學後，我便連續地出席台灣近現代史研究會的聚
會，戴先生也經常約我在池袋的「東江樓」請我吃飯。他當時可能認
爲我與「黨外」有一些來往，因此吃飯時經常是他在問我黨外的人與
事，甚至有一次他還問我對於如果他回台灣擔任「僑選立委」的意見。

* 國立成功大學台灣文學系、歷史學系合聘教授。

戴先生曾經有一年到美國去，林正子小姐（她是立教大學東洋史的助教，也是我在東大讀書時的 tutor）受他委託定期要到習志野的書庫將門窗打開通風，我也得以與林正子小姐、陳梅卿小姐去參觀了聞名已久的「梅苑」。記得，我還曾經到戴先生府上品嚐了戴夫人有名的可口料理。總之，我在 1980 年代的留學期間，戴國煇先生與台灣近現代史研究會的諸多朋友，不論是在生活上、還是學習上，都給了我很多的幫助，可以說那是我留學期間很重要的一部分。我想這應該也是春山先生和會議主辦單位要我來擔任「討論人」的原因吧。

　　春山明哲先生的文章對於戴國煇先生的日本時代台灣史研究，已經有很精要的整理，我能補充的不多。我只提出幾點當作討論的材料。

　　戴國煇教授曾經跟我說過，他寫〈日本統治者與台灣知識分子——某副教授之死與再出發的苦惱〉時，腦海中假想的主人公是某位台灣史的前輩學者，我也一直就將它當真。但是此次春山先生的文章說這篇文章最初登載於 1964 年東大中國同學會會誌《暖流》第 5 號。那麼從時間來看，戴先生對我的上述說明就不能成立了（因為戴先生知道這位台灣史學者應該在此之後）。所以，如果說他這篇文章所寫的是上述那位台灣史前輩學者，倒不如說應該是另一位台灣大學的前輩經濟學者。因為我們一般是從戴先生後來出版的文集來閱讀他的文章，因此經常會錯誤地判斷戴先生當初的發言脈絡。這件事提醒我們：閱讀戴先生的著作集時，有必要進行一番「考古學」的工作。不過，從這件事也可以再一次看出春山先生所指出的，戴先生的文章總是包括了「自我檢證」。這裡的「自我檢證」指的是做為一個「生長於日本殖民地台灣的中國人」之立場性與反省（例如，戴先生就認為台灣人是日本殖民統治的共犯，也具有加害者的角色，而非只是單純的被害者）。而且，我們也看到戴先生的文章經常以自己的體驗或身分出發，所以上述的「某副教授」就不必是一個具體的個人，而應該是包括戴先生在內的「生長於日本殖民地台灣的中國人」了。

　　春山先生指出，戴先生關於歷史學的學術專門著作並不多。的

確，從寫作體裁來看，戴先生的著作，除了他的博士論文比較謹守學術研究的寫作方式之外，即使收錄在《仁井田陞博士追悼論文集》裡的〈清末台灣的一個考察〉，也不是一篇堅實的實證論文，反而是相當明確而尖銳地提出了自己的立場與看法，具有挑發性之問題意識的「大塊文章」。

戴先生強烈的立場性與「自我檢證」的姿態，造就了他文章的「迫力」（春山先生的文章也特別提到戴先生文章的「迫力」）。另外，依我來看，戴先生的日文表達（遣詞用字、句式）更使他的文章較之一般日本人熟悉的文章來說，具有一種另類的力量。顯然，戴先生也充分了解自己這方面的長處與他應該採取的寫作策略，因此他並沒有像一般 academy 裡的歷史學者那樣，致力於撰寫學術期刊的研究論文、參與專業的學術團體，反而是在言論界（journalism）的天地透過在報紙、雜誌上發表評論，撰寫歷史 essay、參加座談會、演講，對日本社會的通念、認識、歷史觀，發表批判性的言論，使他成為 1970 年代對日本及日本人發送大量熱切信息的台灣人。

當然，當我們要了解戴先生的時候，也不應該忽略了 1970 年代日本的社會與言論界狀況。可以說，戴先生以其上述的立場性，一方面受到與殖民地或多或少有關係的戰中派知識人（如，東洵精一、尾崎秀樹等）、「進步派」知識人（如，竹內好等），及左派學者（如，佐伯有一。據我所知，戴先生之文章出現在《仁井田陞博士追悼論文集》，應該與佐伯有一的關係）的支持，也得以成為戰後「團塊世代」（如，春山先生等諸多台灣近現史研究會的成員們）渴求期待知道日本之殖民地統治歷史及其影響之年輕人的討論對象。可以說，戴先生的立場性與當時的日本社會與知識界狀況，使戴先生有了一個可以發揮的場域。

鑲嵌在歷史中的地圖
日治時代的「蕃地」建構與原住民傳統領域[*]

◎詹素娟[**]

摘　要

　　本文以具有時間脈絡的地圖對照，從空間角度切入，考察外來者對原住民領域的調查、描繪、知識建構與制度性措施的歷史過程，此特別集中在台灣東部如何從廣闊無垠的「後山／界外番地」具體化、行政區化，形成界線清楚、制度分明的「蕃地／山地鄉／特別行政區」過程的考察。再者，藉由 1897、1917 年之間，數次產業與學術調查、地圖繪製、知識建構所產生的賽夏族「傳統領域」變化比較，指出空間型塑的結果，如何反饋、影響原住民的空間認知，成爲承載凝聚賽夏族意識的空間基礎。

[*] 本文的修改，主要參酌會議當天東華大學台灣文化學系郭俊麟教授的評論意見，及古地圖收藏家魏德文先生的提問，謹此致上最大的謝忱。
[**] 中央研究院台灣史研究所副研究員。

一、前言

　　眾所矚目的原住民歷史電影《賽德克‧巴萊》,即將在今年(2011)9月上映;以「莫那‧魯道」為主題人物的錢幣流通坊間,公共電視大片《風中緋櫻》仍不時在電視頻道上播放,邱若龍繪製的《霧社事件》漫畫專書風行多年,相關的口述歷史、戲劇、小說不計其數,其過程更擇要寫入國高中的歷史教科書。如果說莫那‧魯道和霧社事件是台灣社會最知名的原住民人物與事件,絕無疑義。學術領域中,霧社事件的發生、過程、結果與後續發展,尤其莫那‧魯道的事蹟,花岡一郎、二郎的悲劇,賽德克族的反抗精神等,都是學界悉心研究的課題,而戴國煇先生則是最早注目的學者之一。

　　另一位與高砂族義勇隊、台灣人日本兵歷史息息相關的人物,則是1974年歲暮的新聞焦點:印尼空軍在摩洛泰島(Morotai)遼闊森林中發現的台灣籍日本兵中村輝夫——原名史尼育唔(Siniyon),次年(1975)1月返台時卻改名為李光輝的台東縣成功鎮阿美族人。他的人生遭遇,是台灣斷裂矛盾歷史最活生生的案例;史尼育唔、中村輝夫與李光輝這三個不同語言文化的姓名,淋漓盡致地反映了歷史巨輪對原住民社會的碾壓與操弄。而這個充滿象徵意義的原住民人物,必定強烈打動了戴先生的心靈,而成為他另一個重要的書寫標誌。

　　戴先生的原住民歷史研究,霧社事件、高砂族義勇隊是最巨大的主題;而著眼處,則在日人殖民統治之惡,與原住民反抗精神之烈。確實,這些沉埋在歷史煙霧中的往事形跡,身不由己的生命靈魂,不是親受斧鉞加身的慘酷,就是噤聲承擔歷史的共業。花岡一郎、中村輝夫的命名與遭遇,基本上就是一連串弔詭與矛盾,既是特定歷史事件的當事人,也是日治時代原住民集體命運的符號。所以,戴先生藉由這些人物與事件的光影,投射在殖民統治的大幕上,讓世人同悲共憤,試圖在對立面凝聚起反殖民的民族主義大旗。

　　然而,日本帝國的殖民事業何等龐大精巧細緻,戴先生念茲在茲

的「少數民族」問題，除了浮突於歷史表層的衝突、戰爭、對立及由此帶來的血與淚外，還有更爲潛沉的龐鉅板塊，無聲的挪移著整個世代、整支族群，直到多少年後的今天，仍在發揮效力。對筆者來說，追索這些板塊的型塑、性質與動能，是釐清台灣原住民史在斷裂與連續之間如何糾葛的重要路徑之一，而這篇文章選擇的角度則是空間型塑與身分歸屬、族群意識的關係。[1]

　　筆者的關心是殖民者基於統治而進行的調查、地圖繪製、知識建構，及相關的制度性措施，尤其是空間型塑與族群形成——如分布、領域、族群性與認同等——的關係，對被殖民者的影響爲何？而這篇文章的書寫，則是以「地圖」做爲媒介，試對「蕃地」的建構——即清代以來廣闊無垠的「後山／界外番地」，如何在日治時代具體化、行政區化，而形成界線清楚、制度分明的「蕃地／山地鄉／特別行政區」之過程做一考察，並以賽夏族「傳統領域」的確立爲案例，討論空間型塑的結果，如何反饋、影響原住民的空間認知。

二、廣闊無垠的「界外番地」

　　對入殖台灣的漢人來說，台灣的地形特徵雖對東西往來造成阻隔，但山地住民的文化特性、領域守禦與對外來者的排拒，則是加劇通過困難的人文因素。因此，自清代伊始，漢人拓墾行動集中於西部地區，雖是地理上的必然，但對淺山到綿延羅列的群山僅能遙望，而在平原與山地之間隱然形成一條難以跨越的界線，則是族群文化與空間結構交相影響的結果。清廷無力也沒有意願克服島嶼空間分隔爲一的趨勢，反而藉由土牛、界碑與深溝等人工設施，將這條斷續、隱形的界線全面串連並實體化，形成「界內／版圖／熟番」、「界外／番地

---

[1] 此一研究取徑，請參考 Benedict　Anderson, "Chap10. Census, Map, Museum." *Imagined Communities*.(London: Verso: 1983〔1998〕), pp.163~185. 吳叡人中譯，〈第 10 章·人口調查、地圖、博物館〉,《想像的共同體：民族主義的起源與散布》，台北：時報出版公司，1999 年，頁 183~207。Thongchai Winichakul , *Siam Mapped : a History of the Geo-body of a Nation.* (Honolulu : University of Hawaii Press;1994)

／生番」的基本區別，在族群政策上強化了空間的二元化、原住民的
分殊化。此時，所謂的「界外」，大致以中央山地一線以東的廣大地
域視之（見圖 1、2、3）；而「後山」的指稱，承載了「前山」對島
嶼另一半的諸多想像。[2]

圖 1　康熙末期的分界線

圖 2　乾隆中葉的土牛紅線與藍線

圖 3　清乾隆中葉地圖上的土牛線

---

[2] 「後山」概念的形成、內涵及其承載的想像，可參閱康培德的研究，〈清代「後山」地理
　空間的論述與想像〉，《台大文史哲學報》61（2004 年），頁 299～318。

　　19 世紀初嘉慶朝有關統治空間的大事，是將原屬界外的東北角蘭陽平原收入版圖，設置了噶瑪蘭廳。此後，直到牡丹社事件發生，日軍藉機登島，清廷在國際談判中遭遇近代國家領域觀的衝擊，才產生翻天覆地的變化。當時，清廷為因應日本人對台灣疆域提出的挑戰（見圖 4），終於廢除封山政策，先在恆春設縣，繼而分從北中南三個面向，開鑿多條東西聯絡道，期望在一定時限內勤撫中央山地住民，移民充實東部邊防，解決政令不及的困境，這就是所謂的「開山撫番」政策。[3]

　　當時開通的道路雖大多難以維持，短期即告廢棄；但清軍趁時進入今花東兩縣的東部地區，花蓮平原、花東縱谷、台東平原等處的原住民村落，依然受到重大衝擊，加禮宛、大港口等事件的爆發，就是著名的案例。夏獻綸的「後山輿圖說略」，即反映國家力量進入東部初期，歸化「番社」的種類、數量與大致的分布（見圖5）；[4] 光緒十四年（1888）台東直隸州的設置、五鄉的分劃，則是「後山」逐漸行

圖 4　日方提出的清國版圖界域

圖 5　光緒五年夏獻綸的「後山輿圖說略」

[3]　施添福，〈開山與築路：晚清台灣東西部越嶺道路的歷史地理考察〉，《師大地理研究報告》30（1999 年），頁 65～99。

[4]　夏獻綸，《台灣輿圖》，文叢 45，台北：台銀經研室，1959 年。

政區域化的關鍵。[5] 自此之後，土牛界外的無限空白，性質開始轉變；廣義含糊的界外、番地，有朝中央山地縮減的趨勢，但仍未有明確的分劃。

19 世紀末，開山撫番政策的施行、台東直隸州的成立，儘管在制度上解放了「界外番地」的封鎖性，但通過「中央山地／生番領域」的自然與人文限制仍然存在。東部平原地區的變化已經發生，劉銘傳的清賦事業亦針對東部拓墾的土地予以清丈、測量，繪製《台東直隸州丈量八筐冊》（簡稱《魚鱗圖冊》），[6] 說明東部地區版圖化的具體結

果。然而，缺乏如西部的土牛界／番界的實線，清廷在東部的統治框架，其地理分割究竟如何，成為令人好奇的問題。在基層行政空間史料不足的前提下，「台東直隸州全圖」（見圖 6、7）圖面上臚列的地名、街庄、村社、城池、溪流山嶺與軍事設施，固然指陳了直隸州內部的空間關係，但原本廣闊無垠的「界外番地」如何再度二元化──分殊成狹義的「番地」與一般行政區，則雖有實質的發展，卻缺乏明確的界定。

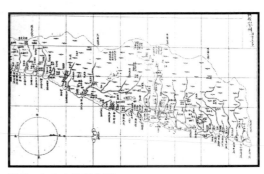

圖 6　台東直隸州全圖

圖 7　台東直隸州局部圖

---

[5]　胡傳，《台東州采訪冊》，文叢 81，台北：台銀經研室，1960 年。
[6]　《台東直隸州丈量八筐冊》是清末劉銘傳清賦事業中，現存已知最完整的全州魚鱗圖冊，共 16 本，藏於國家圖書館台灣分館台灣資料室。

我們只能看到，地圖上的中央山地，資訊仍屬一片空白，那是清朝武力無法征服亦無從了解的空間；地圖的留白，正反映真實世界的統治形勢及清代官民對山地人群的知識空無。

三、日治時代的「蕃地」建構

雖然如此，一個具有強大統治技能的新興殖民帝國，在時代的浪潮下行將接管台灣，武力征服、知識探索、測量技術的交相結合與應用，中央山地這塊台灣原住民的最後淨土終將顯影。以下即是這一空間型塑過程的回顧與討論。

（一）蕃地空間的領域化

日治初期，台灣總督府設立臨時台灣土地調查局，針對西部的普通行政區進行土地調查，以釐清土地權利、區分土地的等則與地目，明瞭土地的形態；這些調查資料，很快就製作成地籍清冊（土地台帳），繪製地籍圖，並整合為「台灣堡圖」等。[7]

從「理蕃」的角度來看，土地調查事業中，「台灣堡圖」可視性與精準度均高的調查繪製，及明治三十九年（1906）後的正式出版、公開發行，不僅呈現普通行政區內的行政區界，最具體的影響則是與普通行政區相鄰的蕃地界線因此得以確立。「非蕃地」與「蕃地」的區隔，從此可以在地圖上清楚明白的標示。[8] 而如果將視野調到鳥瞰的高度，一個界線明確的新「蕃地」已能完整浮現了（見圖8）。

圖8　台灣堡圖地域範圍

---

[7] 施添福，《蘭陽平原的傳統聚落——理論架構與基本資料（上、下冊）》，宜蘭文獻叢刊12，宜蘭：宜蘭縣立文化中心，1996年，頁16、50～58。

[8] 李文良，〈帝國的山林——日治時期台灣山林政策史研究〉，國立台灣大學歷史學研究所博士論文，2001年，頁130。

　　雖然趨勢如此，由於局部的細節尚處於變動狀態，「蕃地」應如何界定，還在隘勇線推進或原住民出草等因素中討論不休。1903 年（明治 36 年），總督府對轄有「蕃地」的廳屬發布如下通知：「所謂蕃地，向來在形式上跟普通行政區域並非明確區分，亦非以隘勇線內外做為境界。因此，不必以有無蕃人出草危險做為分界。要之，依據居住蕃界附近本島人向來慣稱為蕃地者，做為區分標準，最為得當。」[9]亦即以約定俗成的模糊標準，做為日後調整邊界的彈性。相較於此，一旦從蕃地劃出、確立為普通行政區，即為不再曖昧的具體空間。如「北番」（泰雅族）的活動範圍——宜蘭南澳山地，在隘勇線強力推進下逐漸納入行政區；1911 年（明治 44）5 月，在完成林野調查、確定蕃社空間後，台東廳、花蓮港廳的阿美族村社全數編入普通行政區等。[10]即便不然，沿山警備線的設置，也足以區分平地與蕃地。[11]所謂的「蕃地」，在西部地區因土地調查的實施、台灣堡圖的繪製，已經明確化；而在東部地區，則經此一番過程，亦逐漸領域分明，形成一塊閉鎖的空間。蕃地不僅是形容詞，描述一種狀態，且亦承載相關的一套法令據以管理，獲取林木資源。

（二）知識探索與治安控制

　　蕃地邊界雖然定著了，但控制蕃地的工程才要展開。為了配合五年理蕃計畫的實施，山地調查與地圖繪製也加緊推進，以達成領航討

---

[9] 內山一，〈蕃地の定義如何？〉，《台灣慣習記事》5.2（1905 年），頁 37～38。

[10] 相關研究，可參閱：林素珍，〈日治時期阿美族的保甲制度〉，發表於中研院台史所籌備處主辦、東台灣研究會協辦之「國家與東台灣區域發展史研討會」，2001 年 12 月 13～14 日。孟祥瀚，〈日據初期東台灣的部落改造——以成廣澳阿美族為例〉，《興大歷史學報》13（2002 年），頁 99～129。

[11] 如 1914 年 8 月，總督府利用鎮壓討伐「太魯閣番」所剩經費，實施「南番」銃器押收，而爆發布農人大舉出草事件。為防堵布農人下山離谷，總督府於 1915 年 11 月北自廳界，南至北絲鬮左岸，沿山麓架設長達 12 里的複式電流鐵條網做為警備線，此即劃分平地、蕃地的明確界線。相關討論，參見施添福，〈地域社會與警察官空間：以日治時代關山地方為例〉，東台灣鄉土文化學術研討會主題演講，國立台東師範學院承辦，2000 年 10 月 6～7 日。

伐的任務。[12]小島麗逸對總督府的山地地形測量工作與結果做了初步的整理（見表 1），並指出起迄時間約在 1908 至 1915 年之間，都在「理蕃」五年計畫展開期間，由此可以看出官方調查的用意。[13]

表 1　山地地形圖製作進展[14]

時間	測量面積*	地圖名	比例尺	資料來源
1908	660,000	—	—	第二編，頁 648
1909	2,440,000	北蕃圖	20 萬分之一	第三編，頁 14
1910	3,681,000	溪頭蕃附近圖	5 萬分之一	第三編，頁 269
		邁巴來社方面圖	5 萬分之一	
		南蕃圖	20 萬分之一	
		內灣溪上游方面圖	5 萬分之一	
		內灣溪上游方面圖	2 萬分之一	
		大南澳方面圖	5 萬分之一	
		蘇澳方面圖	5 萬分之一	
		叭哩沙方面圖	5 萬分之一	
		高岡蕃附近圖	5 萬分之一	
		同修訂圖	5 萬分之一	
		三角峰附近圖	5 萬分之一	
1911	2,111,700	北蕃圖	10 萬分之一	
		北蕃圖	2 萬分之一	
		北蕃圖（英文）	50 萬分之一	

[12] 小島麗逸，〈日本帝國主義的台灣山地支配——到霧社蜂起事件爲止〉，收錄於戴國煇編，《台灣霧社蜂起事件研究與資料》上冊，台北：遠流出版公司，2002 年，頁 76～83。
[13] 1908 年之前製成的地圖有「內灣蘇澳間蕃地的五萬分之一預察圖」（1903 年）、「八十萬分之一番族分布圖」（1904 年）、「一百二十萬分之一番族分布圖」（1906 年）；轉引自小島麗逸，〈日本帝國主義的台灣山地支配——到霧社蜂起事件爲止〉，頁 78。
[14] 此表格以《理蕃誌稿》資料製作，轉引自小島麗逸，〈日本帝國主義的山地支配——到霧社蜂起事件爲止〉，頁 79～80。

		南蕃圖（英文）	50 萬分之一	
		台灣全島圖（英文）	180 萬分之一	
		蕃地地形圖（91 張）	5 萬分之一	
		洗水山、鳥嘴山、拜巴拉、布泰社附近、李崠山附近圖	5 萬分之一	
		各地隘勇線前進所需的雜圖等（198 張）	―	
1912	284,000	李崠山方面圖	5 萬分之一	第三編，頁 345
		蕃族分布圖	50 萬分之一	
		台灣全崎圖	50 萬分之一	
1913	無明確記載	40 萬、50 萬、90 萬分之 1 各蕃地圖	―	第三編，頁 478
		5 萬分之一蕃地地形圖	―	
1914	950,000	為肅清太魯閣、南澳兩地，並阿緱與台東方面動亂所需地圖 （47 張）	―	第三編，頁 544
		太魯閣方面	15 萬分之一	
		同前，印成三色的 5 萬分之一各蕃地形圖（18 面）	―	
1916	―	「台灣全圖」	30 萬分之一	第四編，頁 177

＊1 方日里＝16 平方公里

　　1912 年「台灣蕃族分布圖」出版（見圖 9），時間點在第二次五年「理蕃」計畫實施後。[15]該圖分爲兩個部分，右圖呈現的是當時對

---

[15] 佐久間左馬太總督的「理蕃」五年計畫前後共有兩次，第一次始於 1907 年，但中途挫敗；第二次始於 1910 年。請參見藤井志津枝，《理蕃：日本治理台灣的計策》，台北：文英堂，1997 年，頁 228。

台灣各原住民族的分類——泰雅族、賽夏族、布農族、鄒族、澤里仙族（魯凱族）、排灣族、卑南族、阿美族及雅美族，及其大致的空間分布。左圖則依「各族／分布區」對總督府的歸順程度所繪製：深綠地區為全歸順，淡綠地區為半歸順；淡紅地區為傾向歸順，深紅地區則為未歸順。我們由當中看到台灣山地分布最廣的兩支民族——北泰雅、南布農，內部的順服度相當不一致，呈現與外界接觸度反比的狀態。而花東已劃入普通行政區的平原地區，則以淡藍色表示其上住民（阿美族）已經開始負擔租稅。[16]

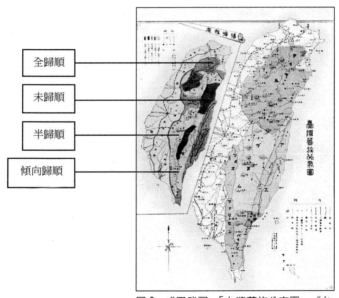

圖 9　成田武司，「台灣蕃族分布圖」，《台灣生蕃種族寫真帖》，1912 年

　　武力征討需要資訊詳細的地形圖，也不能忽略原住民各族的分布狀態、村落所在；只是，地形測繪與原住民社會知識的調查，又必須

---

[16] 本文圖 9、10，皆引自：魏德文、高傳棋、林春吟、黃清琦，《測量台灣：日治時期繪製台灣相關地圖，1895～1945》，台南、台北：國立台灣歷史博物館、南天書局，2008 年，頁 124、128。

仰賴武力的展現與控制區域的擴大。兩者相輔相成,「蕃情」的掌握、「蕃地」的控制,咸畢其功於日治初期的領域化過程。

(三)「蕃地」、「蕃人」的二元分途

在「蕃地」從廣義到狹義的領域化過程中,台灣東部的普通行政區愈益明確——特別是近山地界與「蕃地」的劃清,得能建制帝國的基層行政空間。然而,不同於西部「界內/熟番、界外/生番」的分野,日治時代的東部「界內行政區」除了近代移入的西部「熟蕃」後裔、福廣漢民外,還包含甚多原屬「生蕃」分類的在地原住民——阿美族、卑南族。

換句話說,在清代原屬「界外番地/生番」身分的原住民,在日治時代「蕃地」朝中央山地領域化後,部分「生蕃」亦伴隨居住地的編入普通行政區,而與「熟」、「福」、「廣」一起成爲普通行政區的成員。亦即,「蕃地」不再是界定「生蕃」的唯一條件,或者說「生蕃」的所在超越了「蕃地」(特別行政區)的空間界線。這些住居於普通行政區、卻維持「生蕃」類屬與身分的人群,即與蕃地內的「生蕃」——無論是否同屬一族,分別進入不同的管理機制(圖10)。

圖 10 台北帝大言語學研究室,「台灣高砂族言語分布圖」,《原語による台灣高砂族傳說集》,1935 年

針對於此,台灣西部或東部又有差別,如賽夏族在南庄事件(1902年)後,有部分「蕃地」劃入普通行政區,族人的戶籍身分因此由「生」轉「熟」;1904 年,恆春地區經土地調查及業主權查定後,原屬「蕃地」的豬勝束社、貓仔社、龍鑾社、龜仔角社、射麻里社、大社、蚊蟀社、吧龜角社等斯卡羅社地,全部劃入普通行政區,族人身分也由

「生」轉「熟」，適用「熟蕃」的管理措施。[17]相對之下，東部納入普通行政區的原住民，卻還是「生蕃」身分，只是另設「番社役場」，自行一套不同於「漢人／熟蕃」街庄行政的「蕃社行政」；當然，這套管理措施，亦不同於以警察駐在所為據點的「蕃地行政」。而這樣的分野，又成為日後「山地山胞」、「平地山胞」分類的源頭。

四、戰後的空間繼承——「原住民地區」的溯源

戰後（1945 年）前來台灣接收的行政長官公署，承襲台灣總督府漢人、原住民分治的政策精神，由警察機關接收「蕃地」的原住民事務，而已編入普通行政區的原住民事務，則由各州廳委員會接收。[18]1946 年，長官公署將遼闊的山地依地理環境、轄屬縣編組成 30 個山地鄉（含蘭嶼鄉），成立鄉公所等機關，以納入民政部門，做為地方自治單位；[19] 1948 年，訂定《台灣省各縣山地保留地管理辦法》，做為管理、使用依據。[20]綜觀這個過程，可見日治時代的「蕃地」雖然改名設鄉，但當時型塑出來的空間仍為新政府沿用，且在性質上亦標舉「山地行政」，以與平地區別。昔日的「蕃地」住民——「生蕃」，在歷經「高砂族」、「高山族」的指稱後，藉由屬地特性而定著為「山地同胞」，簡稱「山胞」，進而成為專屬稱呼。歸結而言，日治時代的「蕃地／生蕃」，在戰後初期轉型而為「山地鄉／山地同胞（山胞）」。

---

[17] 周玉翎，〈台灣南端尾閭恆春的族群與歷史（1867～1904）〉，國立台灣大學歷史學研究所碩士論文，1999 年。

[18] 台灣省行政長官公署民政處編，《台灣民政》，台北：台灣省行政長官公署民政處，1946年。

[19] 這 30 個山地鄉，分別是：台北縣烏來鄉，桃園縣角板鄉（1954 年改為復興鄉），新竹縣尖石鄉、五峰鄉，苗栗縣泰安鄉，台中縣和平鄉，南投縣仁愛鄉、信義鄉，嘉義縣吳鳳鄉（後改為阿里山鄉），高雄縣瑪雅鄉（1957 年改為三民鄉）、雅你鄉（1957 年改為桃源鄉）、多納鄉（1957 年改為茂林鄉），屏東縣霧台鄉、三地鄉（現改為三地門鄉）、瑪家鄉、泰武鄉、來義鄉、春日鄉、獅子鄉、牡丹鄉，花蓮縣秀林鄉、萬里鄉（1957 年改為萬榮鄉）、卓溪鄉，台東縣延平鄉、海端鄉、金山鄉（現改為金峰鄉）、達仁鄉、蘭嶼鄉，宜蘭縣太平鄉（1958 年改為大同鄉）、南澳鄉。參見：台灣省文獻委員會編，《重修台灣省通志》〈卷七政治志行政篇〉，南投：台灣省文獻委員會，1996 年，頁 933～936。

[20] 張松，《台灣山地行政要論》，台北：正中書局，1953 年；洪泉湖，〈台灣地區「山胞保留地」政策之探討〉，《山海文化雙月刊》3（1994 年），頁 20～32。

　　至於日治時代住有「生蕃」的普通行政區，則分劃爲 25 個平地鄉鎮市；[21]並在遵循「生蕃」、「高砂族」、「高山族」到「山胞」的路徑後，形成「平地山胞」的專稱，山地鄉的「山胞」遂進一步成了「山地山胞」。[22]總結而言，日治時代的「非蕃地／生蕃」，在戰後初期則轉型爲「平地鄉鎮市／平地山胞」。

　　綜上所述，我們可以看出：戰後以來，某些原住民族雖同屬一族，卻分化爲「山地山胞／原住民」、「平地山胞／原住民」兩種身分，其源頭即可回溯到日治時代「蕃地」的分化與管理上的雙軌制。而此一制度性的二元化，只要稍一對照「蕃族分布圖」與「蕃地領域圖」，即可一目瞭然了。

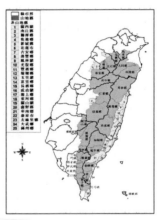

圖 11　台灣「原住民地區」的行政區劃（自繪）

　　2002 年，行政院原民會將 30 個「山地鄉」、25 個「平地原住民鄉鎮市」一併擬具爲「原住民地區」，並呈請行政院同意後，做爲施行依據（請見表 2、圖 11）。[23]從歷史的脈絡看來，21 世紀台灣政府界定的「原住民地區」，雖呈現原住民族的傳統領域，卻不能反映今日原住民的真實分布（如都市原住民的付諸闕如）；而在空間性質、身分規範上，則無法掙脫

---

[21] 新竹縣關西鎮，苗栗縣南庄鄉、獅潭鄉，南投縣魚池鄉，屏東縣滿州鄉，花蓮縣花蓮市、吉安鄉、新城鄉、壽豐鄉、鳳林鎮、光復鄉、豐濱鄉、瑞穗鄉、玉里鎮、富里鄉，台東縣台東市、大武鄉、太麻里鄉、卑南鄉、關山鎮、池上鄉、東河鄉、鹿野鄉、成功鎮、長濱鄉。

[22] 詳細討論，請參照下列二文：詹素娟，〈族群意識與地方史──以台灣「原住民地區」的志書編纂爲例〉，收於國史館台灣文獻館主編，《方志學理論與戰後方志纂修實務國際學術研討會文集》，南投：國史館台灣文獻館，2008 年，頁 351～367；〈從「山胞」到「民族」──台灣原住民族身分認定政策與族群意識變遷之討論（1945～1997）〉，發表於中央研究院近代史研究所主辦，冷戰時期海峽兩岸的社會與文化學術研討會，2008 年 6 月 5～6 日。

[23] 可參照原民會「台（91）原民企第 9101402 號函」、行政院「台疆字第 0910017300 號函」，引用自原民會網頁 http://www.apc.gov.tw/chinese/laws/law_detail.jsp?lm_num=127。

上世紀日本殖民統治時期的框架，凸顯了不同政權與世代之間，制度性的延續與限制。

表 2　台灣原住民族分布的行政區別[*]

族別	山地行政區	普通行政區
泰雅族	台北縣烏來鄉，宜蘭縣大同鄉、南澳鄉，桃園縣復興鄉，新竹縣尖石鄉、五峰鄉，苗栗縣泰安鄉，台中縣和平鄉	新竹縣關西鎮，苗栗縣南庄鄉
太魯閣族[**]	花蓮縣秀林鄉、萬榮鄉、卓溪鄉	—
賽德克族[***]	花蓮縣秀林鄉、萬榮鄉、卓溪鄉，南投縣仁愛鄉	—
賽夏族	新竹縣五峰鄉	苗栗縣南庄鄉、獅潭鄉
布農族	南投縣仁愛鄉、信義鄉，高雄縣那瑪夏鄉、桃源鄉、茂林鄉，台東縣延平鄉、海端鄉，花蓮縣萬榮鄉、卓溪鄉	台東縣長濱鄉，花蓮縣瑞穗鄉
鄒族	南投縣信義鄉，嘉義縣阿里山鄉，高雄縣那瑪夏鄉、桃源鄉	—
排灣族	高雄縣那瑪夏鄉、桃源鄉、茂林鄉，屏東縣三地門鄉、瑪家鄉、泰武鄉、來義鄉、春日鄉、獅子鄉、牡丹鄉，台東縣達仁鄉、金峰鄉	屏東縣滿州鄉，台東縣台東市、大武鄉、太麻里鄉、卑南鄉，來河鄉
魯凱族	屏東縣霧台鄉、三地門鄉、瑪家鄉，高雄縣茂林鄉，台東縣金峰鄉	台東縣卑南鄉
阿美族[****]	屏東縣牡丹鄉	花蓮縣花蓮市、吉安鄉、新城鄉、壽豐鄉、鳳林鎮、光復鄉、豐濱鄉、

		瑞穗鄉、玉里鎮、富里鄉，台東縣台東市、太麻里鄉、卑南鄉、鹿野鄉、關山鎮、池上鄉、東河鄉、成功鎮、長濱鄉，屏東縣滿州鄉
雅美族	台東縣蘭嶼鄉	―
邵族*****	―	南投縣魚池鄉
卑南族	―	台東縣台東市、卑南鄉、太麻里鄉、成功鎮
噶瑪蘭族	―	花蓮縣新城鄉、花蓮市、豐濱鄉，台東縣長濱鄉
撒奇萊雅族	―	花蓮縣花蓮市、新城鄉、壽豐鄉、豐濱鄉、瑞穗鄉等

* 原住民族之分類與命名，歷來隨不同之標準而有多種方式，此處係以官方認定為準，呈現的是 2008 年的最新現況。

** 太魯閣族，原歸屬於泰雅族，2004 年 1 月正名成功，成為台灣第 12 支原住民族。

*** 賽德克族，原歸屬於泰雅族，2008 年 4 月 23 日正名成功，成為台灣第 14 支原住民族。

**** 阿美族人口多，分布廣，達 19 個鄉鎮市。2002 年 12 月 25 日，噶瑪蘭族從阿美族分出，成為台灣第 11 支原住民族；2007 年 1 月 17 日，撒奇萊雅族亦從阿美族分出，成為台灣第 13 支原住民族。目前，阿美族人口仍有 16 萬 9 千多人（2007 年 6 月數據），為台灣原住民族中人數最多者。

***** 邵族，原歸類於鄒族，2001 年 8 月正名成功，成為台灣第 10 支原住民族。

五、原住民族傳統領域的固定化

　　前文以清代、日治到戰後表述「中央山地／番地」的地圖做為切入點，藉由「界外番地」從曖昧含糊、無限廣大，到界線分明、領域確立的空間變遷，討論殖民統治對台灣原住民族分布認知與身分特性的影響。在全地域的鳥瞰後，我們對全台「蕃族分布圖」的形成與內涵不免感到好奇，這些各族領域如何得以描繪？如果這就是今日原住民族「傳統領域」的源頭，則其內涵是反映原住民對祖先、族人活動

空間的認知？還是當時調查者的空間建構？

　　事實上，台灣原住民族[24]都有遷徙歷史與口碑傳說，他們在 20
世紀初的分布，就是長期移動的結果；如果台灣不曾遭遇任何外來勢
力或政權的侵入與統治，或許還有後續的變化。但，清代的土牛界將
「生番」屏擋於「界外番地」，斷絕了進出平原的路徑；但他們仍在
遼闊的山地自由行走，群體之間亦能相互認知我群、他群的勢力範
圍。這樣的領域感有其流動性，主要存在於原住民的知識體系中，[25]並
以某些外顯特徵爲外人所認知。然而到了日治時代，基於各種理由遂
行的調查與地圖繪製，配合相應的制度性治理措施，導致原住民族的
地理流動逐漸凝結；除了集團移住式的政策性變動外，儘管仍有小型
移動，卻總體趨向於定著。這種色塊狀的空間認知與描繪，當時的日
人稱爲「傳統領域」；時至今天，此一領域的存在與邊界，進而又成
爲凝聚族群意識的空間基礎，未來甚至可能成爲民族自治的版圖，再
度驗證後殖民時期的台灣社會，如何在殖民時期的知識建構與制度催
化中受到反饋作用的影響。此處，將以賽夏族傳統領域的型塑過程爲
例，對前項問題做一討論。

　　今天，我們翻開任何一本介紹賽夏族的專書，無論是賽夏族人的
撰述還是漢族學者的研究開場，一定是如此描述賽夏族的分布。

　　賽夏族的分布主要包括三大區域：（一）新竹頭前溪上游上坪溪
流域，即今新竹縣五峰鄉大隘村、花園等地；（二）苗栗中港溪上游
大東河、南河流域，今苗栗縣南庄鄉東河村、南江村、東村、西村、
蓬萊村等地；（三）苗栗後龍溪上游獅潭川（又稱紙湖溪）流域，今
苗栗縣獅潭鄉百壽村、永興村等地。前者爲所謂的「北賽夏」所在，
後二者則爲「南賽夏」分布地。[26]

---

[24] 此處主要指清代到日治時代的「生番」、「生蕃」，即今日官定原住民各族的祖先。
[25] 馬淵東一即將此種知識體系分從「生活圈」、「見聞圈」、「傳說圈」做爲三種識別的層次。
　　參見：馬淵東一，〈山地高砂　地理的知識　社會、政治組織〉，原刊於《民族學年報》
　　3（1941 年），後收於《馬淵東一著作集》第 1 卷，東京：社会思想社，1974 年，頁 237
　　～283。
[26] 雖然這塊「淺山地區」近百年已發生巨大變化，其內部的聚落混居有多數客家人及人數

　　對應這類文字描述，或承載這個描述背後的許多細節，則是 1917 年出版的《蕃族慣習調查報告書〔第三卷〕：賽夏族》中的一張領域略圖。

　　然而，人類學家謝世忠對這張「賽夏族領域略圖」（1917 年）卻發出如下喟歎：「本圖企圖以圈圍的線條固定賽夏族的領域。所謂的『領域』應如何界定，事實上有不同的判定方式。圖中所謂的『領域』，顯然係把大隘和在東河、向天湖的群體視為一個單元來加以畫定」；[27] 似乎「東河、向天湖的群體」才是「真正的賽夏」，而新竹縣五峰鄉大隘、苗栗獅潭鄉百壽村與永興村的異質性，並無法在這樣的領域圖中呈現出來。地理學者施雅軒則從另一角度質疑：「賽夏族人的生活領域自古即有，但它如何被之前的政權具體化，才過渡到現在？」[28]這個具體化的過程如何，就讓我們來檢視一下吧。

六、賽夏族「傳統領域」的型塑

　　在日治初以「賽夏族」指稱這群居住在新苗地區淺山地帶的原住民之前，清代的官府與民間是以「合番」這種集稱來描述他們，如「今竹塹堡五指山一帶及竹南堡獅裏興一帶之番，俗稱合番子」、「五指山前之合番子各社」或「合番子者，在（新竹）縣東南一路竹塹堡五指山一帶各社，延其竹南堡獅裏興一帶各社」。[29]

　　這種理解雖亦提出了大致的地理區塊，卻很難看出實質的分布。清代輿圖如「台灣內山番社地輿全圖」曾試圖將鄰近地區的「番社」描繪出來，一些日後在歷史中扮演過重要角色的人名如日阿拐，也已

　　較少的泰雅族、閩南人等，也有半數以上賽夏族人遷移到外縣市居住。參見胡家瑜、林欣宜，〈南庄地區開發與賽夏族群邊界問題的再檢視〉，《台大文史哲學報》59（2003 年），頁 196；林修澈《台灣原住民史・賽夏族史篇》，南投：台灣省文獻委員會，2000 年，頁 308。

[27] 謝世忠，《台灣原住民影像民族史・賽夏族篇》，台北：南天書局，2002 年。
[28] 施雅軒、朱芳慧，〈賽夏區域的建構歷程〉，收於林修澈主編，《賽夏學概論：論文選集》，苗栗：苗栗縣文化局，2006 年，頁 458。
[29] 陳朝龍著、林文龍點校，《合校足本新竹縣采訪冊・十卷》，南投：台灣省文獻委員會，1999 年，頁 99、402。

在圖中出現。但這些社在山水畫式的地圖中，實在無法判斷地理方向
或具體位置（見圖 12）。

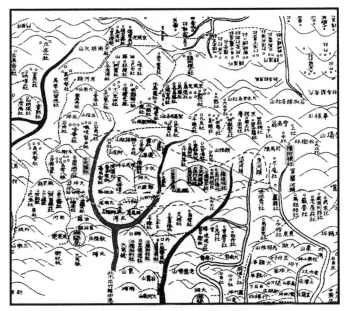

圖 12　1887 年台灣內山番社地輿全圖
（圖中標示灰底記號者，為可以確定的賽夏族「番社」）

　　最早對賽夏族分布空間予以詳盡調查並界定的，是台灣總督府民
政局殖產部西田又二（1897 年）、柳本通義（1897 年）的兩筆調查資
料。

　　西田又二以「庄社／土目」為單位，一一描述各庄社的地形與四
至，如人束河獅頭驛張有淮社「東以南北縱走的加禮山脈盡處為限，
與高買草為界；西及南接鄰絲大尾社；北部隔以山腹、山路是藩大龍
社；另一部隔大東河，連接樟阿斗社」，[30] 使「社」的有效空間得以具

---

[30] 西田又二，〈新竹縣南庄地方林況〉，收於台灣總督府民政局殖產部編，《台灣總督府民
　　政局殖產部報文》，東京市：台灣總督府民政局殖產部，1897 年，頁 320；中譯轉引自
　　廖彥琦，《賽夏族的社》，國立政治大學民族學系碩士論文，2009 年，頁 11。

體化、領域化。

　　柳本通義則以南庄撫墾署爲基準，將它轄境內的五個大「蕃社」（聯興庄〔南獅里興〕、獅里興〔北〕、五份八後、獅頭驛、大東河）連結爲地理上的塊狀空間，並賦予這一場域異於泰雅族、漢人的獨特屬性。他說：「這些村社夾在番地與土民村莊之間，村社聯結爲一共同地域，而在內山的生蕃與土民的聚落間形成區隔、屏障的地位。亦即，聯興社東接鹿場，南扣馬凹，西扼獅潭；獅里興社東南制鹿場；獅頭驛社東方與鹿場口相對；大東河社南扣鹿場、東鄰西熬社；五份八後社東隔加禮山脈與西熬相對。故，即使是任何一個小生蕃社，也未曾與土民村落直接相連。」[31]

　　這塊南庄撫墾署爲了解樟腦產業而調查、描繪的連結空間，大致指涉大坪溪流域、大東河流域及南河（小東河）流域；由於地理上介於生番、土民之間而形成明確的範圍與界線，也因不屬於泰雅、土民而確立了自己的族群性，可說是最原初的賽夏傳統領域，只是此時還沒有「賽夏」這一族稱的指出。

　　南庄事件（1902 年）後，當地村社的分合、廢立極爲頻繁；[32]再加上部分番地劃入普通行政區，某些族人戶籍身分由「生」轉「熟」的變化，1902 年前的空間認知已經改變，新的領域概念在 1917 年發展成形。

　　根據表 3，我們看到在 1917 年以原住民社會文化知識爲主旨的民族誌資料中，種族名稱（さいせっと族）已經確立，並且以地理上的流域空間、pasta'ay 的祭團所屬、攻守同盟的敵我關係等，形成以橫屏背山、鵝公髻山稜線爲界的南、北賽夏兩部。而當我們將此刻的領域圖對比於 1897 年時，則發現已經從昔日的範圍（大坪溪流域、

[31] 柳本通義，〈柳本技師往新竹、台中兩縣轄內出差覆命書〔V0419\A004〕〉，引自王學新，《日據時期竹苗地區原住民史料彙編與研究》，南投：國史館台灣文獻館，2003 年，頁 1187。
[32] 小島由道等著、中研院民族所編譯，《番族慣習調查報告書〔第三卷〕：賽夏族》，台北：中研院民族所，1998 年，頁 132。

大東河流域、南河〔小東河〕流域），擴及上坪溪流域、紙湖溪流域。
換言之，1917 年敲板定案的 11 社，與 1897 年等時期（1898、1900
年）的社相較，顯然多出比來、十八兒、崩山下、馬陵、坑頭五社；
而這五社的加入，則是 1917 年「賽夏傳統領域」得以擴大的關鍵（見
圖 13、14）。[33]

表 3　賽夏族傳統領域的確立（1917 年）[34]

種族	流域		自稱	社名	部落（混居情形）	主要姓氏
北	頭前溪	上坪溪流域	Say kirapaL	比來社（pi:lay）	（與泰雅族混居）	高、豆
				十八兒社（Sipazi:）	（與泰雅族混居）	朱、豆
		大坪溪流域	Say rawaS	大隘社（Say ae:hoer）	加里山（'isa'sa）	朱、錢、夏
					四十二份（baboLsan）	豆、錢、夏、蟬、狸
					藤坪（'ilmok）	錢、夏
					一百端（rakeS）	豆、朱、夏、高
					姨蓁坪（ray'in）	錢
南	中港溪	大東河流域	Say walo' 或 Say papelangaw	大東河社（Say walo）	ṣiwazay	高
					'a'owi'	樟
				橫屏背社	'amisi'、	樟、潘

---

[33] 11 社中的橫屏背社，也在大東河流域，1897 年調查時包含在獅頭驛大社下；亦即 1917 年的大隘、大東河、橫屏背、獅頭驛、南獅里興、北獅里興六社，約等同於 1897 年的五大社（聯興庄〔南獅里興〕、獅里興〔北〕、五份八後、獅頭驛、大東河）。

[34] 小島由道等著、中研院民族所編譯，《番族慣習調查報告書〔第三卷〕：賽夏族》，1998年。

			（Say ray 'amisi'）	morok	樟、根
			獅頭驛社 （Say garawan）	garawan	高、風
				raromowan	高、九芎
				wazwaz	朱、蟹
	南河（小東河）流域	Say ray'in	南獅里興社 （Say bahi:an）	bahi:an、 pangasan	高、根 日
			北獅里興社 （Say ririyan）		蟹、絲
後壠溪	紙湖溪流域	Say sawi'	崩山下 （ペンサンハ）	（與漢人混居）	
			馬陵（マリン）	（與漢人混居）	
			坑頭（ハンテウ）	（與漢人混居）	

圖 13　1897 年建構的賽夏族傳統領域（黑色粗線部分）
資料來源：小島由道等著、中研院民族所編譯，《番族慣習調查報告書〔第三卷〕：賽夏族》，1998 年

圖 14　1917 年建構的賽夏族傳統領域（黑色虛線部分）
資料來源：小島由道等著、中研院民族所編譯，《番族慣習調查報告書〔第三卷〕：賽夏族》，1998 年

　　相較於 1897 年以五大社為準的「領域」，1917 年的「賽夏領域」，
則是將與泰雅族混居的上坪溪流域比來、十八兒二社，及與漢人混居
的紙湖溪流域合蕃社群一併含括進來；前者是日後研究者視為賽夏族
主體的所在，但連結後者才是今日通稱的賽夏族傳統領域。換言之，
今日包括外界及族人共同認知的「賽夏族傳統領域」，係確立於 1917
年。我們且必須體認，這一經由學術調查、地圖繪製及知識體系建構
所產生的「傳統領域」，一方面藉由制度性的「蕃社戶口」分類、登
記與行政管理措施不斷強化，另一方面也透過文本的描述、印刷與流
傳，回過頭來影響族人的空間認知。而在經歷了各種力量交相扭轉的
歷史過程後，成為承載凝聚賽夏族意識的空間基礎。

　　筆者在這裡不敢隨意「舉一反三」，以賽夏族案例擴大解釋其他
原住民族的相關情形。但邊界明確的「賽夏傳統領域」，確實是拼組
「蕃族分布圖」的碎片之一；而歷史源頭原本反映「蕃族分布」的「蕃
地」領域，因地形（山地或平地）差異造成的統治難度區分，進而制
度化分殊為「特別行政區」、「普通行政區」的雙軌統治，則又促使原
住民身分的二元化（山地原住民、平地原住民），影響及於今天。

七、結語

　　本文以具有時間脈絡的地圖對照，從空間角度切入，考察外來者
對原住民領域的調查、描繪、知識建構與制度性措施的歷史過程，此
特別集中在台灣東部如何從廣闊無垠的「後山／界外番地」具體化、
行政區化，形成界線清楚、制度分明的「蕃地／山地鄉／特別行政區」
過程的考察。再者，藉由 1897、1917 年賽夏族的領域變化比較，指
出空間型塑的結果，如何反饋、影響原住民的空間認知，而成為承載
原住民認同意識的「容器」。

講評

郭俊麟[*]

　　誠如詹素娟教授在文中所言，戴國煇先生有關於台灣原住民的作品充分展現了當時原住民社會在時代巨輪中被輾壓與操弄的歷史，藉由這些人物的光與影，血與淚，在這對立的過程中凝聚起反殖民的民族主義精神。然而在紀念戴先生作品對原住民歷史的關切與貢獻之際，詹素娟教授嘗試以此文揭開日本時代對於這塊土地精密調查，乃至於以殖民國家力量滲透至台灣山地的過程中，如何將原住民生活的傳統領域空間，建構爲界線清楚、制度分明的「蕃地／特別行政區／山地鄉」。本文更進一步以賽夏族的傳統領域的建構與變化過程爲例，說明殖民政府與調查者所建構的空間知識如何反饋並影響原住民的空間認知，進而成爲承載原住民意識的空間基礎。本文章將縝密的將蕃地的探索與原住民傳統領域建構議題扣連在一起，認爲原住民傳統領域的歷史源頭爲反映「蕃族分布」的「蕃地」領域，且因地形差異造成統治難度的差異，進而制度化分殊爲「特別行政區」與「普通行政區」的雙軌統治，這也是今日原住民身分二元化（山地原住民、平地原住民）的主要原因。

　　本篇文章結構清楚條理分明，不論是在蕃地的研究方法，或原住民傳統領域建構的討論，都非常具有啓發性，也提供了後學進一步延伸探究的學術研究框架。具體來說，本文有以下的重要意義：

　　一、以跨越清領、日治、戰後的長歷史縱深來探索蕃地以及原住民傳統領域的建構過程，提供了精采的時空脈絡分析：

---

[*] 國立東華大學台灣文化學系助理教授。

　　1.在時間軸線上利用清末到日治描繪蕃地的地圖來探索蕃地領域與固著化的過程。時間點上掌握了牡丹社事件，對清末台灣番地經營與開山撫番的歷史關鍵點，特別是引用 1880 年的夏獻綸〈台灣輿圖〉，及 1888 年〈台東直隸州地圖〉，從空間的觀點闡釋了地圖卷軸中的後山／界外番地。接著以日本殖民統治後的 1904 年的〈台灣堡圖〉與總督府檔案文件，說明了日本時代強大的國家機器與測量技術所建構出來的「蕃地」圖像以及戰後的制度傳承。

　　2.在空間上則聚焦在苗栗地區賽夏族傳統領域源頭的探討，借由史料的考察與辯證，討論日本時代的調查者對於原住民傳統領域的建構過程，以及這樣的建構如何反饋、影響原住民的空間認知，提供今日我們思考原住民傳統領域議題的歷史觀點與具體的研究方法論。

　　二、以賽夏族傳統領域建構的個案，從學術調查史料的考察及制度性、歷史性的反饋，闡釋各種作用力量交相扭轉下傳統領域的空間意識基礎：

　　1.原住民傳統領域調查在過去幾年是廣受不同領域關注的議題，許多研究者乃至於官方委託之調查，應用了 GPS（全球衛星定位系統）與 GIS（地理資訊系統）等新工具／方法論，進行了廣泛的普查。這些成果在原住民土地知識的數位化上雖然有个錯的成果，但卻也凸顯了一些有待處理的議題。特別是不同部族傳統領域的時間縱深差異與部落遷移下，導致不同原住民族或各部族（亞群）間傳統領域重疊的問題。

　　2.詹教授以賽夏族傳統領域建構個案的論述，提供了一個相當具有說服力的解釋源頭。雖然她也謙虛的說不敢隨意「舉一反三」，以賽夏族案例去擴大解釋其他原住民族相關情形，但此分析脈絡的確提供了我們建構其他原住民傳統領域框架，拼組「蕃族分布圖」的重要思考方向。

　　最後，關於本篇文章後續可深入研究的方向，筆者僅從自己較擅長的「歷史 GIS」的面向，提供詹教授及與會學者們一些參考與建議：

　　一、可補充 1887 年〈台灣內山番社地輿全圖〉與 1880 年〈台灣輿圖〉對照比較，運用 GIS 將其轉譯爲現代地圖，呈現更清晰的清末番社空間圖像。

　　1.雖然蕃社領域、蕃地空間的固著與動態變化，必須進入日治階段才能有比較清楚的空間輪廓。在清末的番地政策下，除了修築撫番道路、社置輔墾局等，更進行了長達十年（1875〜1885）的開山撫番「戰爭」，番界其實已名存實亡。

　　2.1895 年日本領台後，接收了昔日清代設置在各地輔墾局以級分局的資料，將 1887 年輔墾局招撫當時所掌握的台灣山區蕃社（部落）複製，將原〈台灣內山番社地輿全圖〉改爲〈台灣蕃地圖〉，這是最早將台灣原住民「番社」幾乎全部標示出來的蕃地地圖，說明了招撫的番社數量（806 社名、丁口 148,479 人）、位置、年代，也利用點、線說明了官方輔墾單位與社之相對距離。

　　3.儘管這張圖仍是以中國山水畫法式的地圖，若能將之與台灣歷史博物館今年所出版利用 GIS 轉繪 1880 年夏獻綸〈台灣輿圖〉的現代轉譯圖對照比較，可更清楚掌握清末番社的歷史空間圖像，提供中央山脈深山地帶以外原住民傳統領域探索的可能資訊。

　　二、可再加入「隘線」的空間探索、結合 GIS、田野調查的地圖重建，可更清晰的掌握蕃界線變動與原住民逐步失去傳統領域掌握權的動態變化。

　　1.清末開山撫番的措施中，藉由撫墾、撫番與開路等方式進入山區，一次一次的變更漢人與原住民的界線（番界），具體的表現在「隘線」的推進，藉此改變屯墾區與包容的範圍。而日治以降，官方更是透過「隘勇線推進」方式迅速進入山區，討伐原住民，取得土地控制權。此時的隘線已不僅是「包圍」的方式，更像一把利刃，直接切割了原住民的傳統領域。

　　2.1907 至 1916 年台灣總督府蕃務本署／警察本署所調繪的五萬分之一〈蕃地地形圖〉，同時也記錄了國家力量進入台灣中央山脈蕃

地的過程，除了考察地圖內的有關「隘線」的空間資訊，另可將每張圖幅製版的時間序列與地理空間對應，可做為解析日人深入蕃地的時空邏輯之參考。

　　3.有關「隘線」的考察與繪製，可參考政大民族所鄭安晞的相關研究論文，其使用方法論有別於傳統的史學方法，應用了大量的舊地圖、歷史地理學與民族學的觀點，並實地上山進行田野勘查，將考察成果以 GIS 重新轉繪在地圖上。

　　三、利用 GIS 整合日治大字／蕃社統計單元與統計數據（蕃社戶口），重現蕃地內特別行政區與普通行政區的動態演變，可做為日治中期以降原住民傳統領域演變的重要參考。

　　1.1920 年台灣最大規模的地方行政改正後建立了明確的大字／蕃社統計單元，中央山脈山區的蕃社也被明確的畫出各蕃社（相當於大字）的空間界線，以紅字轉繪在蕃地地形圖上。以花蓮港廳為例，在 1920 當時的蕃界線內就劃分了 129 個蕃社社域。

　　2.1911 年起出版的蕃社戶口統計，提供了原住民族群、部落的歷年人口數據，也制度化的區分了蕃地內的特別行政區與普通行政區，同時也歷時性的呈現部分區域由特別行政區轉為普通行政區的動態變化。

　　3.若能進一步結合集團移住政策下的蕃社除名、改正、人口統計的空間資訊，可更具體的論述原住民傳統領域消失，乃至於戰後原住民人口分布的歷史過程。

台灣意識與台灣主體性
論戴國煇的「自我認同」

◎王曉波[*]

　　戴國煇教授（1931～2001）是以台灣史名世的學者，其主要的研究領域是台灣近現代史，是他與他上一代人的台灣歷史。所以，他不但是這段歷史的研究者，並且也是這一段歷史的參與者。這段歷史，對戴國煇而言，除了是他研究的客體外，也是他主體的內省和反思。從這個角度而言，戴教授不但是一個史學家，而且也是一個思想家。

　　自內省出發，首先要問的是「我是誰？」而產生「自我認同」的問題，確立了「我是誰」，才能確立「我」的「主體性」，有「我」的「主體性」，而有屬於「我」的意識和思想。除了「我是誰」外，進而還可以問「我們是誰」；故除了「自我認同」外，還有「我群認同」。並且，在不同的時空下，身分角色的不同，而有不同的「我們」。

一、主體、客體和意識的意義

　　戴國煇談到「認同」時說：

> 社會科學領域裡的「認同」概念是 Erikson 所提起的。「認同」二字有它正負兩面的意義。若當名詞來用則其意義類似於「自我同定」的。而 Erikson 的 identity 的內涵是辯證的、是動態的、是歷史連續的、是環境及社會變動所制約的，甚至包括人性心靈從幼年到老年人心靈變動的總合性過程。所以在心理學上而言，可稱

[*] 中國文化大學哲學系教授。

之為人的自我同定；在社會學上可稱為人的自我存在證明；在哲
學上則可稱為人的主體性。

但由於這個概念所包含的歷史連續性以及人格同定性，它便不止
於停留在自我之上，這主要的「自我」會隨著時間及空間逐漸成
長、擴大，而個人參與社會組織或社團也會隨著時間和空間逐漸
開展。在這種過程當中，「自我」將會慢慢地形成、獲得某種概
念與意識，而會跟另外一個社會或世界所逐漸形成的概念與意識
相互對比，而為自己找尋出角色定位。「自我」便慢慢會向一個
團體的價值認同，逐漸地建立自我的主體。[1]

「主體」在哲學上，當有本體論、認識論和價值論的三種意義。
在本體論中當指某種特性、狀態和作用的承擔者，其可以是物質性
的，也可以是非物質性的。亞里斯多德在《範疇篇》中說：「第一實
體之所以最正當的被稱為第一實體，是因為它們乃是其他所有東西的
基礎和主體。」費爾巴哈也曾說：「存在是主體，思維是賓詞。」馬
克思則言：「物質是一切變化的主體。」費爾巴哈和馬克思的「主體」
顯然是指物質性的。

在認識論中「主體」（subject）是指認識作用者的「我」，相對被
認識者為「客體」（object，或譯為「對象」）。《管子・心術上》云：「知，
彼也；其所以知，此也。」《荀子・解蔽》說：「凡以知，人之性也；
可以知，物之理也。」《墨子・經說上》謂：「知也者，所以知也而必
知，若明。……知也者，以其知遇物而能貌之，若見。」「此」、「人
之性」、「所以知」均屬主體；「彼」、「物之理」、「物」均屬客體。客
體又可分為「自然客體」、「社會客體」和「精神客體」。

笛卡爾從懷疑出發，懷疑一切感官感覺認識的真實性，卻發現懷
疑（思維）本身是不能懷疑的，而言「我思故我在」。然培根卻認為

[1] 戴國煇，〈台灣客家的認同問題〉，《戴國煇文集》第4冊，台北：遠流出版公司・南天書局，2002年，頁220。

必須超越主體的局限性才能認識真實的世界,而要破除「四大幻象」,
包括「洞穴幻象」。康德提出「先驗主體」,認爲「綜合是主體自我能
動性的活動」是形成對客體知識的條件;客體的本身爲「物自體」,
而認爲「物自體是不可知的」。但主體認識的客體又是什麼呢?

　　所以,我們認爲,「客體」與「客觀」不同,「主體」也與「主觀」
有別。「客體」、「主體」是指其存在言,「客觀」、「主觀」是指其認識
的判斷言。「客觀」也者,是指主體根據客體來判斷客體;「主觀」是
指主體不根據客體來判斷客體,只是主體的臆測或想定。故一切的知
識判斷都是屬於主體的,包括客觀和主觀;而沒有任何的知識判斷可
以是恰如客體「物自體」的。因受主體的局限,故客觀的知識判斷不
必然爲真,而只是比主觀的判斷來得「可靠」而已。

　　爲了追求「可靠」的認識判斷,《論語・子罕》云:「子絕四:毋
意,毋必,毋固,毋我。」《老子・第十六章》說:「致虛極,守靜篤。
萬物並作,吾以觀其復。」這都是力求去除主觀,而追求客觀。但無
論如何的客觀,認識判斷仍是屬於主體的;主體是可以超越的,但不
論如何超越,除非真能「墮肢體,黜聰明,離形去知。」(《莊子・大
宗師》)否則,人的客觀認識仍然要受到主體的局限,只能在不斷超
越的過程中,逐漸認識客體的真實。

　　除了認識判斷具有主體性外,價值判斷或道德實踐也是具有主體
性的。亞里斯多德的「善」是目的論的,他曾有言:「任何一技藝與
任何一探究,或任何一行爲與任何一選擇,乃是爲了企圖獲得某種
善,因此,善可界定爲一切事物所企圖獲著的目標。」《孟子・盡心
下》云:「可欲之謂善。」「可欲」當然是人的主體「所企圖獲著的目
標」。價值判斷或道德判斷必須是目的論的,目的屬於主體。不同主
體有不同目的,不同目的就會有不同的價值判斷。

　　不同主體、不同目的和不同價值判斷之間當是存在著矛盾的,但
是,矛盾之間不但可以有「異中有同,同中有異」,並且,還有排斥
性矛盾和相容性矛盾的不同。「萬物並育而不相害,道並行而不相悖」

（《禮記‧中庸》）是相容性矛盾；「冰炭不同器而久，寒暑不兼時而
至」（《韓非子‧顯學》）是排斥性矛盾。

　　「意識」一辭來自西方，英文作 consciousness，拉丁文爲
conscientia，均源自希臘文 syneidesis。在哲學史上，柏拉圖認爲，意
識起源於靈魂，屬於理念界，先於形體而有，並是能支配形體能動的
本源。但古希臘哲學家也有人認爲，靈魂不是先於物質而存在的理
念，而是空氣或火構成的。原子論派的德謨克利特，不但認爲靈魂是
精緻的圓形原子所構成，並言「若不是有形相來接觸，就沒有人能有
感覺和思想。」「感覺和思想」就是意識，是屬於主體所有；「形相」
則屬客體。

　　18 世紀後，歐洲哲學受到科學的影響，認爲大腦是思維的器官，
之所以具有思維能力，是和大腦結構有關。到了費爾巴哈，不僅提出
意識產生的生理基礎，並還觸及到產生意識的社會根源。馬克思也
說：「意識一開始就是社會的產物。」

　　中國古代哲學家表達「意識」的用語，有「靈魂」、「精神」、「意
志」、「心」等。《管子‧內業》言：「凡人之生，天出其精，地出其形；
合此以爲人，合乃生，不合不生。」「精」、「形」都是「氣」。這是說，
人乃是由精氣構成的靈魂和形氣構成的形體所合成的。《孟子‧公孫
丑上》說：「夫志，氣之帥也；氣，體之充也。」這是說「志」可以
支配構成形體的「氣」。但《荀子‧天論》卻說：「形具而神生。」這
是說，有了形體才能產生靈魂、意識的「神」。

　　做爲一個社會人，已不是白紙一張的空白主體，人的意識除了生
理的主體外，還必有其社會實踐所造成的因素。孔子就說過：「性相
近也，習相遠也。」（《論語‧陽貨》）墨子也說：「染於蒼則蒼，染於
黃則黃。」（《墨子‧所染》）由於「習」、「染」的社會實踐不同，而
有不同的主體

　　意識當是主體反映客體。相同的主體反映不同的客體而有不同的
意識，不同的主體反映相同的客體也會產生不同的意識。

二、日據下的台灣人與台灣意識

　　台灣自鄭成功、陳永華「開科舉，設學校」以來，在文化上是為海上中華，與中土無異。有所謂「台灣意識」也只是「中國意識」中的地方意識而已。

　　至 1895 年《馬關條約》割台後，造成兩岸民族的分裂，台灣漢民族淪為日本殖民統治，是為大陸漢民族之所無；且大陸的中國政府仍然存在，又是台灣漢民族之所無。因此，台灣漢民族產生了二重認同的矛盾，一是在政治上，有祖國（中國）認同與母國（日本）認同的矛盾；一是在文化上，有中華文化與日本文化認同的矛盾。這二種認同的矛盾並不發生在大陸漢民族。反映這二種認同矛盾的台灣意識，於是而有異於大陸漢民族的中國意識。但這種台灣意識之不同於中國意識並不是排斥性矛盾，而只是由原來的台灣意識包括在中國意識中，變成了中國意識包含在台灣意識中而已。因為日本殖民統治雖改變了台灣漢民族客觀的政治環境，但卻未能同時改變台灣人之為漢民族的主體事實。台灣漢民族對中國的政治認同和文化認同必然由於漢民族的主體而反映在台灣意識中，也之所以如此，才會有台灣意識中認同的矛盾。

　　又由於，雖日本殖民統治口口聲聲稱「一視同仁」，但實際上貫穿殖民統治 50 年都是「民族差別待遇」，更刺激了台灣人的民族意識。所以，總督府《警察沿革誌》在其《台灣社會運動史》的序說中稱：

　　關於本島人的民族意識問題，關鍵在其屬於漢民族系統。漢民族向來以五千年的傳統民族文化為榮，民族意識牢不可拔。屬於此一漢民族系統的本島人，雖已改隸四十餘年，至今風俗、習慣、語言、信仰等各方面卻仍沿襲舊貌；由此可見，其不輕易拋除漢民族意識。且其故鄉福建、廣東二省又和本島只有一衣帶水之隔，雙方交通頻繁，且本島人又視之為父祖塋墳所在，深具思念

之情，故其以支那為祖國的情感難於拂拭，乃是不爭之事實。自改隸後，我等遵奉聖意針對此一事實訂定統治方針，對這些新附民眾一視同仁平等對待，使其沐浴於浩大皇恩。歷代當局，皆依本旨，致力於化育。在我統治之下，本島人享有恩澤其實極大，然仍有一些本島人，蔑視曲解此一事實，頻頻發出不滿之聲，以至引起許多不祥事件。此實為本島社會運動勃興之原因。依此檢討，則除歸咎其固陋之民族意識外，別無原因；但這亦顯示在本島社會運動的考察上，民族意識問題格外重要。[2]

除了當年總督府警察廳的調查外，參與日據下「台灣社會運動」，發起「台灣議會設置請願運動」的林獻堂，在 1946 年率「台灣光復致敬團」前往南京晉見蔣介石委員長，亦發表談話說：「應知台胞在過去五十年中，不斷向日本帝國主義鬥爭，壯烈犧牲，前仆後繼，所為何來？簡言之，為民族主義也。」[3]

雖然漢民族意識或民族主義是日據下台灣人所普遍具有的台灣意識，但對台灣未來之主張或運動策略則各有不同。當時，黃玉齋即將武裝抗日後的台灣非武裝抗日運動（即「台灣社會運動」）分為六派。

一是「台灣獨立派」，其主張為，祖國無力顧及台灣，唯目前應爭取台民自治，未來或可成為中國的一部分。二是「台灣光復派」；三是「台灣民選議會派」，主張在日本殖民體制內求台灣內政之自治；四是「台灣文化協會派」；五是「無政府主義派」；六是「社會主義派」。[4]

台灣總督府《警察沿革法》則對「台灣議會設置請願運動」的幹部做過如下的調查報告：

---

[2] 台灣總督府警察廳，《台灣社會運動史》（王乃信等譯），第 1 冊，台北：海峽學術出版社，2006 年，頁 2～3。
[3] 葉榮鐘，《林獻堂先生年譜》，台北：林獻堂先生紀念集編纂委員會，1960 年，頁 80。
[4] 漢人（黃玉齋），《台灣革命史》，台北：新民書局，1925 年，頁 90～96。

其中一種是對支那的將來抱持很大的囑望。以為支那不久將恢復國情，同時雄飛於世界，必定能夠收回台灣。基於這種見解，堅持在這時刻到來以前不可失去民族的特性，培養實力以待此一時期之來臨。因此民族意識很強烈，常時追慕支那，開口就以強調支那四千年文化鼓勵民族的自負心，動輒撥弄反日言辭，行動常有過激之虞。相對的，另外一種是對支那的將來沒有多大的期待，重視本島人的獨立生存，認為即使復歸於支那若遇較今日為烈的苛政將無所得。因此，不排斥日本，以台灣是台灣人的台灣為目標，只專心圖謀增進本島人的利益和幸福。然而，即使是這些人也只是對支那現狀失望以至於懷抱如此思想，他日如見支那隆盛，不難想像必將回復如同前者的見解。前者的代表人物是蔣渭水、蔡惠如、王敏川等，而屬於後者的是以蔡培火、林呈祿為主。林獻堂、林幼春以下其他幹部的旗幟雖然不很鮮明，但是大勢似有逐漸傾向後者的趨勢。至於幹部以外的運動者，其思想甚為紛紜不一致，有夢想著本島獨立復歸支那的，也有抱持主義的傾向，主張反對現在的國家體制、社會組織本身。也有只希望本島自治者，也有某種感情論者，一時難以道盡。但是，究其根底就是不樂意受日本的統治，至少在實質上欲脫離日本的羈絆，這一點都是相同的。這一群人相結合，宛然成為對於總督政治的反抗團體。斷定這就是台灣議會設置請願運動者，也非過言。

觀察一般島民對本運動所持有的感想及態度，可以看出，不論贊成的也好，反對的也好，兩者一樣視此運動為一個民族運動，視為針對現時總督政治的反抗運動，這是實際情形。換言之，贊成這個運動的多數人是被民族自決思想所驅使，至少願望本島自治，更進一步希望獨立，期待復歸支那，要求社會改造等，則和運動者的情形一樣。再者，目前反對這個運動的人卻認為，這種反抗運動就日本現狀來看，無論如何也不會被容納，反而會引來政府及內地人的反感，並非增進本島人利益、幸福之途。一旦本

運動被政府所認可而得以實行時，則不難想像反對者的大半都會
變成贊成者。[5]

　　黃玉齋說明「台灣獨立派」時云：「這派發達很早，如本書前面
所講的，說他是『台灣獨立派』亦可；說他是『台灣光復派』也無不
可！我們所謂台灣人，個個都是中國人。總而言之，所謂『獨立派』
捨去極端自主外，都是要做中國的一省呀！最近極端獨立派的論調是
說：『現在中國內受軍閥橫行，外受列強壓迫，幾乎自身不能顧了，
焉能及我們台灣呢』！他們的結論還是：現在應該台民治台民，將來
還是要做中國的一部分！」[6]
　　至於《警察沿革誌》所說：「至少願望本島自治，更進一步希望
獨立，期待復歸支那。」正是李友邦在 1940 年發表〈台灣要獨立，
也要歸返中國〉一文中所說的，「什麼是台灣獨立呢？台灣的獨立是
在國家關係上，脫離外族（日本）的統治，是對現在正統治著台灣的
統治者而言。做為被壓迫於日本帝國主義者之下的台灣民族，他是要
向其統治者鬥爭，以爭取能夠自己處理自己，自己決定自己的前途的
權利，被鎖緊地壓迫在日本帝國主義的鐵蹄下的台灣民眾，迫切的需
要的是這個。」「但『回唐山去啊！』從前是，現在也還是台灣五百
萬民眾的口頭禪，『唐山』指的就是中國，要回歸中國的熱情，除了
少數喪心病狂的做日本帝國主義的走狗敗類外，這已成為台灣民眾的
要求，所以台灣要歸返中國。」[7]
　　雖然，日據下的《台灣警察沿革誌》和抗日運動的台灣人都強調
著台灣人的民族意識和認同，但李友邦也透露了，台灣人中也有「少
數喪心病狂的做日本帝國主義的走狗敗類」。光復後，蔡培火也說：

[5] 同註 2，第 2 冊，頁 14～15。
[6] 同註 4，頁 90。
[7] 李友邦，〈台灣要獨立，也要歸返中國〉，《台灣先鋒》第 1 期，1940 年 4 月 15 日出版，
頁 8，1991 年世界翻譯社再刊。

　　所謂御用派就是對自己的民族文化與力量失了信心，而死心塌地順服異民族日本政府的台灣人，毋庸說就是與日本政府一樣，主張同化于日本。但是有一批對自己的民族文化與力量還抱著自信心的人，雖然表面上不敢公然主張自治，採取行動而反對同化，但是心理上卻是已經相當清楚。[8]

　　蔡培火又把後者分為「祖國派」和「台灣派」二種，前者是寄希望於祖國大陸，後者是堅持在島內獨立奮鬥。[9]其實蔡培火所指的這兩派，就是《警察沿革誌》所指的蔣渭水一派與林獻堂一派的不同。

　　若我們深入日據下台灣政治經濟社會結構中去做考察和分析，當可將日據時期的台灣人分成四個主要的階級或類別。

　　第一類是傳統的地主階級，他們的生活資料來自地租。日本殖民台灣雖然引進了現代的資本主義，但是為了減低台灣地主的反抗，卻仍然維持了傳統的佃租制度，以籠絡台灣地主。

　　中國社會的地主階級，除了在地方上武斷鄉曲外，透過科舉還參與中央政權，參與統治的。由於和中央政權有一定的聯繫，地方官吏對一些地方豪門的地主也不能不敬重三分，正是「唯與士大夫治天下」的「士大夫」。平時「耕讀傳家」，一旦「衣錦榮歸」，正是「達則兼善天下，窮則獨善其身」。

　　但在日本殖民地統治下，台灣地主雖仍維持著土地的特權地位，甚至被籠絡為區長、保正之類的職位，但是，台灣地主完全失去晉身中央政權和參與統治的政治管道，甚至要看日本警察的臉色過日子。

　　除了政治的權力被剝奪外，地主階級「耕讀傳家」，在文化上也都是社會的知識分子，所謂「讀書人」，但是，自日本殖民地統治一開始，在文化上，台灣的地主階級立刻變成了「文盲」，成了「失語的一代」，還必須重新學習日本的「國語」。此外，還嚴厲禁止台灣人

---

[8] 蔡培火，〈灌園先生與我之間〉，《林獻堂先生追思錄》，頁2。
[9] 同註8。

的言論機構和政治結社。台灣地主在文化上連意見表達的權力,也被剝奪了,蔡培火在《告日本國民書》中,就特別強調了台灣知識分子失去語文的痛苦。

雖然,日本人允許引進的現代資本主義企業的股份讓台灣地主參加,以示籠絡,但卻又不許台灣人自主的經營現代資本主義企業,不准成立台灣人經營的公司(株式會社)。迫使台灣地主的土地資本無法轉變爲現代資本主義的企業資本。

「不平則鳴」,台灣地主有「不平」,「不平」當然會反映到台灣地主階級的意識中。不過,地主階級家大業大,雖「不平則鳴」,但「鳴」亦只能適可而止。當時台灣地主階級的領導當以林獻堂爲首。林獻堂是師承梁啓超路線的。

第二類是傳統的農民階級,他們的生活資料來自出賣自己農業生產的體力勞動,在佃租制度下的中國農民是最被剝削、最被壓榨的階級。自董仲舒起即言「富者田連仟佰,貧無立錐之地」,歷代改革都是土地問題。《水滸傳》的社會背景亦是「夏日炎炎似火燒,野田禾苗半枯焦,農夫心內如湯煮,公子王孫把扇搖」。宋朝土匪王小波更是打出「分田地,均貧富」的口號。歷代王朝也多傾覆於農民起義的怒火。台灣農民也有朱一貴、林爽文的傳統,個別的抗租運動更是從未斷絕。

再者,20 世紀的共產主義革命,並沒有像馬克思預言的,在資本主義發達國家中爆發無產階級革命,反而是在資本主義不發達的俄國發生了「十月革命」,俄國革命的口號「土地、麵包、自由」,是農民階級革命的屬性,毛澤東的革命也是農民革命的性質。社會主義竟與農民的平均主義相結合。

在佃租制度壓迫下的台灣農民,再加上殖民統治的掠奪,台灣農民的困苦益加沉重,再加上新引進的資本主義對農民的壓榨。「那裡有壓迫,那裡就有反抗」,從 1895 年,到 1902 年,甚至到 1915 年「噍吧哖事件」台灣早期的義勇軍武裝抗日,簡大獅、柯鐵虎、林少貓、

余清芳均不失爲傳統中國農民起義抗暴的性質。

　　1920 年代，台灣留學生把社會主義思潮帶進島內，落實到台灣的社會實踐上，也是與農民運動相結合，而於 1928 年，在上海成立了台灣共產黨。

　　第三類是日本引進現代資本主義所產生的自主的小資產階級，他們的生活資料來自出賣知識、技術、服務的報酬。日本爲了引進的資本主義企業，日本不能不在教育上培養一批具有現代知識的台灣人職工，教育做爲殖民統治體系的一環，也不能不培養一批台灣人教師，這些現代知識分子的經濟生活多依附在日本企業和統治機器裡，但是也產了一些自主經濟生活的知識分子和小市民階級，如律師、醫生、貿易商人，和各行業的小市民、工人。他們是依賴著自己的知識、技能和勞力生活的一群。

　　他們有相當的現代知識和技能，但是，在殖民統治的民族差別待遇下，他們也沒有發展的前途，也沒有政治的保障，他們是激進的民族主義者，以蔣渭水爲首，師承孫中山路線。

　　第四類是協助日本殖民統治的「御用派」或「皇民化階級」，他們的生活資料來自殖民當局恩賜的特權或薪給。任何的殖民統治總是要有被殖民民族的協力，才有便於殖民統治，亦即「以台治台」。這些人包括早年協助征台的功勞者，和依附殖民統治權力結構的一些「警察補」、「刑事補」和保正之類，以及後來皇民化運動時期的一些遭受奴化思想的無知青年和台籍日本兵。

　　這一類的台灣人是認同大日本帝國和大和民族文化的台灣人，上焉者以辜顯榮爲首，因協助日軍征台，消滅台灣抗日義勇軍，而享有各種特權的犒賞，如鴉片、鹽、糖等專賣權，做爲「以台治台」的樣板，還貴爲日本貴族院議員。中焉者，任日本爪牙，「警察補」、「刑事補」，橫行鄉里，魚肉鄉民，作威作福，而遭台人稱之爲「三腳仔」。下焉者，經「皇民煉成」的「昭和赤子」，被愚民化成爲日本侵略中國和南洋各地的台籍日本兵，體味皇軍「獵女犯」的「優越感」，做

為侵略戰爭的共犯結構而不自知，甚至做為日本軍國主義的砲灰而至死不悟。

這一類的台灣人雖在日據時期自稱「有力者」，但無論如何不是台灣人口的多數，大多數的台灣人還是廣大的被殖民統治壓迫和剝削的台灣人民。

雖然，日據下的台灣也有「御用派」或「皇民化階級」，但由於台灣人的民族意識和反抗，終日本統治 50 年，並不能獲得日本殖民當局的信任。1944 年 4 月，安藤利吉在台北召集日本人有力人士講話說：

> 領台五十年，如今歷代總督政治之考核表將明顯浮現檯面。換言之，若其統治真正把握民心時，即使敵軍登陸使全島戰場化，台灣同胞應會協助我皇軍奮力粉碎登陸部隊，這才是真正的皇民化。但反之，萬一台灣同胞與敵軍登陸部隊相呼應，從背後攻擊我皇軍，則事態甚為嚴重，而且，依我所見，我無足夠之勇氣與自信絕對信賴台灣同胞。亦即，歷代總督政治之考核表究竟以何等形態出現，我願與諸君一起關注深入注意加以妥善處理。[10]

三、「御用派」和皇民化運動

台灣總督府警察沿革誌的《台灣社會運動史》所界定的時期是從 1913 年至 1936 年。1936 年，適小林躋造擔任台灣總督，並於 1939 年說明其施政為皇民化、工業化和南進基地的三大政策。[11]皇民化政策包括廢止漢文私塾、報紙的漢文版和公學校的漢文課程，唯保留漢文詩社，及允許台人自辦的《台灣新民報》漢文版延至 1937 年 5 月

---

[10] 向山寬夫著、楊鴻儒等譯，《日本統治下的台灣民族運動》，台北：福祿壽興業股份有限公司出版，1999 年，頁 1452～1453。
[11] 葉榮鐘，《日據下台灣大事年表》，台中：晨星出版公司，2000 年，頁 350。

31 日。

　　1937 年，「七七事變」爆發，台灣軍司令部發表強硬聲明，並對台民發出警告，禁止所謂「非國民言動」。7 月 15 日，下令解散僅存的林獻堂的「台灣地方自治聯盟」。8 月 15 日，台灣軍司令宣布進入「戰時體制」。9 月 10 日，設置「國民精神總動員本部」，開始強徵台灣青年前往大陸戰場充當軍伕。9 月 18 日公布《軍需工業動員法》。接著又公布《移出米管理案要綱》、《防空法台灣施行令》、《中日事變特別稅令》、《台灣農業義勇隊招募要綱》、《國民徵用令》等。[12]

　　1940 年 2 月 11 日，公布台灣戶口規則修改，規定台民改日本姓名辦法。[13]由於台民不踴躍，到 1944 年 1 月 24 日，再公布簡化《本島人改換日本姓氏手續辦法》。[14]

　　在「珍珠港事變」前夕，1941 年 1 月 19 日公佈《家庭防空群組要綱》。4 月 19 日在總督長川谷和台灣軍司令本間雅晴的主持下成立「皇民奉公會」。1943 年 4 月底，在西川滿的主導下，將「台灣文藝家協會」改組為「台灣文學奉公會」，大力鼓吹「皇民文學」。[15]

　　至 1944 年 1 月 20 日又公布《皇民煉成所規則》，全島共設 3,522 個「煉成所」，以短期集訓的方式訓練未經學校教育訓練的民眾，直至日本投降，一共召集了成年男性 86,751 人，女性 90,775 人。[16]

　　由於戰爭兵源缺乏，除了軍伕外，1942 年 4 月 1 日起，日本在台實施陸軍特別志願兵制度；1943 年 5 月 21 日起，又實施海軍特別志願兵制度；1944 年 8 月起，才實施台籍民徵兵制度，同時實施徵兵身體檢查，受檢者共 45,726 人，大部分均入營服役。[17]

　　但是直到 1945 年 4 月 1 日，「小磯內閣提出外地同胞政治處遇改

---

[12] 同註 11，頁 340～342。
[13] 同註 11，頁 354。
[14] 王曉波，〈「皇民化」的歷史與真相〉，《台灣意識的歷史考察》，台北：海峽學術出版社，2001 年，頁 280。
[15] 同註 14，頁 280～281。
[16] 同註 14，頁 280～281。
[17] 同註 11，頁 366，372，380。

善案，在太平洋戰爭結束後以限制選舉賦予 5 名台灣人、18 名朝鮮人的議員名額，向眾議院提出眾議院議員選舉法修正案獲得通過，天皇頒布台灣人與朝鮮人參與國政的詔書。」並在 4 月 3 日，敕選林獻堂、簡朗山、許丙為貴族院議員。[18]

有了這項「選舉法修正案」的通過，台灣人和朝鮮人才在法律上取得和日本人一般的政治地位。但是，太平洋戰爭結束之時，就是日本投降之日。1945 年 8 月 15 日日本投降之後，台灣再也沒有機會實施和日本人一般政治地位的選舉了。終日本殖民統治 50 年，台灣人在法律上從來沒有享有過和日本人一樣的政治地位，所以，日本當局口口聲聲所說的「一視同仁」，只是從來不存在的謊言。

1945 年 8 月 6 日和 9 日，美軍分別在廣島和長崎投下原子彈，8 月 15 日，日本投降。

8 月 16 日，就有日本駐台軍謀少佐中宮悟郎及牧澤義夫，與日貴族院議員許丙、簡朗山及總督府評議員辜振甫、林熊祥及徐坤泉到台北市末廣町木材會館密謀「台灣自治」，拒絕台灣光復。據光復後的起訴書云：「民國 34 年 8 月 15 日日本聲明無條件投降，台灣依《波茨坦宣言》，應歸還我國，該被告等仍不願歸附祖國，乃與日本駐台參謀少佐中宮悟郎及牧澤義夫，擬訂台灣自治委員會草案，共同陰謀破壞國體，竊據國土，使台灣獨立，且擅自攫取自委會之重要地位，同月 22 日由被告許丙、簡朗山、辜振甫、林熊祥等聯袂晉見台灣總督安藤利吉，冀求予以支持，因遭安藤利吉拒絕不果。」[19]

辜振甫後來歸順國民黨，其弟辜寬敏則在日本組織「台灣青年獨立連盟」，自任委員長，蔣經國時期返台，現為民進黨大老。

1936 年，台灣還有林獻堂的「祖國事件」。所以，台灣意識與中國意識的排斥性矛盾之成為主流，當起自「祖國事件」或「七七事變」之後，也就是小林躋造就任台灣總督之後，而延續到戰後。

---

[18] 同註 10，頁 1848。
[19] 王曉波，〈台灣獨立運動與辜振甫〉，《台灣意識的歷史考察》，頁 254。

此後，王育德在《苦悶的台灣》中說：

日語的使用並非僅止於語言的問題。語言是表情達意的手段，學習量達到某一程度，就會引起質變，還會規定思考方式和世界觀。當然，語言背後的文化體系的優劣對這一點發揮極大的作用。不知道這是幸運或不幸，台灣人由於日語和日本文化而從封建社會蛻變到現代社會，因此日語似乎可以說給台灣人帶來相當大的質變。

當時已經有許多台灣的知識分子，在日本國內和台灣島內，處於跟日本人幾乎無法區別的狀態下，和日本人並肩活躍。前往中國和滿洲、南洋打天下的台灣人，被當地人視為日本人，體味到優越感。[20]

1993 年 12 月 10 日，由「台灣教授協會」領銜，數十個「本土社團」連署，共同發表白皮書《兩國兩制，和平共存——台灣人民對台灣與中國關係的基本主張》中亦稱：

日本政府有效統治台灣達半個世紀之久，對台灣的影響至為深遠，它提供了台灣歷史上第一個全島性的、有效率的行政系統，對古老的迷信代之以比較現代的教育，切斷與中國的大部分紐帶，生活水準遠高於騷亂的中國，這些因素皆有助於形成台灣人的「國家單位真實感」。此外，舉凡鼓吹國家神道、推行國語運動、更改姓氏運動、志願從軍運動，莫不影響了台灣文化。總之，日本政府企圖把台灣人變成日本人的努力雖然沒有成功，但是卻成功地使台灣人變得「不像中國人」。[21]

---

[20] 王育德，《苦悶的台灣》，台北：自由時代系列叢書，1979 年中譯本，頁 148～149。
[21] 見「台灣教授協會」網站，1993 年 12 月 10 日。

「語言的問題」或「國語運動」學習的情形，茲陳列如次[22]：

1905 年（明治 38 年）	0.38%
1915 年（大正 4 年）	1.63%
1920 年（大正 9 年）	2.86%
1930 年（昭和 5 年）	12.36%
1937 年（昭和 12 年）	37.86%
1941 年（昭和 16 年）	57.02%
1944 年（昭和 19 年）	71.00%

　　直至 1937 年，台灣能使用日語的人口只有 37.86%，短短七、八年間，就能「給台灣人帶來相當大的質變」，或「成功地使台灣人變得『不像中國人』」，這未免太神奇了罷。更何況許多使用日文寫作的作家在二、三十代就投入抗日的台灣社會運動，包括蔣渭水、謝春木、王敏川、蔡培火、張深切等。還有台灣日文作家楊逵、呂赫若、吳濁流等，彼等抗日的台灣意識難道不是來自中國意識或漢民族意識嗎？

　　台灣光復之後，全島歡欣鼓舞，歡迎國軍，自動自發的慶祝光復，這是「不像中國人」做得出來的嗎？

　　還有更多的戰後「白色恐怖」受難人，在「二二八事件」後，雖然反對國民黨的統治，但卻在政治上認同中共領導的「紅色祖國」，這些對「紅色祖國」的認同，難道不是來自中國意識嗎？

　　所以，我們認為「國語運動」和「皇民化運動」並不能是戰後構成台灣意識和中國意識對抗的充分條件。蔡培火就說：「所謂御用派就是對自己的民族文化與力量失了信心，而死心塌地順服異民族日本政府的台灣人，毋庸說就是與日本政府一樣，主張同化于日本。」這也就是說，在祖國認同與母國認同的矛盾中，選擇了母國認同。1924年 6 月 24 日，辜顯榮在台中大會堂演講〈時事說〉就說：

---

[22] 同註 20，頁 148。

台灣今日之施設，非常發達，假使廿年前那有這公會堂，那有此整然的台中市嗎？由天理而言，今日支那各省不但民不得安，而官亦不得安穩啦。所以凡事不可錯辨為第一。今日二十八年整頓如此江山，比較支那，民國至今十二年還不息兵亂，這樣事由良心可以忘記嗎？其次就是我對警察官的意見，警官之中，難免有無品格之警官，然亦不可無視他們，他們是有資格，不可與他爭辯了。

請看支那黎總統被民輕視，所以不得保官權，致中國無寧日，今台灣總督若被民輕視，台民則難免受中國同樣之困苦。國要充實國力，國有實力則太平，國無實力則無寧日，人心就不安了。文官比武官好些兒，文官總督用自治，地方可得幸福，人要行正路不要行偏，現在地方還未有人才。今日自治實在不完全，自治未完全地方就不興。這也是關係人才缺乏，如郡守、市尹等台灣人無之亦是這個緣故了。[23]

　　雖然辜顯榮是選擇了認同母國（日本）的御用派，但黑格爾有言：「存在即合理」。意識是主體反映客體，御用派的台灣意識，也不是不存在著客觀事實的合理性。只是失去了民族的自信心，也失去了為自己民族奮鬥的理想和道德勇氣。

　　雖然蔡培火批判了御用派，而以台灣派自居，但《台灣警察沿革法》，比較了台灣派和祖國派而言：「另外一種對支那的將來沒有多大的期待，重視本島人的獨立生存，認為即使復歸於支那若遇較今日為烈的苛政將無所得。因此，不排斥日本，以台灣是台灣人的台灣為目標，只是專心圖謀本島人的利益和幸福。然而即使是這些人只是對支那現狀失望以致於懷抱如此思想，他日如見支那隆盛，不難想像必將回復如前者（祖國派）的見解。」

---

[23] 辜顯榮，〈辜顯榮君的時事談〉，《台灣民報》1923 年 8 月 1 日，台北：東方文化書局複刊，1973 年，頁 11。

　　我們不能懷疑林獻堂對中國文化的堅持，但「台灣派」也須是主體反映客體，也要「他日如見支那隆盛」，才在政治上願意接受中國。

四、要與殖民價值體系對決

　　戴國煇生於 1931 年，桃園縣平鎮鄉；1938 年，入學宋屋公學校；1945 年，為新竹中學初二學生；1947 年，插班台北建國中學初三並考上高中；1950 年高中畢業考入台中農學院農經系；1955 年，考取教育部留學考，赴日留學；1956 年，考入東京大學農經系碩士班；1966年，獲東京大學農業博士，並留日從事研究工作；1976 年，任立教大學史學系教授；1996 年，從立教大學退休，返台任職總統府；1999年，任教中國文化大學史學系；2001 年逝世。

　　從以上的簡歷可知，戴國煇雖出身於中原意識強烈的台灣客家人地主家庭，但是年，蔣渭水逝世，民眾黨也遭取締，除了林獻堂的「台灣地方自治聯盟」，其他的台灣社會運動團體均遭取締。並且，其所受基礎教育均在「皇民化運動」雷厲風行之時。

　　1945 年，台灣光復；1947 年 1 月 9 日，戴國煇還參加了台北學生聲援北京學生「沈崇事件」的遊行[24]，是年又發生「二二八事件」。1949 年，國民政府遷台，實施戒嚴，並實施「三七五減租」，引起台灣地主階級不滿，1950 年，林獻堂稱病赴日。1953 年，又公布《耕者有其田條例》。

　　1950 年，韓戰爆發，美軍第七艦隊進駐台灣海峽；1954 年，國府與美簽訂《中美協防條約》。解放初期，大陸則實施「土改」，鬥爭地主階級。旅日的台獨團體則有 1955 年的廖文毅「台灣臨時政府」大統領，有 1960 年的辜寬敏「台灣青年獨立連盟」委員長。1970 年，海外各台獨團體整合為「台灣獨立聯盟」。

　　除了光復初期外，戴國煇中、大學時期，正是台灣人反蔣左傾和「白色恐怖」時期；其留日時期，旅日台灣人則處於反蔣反共和戰後

---

[24]　〈戴國煇事記〉，《戴國煇文集》第 12 冊，附錄。

台獨運動崛起之時。

　　處在這樣時空下成長的戴國煇開始探索自我，探索台灣近現代史。

　　戴國煇對自我主體的認同曾有過一番自述：

> 我特別是要談我從小到小學這一段期間，黃帝子孫論在我家的情形。家祖父、家父當年常常一而再日而月地要強調我們是黃帝的子孫！這當然是針對當年日本統治者——一個外來的壓力，一個權威且是侵略民族相對抗而強調的。我是一九三一年出生，那一年，發生了九一八事件。等到「七七」的時候，我在唸小學。那時日本在台灣推行皇民化運動，要逼著我們改姓名，獎勵年輕人參與日本軍的侵略行為。在這種情況下，家父很怕我這個么兒將來會被同化成日本人。那時我的哥哥們，有的在東京、有的被動員徵傭到南洋，只剩下么兒在身邊。天天給日本老師灌輸「日本國體論」——萬世一系的天皇、偉大的大和民族和大和魂。家父當然希望能夠把這個么兒拉回中國人這邊來。中國有一句話「言教不如身教」，我們家過舊曆年第一天，所謂開正，要拜天公、祭祖、貼春聯……等等。拜天公的時間還得看當年的干支來決定。我相信家祖父和家父等老一輩是透過這些祭祖、拜天公，一而再地強調我們係黃帝的子孫等來教育我們這一輩，叫我們不能且不要變成日本人。[25]

　　除了漢民族客家系的中原意識來自「自我認同」和「我群認同」的主體認同外，殖民統治的民族差別待遇和野蠻，更加強化了戴國煇的自我認同，他自述說：

「你這個混蛋東西,是從那裡滾進來的臭清國奴,哼!明年再也不讓這一類東西進校門!」

這野蠻,惡毒的吼聲,曾經深深地傷害了我幼小的心田,震撼了我的生命。如今,隨著歲月的流逝,整整有 30 年了。這一片往日的傷痕,依然清晰地遺留在我心靈深處,它常常在不知不覺之間,隱隱作痛,啃咀著我的記憶,歷久彌新。這傷痕宛如無形的文字,寫出殖民統治下的辛酸和亡國的血淚。

那時,我小學(公學校)剛剛畢業,歷經相當的辛苦,才踏進了那一所著名的州立中學。入學後第二個禮拜,在國語(日本語)課堂上,日本老師高野要我朗讀課文。當我站起來讀時,那惡毒的吼罵就震碎了我的心靈。[26]

　　有著強烈主體性自我認同的戴國煇選擇留學日本,原本有著一番心理上的掙扎和苦悶,但他的二哥跟他說:

日本及日本人確實將我們台灣殖民地化,甚至也侵略了大陸,那是十分可惡的。但儘管如此,憎恨日本人個人又會有什麼結果呢?俊崧叔父(以日本海軍少校待遇的軍醫被徵用並死於航海中)和興增侄(堂兄的長子,做為軍屬被動員參加新幾內亞島登陸作戰而死)都犧牲了;我們也聽說並知悉祖父和父親在反殖民地鬥爭的抵抗運動中先後被逮捕入獄的事實。

即使我們憎恨日本人個人,我們的傷痕就能夠痊癒嗎?叔父他們便能夠健康地復活嗎?

我們都是被扭曲的=殖民地的孩子。如今,殖民地傷痕的本身成為我們不得不起步再次出發的原點,做為重新開闢的新道路的基石,我們必須好好地活用這個悲痛的經驗。我們一邊要痊癒殖民地的傷痕,一邊要超越它,必須將殖民地遺制的所有東西加以手

[26] 戴國煇,〈隱痛的傷痕〉,《戴國煇文集》第 12 冊,頁 165。

段化、相對化，經過克服以變成我們自己能掌握的工具及東西。對於圍繞著我們的殖民地傷痕糾葛的本質及核心事物，我們只有通過內省和對決，才有可能擴大做為自舊殖民地被統治者身分求新生的內在自由之嶄新境界。[27]

戴國煇在進大學前和大學畢業之後的旅日期間所使用的語言大都是日文，他的中文學習的期間，曾自稱是 1947 年才開始的。

此外，熟悉戴國煇的朋友都知道，雖然他返台後非常努力的學習使用中文，但他的中文遠不如日文靈光。可是，戴國煇對日語的學習和「國語運動」卻有著與王育德和「台灣教授協會」截然不同的認同，他說：

一旦語言被納入殖民地體制的架構中，殖民者的語言被推上主人且優勢語言的地位———不管其使用者之多寡。然而被殖民者的語言＝母語則被凌辱和被逼廢棄。

這是極為深重的罪惡。但是，這個罪孽只局限於殖民者＝日本人和被殖民者＝台灣本島人（即台灣人）之間，則還是輕的。更深的罪惡之「陷阱」尚不為一般人所察覺和記憶：這不是別的，正是被殖民者無意中自己不斷地被習慣於接受殖民者所附與的蔑視而不知覺。二重性悲劇正始於此。

殖民地體制下被殖民方在語言方面禁抑的囚犯，不久即習慣性地認可了日語的價值優勢，在同胞之間也以能流利講殖民者的語言＝日語而自負，反而接受了自己母語之低劣觀，甚至變得不想講自己的母語，比如閩南話或客家話，以及先住民的各種母語。極端的例子往往產生在「不肖」的殖民地之子的身上：孩子們對自己父母一代奇妙音調的日語自感恥辱並加以蔑視。殖民地統治越

27 戴國煇，〈戰後台日關係與我——尋求中日兩民族的真正友好關係〉，《戴國煇文集》第4冊，頁99。

長，這種殖民地之子的擴大再生產越迅速。[28]

　　戴國煇雖然強烈的批判殖民統治對殖民地人民自我認同的傷害和扭曲，但他認為這也不是不可克服的。他說：

即被壓迫或被殖民的民眾受到外來勢力的壓抑，從而引起自我同定的迷失、糾葛或危機。在一個漫長的過程中，受壓抑的人們慢慢被迫接受並習慣外來勢力強加與的外來價值體系，由此形成負面的、陰性的、否定性的自我同定，也就是前面所言之 negative identity。這自然是一種悲劇。但是，這種負面的、陰性的、否定性的自我同定並非是一成不變的，在社會歷史條件的變遷下，如果通過積極的轉化，它也可以轉變成正面的、陽性的、肯定性的、健康的自我同定（positive identity）。[29]

　　戴國煇雖強調對自我主體的認同，但他卻不是唯我主體排斥性的認同，而是主張在多元化主體中堅持自我主體的認同。他說：

在前幾年，我終於提出了 Paradoxical Dynamic Identity 的概念。暫且可翻為「既矛盾亦動態的自我同定」。我認為一般華人以及在外的其他僑裔人士，好似日、韓、猶太裔人士，不管他們有無意識，他們總會懷有上述的多重且錯綜的自我同定。同一個體內，抱持有一見好似矛盾，卻並不絕對矛盾相對抗的雙重或多重的自我同定，並沒有什麼不公正，不正常的。入籍以後，一個人老是花心計掩蓋自己的「根」或民族特質時，他將只能掉進 one of them 沉沒於大海裡頭去。他又只能變為扮演不痛不癢且不甚光彩

---

[28] 同註 27，頁 101。

[29] 戴國煇，〈我觀「中國結」與「台灣結」之爭論——藉心理歷史學視野的幾點剖析〉，《戴國煇文集》第 4 冊，頁 22～23。

的小人物角色罷了。如此的話，不但對那個人本身，或對接受他變為新公民的國家社會都不會有太多的益處。不敢或不能接受自己出身的事實，又不敢或不能對己出身的尊嚴有所主張，甚至於不敢或不能面對現實，依據自己已有的 ethnicity 來發揚光大自己的才能者，要在堂皇可見天日的「事業」裡獲得成功與勝利的碩果是絕無僅有，這個才是世界上的史實。[30]

雖然，戴國煇堅持自我主體的認同，但在認識論上，他又是強調「理性認知」，而必須超越主體的局限性。他說：「我在研究途中發覺，身為台灣出身的中國人，只一味地訴說殖民地支配下的『怨恨、艱辛、受辱』，實在沒有什麼用處，頂多從此陷入一種自厭心理罷了。寧可一方面重視『怨恨、艱辛、受辱』的感性當為『原動力』，不逃避它，正視它；一方面卻努力克服與昇華，把自己提高到理性認知的層次，這才是自己做為一個研究者的最『基本』的命題。」[31]

戴國煇的台灣近現代史研究不但要超越主體的局限性，追求「理性認知」，而且還要有宏觀的視野。他說：

台灣史不僅是台灣全體住民本身的歷史，同時也是中國史的一部分，在這個意義上，更可以延伸其脈絡至東亞史、世界史來思考今後的課題。台灣史、中國史、東亞史、世界史等各部分之間，共有著有機性關聯自不待言，如果沒有這樣的視野去掌握問題，恐怕不易體會亞洲近、現代「時代精神」的來龍去脈，更遑論去理解其真正的內涵及其流向。[32]

但是，在價值論上，戴國煇是主張主體性的，尤其是對於殖民地

---

[30] 同註 25，頁 138。
[31] 戴國煇，〈身分與立場——環繞台灣史研究的基本問題〉，《戴國煇文集》第 4 冊，頁 131～132。
[32] 同註 31，頁 165。

的評價上，他堅決反對只有「結果論」而無「動機論」，並且主張「要
與殖民價值體系對決」[33]。「動機論」即「目的論」。

　　戰前，被視爲日本人良心的矢內原忠雄教授，在日據下著有《日
本帝國主義下的台灣》，並且在台灣社會運動期間來台幫台灣人站台
演說，是一個著名的自由主義者，因反對日本侵華，而遭東京帝大開
除，戰後榮任東京大學校長。當然也是「殖民地的孩子」戴國煇感念
的偶像。

　　只是戰後戴國煇讀到矢內著作中批評法國的殖民政策言：「在法
國其根柢的思想是，天賦人權和萬人平等的、普遍性、全人類性的民
主主義。因而政策推行走過頭的弊害，顯現在於這過早地把尚未被理
解的『自由』，尚未被渴望的『解放』，賦予尚處在低度開發階段的殖
民地原住民。」及「與之相反，日本的同化主義，根柢是皇室中心的
民族主義，因而一旦推行過度，立刻變成了絕對主義權力下的強制統
一，對民族自覺的壓抑。我不認爲日本的殖民地統治全屬於有害者，
我想，至少在經濟的開發以及普遍（小學）教育的普及方面，是替殖
民地社會帶來了永續性的利益。」[34]

　　而戴國煇對矢內的批評則是：

　　　　我相信，當議論殖民地支配的功罪時，應把支配的動機、支配的
　　　　過程以及支配的結果，總合而論，才是應有的態度，正確的方法。
　　　　現在，我們暫時不問動機與過程，但是，把「普通教育」的成果，
　　　　和「經濟開發」的成果留給台灣，那絕不是日本人的本意；真相
　　　　是：因為戰敗而無法把這隻「名為『台灣』的乳牛」帶回日本。
　　　　且以上所謂的「成果」，能不能成為永續性利益，還要看台灣人
　　　　這方面的主體性能力和作為如何而定。

---

[33] 戴國煇，〈如何克服殖民地傷痕——我所認識的吳濁流先生〉，《戴國煇文集》第 5 冊，
頁 132。
[34] 同註 31，頁 137～138。

很遺憾地，我不能不說，矢內原先生不具有對我們這一方面——也就是被統治者——的「心靈」的理解「力」和相惜「弱者」的感情。我們實在無法接受那種不加限定的一般性邏輯。[35]

另外，戴國煇提到他和客家鄉長吳濁流談文學時說：

我和他談到，為什麼朝鮮人向日本價值體系是「對決」，不是接受，對決後才能確立自己的主體，然後才能有真正的文學活動，除了思想層次較高的人外，很多日本人不能了解，總是覺得朝鮮人專門挑剔日本，找麻煩。但客觀的來說，如果戰後日本文壇沒有朝鮮人作家常常寫出抗議文學的話，日本的純文學也不可能有今天這樣好的境界。

最近日本人才發覺到這點的重要性，於是積極的給朝鮮人作家文學獎、詩人獎。所以在一個社會是需要有批判，但不是謾罵。脫離了日本殖民地統治後，我們必須對其殖民地價值體系先對決，才能站起來，而不能像一些台籍作家竟然接受了日本的價值體系，接受就是當了乞丐和奴隸。文學是人類靈魂的工作，沒有自己的價值體系，沒有自己的靈魂，又那來的文學活動？所以我送給吳老幾本朝鮮作家所寫而具有代表性的作品，尤其是談到他們的抗議，他們如何給朝鮮總督府定位。朝鮮人站在那個立場和觀點來抗議？為什麼能抗議，我們要在思想層次上來比較。朝鮮人的文學之中，也有一些「皇民化」的作品，但也可以當作我們的「反面教材」來學習。[36]

除了「要與殖民價值體系對決」外，為什麼台籍作家，不能與日本的價值體系對決，來克服自己殖民地的傷痕，戴國煇還提出了「共

---

[35] 同註 31，頁 139。

[36] 同註 33，頁 133。

犯架構」來自我批判。他說：

> 為什麼台灣會這樣？我想到「共犯架構的問題」。我們從大陸來
> 的漢族，先是侵略先住民山地部族，把他們的土地占領，成為我
> 們的水田、茶園，因此站在漢族自私的立場說，是漢族開拓台灣，
> 很快的像白人殺印第安人一樣，把他們殺了些，並逼他們上山，
> 自己卻變成有地且有錢的人。地不用買的，就可以割先住民的地
> 變為自己的。
> 台灣中產階級，是在日據時代以前，地主已制度化了的社會條件
> 下逐漸形成。日本做土地調查，把地主編列為殖民地體制下的外
> 沿。就像我們家一樣，一方面抗日，一方面受日本保護，所以我
> 們幾兄弟都能在日本留學。台灣去的留日學生受到日本人的評價
> 並不是書唸得好，而是有錢，不用打工且很守規矩。[37]

如何克服這項「共犯架構」，戴國煇認為：

> 我們台籍人士當年的從犯屬性的「共犯架構」，這是歷史的存在，
> 也不能簡單的稱他們是漢奸，對他們的後人，更不可用希特勒的
> 血統論去清算他們，但是，我們必須把這歷史整理出來，站在有
> 良知的社會科學家和文學家的立場，應把我們的「共犯架構」、
> 我們應負的責任指點出來，然後我們才好重新做人。這樣，我們
> 才能達到從思想層面來考慮文化問題，才能思考將來往那裡去，
> 否則始終丟不了「養女脾氣」和「孤兒意識」，老是丟不開被迫
> 害意識，老是哀歎自己可憐。這是不健康的，也是不會有太多的
> 發展。
> 我們現在很多人常常在逃避，不承認有過「共犯架構」，特別是
> 中產階級以上的台籍知識分子，常在「共犯架構」的邊緣，有的

---

[37] 同註33，頁134～135。

是很積極，有的裝糊塗。所以我特別提出「共犯架構」的社會經濟基礎，要從思想層面看問題，而不要從情緒看問題。這樣我們才能為自己定位，以自己的生活觀點、社會哲學、自己的尺碼來面對未來的挑戰。[38]

除了遺留下來的日本殖民地價值體系的「日本尺碼」外，戴國煇還發現到台灣還有「美國尺碼」。他說：

由於許多台籍知識分子，未能充分克服遺留下來的日本殖民地價值體系或價值觀念，而使得我們看問題，免不了常常借用日本的價值體系或價值觀念，而沒有自己的觀點。我們不知不覺地養成了習慣，老是依據日本人的觀點去看問題、去判定事實。這就是我所說的「兩個尺碼」中的日本「尺碼」，它帶給我們種種的陷阱和困境。

光復之後，尤其 1949 年以後，台灣湧來了大批的大陸籍知識分子。大陸來的知識分子沒有台籍知識分子陷日本殖民地長期統治的經驗，不但不具有「日本尺碼」，還因受「九一八」以來的長期侵略而具有抗拒日本之一切事物的深層心理。

國府及台灣地區由於長期以來和美國的關係，人們另具有「尺碼」，我暫時叫它作「美國尺碼」。[39]

如何克服這兩個「尺碼」來建立起自己價值體系的「尺碼」，戴國煇說：

我們要與外來的這兩個「尺碼」做好「對決」，來建立自己的「尺

[38] 同註 33，頁 136～137。
[39] 戴國煇，〈兩個尺碼與認識主體的確立——應該加強日本和台灣史的研究〉，《戴國煇文集》第 4 冊，頁 170～171。

碼」，這是一種超越和揚棄的過程。在這個認識自己、建立自我
的過程中，這兩個「尺碼」也有其作用，所謂「他山之石可以攻
錯」，它們也可以做為我們建立自己價值體系「尺碼」的參考。
在這個時候，我們確是需要借用日本人的眼睛和美國人的眼睛；
只是我們更不能忘記自己的雙眼，必須保持我們自己的眼睛。還
有一點也很重要，即我們只用一個眼睛的時候，不容易察看，而
要用兩個眼睛，甚至要用更多的眼睛（在腦子裡），在我們做學
問的時候，才可以有多元的思考，多元的比較，才可能看得遠，
看得廣，看得深。但是，如果只是「虛胖」，以為自己現在的成
就已是很了不起，只會說些「曲學阿世」、捧場的話，而不再求
長進，那麼我們的自主性也就確立不起來。[40]

五、「台灣民族論」批判

　　除了皇民化階級外，誠如戴國煇所言，日據下的台灣地主階級也
受到「保護」而被編入了「共犯架構」。又由於 50 年的殖民統治，使
得台灣知識分子出現了有異於中國意識的台灣意識。

　　由於有不同於中國意識的台灣意識，戰後海外台獨運動一開始就
提出了「台灣民族論」。又由於 1949 年後兩岸分裂而隔絕，更有利於
海外台獨以「台灣民族論」一面反蔣，一面反共，及國際宣傳。1979
年「美麗島事件」後，島內省籍矛盾再度惡化，海外台獨的「台灣民
族論」又甚囂塵上。1983 年，戴國煇和陳映真均應邀訪美，在美國做
過一個對談，針對「台灣民族論」，戴國煇提出了不少看法。他說：

　　關於「台灣民族論」，我們應該具體一點的分析。由廖文毅的混
　　血「台灣民族論」開始，台獨就提倡「台灣民族論」的。但是自
　　從尼克森到過北京後，張燦鍙的台獨聯盟系統起了很大的變化，

---

[40] 同註 39，頁 175。

一度曾經準備要放棄「台灣民族論」。為什麼呢？主要乃是廖文毅、邱永漢、辜寬敏等人，放棄台獨運動返台。意思就是說，他們認為過去藉主張「台灣民族論」來製造要求民族自決的國際輿論，以期在美國的支持下達到台灣獨立的目的的道路是走不通了。現在主張「台灣民族論」的則是史明和許信良等標榜「左派」的人，他們並且強烈批判「右派」資產階級的台獨聯盟放棄了「台灣民族論」。

舊的「台灣民族論」──也就是台獨聯盟的代表思潮──是非常閉鎖、排外的，不僅不接納台灣的外省人甚至主張台灣人和中國人是不同的民族。但是因為過分閉鎖牽強根本行不通，而漸漸有了修正。到了現在的「台灣民族論」是完全由現實出發的了，表面上不再歧視外省人，號召認同台灣、以共同的「台灣意識」或「台灣人意識」對抗中共。這種變化乃是因為資產階級的台獨右派在極微妙的國際政治變化中，體認到他們自身與國民黨政府還有利害一致的地方，可能有攜手合作以維持台灣現狀之時；另一方面「左派」的台獨，是藉以馬列的語言來重新組織「台灣民族論」，對右派的不堅定的「民族」立場有很尖銳的批評。這點在島內的黨外民主運動中要如何看待，是個非常重要的課題。[41]

1923 年，「治警事件」起訴台灣議會設置請願運動，指控彼等在傳單中所言「台灣有 360 萬人的中華民族」。1924 年，蔣渭水在法庭上答辯說：

中華民族是什麼？豈不是可怪的話嗎？既做日本國民，怎麼不說日本民族呢？這是官長對民族和國民的區別沒有理解哩。民族是人類學上事實的問題，必不能僅用口舌便能抹消的。台灣人不論

---

[41] 戴國煇，〈「台灣人意識」與「台灣民族」──與陳映真談於愛荷華〉，《戴國煇文集》第 1 冊，頁 149～150。

怎樣豹變自在，做了日本國民，便隨即變成日本民族，台灣人明
白的是中華民族即漢民族的事，不論什麼人都不能否認的事
實。[42]

做過「殖民地的孩子」的戴國煇直斥「台灣民族論」為「牽強附
會」，而比較日據下和光復後的台灣說：

「台灣民族論」者努力要把省籍矛盾擴大成為民族矛盾，是相當
牽強附會的。殖民地與非殖民地的分別，第一可在教育上看出問
題來。日據時代的台灣人（斯時叫作本島人）要受中、高等教育
談何容易，國民政府在台灣並不曾採取隔離的教育措施，本省人
與外省人都通過聯考入學，在教育層面上，只有階級的差異而無
省籍的歧視。此外，「台灣民族論」者還嘗試把日本人對台灣的
殖民統治形態，繼續延伸下來解釋國民黨對台灣的統治，以此，
「台灣民族」再度以被殖民者、被壓迫者自居，唱著「苦難的台
灣人」的哭調仔自怨自艾，不僅自我憐憫又要別人的同情，實在
是非常不求上進而墮落的一種姿勢。依我觀察，台獨運動之始終
不能展開，乃是這種卑屈感，喪失自我尊嚴，（喊空頭口號，自
鳴得意，相互標榜不算為真正的自我尊嚴感的表現）心理情結之
累。[43]

台獨運動不但把光復後的台灣政治扭曲成外來政權的殖民統
治，而且還把台灣漢民族扭曲成「台灣民族」，進而法西斯化而有「台
灣民族優秀論」，戴國煇即適時提出警告說：

[42] 《台灣民報》，1924 年 9 月 1 日。王曉波編，《蔣渭水全集》增訂版上冊，台北：海峽學
術出版社，2005 年，頁 27～28。
[43] 同註 41，頁 169。

類似的例子，可以找希特勒與東條英機來闡釋。希特勒的「日耳曼民族為世界最優秀的民族」一說，東條的「大和民族優秀論」以及「大和魂論」，「萬世一系的天皇國體神聖說」等等，當年雖能給一般德國人、日本人尤其是懼共反共的中產階級以上人士灌上迷湯，醞釀一時的「愛國」的假熱潮但最後還得穿幫，挨上原子彈等的悲劇。

前「近代」時期的農民運動尚可利用「迷信」來推行。但 20 世紀以後的改革反體制運動則再也沒有可能利用「迷信」，非科學的邏輯來獲得勝利碩果的餘地了。這一點我們絕對不能忽視。不然我們的悲劇將會很不客氣的降臨到我們頭上來。

最近我發現，圍繞著我們台籍僑界甚至於島內「黨外」界正在醞釀有「接受『台灣民族論』為檢驗真理的唯一標準」的一種怪氣氛，並唱「台灣民族優秀論」的高調。我得敬告諸位，這一種氣氛和順耳的高調或許能得勢於一時，但搞不好，處理不妥很可能會變成「台灣式法西斯主義」的「鬼胎」。如此的話，它將引起的災禍將是無窮。」[44]

在「台灣式法西斯主義」民粹下，李登輝還提出「台灣優先，台灣第一」的口號，近幾十年來，居然無人敢攖其鋒，更足見戴國煇知識道德勇氣的空谷足音、振聾發聵和難能可貴了。

但戴國煇還是對「台灣式法西斯主義」，懷抱著「同情的了解」，把這種法西斯化的「台灣民族優秀論」，認為是長期所受委屈和壓抑的「反動」，是一種「擬似種族化」。他說：

近幾年，「台灣民族」論者，「台灣意識」或「台灣人意識」至上主義者高喊台灣人優秀論、台灣文學高水準論、台灣話優美論等亦可藉 Erikson 的「擬似種族化」心態的顯現來看待。台籍人士

的上述主張當然是長年所受委屈和壓抑的「反動」,能否克服仍
然自圍於否定性自我同定以及由其而來的台灣種「擬似種族化」
的一些社會心態或社會行為,非常值得我們的留意。

至於我們的自圍於「台灣結」深淵的鄉親們,迄今不見其有過反
思,自陷於否定性的自我同定。大多數的「台灣人意識」至上主
義者反而認為他們的主張,既是正面,又是肯定性的,因而難於
自拔,更不易自我提升、自主地從困局或窄路走向更寬闊之自我
同定的健常大道。

我們亦得承認,台灣種「擬似種族化」的社會心態之所以產生,
係與既存「中國結」架構有密切互動之關係。「中國結」的內涵
若是仍然跳不出傳統的框框而只是八股、口號式的主張的話,是
無法給「台灣結」提供解開其「死結」變為「活結」之契機的。[45]

另一方面,為什麼會形成這種「台式法西斯主義」?戴國煇認為
戰後的國民黨政府也有不可推卸的責任。他說:

加上「二二八」事變之發生,人們的祖國熱只好跌入冰窟之中,
他們對大陸人士的心態經歷了「期待——失望——懷疑——不滿
——委屈——反抗」的痛苦歷程。自我身分認同的葛藤及危機非
但沒有能夠解開轉化,反而向另一個極端滑落並沉澱於深層心理
且累積下去。「二二八」風暴過後,好不容易有好轉之契機,但
不多久又來了1949年末期的「政治肅清」,冤魂不但沒有來得及
擴散,又累積了新的冤魂。二百萬人撤退到台灣,經濟尚未上軌
道,政府又正準備實施由上而下之農地改革,台灣全省籠罩在風
聲鶴唳的極端緊張的政治空氣下,台籍人士的窒礙難耐的鬱積心
態更累積成「冤氣」。在認知層次上本省人與外省人認知差距愈
來愈大,但無管道可任其溝通與化解。儘管來台灣的大陸人士中

---

[45] 同註29,頁35～36。

有些人具有善意的思考與行為，但從總體上看，多數人目光如豆，只知肥自己的腰包，根本不曾考慮到在徹底打破殖民地體制的基礎上重建行政制度、重建新的價值體系，在台灣創造出新的格局。他們多數仍跳不出傳統中國政治的框架，當然就無法又無力整合新歸來的台籍社會力量及人心。光復以後十年間台籍人士的情結，由小惡、小怨的累積以及「含悲九泉與草木同朽」的冤魂，甚至於否定性自我身分認同的補償行為沒有能夠得到落實反而挫折加深的種種傷痕之糾纏淆亂，終於成為當前「台灣結」的首要負面部分。若能把它釐清的話，死結可能化為活結。[46]

1992 年 7 月，戴國煇應邀到北京社科院台灣研究所做學術報告〈台灣的歷史和現狀〉，在報告中他說：

但台灣意識不等於「台獨意識」。台灣意識問題，「台獨」也理不清，在自我陶醉。對這種意識，我們要讓其壯大，連起來形成中國意識，這才是正路，打壓是不行的，越打越不好。「台獨」表面上看來台灣老百姓在衝，但這只是表面現象。「台獨」意識可走向正面，但也是走向法西斯的窄路。現在「台獨」的報紙在島內銷路並不好，「台獨」的「經典著作」在島內也沒有市場。「台獨」沒有把其思想理論化，不值得中共那麼怕。「台獨」的種子是國民黨種下的，對於很多激進的「台獨」分子，要慢慢消除他們因省籍矛盾沉下來的冤氣，對這冤氣不能壓。台灣大多數老百姓並不支持「台獨」，搞「台獨」只是一小部分人罷了，大部分人還是拜媽祖，到大陸看長城，遊頤和園。本省人更關心的是在政治上如何參與。反國民黨、反壓制的力量實際上不完全等於「台獨」的力量。把這一部分人壓過去搞「台獨」，搞分離意識，我想沒必要。我們應讓其慢慢地沖淡，慢慢消除「台獨」意識，然

[46] 戴國煇，〈台灣的歷史與現狀〉，《戴國煇文集》第 5 冊，頁 153〜154。

後再來統一才是正道。[47]

　　戴國煇出生為「殖民地的孩子」，光復後留日，又因「黑名單」
滯日 40 年不得返鄉，而以台灣近現代史為志業，在日本學界，為台
灣人的尊嚴和主體性奮鬥，追求做為台灣客家人的自我認同，據他自
述，這種堅持是來自「對中華民族的信心」。他說：

　　光復，我只能講些客家話。閩南話，我們說它為福佬話，只能聽
　　懂一點點。同學間尤其在建中大多時間的共同語言為日語。
　　我本人在二二八後才正式開始學國語的，1954 年考取留學考試，
　　就去日本留學，到今年 5 月 17 日才返台定居。在此前，尤其在
　　台時用國語生活，才只有 9 年，在日本 41 年，雖然在家裡看中
　　文書，但用中文寫作機會不多。由讀書、思考到撰寫是不能切斷
　　的一套流程，所以國語的表現能力有限，而且國學基礎差，但是
　　40 年來，從沒改變過我對中華民族的信心，也沒有改變過對愛好
　　學問的態度，不曾拿過日本護照，就是當初被有關當局吊銷中華
　　民國護照（依我在日本學界的人際關係以及「職位」，若想取得
　　日本護照，我想不至於太難。但我們全家不曾有過那一種念頭。
　　這個，或許可以說是我們的「頭殼」已成為「控固力」使然！），
　　也未改變過我對中華民族的未來所抱持的樂觀以及對其文化關
　　懷的基本態度。[48]
　　此外，做為一個中華民族客家系台灣人的戴國煇，長期在日本學
界奮鬥，他還自稱是堅持著「出生的尊嚴」、「民族的尊嚴」和「學術
研究的尊嚴」的三大尊嚴。
　　「出生的尊嚴」，他說：「沒有任何一個人能夠事先選擇自己的父

[47]　同註 46，頁 157。
[48]　戴國煇，〈台灣史的微觀及宏觀〉，《戴國煇文集》第 5 冊，頁 58。但據〈戴國煇事記〉，
　　其考取留學的年代為 1955 年，同註 24。

母，我們都是父母的愛的結晶；因此，任何的出發點便在這裡。我認為不管身為黑人也好，身為客家人、閩南人、中國人也好，最基本的出發點就在這裡。這也是我在日本這麼多年來，還是一直保持中華民國國籍的基本理由。」[49]

「民族的尊嚴」，他說：「既然我們沒有辦法選擇自己的父母，同時也沒有機會和權利選擇我願意生在台灣、生在中國大陸、美國或者生在日本；我們的父母在哪裡生活，我們就在哪裡出生。出生的時候附帶來的是民族的屬性，民族是半永久性的，是很不容易改變的，因而民族的尊嚴也就不容易更不應該拋棄。我們能夠選擇別的國家的國籍，拿別的國家的護照，但我們的民族屬性不會因而隨即消失。」[50]

「學術研究的尊嚴」，他說：「在扮演其社會性角色來講，我既然選擇做學術研究，就不做生意也不搞政治。我在學術界的角色，在於社會科學、在於歷史科學，這個領域的立場，一定得帶有批判性，一定不能遷就於常識。任何高層次的研究，它的起點可能立於常識，以常識為出發點，但不能拘泥於常識；甚至於打破「常識」才是真正做好學術研究的使命，才是突破。」[51]

戴國煇自稱自己是「出生於台灣的客家系中國人」，其一生也是一個有尊嚴的中華民國客家系的台灣人。以他對他們近現代史的研究和學術成就，對其所堅持的「出生的尊嚴」，他捍衛了台灣人和台灣歷史的尊嚴，已可謂「毋忝爾所生」了，也無愧於其所堅持的「學術研究的尊嚴」。

在戴國煇逝世周年出版的《台灣史研究集外集》代序中，我曾稱：「戴國煇從『殖民地的孩子』，光復後，又目睹『二二八事件』、『白色恐怖』，旅居日本 40 年，因『黑名單』長期不得返鄉，身處國家分裂、民族認同異化、歷史是非倒錯的時代，為追求個人的尊嚴、建立

---

[49] 戴國煇，〈台灣與現代中國〉，《戴國煇文集》第 4 冊，頁 39。
[50] 同註 49，頁 40。
[51] 同註 49，頁 41。

自己的主體性，尋求『自我認同』，把自己的生命化身爲台灣史研究，確立起有主體性、有尊嚴，能自我認同的台灣歷史研究以垂範後人，戴國煇的一生有所缺憾，也當『缺憾還諸天地』。」[52]

思想意識總是主體反映客體的，戴國煇至今已逝世 10 年了，中國大陸「改革開放」了 32 年，經過「京奧」、「世博」和國際金融海嘯，中國已然和平崛起，成爲世界第二大經濟體。馬英九當選中華民國總統後，兩岸和解，三通直航，陸客陸生來台，ECFA 簽訂後，兩岸共同市場也已然成形。

新的兩岸客觀形勢出現了，反映新的兩岸形勢的台灣意識必然也會隨之出現，戴國煇對中華民族的信心和樂觀也將出現。在國際冷戰和兩岸內戰對峙下所產生的「台灣民族論」、「台灣民族優秀論」的「台灣式法西斯主義」終將成爲歷史的泡沫。歷史的發展必將見證戴國煇的前瞻和遠見。戴國煇終於可以做一個堂堂正正的「出生於台灣的客家系中國人」了。

---

[52] 王曉波，〈浩然千古見文章——戴國煇著《台灣史研究集外集》代序〉，《戴國煇文集》第 5 冊，頁 16。

講評

◎王津平[*]

　　戴國煇教授生前時常提點我應該花時間將艾瑞克森（E. H. Erikson）對於 identity 的概念介紹清楚，當我向戴教授請教相關問題時，他總是說，「翻譯就是了，把他的相關著作全部翻譯出來，絕對值得你這麼做！」所以我相當重視這一理論，王曉波教授的論文剛好也觸及此議題，可見大家所見略同。

　　戴教授的文章中特別著重「自我同定」（identity）的概念，探討現今許多被殖民的國家、被損傷的人民，他們怎麼樣站起來重新做為一個人，把自己與社會做為一個主體，而我們恰恰可以在王曉波教授的論文中看到相當好的討論，從哲學的角度做爬梳、整理、提昇，並且理論化，足見王教授對此議題多年研究的心得。

　　戴教授經常與朋友透過討論問題、闡述思想，形成學術研究的脈絡，這既是主體性建構的重要過程，也是從個人成長普遍到全體成長的關鍵。因此當時戴教授耳提面命對我的叮嚀，在這場學術研討會中得到了實踐：在社會意識尚未普遍成熟的時候，藉由不斷的共同學習、探討，才能達到 identity 真正的建立──這，並非一蹴可幾之事。

　　當我研究黑人文學的時候，到處可見“who am I”的疑問──半個世紀前，黑人難以找到立身、認同之處。放大到整個世界來看，法農（Franz Fanon）即提出了「依賴情結」（dependence complex）的概念，整個第三世界革命的產生，就是「依賴情結」理論的建立，也是黑人覺醒揚棄對白人的依賴情結的實踐。抗日老前輩們在幾經掙扎中，也

---

[*] 世新大學英語系講師、中華基金會董事長。

與戴教授、王教授有共同的結論，那就是「我是台灣的中國人，也是中國的台灣人」，這是經過日據時代被侮辱、被損傷，甚至被屠殺的慘烈經驗而得到的結論；在這結論的基礎上就建立了「自我同定」的主體性。

當我們能夠認識到自己是被殖民的人，被殖民的傷痕還沒有撫平的時候，其實存在著相當豐富的可能性。黑人文學有「雙重視野」（double vision）的概念，「我是美國人，也是黑人；『我』究竟是什麼？」的疑問，在掙扎的過程中、在現實的探討中、在反殖民歷史的演進中、在去殖民的社會實踐中，促使自我意識達到高度的覺醒，而擴及全體，這應是王曉波教授的論文給我最有啟發性的一點。

我們無需擔心自己曾是殖民地的孩子，戴教授在日本能直接批判其殖民主義、帝國主義，但他與正派日本學界人士仍是非常好的朋友，足以說明弗雷勒（Paulo Freire）所說的壓迫者與被壓迫者同時解放，才是真正的解放──這正是戴教授留給我們的典範。

（編按：本文依學術研討會之論文講評記錄整理。）

試析戴國煇教授對台灣人身分認同的探索

◎雷玉虹[*]

自上個世紀 1970 年代以來，有關身分認同（identity）[1]問題的研究成爲國際學術界持續不衰的熱點。做爲台灣出身的中國人學者，戴國煇教授旅日 41 年期間，高舉「知性的誠實」（intellectual honesty）、「道德的勇氣」（moral courage）及社會科學家的批判精神三面大旗，以不聰明人=笨拙人自居，運用各種社會科學理論解釋台灣近現代史、華僑史、中日關係史，爲我們留下了豐富的知識遺產。對台灣人身分認同的探索，是貫穿戴教授畢生研究生涯中的一個重要課題，也是與他個人的成長經歷密切相關的一個課題。本文試圖通過對戴教授著作的研讀，分析戴教授對台灣人身分認同問題的探索歷程。

一、殖民地傷痕——探索台灣人身分認同問題的原點

戴國煇教授做爲一位農業經濟專業出身，研究領域橫跨多個學科的學者，在他的學術生涯中，始終關注的一個重要課題就是台灣人的身分認同問題，即探索「自我認同的困擾」（生爲客家系台灣人，如何釐清既是客家人、台灣人又是「中國人」——並非完全等同於中華民國人抑或中華人民共和國人之「認同困擾」（identity crisis），不斷

---

[*] 復旦大學國際關係與公共事務學院國際政治專業博士候選人。

[1] 本文標題中的身分認同一詞對應於 identity 與アイデンテイテイ一詞。identity 有多重含義。通常的譯法爲同一性、認同身分或身分認同。戴教授將其譯作認同或自我同定。但現在學界一般較爲通行的譯法爲身分認同，故本文中大多數場合用身分認同來表述，但有時也視語境作身分，或認同，或自我同定。

地反思並尋找該屬於自我的「生之哲學」之「心中奧妙」。[2]而通過對
戴教授人生經歷的考察，可見他對台灣人身分認同問題的探索之過
程，是與他個人的人生經歷密切相關的。殖民地時代所遭遇之殖民地
傷痕，是他探索台灣人身分認同問題之原點。而他對自我身分認同，
以及對台灣人身分認同的探索，就是在對台灣歷史的研究與考察、對
日本殖民地體制的批判、與對中日關係和兩岸關係的研究與展望過程
中完成的。

（一）戴國煇教授的殖民地時代傷痕

　　由於甲午戰爭的失敗，清政府於 1895 年與日本政府簽訂了《馬
關條約》，台灣被割讓予日本，遭受了 50 年的殖民統治。在日本統治
台灣的前期，由於台灣民眾的激烈抵抗，日本政府曾派出樺山資紀等
七位軍人總督以武力手段統治台灣。西來庵事件被鎮壓之後，日本殖
民當局對台灣的統治進入文官治台階段，開始注重以文化手段加強對
台灣的殖民統治。1936 年 9 月之後，爲了配合全面侵華戰爭的需要，
日本政府任命海軍大將小林躋造任台灣總督，台灣被做爲日本進軍東
南亞的跳板與侵略大陸的人力資源儲備所。爲了使已經歸入日本版圖
四十餘年卻仍對擁有四、五千年歷史的祖國充滿憧憬的台灣人變成真
正的「皇國民」，小林將在台灣推行皇民化運動做爲重要推進方針，
開始在公開場合禁止使用台語，廢除報紙的漢文欄，採取認定國語（日
語）家庭並給予優惠待遇等措施推廣日語。還通過舉行寺廟的整理與
升天儀式，將台灣人的寺廟變成日本神社，以對天照大神、北白川宮
能久親王等大麻的祭祀取代台灣人對祖先的崇拜，要台灣人改變傳統
的生活習慣與姓名，加強了對台灣民眾精神層面的控制。[3]

　　戴國煇教授係 1931 年（九一八事件發生之年）出生於桃園縣中

---

[2] 戴國煇，《戴國煇文集 6・台灣史探微——現實與史實的相互往還》，台北：遠流出版公
　司・南天書局，2002 年，頁 83。

[3] 戴國煇，《台湾と台湾人——アイデンテイテイを求めて》，東京：研文出版，1991 年，
　頁 207～214。

壢的一個具有濃厚中國傳統文化的客家村莊，自小在家裡一直接受黃帝子孫、來自原鄉中國大陸的華夏之後的客家人身分教育。祖父、父親都曾因爲抗日而入獄，本著「漢賊不兩立」的春秋大義，視日語爲「賊」的玩意兒，終其一生，既不用，也不學日語，以「嚴夷夏之防」。七歲進入爲台灣人設立的小學公學校學習日語時，正值皇民化運動開始之際。皇民化教育貶低台灣人的固有文化與生活習慣，試圖將日本人的價值體系納入台灣人之內心。戴教授雖然出生在富裕的家庭，且學習成績優秀，但在求學過程中，卻因爲其本島人[4]的身分而頻頻遭受內地（日本）人的同學與老師「清國奴」、「支那人」等辱罵、拳頭與鞭子等暴力，內心充滿著對日本人的厭惡與恐懼。但是，在學校接受皇民化教育的他，卻不知不覺地接受了日本人灌輸的思考方式、價值觀，乃至於美意識。這使他又不得不用日本的尺度看問題。[5]

在他的殖民地生活體驗中，從小在家庭內接受著嚴格的客家中原文化薰陶，在學校接受皇民化教育。因爲小學時代是在客家莊生活，周圍都是客家人與會說客家話的福佬人，所以從幼年到少年時代的戴國煇除了村裡的日本人警官以及公學校的日本人教師，未曾見過講客家話者以外的人。[6]到了公學校高年級時才知道附近小鎮中壢街上還有不會聽也不會說客家話的福佬人，開始過上在家裡講客家話，出門到街上講福佬話，到學校講日本話的二重語言生活，並意識到自己的客家身分。在學校與日本人的接觸過程中，面臨著由家庭內自小灌輸的來自中原的華夏之後的身分與在學校接受的皇民化教育之後被強加的皇民身分的雙重身分的困擾。在學校受到的來自日本老師、同學

4 日本政府殖民統治台灣期間，對台灣居民實行分割統治，並於 1935 年 6 月 4 日公布了訓令第 34 號的《戶口調查規定》將居於台灣、持有日本國籍者粗分爲內地人（日本人）與本島人（原住民與漢人移民）。再將本島人細分爲福建族、廣東族（總督府原意指客家人，但客家人雖多數以廣東省做爲父祖之鄉，仍有一小部分是以福建爲故鄉，故此稱呼有誤）、其他漢人、平埔族、高砂族。日據時代並無台灣人之概念。
5 戴國煇，《台湾と台湾人──アイデンテイテイを求めて》，頁 62～63。
6 戴國煇，〈對中國人而言之中原與邊境──與自身之歷史（台灣、客家、華僑）相連接起來〉，《戴國煇全集 8》，台北：文訊雜誌社，2011 年 4 月，頁 322、頁 326。

的歧視與傷害而造成的殖民地傷痕，使他對殖民地體制產生了很強的反抗心理。正如他後來所寫道的：「殖民地之子——被扭曲的我在終戰那年剛好 13 歲，中學二年級生。我也算殖民地體制下自囿的的小囚犯。凡是住在台灣的日本人，不管其承認與否，都力圖全面貶低我們的文化、宗教、思考方式、行動方式、生活方式，使我們變成它＝殖民地體制下自囿之囚徒。我對此的反彈性動作總是張起肩肘，在面對日本、日本人時，不知不覺地準備著過分的自我防衛的姿態。漸漸地，對日本和日本人的猜疑心深深地滲透到內心裡去。」[7]在接受日本學校裡灌輸的皇民化思想的同時，在殖民地的日本人對台灣人的文化蔑視與歧視，也深深地刺傷了他少年時代的心。這種殖民地時代的傷痕伴隨了他的一生，成為他探討台灣人身分問題的原點。而在學校裡體會到的本島人同學間的不團結，以及目睹部分客家同學在面對占多數的福佬人時隱瞞自己身分的作法，也對他日後關注少數群體的心理，並思考自身及台灣人的身分認同問題產生了影響。雖然戴國煇的客家身分對他探討自身及台灣人身分認同問題的過程中發揮了重要之影響，但他在探討該問題時的基本立場卻是已經遠遠超越了狹隘的客家出身之個人局限，站在全人類的視角進行歷史哲學與政治哲學層次的思考，充滿著對人類的終極關懷。

（二）台灣光復後十年的生活體驗留下的心結

對「二二八」事件的研究，與對身分認同問題的探索一樣，也是戴教授終身關注的課題之一。他曾在其《愛憎二二八》的序言中寫道：「每一個歷三十多年而不輟地浸淫某一領域的學術研究者，其實都有著難以為外人道的內在的深情，便是這深情引導著學術研究者即使上窮碧落下黃泉，或寂寞地踽踽於思索的道途中，亦不覺其辛苦。做為一個二二八事件及台灣史的研究者，我常在午夜夢迴的寂寞之中自

---

[7] 戴國煇、葉芸芸，《愛憎二二八——神話與事實：解開歷史之迷》，台北：遠流出版公司‧南天書局，2002 年，頁 1～2。

問：是什麼力量驅動我走上這道路？是什麼歷史的或無由言說的深情可以令人一往而無悔呢？記憶於是回到 1945 年至 1950 年代前半期的往事，那些熱情而真摯的、帶著青春期的正直與理想主義色彩的同學的面容，那目睹憤怒民眾砸爛專賣局台北分局而驚心動魄的自己，以及一個因『白色恐怖』而自陷頹廢主義藉酒澆愁的好友的面容。是那些年少時代被擺布到歷史巨大變局中的心靈震動，引著我直至今日？抑或是大量的捕殺讓流寓日本的我全心要解開這命運之謎呢？理性的認識與感性的深情交相纏繞在心中，連自己都難以分辨。」[8]

　　台灣光復時就讀州立新竹中學二年級的戴國煇曾抱著歡欣鼓舞的心情，手拿中華民國國旗和國民黨黨旗夾在歡迎的隊伍裡，熱烈迎接來自大陸的國民政府官員和中央軍的到來。但這種回歸祖國的快樂轉瞬即逝，在之後的十年時間裡，卻在其內心深處留下終身難以忘卻的痛苦與鬱悶的記憶。他不僅親眼目睹了「二二八」事件的全過程，看到痛恨日本殖民者，曾經熱烈迎接祖國政府與軍隊到來的本省民眾仿效日本人頭綁白布條、口罵「支那人」、「清國奴」，不分青紅皂白地毆打外省人的暴力行為，身為客家人的他也不得不以唱日本軍歌來證明自己省籍身分才得免遭於難，而在這之後身邊的許多朋友、老師失蹤、或被逮捕。[9]但在憤怒的民眾激情之外，他也聽到了一些理性的聲音，也目睹了在「二二八」及白色恐怖的亂局中，人格卑劣、趁火打劫、大幹出賣、敲詐勾當之台籍人士也不乏其人，使他認識到加害與受害雙方絕不能簡單地以省籍區分。在之後發生的 1949 年「四六」學潮與朝鮮戰爭爆發後開始實行的「白色恐怖」中，戴身邊許多學識卓越、愛國、正直的同學、朋友、師長紛遭逮捕、入獄、槍斃。

　　從 1945 到 1955 年的十年間，戴教授經歷了台灣光復、「二二八」、白色恐怖這段台灣社會政治翻騰攪擾不已的多事歲月，其中摻雜了欣喜、憤怒、壯懷激烈的各種複雜情緒。許多朋友、同學、師長在「二

---

[8] 戴國煇、葉芸芸，《愛憎二二八——神話與事實：解開歷史之迷》，頁 3。
[9] 戴國煇、葉芸芸，《愛憎二二八——神話與事實：解開歷史之迷》，頁 3。

二八」、「白色恐怖」中，有的冤死莫名，有的慷慨赴義，有的身繫囹
圄，飽受身心摧殘。另一方面，也眼見耳聞了數之不盡的公報私仇，
政治權力傾軋、鬥爭、欺騙、勒索、出賣等卑鄙醜陋的邪惡行徑。可
以說，人性的崇高與卑劣、真實與虛偽在這個過程中，交互呈現，做
了最徹底無疑的展露。[10]從一個受盡屈辱的殖民地孩子回歸祖國後的
十年間經歷了從歡喜、失望到憤怒、恐懼的心理變化過程，赴日之前
的戴教授心理上應該是懷著很大的糾結，即對殖民地統治的憎恨，並
在用華夏之子來對抗皇民化教育的皇民身分；但在接受皇民化教育之
後，又不得不用日本的價值觀來看待問題。對國民黨政府的期待被「二
二八」及其後的白色恐怖中的國民黨政府所擊碎，開始閱讀魯迅、巴
金、茅盾等人的作品及馬克思的《資本論》等著作，並對彼岸的大陸
中國充滿希望與期待。但在冷戰的國際格局及兩岸軍事對峙的年代，
對彼岸的嚮往即意味著生命的危險。為此他不得不遠離台北到台中農
學院讀書，並在服完兵役之後參加考試，準備遠離台灣，赴美留學。
在這一期間戴教授之心理體驗，代表了與他同時代許多台籍知識分子
的共同心理體驗。這段經歷對他以後對台灣近現代歷史的研究及對台
灣人身分認同問題之探索產生了重要的影響。

（三）做為「邊際人」（境界人）在日本學界確立自己台灣人、中國人的身分

　　1955 年台中農學院畢業後，戴教授通過國民黨政府的教育部留
學考試，已經申請到美國印第安那州的獎學金準備學習美式大農業經
營以奉獻中國農業的現代化事業。因為去看留學日本後因戰爭長期未
曾回國的二哥而在東京停留。「我們都是被扭曲的＝殖民地的孩子。
如今，殖民地傷痕的本身成為我們不得不起步再次出發的原點，做為
重新開闢的新道路的基石，我們必須好好地活用這個悲痛的經驗。我
們一邊要痊癒殖民地的傷痕，一邊要超越它，必須將殖民地遺制的所

---

[10] 戴國煇、葉芸芸，《愛憎二二八——神話與事實：解開歷史之迷》，頁 7。

有東西加以手段化、相對化，經過克服以變成我們自己能掌握的工具
及東西。對於圍繞著我們的殖民地傷痕糾葛的本質及核心事物，我們
只有通過內省和對決，才有可能擴大做為自舊殖民地被統治者身分求
新生的內在自由之嶄新境界」。[11]他二哥的一番話使他改變初衷，同時
也有將日本做為觀察中國大陸的視窗之意，在日本留下考入東京大學
農經學院留學。

　　之後的四十餘年時間裡，做為曾接受過殖民地時代的日本式基礎
教育，並長期活躍於日本學界的具有強烈民族感的出身於台灣的中國
人學者，戴教授認為自己無論是在生活的時間上還是空間上都是處於
中日兩個民族之間的「邊際人」的位置。[12]「一方面長期『滯日』，一
方面從事以日本殖民統治期的台灣為中心的歷史研究，對我來說，幾
乎是天天自己鬥自己；不僅如此，如何在不違背良心的妥當形式下，
建立起能為日本社會所接納的邏輯與說明，不但是緊張，亦是非常嚴
酷的課題。」[13]

　　戴教授之所以選擇以台灣近現代史為研究物件，並持續不斷地批
判日本的殖民地統治，主要基於以下幾個方面的因素：首先是對戰後
日本學者對台灣的輕視以及讚美殖民地言論的不滿。戰後的日本學界
缺乏對過去的台灣殖民統治的再檢討和歷史定位的學術作業。許多日
本人對侵略中國大陸有反省之意，但對台灣的殖民統治卻毫無愧疚之
心。當時的日本學界進步派們支持中國大陸者不重視台灣，即使是寫
出《帝國主義下的台灣》這樣曾遭台灣總督府禁閱的著作的自由派學
者矢內原忠雄，對台灣的看法也有局限性，不認為「日本的殖民地統
治都是有毒害的，至少在經濟的開發和普通教育方面，給予了殖民地
社會永遠的利益」。[14]戰後 1960 年代，日本有關人員正在籌畫、設定

[11] 戴國煇，《台灣結與中國結——睪丸理論與自立·共生的構圖》，台北：遠流出版公司，1994 年，頁 99。
[12] 戴國煇，《境界人の独白——アジアの中から》，東京：龍溪書舍，1976 年，頁 5。
[13] 戴國煇，《台灣結與中國結——睪丸理論與自立·共生的構圖》，頁 130。
[14] 戴國煇，《台灣結與中國結——睪丸理論與自立·共生的構圖》，頁 105。

日本曾經在台灣的殖民地經營是不錯的前提下，進一步把它做爲一個開發「不發達國家」的新開發理論的模型，而把「台灣模型」應用到亞洲各國去。戴教授認爲台灣是日本最早的海外殖民地與對外侵略戰爭的原點，不好好整理這段歷史將不利於亞洲和平。[15]其次，是不同意一些主張台獨者的言論，第一代台獨人士們以東京帝大校友、台灣人菁英的姿態在日本刊物上公開著文爲日本殖民統治歌功頌德，幫助日本人把他們原來已經很稀薄的殖民地統治罪惡感沖淡了不少。[16]很多日本人不但沒有反省對台灣的殖民統治，而且給予後藤新平極高的評價，認爲在台灣的殖民地支配的不少「成果」，是出於他的手腕與政策。此外，中國大陸研究台灣成果之缺乏也是促使戴教授蒐集有關台灣資料，做台灣研究的動因之一。[17]

　　在戰後 1950 至 1960 年代，做爲日本最有影響力高等學府的東京大學成了很多有批判性的左翼學者或自由派學者的集聚地。「中共革命的衝擊激盪了人心，人們覺得中共是亞細亞明日之『星』，和象徵著希望的『青鳥』。很多人對中國大陸懷抱著非常大的期待，就是這樣的時代」。[18]戴國煇在戰後的東京非但沒有受到殖民地時代曾經受到的侮辱與傷害，還認識了很多有良知的日本人。他在東京大學的老師、日本著名的農業經濟學專家，以及自由派學者東畑精一、神谷慶治等人都曾積極地鼓勵他廣泛地多聽課，多與日本老師、學友們交往，對他的學術生涯產生了重大的影響。他通過東畑教授的影響，懂得「文化的價值只是相對的，不該把它絕對化」。[19]通過神谷慶治老師的影響，使他形成有關殖民者與被殖民者之間共犯結構的想法。他還認識了文學評論家尾崎秀樹、魯迅研究家竹內好等一批有良知的日本文化人。通過與這些人的交往，他認識到「有良心的日本人和能夠真

---

[15] 戴國煇，《台湾と台湾人——アイデンテイテイを求めて》，頁 195～196。

[16] 戴國煇，《台灣結與中國結——睪丸理論與自立‧共生的構圖》，頁 114～116。

[17] 戴國煇，《台灣史研究——回顧與探索》，台北：遠流出版公司，1985 年，頁 7～8。

[18] 戴國煇，《台灣結與中國結——睪丸理論與自立‧共生的構圖》，頁 134。

[19] 戴國煇，《台灣結與中國結——睪丸理論與自立‧共生的構圖》，頁 102。

正自立的台灣人必須互相聯繫，進行持續不斷的努力，來向殖民地遺制進行對決，並將其手段化，同時冀求更進一步地來克服殖民地的傷痕。」[20]

　　戴教授於 1970 年代開始一邊批判日本的殖民地統治，一邊對圍繞著「自己的出身」，自己該歸屬的客家人、台灣人、中國人、中華民族及其社會和國家，如何給其下「定位」等問題進行了思考和剖析性的研討。也是在東京伴隨著苦惱、疑惑、彷徨，以及對殖民地體制的批判，對台灣歷史的研究的過程中，他得到了日本社會的尊重，並獲得了包括他的老師東畑精一教授、神谷慶治教授及前文部大臣永井道雄等有良知的日本人的肯定與尊重，漸漸癒合了自身心理上的傷痕，逐漸完成自己做為一個完整的人的心理成長過程，完成了自己尋找做為台灣出身的中國人的尊嚴，確立了自己既是台灣出身的客家人，又是中國人的心理上的自我身分認同，完成了個人的成長。這一過程，也是戴教授堅持幾十年對台灣人之身分認同的探索與確認的過程。

（四）「經世致用」的學術研究與「落葉歸根」之家國情懷

　　戴國煇教授的學術研究涉及面非常寬廣，視野也非常寬闊，但有一個最大的特點，就是他研究與探討的問題，都是與國家、民族的發展息息相關的既重要又敏感的問題。他曾說：「我不是『台灣史的歷史家』。我是要把台灣史放在中國史（而且是亞洲史、世界史）之全歷史過程中正當地定位，以此再構築『中國史像』，是我的目標。做為住在日本的客家裔台灣人（更是中國人）學者，有明確的責任參加我自己，以及自己家族所生存社會的改善。隨便任由激情做出強硬言行，與努力保持最高的學問水準並追求最高的知性，兩者之間有所不同，我是明辨自知的。」[21]從他的研究中可以看出他懷有強烈的中國

---

[20] 戴國煇，《台灣結與中國結——睪九理論與自立・共生的構圖》，頁 119。
[21] 戴國煇，〈獻給吾妻林彩美——最佳的理解者及協助我最多的人〉，《戴國煇全集 1》，台北：文訊雜誌社，2011 年 4 月，獻辭。

知識分子的「經世致用」思想，希望自己的研究，能對國家民族的發展產生影響。但他人生的大部分時間，卻高舉學術尊嚴之大旗，遠離現實政治。把他的行為放在他所處的時代背景中來考察，可見他所謂的「遠離政治」不過是在冷戰與兩岸對峙的特定歷史背景下，關心家國命運的知識分子無奈的選擇。而晚年「落葉歸根」回台灣，是滿懷著希望將畢生所學得以致用，為家鄉與國家民族貢獻餘生的強烈的家國情懷。[22]

　　戴國煇教授旅日四十餘年間，見證了日本戰後的恢復與經濟的高速發展，逐漸從一個二戰後廢墟中的國家變成一個世界二號經濟強國，也見證了海峽兩岸關係從對峙到緩和的過程。在冷戰期間的大陸與台灣處於對立與隔絕狀態。日本雖然與台灣在戰後初期保持了外交關係，日本與大陸則是處於完全隔絕的狀態。而在日本的華人社會也分為支持台灣國民黨政府、支持中華人民共和國政府、支持台灣獨立三種不同的政治傾向。戴國煇教授探討的領域，無論是從切入視角還是從涉及相關的議題來看，都是當代政治中的敏感問題。客家中原文化的家庭教育、日本殖民地時代的皇民化教育、「二二八」時的悲喜交加及台灣光復後受到左傾思想的影響，以及之後的白色恐怖的體驗，長期在日本學界的生活經歷，使戴國煇教授在內心精神世界裡，

---

[22] 戴教授回台前後，本人有機會就此問題與戴教授有過多次討論，深深感受到他希望為中華民族能有尊嚴地屹立於世界民族之林盡餘生的強烈使命感。他也曾有過退休後回大陸，將他畢生蒐集的藏書資料贈送大陸相關研究機構，幫大陸培養年輕人之想法。李登輝發表與司馬遼太郎的對談之後，他立即在課堂上與學生討論這談話的內容，並找立教大學聖經研究專家了解聖經中出埃及故事的緣由及其文化脈絡。他表示，如果他在李登輝身邊幫助李登輝整理的話，可能李不會犯此錯誤。他認為李登輝是驕傲了，所以才會說話如此輕率，特別是此話經與日本人對談之場合說出，他覺得是非常不妥當的。他並從李之家庭出身，當時台灣的歷史背景出發對李為何有此說法進行了分析與批判。在1996年他決定返台之後，我恭賀他終於達成「衣錦還鄉」之願時，他卻說「伴君如伴虎」。所以，他最後選擇回台，應該是有回饋故鄉，幫助李登輝促進兩岸中國人和解與團結之意，但對自己的立場與定位卻是事先有非常明確的設定的。完全不是貪戀權位的所謂「晚節不保」或認同發生變化。另參考林彩美，〈兒不嫌母丑、狗不嫌家貧〉,《みやびブックレット》33 號，2010 年，特集「二つのふるさと」。王曉波，〈戴國煇想促進兩岸中國人和解團結〉，中國評論新聞網，http://www.chinareviewnews.com。

無論是在學術、政治、文化諸層面都存在著太多的矛盾與糾結，並給他帶來強烈的苦惱。對自己的中原中國出身感到自豪，卻又因殖民地時代的傷害充滿著對自己的自厭。討厭國民黨，嚮往彼岸的中國大陸，卻因為兩岸的對立，為了自己的安全而不能直率地表達自己的願望或政治偏好。在文化上，處於中日文化的邊際，在政治上也處於國共兩黨對立的邊際，所以他自稱「境界人」，即處於一種邊際的位置之人。做為出身於台灣又懷有強烈的中原情懷的客家人，愛自己的故鄉台灣，對國民黨有怨氣又不支持台灣獨立的觀點，愛自己心中的原鄉中國大陸，但對大陸的文革等一些作法又不能完全贊同。在兩岸嚴重對立，人們對自己的政治立場常常被逼迫做非此即彼的選擇的年代，他只能以庶民派「獨立自主的中國人」之第四立場自居，以遠離政治的姿態，採用了社會科學的研究工具研究近現代史上最敏感的課題，以探索包括台灣在內的近代中國之歷程，為此也蒙受了許多誤解。正如他自己所言：「1950 年代，甚至到了 1970 年代前半期，我斷斷續續蒙受了各種誤解，這真是苦不堪言的體驗。我成為許多議論之的：既然是台灣出身，應該是國府系統什麼的；既是台灣省人又為什麼不參加台獨；又為什麼不回去台灣和前赴大陸等等。」[23]

「1920 至 1930 年代的世界史，記錄了不少所謂自由主義派學者被法西斯的狂瀾所吞噬的事例。法西斯的激情在義大利、德國、日本剛起步時，一些所謂的自由派人士尚可籍用『明哲保身』來對待一時。等到狂熱日益膨脹成為潮流時，他們逐漸向現實低頭並且選擇了跟上時尚之途，亦步亦趨。最後不但賣了身，還遭燒身、浩劫之難。那些血淋淋的、十分齷齪的、極其醜惡的以及傷心斷腸的悲劇等痕跡史事，仍然清清楚楚地架排在我書齋，出現在我眼前。這些歷史教訓教我如何在海外、在學界立業和做人。」[24]戴教授在東大讀書期間，曾因與台灣留學生開辦讀書會並組織東大中國同學會被告密而上了國

[23] 戴國煇，《台灣結與中國結——睪九理論與自立‧共生的構圖》，頁 108。
[24] 戴國煇，《台灣結與中國結——睪九理論與自立‧共生的構圖》，頁 5。

民黨政府黑名單，被吊銷了護照，長達 13 年不得返台。在被取消黑
名單可以返台後，又多次以不願搞政治爲由拒絕國民黨政府返台任高
官進入政界之邀，在日本四十餘年高舉「知性的誠實」、「道德的良
知」、「社會科學的批判精神」三面大旗，以批判的精神在學術界生存。
這除了其本人希望利用戰後東京資訊比較發達的地利條件對學術真
相的追求之外，也可看作是其爲入世而遁世的生存智慧以及關心中華
民族的命運，做大學問，搞大政治的大胸懷。他說「大學問」才能
通至「大政治」；反之，「小學問」只能是供給小政客玩弄的「小政治」
之份。[25]所以，戴之遠離政治，雖然使其自身曾受到很多人的誤解，
其實是爲入世的遁世，表明了一位研究政治的學者對現實政治的洞察
以及對國家、民族的更大的政治關懷。

　　戴教授早在 1970 年代的著作中即表明，「我絕對不要成爲華僑！
有朝一日，我一定要回到我的故鄉，追求認同與回歸，但我絕不要穿
著貨不真、價不實的織錦回歸故里」[26]。1996 年他帶上畢生蒐集的
60,000 冊藏書選擇了回台，試圖以他的學識架起兩岸與中日溝通的橋
樑，促進兩岸中國人的和解團結與中華民族的復興。[27]2001 年戴國煇
教授去世後，在〈松花江上〉的歌聲中，戴夫人按其遺願將其骨灰撒
入台灣海峽，希望他今後能在原鄉與故鄉之間魂遊兩岸，讓故鄉和原
鄉能透過海峽的海水緊密地連接起來。戴國煇教授的生命歷程，也實
踐了他做爲一位台灣出身的中國人對自己身分認同的探索與確認的
過程。

二、探索台灣人身分認同問題的理論框架及研究路徑

　　戴國煇教授是農業經濟專業出身，但卻以立教大學東洋史教授身

---

[25] 戴國煇，《台灣結與中國結——崟丸理論與自立・共生的構圖》，頁 4。
[26] 戴國煇，《戴國煇全集 11・華僑——從「落葉歸根」走向「落地生根」的苦悶與矛盾》，
台北：文訊雜誌社，2011 年 4 月，頁 152。
[27] 參考林彩美，〈兒不嫌母丑、狗不嫌家貧〉，《みやびブックレット》33 號；王曉波，〈戴
國煇想促進兩岸中國人和解團結〉。

分在日本執教鞭二十餘年，在日本史學界占有一席之地。其研究方法上受到了很多西方現代社會科學理論的影響。通過對歷史學、政治學、經濟學、社會學、心理學、國際關係學等諸多理論的綜合運用，對史料及各種資訊進行綜合、嚴謹的分析，捨去歷史中的泡沫，尋求源本性的社會發展規律是其學術研究的特點之一。探討台灣人身分認同問題過程中，除使用了拓撲數學（topology）、位置分析（analysis situs）及文化人類學所言及的中心—邊緣理論（center : periphery）等來進行思考外，心理歷史學（psychohistory）的理論框架及精神分析法也曾對他的研究產生過重要的影響。與此同時，他還從華僑研究的視角，以及與猶太人、朝鮮人的比較視角來探討該問題。所以，無論是從廣度還是深度來看，其對該問題的探討都是非常深入的。

（一）心理歷史學的分析框架

出身於德國的美國精神分析家、心理歷史學家愛利克‧埃里克森（Eric H. Erikson）的心理歷史學是戴教授分析台灣人身分認同問題時所使用的主要理論框架。埃里克森指出，所謂的心理歷史學理論的本質，就是採取將精神分析與歷史學相結合的方法來對個人或集團的生活進行研究的學問。精神分析學者與歷史學者有必要努力搭建起兩個學科之間可以通行的橋樑。一旦這個橋樑得以實現，這樣的歷史學就會變成與心理學之間擁有直接、公開、自覺關係的歷史學。這樣本來與心理學之間的關係常常是隱晦地、間接地發生關係的歷史學，就變成了明晰地自覺到自身與心理學關係的歷史學。在這種情況下，案例史（case history）或者個人生活史（life history）就不再簡單地是一種敘述的形式。記述歷史的方法，同時也是「將歷史與其主體相關聯」的方法。[28]

本來精神分析方法是來源於臨牀醫學，因此心理歷史研究有點與

---

[28] エリク‧エリクソン著，五十嵐武士譯，《歷史のなかのアイデンテイテイ——ジエファソンと現代》，東京：みすず書房，頁 12～14。

案例史相似。案例史是對有關個人在成長過程中擁有何種障礙,以及為什麼會導致人格分裂,或者是說導致成長的停滯的說明。即治療者根據通過對患者的相互關係中把握的心理動態進行診斷,並決定患者與其他相似的病例應該採取什麼樣的方法才能使之重新開始健全的發育,應該採取何種可行性措施才能達成治療的效果為目的。個人生活史,與之相對應的就是描繪出個人如何能夠不陷入功能障礙而成長為一個具有完整人格的人而存在,並且在與他者的生活中如何維持其重要的功能者。精神分析者必須通過幫助患者找出自己生活中存在或曾有過什麼錯誤的過程,從而說明患者找出自己性格中的內在治癒能力的過程。而對歷史人物從生活史的角度進行研究的方法就是將研究物件放在其所屬世界的獨特的連貫的位置的同時,必須考慮其人生從生活史的總體來看是在什麼程度上合乎情理的。對歷史上的人物的研究過程中必要的正當途徑是,必須將這個人物的個人意圖放在其時代的脈絡中去把握,必須將其物件者與其所處的時代雙方,置於心理歷史研究者所擁有的價值觀的關係之中進行研究。因為歷史學不應該只是停留在僅僅是對指導者與其追隨者之間的相互關係中,政治權力或理念的影響力持續的變化所帶來的側面的紀錄上,也應該記錄歷史中的各種概念與歷史所記載的和歷史的主體相關聯的雙方是如何相互影響的,以及這種影響是如何發生的。[29]埃里克森還把人格的社會心理發展劃分為八個階段,認為每一階段都有一個特殊的矛盾,矛盾的順利解決,是人格發展的前提。而個人生活史與歷史相互之間是不可分離的。

　　在埃里克森的心理歷史學分析中,identity 是一個非常重要的技術術語。identity(アイデンテイテイ)一詞,原本是哲學和邏輯學上的詞彙,常常被翻譯成「同一性」。根據語境的不同,現在也被翻譯成名詞性的「身分」或動詞性的「認同」,或「身分認同」,戴教授則

---

[29] エリク・エリクソン著,五十嵐武士譯,《歴史のなかのアイデンテイテイ──ジエファソンと現代》,頁 12~15。

將其翻譯為「自我同定」。在埃里克森的社會心理分析中，identity 之內涵是辯證的、動態的、具有歷史連續性的，甚至包含著人性自幼年至老年之變動體驗之結合。但因其所包含的「歷史連續性」以及「人格的同一性」不只停留於「自我」（個人）之境界，而是從自己與母親之相互關係（mutuality）做為基點，一步一步地走向與父親、家族、鄰居、學校、服務機關以及政府、國家形成其社會化過程之生活圈裡的相互關係。伴隨著個人所涉及的「世界」之擴大，個人獲得有關「自我」的角色種類亦將隨之而增加。在其動態且辯證的歷史過程中，自我必須向其所涉及的「對方」、「集團」之價值觀或價值體系認同。這個過程是個人獲得價值觀（正負雙方面的）並擴大成自我身分認同的過程。

　　埃里克森把個體身分認同分為否定性身分認同（negative identity）與肯定性身分認同（positive identity），然後再理清其兩者間之相互關係。即被壓迫或被殖民的民眾受到外來勢力的壓抑，從而引起自我身分認同的迷失、糾葛或危機。在一個漫長的過程中，受壓抑的人們慢慢被迫接受並習慣外來勢力強加給的外來價值體系，由此形成負面的、陰性的、否定性的自我身分認同。但是這種負面的、陰性的、否定性的自我身分認同並非是一成不變的，在社會歷史條件的變遷下，如果通過積極的轉化，它也可以轉變成正面的、陽性的、肯定性的、健康的自我身分認同。埃里克森雖然是以個人的生活史為主要涉及對象，但他亦把他的概念延伸到個人與歷史的際會來探討人的深層心理與歷史之間的動態性關係，甚至擴張到 group identity 即群體自我身分的有關考察上[30]。

　　除了使用埃里克森有關 identity 的分析框架外，埃里克森的心理歷史學中重視歷史主體的研究方法也在戴教授的歷史研究中可見其影響。傳統的歷史學通常是通過對史料的蒐集與整理的方法來對歷史事件進行分析與評論。戴教授的研究除了重視史料的蒐集與整理、分

---

[30] 戴國煇，《台灣結與中國結——睪丸理論與自立‧共生的構圖》，頁 19～23。

析外，還重視對個人生活史的分析。無論是其對台灣史的研究，還是華僑問題、中日關係問題的研究中，個人生活史占有非常重要的地位。在他的研究中，他既是一位觀察者與研究者，同時也是一位他所觀察與研究物件的歷史見證人。他常常說，自己是在通過赤裸裸地解剖自己，來詮釋近代的中日關係史與台灣殖民統治史。所以在他有關中日關係的研究中，他把自己置於一個出身於殖民地時代的殖民地之子之位置，以歷史的見證人的身分，揭示中日關係中，被殖民者對殖民統治的看法與態度，以及在殖民統治這一段歷史中，被殖民者在歷史中的真實。他的《與日本人的對話》、《境界人的獨白》、《台灣與台灣人——追求自我認同》、《華僑——從「落葉歸根」到「落地生根」的苦悶與矛盾》、《愛憎二二八》、《台灣結與中國結》等著作中，都非常重視自身以及同時代人的生活體驗，把對個人的研究放在時代的大環境中進行探討。在他對台灣人的身分問題的探討中，他也大量地運用了對個人生活史的分析。除自身的生活體驗外，還包括許多同時代的其他人，包括同學、朋友、師長、親戚、長輩等親身生活體驗。此外，他還使用了埃里克森的擬似種族理論通過與美國黑人、德國納粹、日本軍國主義的比較研究，對一些台獨主張的形成心理進行了分析。因為加入了生活史的內涵，戴教授之研究與只是通過文獻資料而進行的研究相比顯得更為生動與有說服力。

（二）通過對華僑華人內心世界的考察，探索台灣人的身分認同問題

　　華僑研究，是戴國煇教授研究生涯中的一個重要部分，也是他在亞洲經濟研究所十年期間的主要研究領域。他把華僑看作西歐近代以產業革命和法國大革命為契機而興起的產業技術文明，將非西歐世界捲進無限的西歐化大潮流的過程中，居住國或者居住地的所謂接受一方的條件與擠出一方＝中國的政治、社會、經濟狀況的交叉所發生的產物。[31]戴教授的華僑研究的重要特點，就是注重對華僑內部精神世

31　戴國煇，《もっと知りたい華僑》，東京：弘文堂，1991 年，頁 46〜49。

界的研究,即對華僑的靈魂層面的探討,並將華僑問題與中國史、世界史相連接,放在國家、民族的歷史層面來思考。他在研究華僑問題時,注重歷史資料的蒐集,也注重個人生活史的研究。通過對包括自己在內的生活在日本的華人、華僑的研究,以及與東南亞、美加華僑的比較研究,在探討華僑內心世界之時,也對屬於華僑之一部分的海外台灣人的身分認同的問題進行了探討。

　　上個世紀 1960 年代後期至 1970 年代初,隨著全球性的對身分認同問題的關注,在華僑社會內部也對「華僑到底是什麼」,乃至「我是誰」產生關注。部分華僑青年們意識到了強烈的身分認同上的糾結與危機。許多華僑由於所受教育程度不高,雖然在經濟上擁有了一定的經濟實力,但卻不敢或不願面對自己的身分與自己的過去。通過對日本不同政治傾向華僑的比較研究,戴教授指出台灣出身的華僑在身分認同上的糾結比大陸出身者更為深刻。台灣人華僑一世(指台灣回歸祖國後赴日的華僑)所擁有的對自己歸屬感的不安,主要是由於殖民地統治而造成的。日本對台灣 50 年的殖民統治,磨滅了被統治者一方的文化、語言及民族意識,使其被解體。其次,台灣出身的華僑對歸屬感的不安,既是由於他們不能與住在中華街的華僑一樣進行彼此之間的交流,也是因為台灣與大陸雙方的政治上的混亂與不明朗而引起,以至於動搖並不斷發展的。特別是與日本人女性結婚後,為了孩子的就職、結婚等生活上的需求,受到來自妻子方面的壓力由此而產生了更大的困惑。而一些借日本的高度成長之機獲得成功的台籍商人也為了更大的成功而試著生活在匿名之中。特別是在田中角榮訪問大陸,日本與大陸政府建交以後,大量的台灣華僑歸化加入日本籍。但是即使是事業上成功的華僑加入日本籍後,也很難擠入日本的主流社會。雖然許多人接受日本的價值觀,並且試圖同化到日本人的行列而在拚命地做外在的努力,出現將自己的名字改為日本名,不願意別人稱呼自己的舊名;不將自己台灣來的親戚帶到自己家裡、不將自己的家人和孩子帶回台灣等現象。有的人即使帶家人回台灣,也與自己

的妻子、孩子一起說「台灣很髒」、「台灣人太吵啦」等，忘記了自己的出身與尊嚴。[32]

　　戴教授認爲這些台灣的歸化入籍者們雖然只是接觸到了具有不同歷史與生活的人之間理所當然的鴻溝、對生活節奏的違和感的存在這一人類普遍的課題，但因爲卻沒能將其整理出來，所以不能保證自己安定的個人身分認同。他們中的一些人因爲拒絕自己的「台灣」、「中國人性」，一味地去迎合日本人性，結果失去了自己的民族特質，得不到家人與社會的尊重。對此，戴教授提出從歷史上看，認爲自己的「出身」是低下，自己所屬的民族是劣等的人們，是不可能在這個世界上做出傑出的事業、創造性的貢獻的。[33]並向日本華僑們發出強烈的呼籲，我們必須像人一樣生活，「華僑應該保持自己以『中國人性』爲基礎的感性與文化，使其得到發展才能既爲日本社會做貢獻，同時努力耕耘自己的華僑社會。[34]

（三）從比較研究的視角看台灣人與猶太人、朝鮮人的區別

　　18 世紀以來，大量華僑開始湧向國外，散居世界各地，並且許多華僑在住在國都遭受了各種迫害，於是出現了華僑也被比作猶太人的說法。一些主張台灣獨立的人士也將台灣人比作猶太人，並把追求台灣獨立比作猶太人建國之路。爲此，戴國煇教授通過對台灣人與猶太人、台灣人與朝鮮人的比較研究，指出了台灣民族概念的虛構性，以及台灣人與朝鮮人對日本殖民統治態度差異的歷史經濟原因。

1. 台灣人與猶太人之比較

　　台灣獨立派人士把台灣人比作猶太人，把追求台灣獨立的努力比作猶太人走向追求復國的榮光之路，將歷史上曾短暫存在的「台灣民主國」做爲「具有強烈的民族主義而成立的」共和國等等來強調其在

32　戴國煇，《華僑——落葉歸根から落地生根への苦悶と矛盾》，東京：研文出版，1991年，頁122～125。
33　戴國煇，《華僑——落葉歸根から落地生根への苦悶と矛盾》，頁127。
34　戴國煇，《華僑——落葉歸根から落地生根への苦悶と矛盾》，頁128～129。

台灣史上的意義，並將之設定為台獨運動的原點來極力宣傳。戴教授
通過比較研究，認為台灣人與猶太人是不同的，主要表現為如下幾個
方面。

　　首先，台灣人與猶太人的歷史不同。結合猶太人的紐帶，第一是
長久的迫害與歧視的歷史。西元 10 世紀以前就有以色列王國的建
立。從猶太復國主義、以色列建國的熱氣，以及一連串中東戰爭中以
色列或海外猶太人的能量之顯現，可見有史以來對猶太人的人種、民
族、宗教的迫害堆積之「厚」。 讓猶太人意識自覺與持續的要因，與
其說由猶太人之「內」，不如說從圍繞猶太人之外面的社會可以看出
更多。[35]而在台灣，甲午戰爭中戰敗後因為抵抗「割讓」台灣，在台
官紳們擁立清朝最後的台灣巡撫唐景崧為大總統，實體僅存不到十天
的以永清（清朝永存之意）為元號的這種獨立宣言，再怎麼讓步也不
能認為當時已有獨自的具有強烈的（台灣）民族主義的實體的存在。

　　主張台灣民族論者強調台灣曾在荷蘭、西班牙、清朝、日本帝國
主義等異民族統治下，並且認為當時統治台灣的國民黨政府也是外來
政權。但他們不願碰觸自己的父祖曾是與鄭成功，或是與在此之前的
「海盜」（戴將其定位為武裝貿易集團）夥伴共同行動，或者是隨著
清朝開始在台灣的統治而入台，抑是因清朝在大陸的惡政（包括太平
天國運動失敗的客家）而尋求避難與「求生」的機會來台，登陸到高
山族之島的台灣，行占領、侵蝕、開拓的擴展，確立漢民族在台灣的
優位性，高山族曾以出草行為進行反復抗爭而最終敗北，結果是被強
加上「蠻人」的蔑稱而被趕入山上與邊境地帶的事實。清朝的支配者
並非異民族，而正是同漢族出身者被編入滿洲王朝，而變成其爪牙在
統治台灣這種看法才是比較接近史實。只有日本殖民統治 50 年期
間，才是名副其實的殖民統治。與被放逐而離散並遭遇長期的歧視與
迫害的猶太人相比，台灣人是用了將近四百年去侵蝕「他處」，現在

---

[35] 戴國煇，《華僑——落葉歸根から落地生根への苦悶と矛盾》，頁 112～114。《台湾と台
　　湾人——アイデンテイテイを求めて》，頁 28～30。

已把自己的鄉土造起來了。在外國的台灣人大部分並不是被放逐而是自己放逐的結果的滯留。台灣人所受到的或者說正在受到的歧視與壓迫，在規模、質的兩方面比起猶太人來都差得太多。所以由此產生的憎惡與敵意，不足以成為台灣民族自我認同的紐帶，即使是當作能源也只是極微弱的存在而已。[36]

其次是維繫猶太人身分認同的做為猶太教徒的後裔的意識。猶太教這種堅固的民族規模的信仰在凝聚猶太人意識過程中，起到了很大的作用。而台灣人內部不存在這種民族規模的宗教信仰。此外，清朝統治台灣期間，漢族移民與高山族原住民間的經濟利害與感情對立雖然可說已趨於淡薄，但由於日帝統治台灣期間採取分割統治的手段，將台灣的居民稱為本島人，又在戶籍上將其分類為福建人（福佬人）、廣東人（客家人）、其他漢人、熟蕃人（漢化顯著的高山族）、生蕃（高山族）而進行分割統治，在政策上阻礙其相互接觸，幾乎不給或不促進接觸。雖然日本在台灣的殖民地開發得到了發展，做為其結果可看到島內統一市場（高山族居住區的特別行政區除外）的某種程度的圓熟，但島內地域主義的對立抗爭，以及福、客感情對立的程度尚未能達到充分的解除。本島人概念是日本人由「上」強加於人的，並不具備一個精神文化上的統一內容。因此，戰後台獨人士所主張的台灣民族的概念是虛構的，事實上不存在的。[37]而台灣人概念是在戰後兩岸間的往來被政治性、軍事性切斷後漸漸培育起來的。國民黨在台灣「黨國一家」的統治體制使得台灣民眾政治參與被阻，但由於國民黨的台灣統治與台獨派所譴責的殖民地統治完全不同之故，台灣省籍的年輕世代可以平等地接受高等教育，所以由自己的胎內生產出眾多憤怒的年輕人。台灣島內本省人、外省人對立的省籍矛盾屬地域層次的對立，而非民族層次的對立，兩者有根本的區別。

2. 台灣人與朝鮮人之比較

[36] 戴國煇，《台湾と台湾人——アイデンテイテイを求めて》，頁28～33。
[37] 戴國煇，《台湾と台湾人——アイデンテイテイを求めて》，頁31～34。

　　台灣與朝鮮都曾是日本殖民地，戰後中國與朝鮮都成為分裂國家，但台灣人與朝鮮人對待日本殖民統治與國家統一的態度卻出現了差異。台灣人中有出現為日本殖民地統治歌功頌德之言論，有台灣獨立之主張。而戰後的朝鮮雖然也成為分裂國家，但朝鮮半島上雖有意識形態為中心的南北對立，卻沒有民族對立。即使有對立，也不過是地域主義的對立。無論是朝鮮還是韓國內都沒有主張獨立的言論，而且朝鮮人對日本殖民統治都是持批判與對決的態度。台灣人與朝鮮人的差異可以從以下幾個方面去分析：

　　首先是台灣與朝鮮遭受殖民統治的時間及方式上有差異。

　　朝鮮是 1910 年因《日韓合併條約》整個國家同時被吞併，淪為日本殖民地。朝鮮雖有貴族李王家與兩班的存在，但卻沒有少數民族的存在。所以朝鮮是全民族共同經歷成為亡國奴之傷痛。南北朝鮮雖然有意識形態的分裂，但由於他們是在付出了整個國家被殖民地化的不幸的痛苦代價的基礎上，所以他們八一五後能站在同一起跑線上用共同的感覺體驗再出發的苦惱。[38]他們全體拒絕使用日語，對日本的殖民統治採取對決的姿勢，在日本的學者主要研究歷史，許多作家從事抵抗文學的寫作。

　　中國是部分淪為殖民地。台灣因《馬關條約》被割讓而遭受了50 年的日本殖民統治。為了促進台灣與大陸分斷的固定化，日本殖民者妨礙、監視、限制台灣民眾與大陸的往來，蓄意隔斷台灣與大陸之間的聯繫，並通過皇民化政策剝奪了台灣人的語言、文字能力，並將殖民者的價值觀強加在台灣居民的身上。在中日開戰後，台灣人被納入日本對華戰爭的　環之同時，母國大陸止在進行著抗日的浴血奮戰。由於長時間遭受殖民統治，再加上以台灣海峽為境的大陸與台灣地理上的非連續性，所以台灣被迫與中國形成近代化的國民國家的志向相斷絕，使得台灣從殖民地體系的價值回歸過程變得更加複雜化。所以 1945 年 8 月 15 日抗戰勝利，台灣回歸祖國之時，大陸與台灣是

---

[38] 戴國煇，《台灣結與中國結——筆丸理論與自立‧共生的構圖》，頁 156～157。

站在不同的起跑線上的。

　　其次，朝鮮與台灣在成為殖民地之前社會經濟基礎不同。殖民地前的台灣，早已經有寄生地主制的廣泛存在，因此日本人地主無法打進台灣的農業部門。台灣社會結構的基本組織未被破壞。而朝鮮的情況則不同，日本人地主在相當的範圍內又滲透到朝鮮的農村領域，導致兩級分化的出現。兩級分化的結果，朝鮮國內頑強地展開了以朝鮮「共產黨」為首的激進抗日革命運動。台灣也有過「共產黨」，但比較弱質，人數也少。「台灣史上不曾存在過獨立的國家體制，貴族只存在於山地少數民族的『酋長』制社會中。原來台灣是中原──中國大陸國家──的國內邊疆殖民地，日帝對台灣的殖民地化，只是把中國邊境上的南海一孤島切斷，納入於日本經濟圈的外緣。」[39]在這個過程中，台灣人不能和中國大陸人民共同體驗中國的奔向「近代」的胎動，尤其是重新被編進日本殖民地體制中的，以地主階層為中心的中上流階層為然。朝鮮沒有少數民族，朝鮮半島上雖然有意識形態為中心的南北對立，卻沒有民族對立。即使有對立，也是地域主義的對立，也沒有獨立運動。

　　台灣內部在日本統治期間雖然曾有頗多的抗日運動的展開，但因為有中國大陸這個「避難港」，所謂「曲線救國」（先成就中國革命，之後以迂迴的形式把台灣自日帝的桎梏下解放出來的運動方式）的口實與避難所的客觀存在，使得日據期間，雖然反抗日本殖民統治的抗日活動層出不窮，但本島人大同團結，全力抵抗日本統治的走投無路的狀況，始終不見顯現。

　　因為殖民地統治時間、方式不同，殖民前社會經濟狀況不同，導致兩個社會對殖民統治與國家統一態度的差異。

（四）對台灣結與中國結之學理剖析

　　在 1985 年 8 月參加聯合報文化基金會舉辦的「中國結」與「台

---

[39] 戴國煇，《台灣結與中國結──睪丸理論與自立‧共生的構圖》，頁 156。

灣結」研討會上，戴國煇教授發表了〈我看台灣結與中國結〉一文，對有關「台灣結」與「中國結」問題，從心理歷史學層面進行了剖析。他指出，近代中國雖然已有國家之名，統一之儀，但由於國土大、人口多，民族複雜，宗教語言多元，中國內部一直處於星雲狀態（chaos），並沒有形成定型的近代國家之意識相當成熟之概念上的國家。中國的近代就是艱難地邁向近代化、現代化國民國家的進程。隨著台灣被清朝政府割讓給日本帝國主義，台灣與大陸同甘共苦、共同走向近代化甚至於現代化道路的可能性，或共用共同基礎經驗之機會被割斷。這種隔斷意味著台灣和大陸本來向形成近代國家掙扎的過程一起邁進的條件也被隔斷分離。「由於這種隔斷，台灣住民不管是在正負各層面上，不能同大陸人民在同一共同基礎上、經驗上走向近代國家之途。在同一路途上將發生，或愛或憎、幸福痛苦、喜悅悲哀等種種體驗都被一概隔斷；這種情況意味著，台灣住民與大陸住民共用『共通』之基礎經驗的機會被日帝剝奪。」[40]當台灣被割讓時，台灣中上層文人知識分子和老百姓都感到悲哀和屈辱，覺得自己被當成養女送給萬惡的日本帝國主義，從而形成被割掉、丟棄、出賣、疏離、無奈的心態。在日本殖民地政策強制推行下，台灣民眾被分化了，出現了錯綜、複雜、多元的面貌。一部分人在「中國結」主宰下，回國投身辛亥革命、北伐戰爭；一部分人雖沒有直接投入大陸上的種種具體鬥爭，但他們堅持認同中華民族、熱愛中國，堅持想以孫文的三民主義思想或憑藉溫和的「台灣議會設置運動」來解決被殖民之台灣的政治、經濟、文化的困境。但有一部分人在日本皇民化運動毒害下，喪失了固有的自我身分認同，逐漸接受了殖民地體制所塞給的強制性之價值體系，並肯定了它走向否定性的自我身分認同的一種反彈行為，投入滿洲國、汪精衛之南京政府。許多年輕人被徵召入「蝗軍」，成為日本侵略者的幫兇和砲灰。

　　1945 年 8 月 15 日日本戰敗投降，台灣回歸祖國，給予了台灣民

---

[40] 戴國煇，《台灣結與中國結——睪丸理論與自立‧共生的構圖》，頁 17～18。

眾這種否定性的自我身分認同轉化為肯定性自我身分認同的絕好機會。但由於接收的台灣省行政長官公署沒有藉光復的歷史良機,將台灣民眾的戀母情節創造性地開導促使其昇華,變成肯定的、陽性、正面的以及健康的自我身分認同。而台灣接收過程中來台接收的官員、軍警們惡劣的前近代行為以及此後發生的「二二八」事件,使台籍民眾對大陸人士的心態經歷了「期待、失望、懷疑、不滿、委屈、反抗」的痛苦歷程,自我身分認同的糾葛及危機非但沒有能夠化解,反而向另一個極端滑落並沉澱於深層心理,且不斷累積下去。「二二八」過後,又來了 1949 年末迄 1950 年代前半的「政治肅清」。怒氣不但沒有來得及安撫,更累積了新的冤魂。本省人與外省人的認知差距愈來愈大,但卻無管道可讓其化解與溝通。台灣所面臨的「信心危機」、綜合性的社會矛盾、日益升高的認知差距和逐漸有可能走向極端的某些意見分歧的根源性因素之根基時期,是在於 1945 至 1954 年這十年間。若能對光復之後十年間的台籍人士之情結——由小惡、小怨的累積以及「含悲九泉,與草木同朽」之冤魂,甚至於否定性自我認同補償行為沒有能夠得到落實,反而挫折加深的種種傷痕之糾纏淆亂,終於成為當前「台灣結」的首要負面部分——若能把它釐清,我們的死結可能就能化為活結,再把活結轉化為健康且肯定性的自我身分認同。[41]

　　戴教授還指出,「台灣民族」論者、「台灣意識」或「台灣人意識」至上主義者高喊台灣人優秀論、台灣文學高水準論、台灣話優美論等亦可藉埃里克森的「擬似種族化」心態的顯現來看待。台籍人士的上述主張當然是長年所受委屈和壓抑的「反動」,能否克服仍然自囿於否定性自我同定,以及由其而來的台灣種「擬似種族化」的一些社會心態或社會行為。台灣結與中國結鬧出分歧、對立甚至於變為對抗性,當然亦意味著有關住民對既存政治、社會、經濟結構,以及有關當局所提示之目標不願一體化;亦即是不願在被動之下被整合這種意

---

[41] 戴國煇,《台灣結與中國結——睪丸理論與自立‧共生的構圖》,頁 31。

願的另一種表現。只要在政治、社會、文化上之總體性運作適當與圓熟，很可能讓負面的、否定性的台灣歷史情結轉化並昇華爲健康的、正面的、肯定性的有關台灣的自我身分認同——也就是台灣意識以及台灣人意識。問題之關鍵在於中國結架構內部，能否及時提出更開闊、更革新、更富於普遍性理念的中國的、中華民族的、中國人的自我身分認同概念來整合全體人民。更迫切的課題可能是如何倡導並有效地開導台灣結由負轉化爲正，然後再把正的台灣結（健康的台灣意識）與新格局具有說服力藉整合力之中國結（健康的中國意識）連結在一起，動員所能動員的一切活力以開創新局面，即讓人民多參與，能提供滿足老百姓真正的「歸屬感」。[42]

三、確立有尊嚴的台灣人身分認同

通過在日本三十多年的不懈探索，戴教授自覺確立了自己個人安定的身分認同，同時也對更大範圍台灣人的身分認同、中國人的身分認同形成了自己成熟的看法。在 1985 年台北召開的「中日不再戰的集會」之後，戴教授寫道：「自 1955 年以來的 30 年間，我越來越明白，我是客家系台灣人，我爲自己是出生於台灣的中國人以及是中華民族的一員而深感驕傲，同時，我重新確認，我也是站在近現代中日關係史的重要原點——台灣，這個寶島上生活至今的見證人之一。」[43]戴教授指出，確保台灣人的安定的身分認同，應該是揚棄否定性自我身分認同，建立台灣人的主體性思考，建構中國史、世界史框架內的台灣史，構建兩岸間自立（非獨立或分離）與共生的構圖。

（一）確立台灣人的主體性思考

主體性本來是一個哲學上的詞彙，是指人在實踐過程中表現出來的能力、作用、地位，即人的自主、主動、能動、自由、有目的的活

---

[42] 戴國煇，《台灣結與中國結——睪丸理論與自立・共生的構圖》，頁 36〜37。
[43] 戴國煇，《台灣結與中國結——睪丸理論與自立・共生的構圖》，頁 123。

動的地位和特徵。主體並不是一個實體性的範疇，而是價值關係的範疇。[44]在對台灣人的身分認同探索過程中，戴國煇教授提出確立台灣人的主體性問題，即摒棄日本美國的價值觀重新確立台灣人自己的價值觀。在這裡的台灣人主體性概念，是針對部分本省籍的台灣民眾在殖民地統治期間，因爲接受日本的皇民化教育，接受了日本的價值觀念，從而失去了台灣人自己自主的價值體系與尺碼。爲此戴教授提出日本在台灣施行殖民統治的最大罪惡不是經濟上的破壞與物質上的掠奪，而是在於對人的破壞。[45]而一部分 1949 年以後到台的大陸籍知識分子，由於沒有台籍知識分子陷於日本殖民地長期統治的經驗，不但不具有日本尺碼，還因受「九一八」以來的長期侵略而具有抗拒日本之一切事物的深層心理。由於國民黨政府及台灣地區長期以來和美國的關係，部分知識分子又具有「美國尺碼」，用美國價值觀看問題。

　　戴教授認爲，如何要克服這些外來的尺碼，尤其是日本殖民地價值體系留下來的「日本尺碼」，這就需要在精神層面的「對決」中，來形成我們自己自主的價值體系和「尺碼」。台籍知識分子如果不能與日本殖民地價值體系「對決」，就永遠不能形成自己的自主價值體系和自己的「尺碼」，而在精神上永遠陷入日本價值體系中，自囿於「日本尺碼」，成爲它的精神層次上之附庸。[46]台灣人應當將對日本殖民地化的歷史進行追究做爲自身的課題。應該把殖民地化所遭受的傷痕做爲傷痕來看待，用自己的意志，站在自己的立場上進行整理與批判，克服那套日本殖民地統治所留下來的價值體系，而新創出我們自主的價值體系。台灣社會要與日本尺碼、美國尺碼這兩個外來的「尺碼」做好對決，來建立自己主體的價值體系和「尺碼」。 這種主體性包括兩個方面的涵義，一方面是恢復被殖民統治者破壞的固有價值體系，發揮主觀能動的思考；另一方面是要搞清楚自己的歷史，把自己

---

[44] 李德順，《價值論：一種主體性的研究》，中國人民大學出版社，2011 年 1 月，頁 3～6。
[45] 戴國煇，〈某副教授之死與再出發的苦惱〉，《戴國煇全集 1》，頁 19。
[46] 戴國煇，《台灣結與中國結──睪丸理論與自立・共生的構圖》，頁 170～172。

的社會定位好，才能找到自己該走的路，以及生活方式、生活的追尋和取向。

（二）將台灣史納入中國史、世界史框架內思考

　　戴國煇教授曾經指出，了解台灣和台灣人全體的過去的史實，一如了解我們台灣關係人士們的個人來歷，同樣的重要。同時，我也相信，爲了把台灣的過去和未來，連接在中、日關係，連接在日本與亞洲的關係，甚至焊接在亞洲和平、世界和平上面去思考，這份整理及了解的工作非常重要。[47]他對自己的「生之意義」，及身分認同的探索，同時也表現在他對台灣歷史的探索方面。他通過對台灣甘蔗糖業史的研究，不僅搞清了甘蔗糖業在中國的發展史，而且也對甘蔗在台灣的發展，及以糖業貿易爲基礎的台灣貿易進行了研究，整理出日本當年爲何在《馬關條約》向李鴻章極力主張侵占台灣、澎湖的真正經濟原因。通過對清代台灣的考察，把殖民地化前夕的台灣，從寄生式地主制度的成熟、樟腦、蔗糖、茶葉貿易與晚清的洋務運動三個方面進行整理，認爲晚清洋務運動的成果，後來變成了方便殖民地化焊接的架構。而通過對日本殖民台灣歷史的研究，指出日本殖民統治對台灣人最大的傷害是人的破壞，將殖民統治的價值體系強加在台灣人身上，貶低台灣人固有的文化，剝奪台灣人的語言，割斷台灣與大陸的聯繫，使台灣失去與大陸共同邁向現代中國進程過程中的體驗。

　　他認爲台灣史不僅是台灣全體住民本身的歷史，同時也是中國史的一部分，在這個意義上，更可以延伸其脈絡至東亞史、世界史來思考今後的課題。台灣史、中國史、東亞史、世界史等各部分之間，共有著有機關聯自不待言，如果沒有這樣的視野去掌握問題，恐怕不易體會亞洲近代、現代時代精神的來龍去脈，更遑論去理解其真正的內涵及其流向。[48]他認爲台灣史當然需要從內部來探討，包括高山各族

---

[47] 戴國煇，《台灣結與中國結——睪丸理論與自立・共生的構圖》，頁 164~165。
[48] 戴國煇，《台灣結與中國結——睪丸理論與自立・共生的構圖》，頁 165。

的歷史，漢族和高山各族間的鬥爭，爭生存的歷史、漢族間的械鬥的
歷史等等。但爲了明察「台灣何去何從」的課題，我們還得從全中國
史，從亞洲史，從世界史的關聯上做好台灣史的定位來考察問題，才
不至於陷入自己的小「框框」，溺死於「小浴池」裡頭。台灣人只有
將台灣史納入中國史，世界史的範疇，才能建構有尊嚴的台灣史。

（三）自立與共生——構建有尊嚴的台灣人身分之路

　　戴教授通過一生對台灣與台灣人身分認同問題的探索，深深體會
到「身爲台灣出身的中國人，只一味地訴說支配下的『怨恨、艱辛、
受辱』，實在沒甚麼用處，頂多從此陷入一種自厭心理罷了。寧可一
方面重視『怨恨、艱辛、受辱』的感性當爲『原動力』，不逃避它，
正視它，一方面卻努力將其克服與昇華，把自己提高到理性認知的層
次，這才是自己做爲一個研究者的最『基本』命題」。[49]

　　自 1988 年出版了日文版《台灣——住民・歷史・心性》，並成爲
暢銷書後，他在多次有關「台灣與中國大陸關係的展望」的演講中提
出了兩岸自立與共生的構圖。自立，用英文來表達便是 "self-help"，
不是獨立，也不是分離。共生就是 "symbiosis"，是指不同的人種、
不同的民族、不同族群間都需要探索出相互之間最爲合適、互相肯
定、相依共生的某一種形式。台灣與中國大陸「自立」與「共生」的
構圖，就是主張海峽兩岸能建構出「自立」與「共生」的良性且有機
關聯性關係，在一個中國的大前提下一致對外，對內可以用和平手段
來協商、溝通以及調適。兩岸可以先搞包括大陸、港澳台在內的中華
經濟共同體（非大中華經濟圈），以此做爲中間站，最後變成中華統
一體。在解決台灣和香港問題的過程中，摸索中國的國家形式。[50]戴
教授指出，不管是統或獨，在其爭議上打高空，喊大話都只是「爽」

49 戴國煇，《台灣結與中國結——睪丸理論與自立・共生的構圖》，頁 132。
50 戴國煇，〈台灣近百年與日本——從我的體驗來探討〉，《戴國煇全集 9》，台北：文訊雜誌社，2011 年 4 月，頁 327。另參考 1992 年戴國煇在中國社會科學院台灣研究所演講，〈有關兩德統一的教訓及海峽兩岸關係發展〉，筆者筆記。

的一種自慰行為，是無法解決問題的。應該正確地認識我們的課題，並力圖克服我們社會的虛構及矯飾的結構性缺陷。[51]中國大陸逐漸地形成為台灣社會經濟的 hinterland。台灣和大陸的關係是不易隔斷的，除了血緣、文化、歷史等層面規制著相互的關係外，地理上的唇齒相依關係，是任何人士都難以否定其客觀事實的。

經過四十餘年的探索，戴教授再次確認，大陸中國應為台灣人追求安定的身分認同的方向。只有將台灣人的身分置於中國人的身分認同之下，才是保證台灣人安定的自我同一性，解決台灣人認同危機的出路。此外，究明台灣的認同危機及其困擾時，僅以所謂的本省人即台灣人為物件，是不夠的。而只有把外省人的認同問題也包括進去，才能表現出「台灣」一詞之全面性。台灣民族是不存在的，但台灣人這一概念是有發展餘地的。「台灣人」這一概念的生命力取決於其所體現或所想體現的時代精神之內容。這內容不僅僅是台灣全體居民能接受，而且還必須是對岸大陸的平民百姓也能接受的、富於魅力的內容，否則是沒有生命力，也不可能持久的。[52]1996 年回台前他曾經期待當選後的李登輝應該「將諸多政治性言論中過剩的修辭語言剔除，經過與之對決以克服各種的虛偽意識，並認真地研究與對岸大陸共生的路子，接受創造出一個多元和諧（poliphonic）的共同體，也就是『中華共同體』的挑戰」。[53]雖然戴教授生前壯志未酬，但戴教授的思想，卻為我們構建了未來國家的發展方向。

結語

戴國煇教授在日本四十餘年，始終固執三個尊嚴：出生的尊嚴——對個人而言，任何人的出生都無法事先選擇，是帶有命運性的一種「結果」，而個人坐標軸之基點便是在其出生，因而非固執不可；民

---

[51] 戴國煇，《台灣結與中國結——睪丸理論與自立・共生的構圖》，頁 92。

[52] 戴國煇，《戴國煇全集 5・台灣近百年史的曲折路——「寧靜革命」的來龍去脈》，台北：文訊雜誌社，2011 年 4 月，頁 156～158。

[53] 戴國煇，《台湾という名のヤヌス——静かなる革命への道》，頁 156。

族之尊嚴——民族是半悠久性的，對自己民族的認同是一件極為嚴肅
的事情，來不得半點馬虎。戰爭、動亂一類的話題和課題，最多也不
過是以 10 年或 20 年為思考「時域」的，但一國或一民族之有關文化、
社會的命運的思考「時域」，該是以百年甚至於千年來作單位的；學
術之尊嚴——堅持學術的純潔和尊嚴的基礎上，進行原理性（追求隱
藏於表層現象後，相對穩定且具有持續性質的根源性實質）、邏輯層
面（避開情緒、感性的直接宣洩，將個性化的情緒和感性加以醞釀，
從而昇華到具有普遍意義的理性層次）、思想層面（指的是「具有時
代導向且為時代精神所涵蓋的」銷毀不了的思想）的探討。[54]對台灣
人身分認同的探索過程，也是他自身的生命歷程。戴教授的海峽兩岸
「自立與共生的理論」，也是一位用自己的生命去探索「台灣人生之
奧祕」的台灣出身的中國人學者的「歷史性的證言與敘述」。而戴教
授去世後十年的今天之兩岸關係和平發展的現實，恰恰證明了戴教授
做為一位高瞻遠矚的歷史學家之睿智與洞察。

---

[54] 戴國煇，《台灣結與中國結——睪丸理論與自立・共生的構圖》，頁 39～40。

講評

◎陳翠蓮[*]

　　感謝主辦單位的邀請，讓我有機會在此，透過研討會的方式，對戴國煇先生的學術研究表達我的看法。在早期，當台灣史研究還是禁忌的時候，戴國煇先生即抱著強烈的使命感著手從事，蒐集史料、帶領研究會，探索二二八。我們這一輩的學生時代，都對他的作品耳熟能詳，受到不同程度的啓發。爲了今天的研討會，這一陣子我重讀了戴國煇先生的作品，而有一些感想。

　　像戴國煇一樣的台灣人，經歷日本殖民統治、戰後二二八事件、白色恐怖等巨大衝擊，面對著嚴酷的考驗，而有了不同的選擇。有人選擇從事政治活動、正面對決；有人抑鬱終生、懷憂喪志；戴國煇先生則是選擇遠離故土，透過學術研究，以畢生之力琢磨、思索、同時更是一種自我療傷。我們很難體會那個時代的人們生命經驗中深沉的傷痛，雖然不一定同意這些看法與選擇，但我仍要對戴先生爲台灣史研究上所做的努力，表達由衷的敬意。

　　沒錯，戴國煇一生的學術研究，正是一種自我療傷的過程。殖民統治時期日本教師的粗暴羞辱成爲他記憶中永遠難以磨滅的傷痕；客家人出身的他，透過他的父親、祖父「中原意識」的灌輸，寄望著心愛的祖國；但戰後祖國的統治卻是讓人如此傷痛。於是，他皓首窮經，以一生的力氣，試圖提煉、整合、超越出一套論述，最後給自己的定位是「出身於台灣・客系的・中國人」。

　　本文指出了戴國煇學術研究的三個主要脈絡：殖民地的傷痕，Eric

* 國立政治大學台灣史研究所教授兼所長。

H. Erikson 心理歷史學與自我同定的研究架構，比較觀點的研究視角。但對於題目所示的「台灣人身分認同的探索」，仍有不足之處，參照戴國煇的自述與學術討論等相關資料，試補充如下：

一、後殖民研究的影響：殖民地傷痕是他一生無法磨滅的痛，影響至深，他也認為殖民統治不可能有所謂的「善果」。同時，他努力尋求同樣經驗的殖民地知識分子的看法，而在阿爾及利亞醫生法農（Frantz Fanon）的《黑皮膚白面具》（*BlackSkin, White Mask*），及法國猶太裔心理學家敏米（OEuvers d'Albert Memmi）的《殖民者與被殖者》（*The Colonizer and the Colonized*）兩書中得到啟發，對被殖者「想要和殖民主一樣」的扭曲心理加以追究。而他對早期台獨運動人士的批判，正是脫胎於此。這些，作者全未觸及。

二、客家人的身分與認同：如前所述，戴國煇最後的自我認同定位是「出身於台灣‧客系的‧中國人」，這三大指標中，本文指出了他「做為台灣人」、尤其是「做為中國人」認同的部分，卻對他相當強調的「做為客家人」的部分，幾乎未加著墨。做為客家人，中國的邊緣族群，如何因邊緣位置而產生強烈的「中原意識」、「正統意識」（例〈「中國人」的中原意識與邊疆觀〉，收入《戴國煇全集 2》）？做為客家人，台灣的少數族群，他對「福佬沙文主義」有何批判？（例《愛憎二二八》）這些問題在戴國煇的作品中都可以看得到，客家人身分又如何影響他的政治認同與選擇呢？

三、海德格歷史哲學的影響：戴國煇博覽群書，接觸極廣，他的歷史哲學受德國哲學家海德格的影響極大，帶有強烈的現實意義。他把歷史分為過去、現在與未來，過去的歷史影響了現在，當前的歷史是過去的顯現，將影響到未來。（《台灣結與中國結‧前言》）他的台灣史研究，正有著這樣的意義：盤整過去、思考現在、指導未來的作用。這是作者所忽略的。

四、所謂「自立與共生」：在結語前，作者說「戴教授再次確認，中國大陸應為台灣人追求安定的身分認同的方向。只有將台灣人的身

分置於中國人的身分認同之下，才是保證台灣人安定的自我同一性，解決台灣人認同危機的出路。」我認為，作者並未讀出戴國煇《台灣結與中國結》一書所提出的「自立與共生」主張的深意。前文已指出，戴國煇的歷史研究有著強烈的現實意義。對二二八事件有深入研究的戴國煇，反對台獨主張，因為他一直擔憂、也屢次在各種場合表達「當民族內部分裂抗爭到熱血奔騰的時候，因為是近親，其憎恨加深，一搞不好會造成相互殘殺的、淒慘的大悲劇發生」（例〈身分與立場〉，收入《台灣結與中國結》）。這是二二八事件給他的對中華文化的深刻教訓，「自立與共生」，正是他為台灣所選擇，最安全的出路，這是他對台灣所心存的大愛。

　　五、政治行為與政治認同的矛盾問題：長期以來提示友人要「遠離政治」的戴國煇先生，為何在 1996 至 1999 年走入政治，同時，是服侍於他的對立面，他的思想、認同與主張所批判的李登輝總統之手下？統派的朋友指責他「晚節不保」，但我認為真正的原因，應該是與前述他的台灣認同與歷史哲學有關。這些有待作者進一步研究。

　　以上數項，是我認為本文作者所忽略、或疏於著墨的部分，謹提供做為參考。

戴國煇先生與「二二八事件」研究

◎吳銘能[*]

摘　要

　　「二二八事件」研究，在當今台灣已經成為研究台灣史領域的顯學之一，但是在蔚為研究風潮之前，這個議題是被壓抑與扭曲的，多數人不敢公開談論；即使私下談論這個議題，也大多是片面性地緬懷過去犧牲親友或印象模糊地追述經歷此事件，更不必說有系統史料的完整披露與閱讀。倡導「二二八事件」這個議題做深入研究的學者，並且能夠以身作則，率先系統做出研究成績，戴國煇先生是不能不提到的先驅研究者[1]。

　　也許有人會好奇，到底是什麼樣的動力驅使戴先生願意從事「二二八事件」這個敏感、禁忌議題研究，而且能夠終身堅持不悔地投入呢？這必須要從他早年親歷這個事件談起。

　　其次，戴先生研究「二二八事件」的方法為何？其研究的特色與局限又是如何呢？他做的研究有何意義？怎樣解釋這層意義？如果能夠嘗試回答上述的問題，吾人對戴先生的「二二八事件」研究才稱得上是深刻了解。

---

[*] 四川大學歷史文化學院副教授、中國西南文獻研究中心副主任。
[1] 一份 1983 年 10 月 10 日呈交美國學術社團評議會（America Council of Learned Societies）申請專題基金贊助的計畫，由戴國煇（Tai Kuo-hui）與費德廉（Douglas L. Fix）署名，題為「二二八事件：主要原始資料目錄」（The 'February 28th Incident': A Catalogue of Primary Source Materials），具體提出要在 1984 年春至 1985 年秋，以一年半的時間，對美國、台灣、香港、日本等地的圖書館收藏與「二二八事件」直接相關的第一手資料報紙、期刊、專著、政府報告、個人經歷等做系統蒐集整理與編目，最終要以專科目錄的形式出版。這項計畫雖然後來未見成功完成，但可看出戴先生爭取機會的努力過程。這份英文打字稿並附有簡易中文翻譯附件，筆者非常感謝王為萱女史提供。

關鍵詞：二二八事件、白色恐怖、身分認同、 台灣人、口述歷
　　　　史

一、戴先生為何研究二二八事件

（一）早年痛苦經驗的回憶

戴先生致力從事研究「二二八」事件，與他早年的經歷有關。這種夾雜著年輕歲月的記憶，一直給予其心靈留下不可磨滅的烙印。根據他自己說：

> 從 1945 年盛夏到 1955 年深秋這十年間，我經歷了台灣光復、「二二八」、「白色恐怖」這段台灣社會政治翻騰攪擾不已的多事歲月，其中摻雜了欣喜、憤怒、悲哀、壯懷激烈的各種複雜情緒。我的許多朋友、同學、師長在「二二八」、「白色恐怖」中，有的冤死莫名，有的慷慨赴義，有的身繫囹圄，飽受身心摧殘。另一方面，我也親見耳聞了數之不盡的公報私仇、政治權力傾軋、鬥爭、欺騙、勒索、出賣等卑鄙醜陋的邪惡行徑。可以說，人性的崇高與卑劣、真實與虛偽在這過程中，交互呈現，做了最徹底無遺的展露。對這些我不能無感於衷，於是發願要把「二二八」、「白色恐怖」的源頭、過程做全面地探討，既為剖解未明的疑惑，也可為當世與來者之借鑑。[2]

就是抱定這樣雙重複雜的心理因素與使命感的驅動力量，使戴先生投入「二二八事件」研究，一輩子全力以赴，不怨無悔。他說他自己理性與感性交織，即是要以學者的立場，對「二二八事件」的真相，以客觀誠實的態度整理出來，再則以在台灣出生、成長的台灣人立場，力求將感性體驗提升乃至昇華為理性的認知。[3]

---

[2] 戴國煇、葉芸芸，〈自序〉，《愛憎二二八──神話與史實：解開歷史之謎》，台北：遠流出版公司，1992 年 2 月，頁 7。另參見戴國煇，《台灣史探微──現實與史實的相互往還》，台北：南天書局，1999 年 11 月，頁 153～154。

[3] 戴國煇、葉芸芸，《愛憎二二八──神話與史實：解開歷史之謎》，頁 6。

（二）誠摯又深刻的獨立反省

　　從受日本殖民統治下的台灣人，到中國接收後成為中國台灣一省住民的身分轉變，究竟是怎麼回事？而「光復」的意義對台灣人而言又是什麼呢？戴先生一生極力追求自我認同的經驗與掙扎，認為這也是全體台灣人普遍要面對的重大命題。[4]

　　但很遺憾地，戴先生認為台灣人受日本統治有半個世紀之久，台灣光復回到中國統治的範圍下，從來沒有充裕時間深刻反省自身的主體性與價值認同，就發生了「二二八事件」與「白色恐怖」，這是很不幸的：

> 本來，台灣光復後有兩大課題：第一是整個中國，包括大陸與台灣都必須從傳統的社會邁向現代化的社會；第二，由於有受日本殖民統治 50 年的特殊歷史因素，台灣還必須在生活方式與價值觀念上從日本回歸中國，也就是必須經過認同的重建，以與大陸攜手同步建立現代化國家。很不幸的是，光復後不久即碰上「二二八」與 1950 年代的「白色恐怖」，遂使一些台籍人士未及建構好對中國的認同，從而錯誤地認為日本帝國主義遺留下的價值體系比中國的要來得進步，而予以肯定。殊不知未經台人向日帝抗爭從而以自主性建立的價值體系及法政體制是脆弱的，也是不可取的一種虛構而已。[5]

　　戴先生就是為解決自己「身分認同」的問題而投入這項研究。因此，可以這麼說，「二二八事件」的真相，對戴先生而言，不僅是個學術問題，更是個人切身相關的現實「身分認同」問題。

　　這種以解決現實「身分認同」困惑為出發點的學術關懷，構成了

---

[4] 戴國煇、葉芸芸，《愛憎二二八——神話與史實：解開歷史之謎》，頁 6～7。
[5] 戴國煇、葉芸芸，《愛憎二二八——神話與史實：解開歷史之謎》，頁 312。這樣的看法，許介鱗《日本殖民統治讚美論總批判》（台北：文英堂，2006 年 8 月）一書有更具體的論述，尤其是頁 43～45。

戴先生研究問題既有理性的層面，更不乏兼備有感性的人道立場！

二、戴先生對二二八事件的研究方法與檢討

　　如前所述，戴先生是通過回憶自己當年周遭的生活狀況，同時參考文獻記錄台灣光復實際的情況，從 1956 年 4 月入學日本東京大學，戴先生就開始蒐集「二二八事件」的史料。[6]

　　關於與「二二八事件」相關的研究方法，戴先生在〈有關台灣近現代史研究的幾個問題 ── 方法暨切入視角試論〉一文，即呈現非常宏大的藍圖，不妨視為其研究方法的宣告。其中較為重要者有：光復後的台灣居民結構，包括台灣本島人的自外復員與分歧、漢奸及半山之虛與實、台灣人的涵義、初期來台的外省人與二二八的相關層面、關於本省人與外省人的真正內涵，如何總結日本統治台灣，包括有知日、不媚日、揚棄親日、保有台灣人的主體性，如何總結兩蔣威權時代及當前的美國對台政策，包括將領袖人物請下神壇、不陷入媚美親美的境地。[7]

　　此外，他對日本學界有關台灣問題研究的視野有很尖銳的批評：

　　筆者 1955 年秋天出國赴日本留學，從事研究工作，一直待在日本學界圈子內。我觀察到日本許多研究中國的學者，他們的大多數雖然主張「一個中國」的立場，但至今仍然不把台灣擺在他們研究對象的視野裡頭。而研究台灣的學者是僅有少數。他們亦欠缺將台灣和全中國的政治、經濟、社會以及歷史上的動態、脈搏結合起來思考，來掌握問題的研究方法。或由全中國近代史的動態中以及從其有機的關聯中去發掘問題，認識研究對象，從而開拓他們台灣研究領域的眼界。同時也少看到日本朋友真正抓住圍

---

[6] 見戴國煇、葉芸芸，〈自序〉《愛憎二二八──神話與史實：解開歷史之謎》，頁 7。戴先生另一稍有歧異說法，1955 年 11 月到日本留學後，即著手廣為蒐集、整理「二二八」的資料，同前揭書，頁 371。

[7] 戴國煇，〈總序〉，《台灣史探微──現實與史實的相互往還》，頁 13～20。

繞台灣的時代精神來掌握「台灣問題」的本質。

由於上述研究態度的積弊，使他們所抱有的台灣史的形象依舊模糊不清，對於所謂「台灣問題」亦不曾有過堅持該有的公平立場，發揮過充滿自信且正義的言論。[8]

這些觀點可以看出戴先生研究台灣史的特色，係宏觀地把台灣史視為研究的整體對象，其視角是放在與全中國政治、經濟、社會以及歷史上動態的比較研究，前後因果關係是緊密相連在一起，難以片段分割的。[9]

了解戴先生研究台灣史方法的特性，將有助於吾人對其評論代表官方「行政院研究二二八事件小組」《二二八事件研究報告》的意見。這份評論意見與其研究台灣史的立場是一貫的，可以視為戴先生對二二八事件具體而微的研究方法揭示，舉其犖犖而大者有以下數點：

1.政府是在民間強烈要求下做的研究報告，本身政治交代的意味非常明顯；但就學術研究的立場來看，這只是研究的開始而已，絕不是「二二八事件」的蓋棺論定[10]。

2.欠缺研究此事件的哲學水準。

3.史料的整理與鑒定。[11]

4.歷史的解釋問題。

5.缺乏具有中國史、世界史視野，當時大陸社會經濟情勢、當時之國際關係對中國與台灣之影響，都未被充分討論。

6.美國在「二二八事件」對台灣的態度問題。

---

[8] 戴國煇，《台灣史探微——現實與史實的相互往還》，頁7～8。

[9] 戴先生自己說他一生奉行不渝的觀點，是把做為過去的歷史、做為現在的歷史與做為未來的歷史，掌握三者的連貫性、有機性才是真正的史學家，而並非把史料、資料堆砌在那兒就算是歷史家。詳見〈歷史解釋權、二二八、台灣人原罪論——杜繼平先生訪我錄〉一文，原載《美洲時報週刊》，1991年4月13～19日。

[10] 另參見戴國煇，《台灣史探微——現實與史實的相互往還》，頁180。

[11] 資料本身存在正誤、真偽之問題，不重視這一類陷阱是極度危險的。這個看法，另可見戴國煇，〈試論二二八事件研究之視角與方法〉一文，原載《人間》雜誌，1989年4月，頁141～146。

7.台灣光復前後的社會經濟背景並未清晰陳述，模糊了社會經濟結構層次的問題。

8.中國政局之分析不足。[12]

以上八點的批評意見，綜合看來，不但是展現一位學者浸淫「二二八事件」史料深造有得的洞見睿識，同時也是學者研究態度嚴謹的當行本色，猶如空谷足音，令人感佩！

其中第一點與第二點的意見，應是迄今爲止，關於「二二八事件」研究最重要的核心問題。當今「二二八事件」史料的公布已經沒有任何的禁區了，但關於研究水準突破，卻沒有更進一步的跨越進展，十分令人惋惜。筆者曾經對《二二八事件研究報告》有率真的批評，以爲當時以集體合作的力量，投入眾多的人力物力，係以接受一件任務來完成，但由於時間倉促，可以商榷之處頗多。而且，十多年後的今天，與「二二八事件」相關史料公布更多，那些當年參與《二二八事件研究報告》的作者，如今有多少人還繼續再研究二二八呢？[13]可見，戴先生把當年的研究視爲「政治交代」的作法，表示了保留意見與不敢苟同的警惕，現在看來，實在具有相當的睿智洞見。

第三點關於史料的整理與鑒定，戴先生曾對柯遠芬〈台灣二二八事變之真像〉文章的事實表示了質疑[14]。事實上，不只是柯遠芬〈台灣二二八事變之真像〉文章有疑問，其後〈柯遠芬先生訪問紀錄〉的

---

[12] 以上是筆者根據戴先生〈在二二八事件中的發現——細評《二二八研究報告》〉一文歸納整理的要點，詳見戴國煇，《台灣史探微——現實與史實的相互往還》，頁166～172。此外，戴先生說他對「二二八事件」的研究方法，除了從政治、社會、經濟各方面著手外，同時也從「心理歷史學」的角度切入，希望能把台灣人民精神深層的草根情結分析出來，使它開展走向健全之道。見1989年2月16日《民眾日報》。

[13] 參見吳銘能，〈黃彰健先生的校勘之學與史學精神〉一文，收在朱浤源主編，《二二八研究的校勘學視角：黃彰健院士追思論文集》，台北：文史哲出版社，2010年12月，頁65～100。

[14] 如說事件發生與蔓延的大部分責任推給台共與台獨人士，謝雪紅等共產黨人鼓動，又說台北戒嚴後，暴亂分子南走，台獨分子趁機而起，均與事實有相當的差距。詳見戴國煇，《台灣史探微——現實與史實的相互往還》，頁161，頁179～180。另外，黃彰健先生根據共產黨員吳克泰的回憶，以及警總檔案中的兩分中共檔，也說明瞭「是突發事件，並非由共產黨所鼓動的」，參見黃彰健，《二二八事件真相考證稿》，台北：中央研究院、聯經出版公司，2007年2月，頁275～278。

內容甚至頗多錯誤[15]，而且連彭孟緝所撰〈台灣省二二八事件回憶錄〉的電文與彭幕僚所撰〈二二八事變之平亂〉所載文辭內容有不一樣，以檔案所存真電報內容校勘，彭孟緝與陳儀來往電報竟係假的，不可據以為研究的材料[16]。以上已故中研院黃彰健院士的研究，印證了戴先生的質疑是站得住腳的。

第四點與第五、七、八點關於「二二八事件」發生的背景解釋問題，戴先生提出的批判很客觀正確，也是目前學界最薄弱的一環。即使窮盡數十年考據功底，晚年完成絕筆力作《二二八事件真相考證稿》的黃彰健先生，對此仍然表示所長在彼（校勘之學）而非在此[17]，可見這方面的學者難得。

第六點關於美國在「二二八事件」對台灣的態度問題，是個不可忽視的重點，這方面的研究，隨著 George H. Kerr 等相關檔案資料的公布，已經有相當不錯成果發表了。[18]

以上探討戴先生對《二二八事件研究報告》批評要點，接著吾人要以其實際研究的成果來說明他在文獻上的努力。

三、戴先生對二二八事件文獻上的努力

戴先生對研究對象的文獻資料非常重視，他曾說過：

從方法論來說，首先是盡量發掘史料，加以批判、整理，最後再

---

[15] 關於柯遠芬〈台灣二二八事變之真像〉與〈柯遠芬先生訪問紀錄〉文章內容的錯誤，可參見黃彰健院士的研究成果《二二八事件真相考證稿》，頁 89～92。

[16] 詳見黃彰健，《二二八事件真相考證稿》，頁 3～15。

[17] 見黃彰健口述，武之璋、朱浤源、朱麗蓉整理，〈為何考證？如何解讀？從校讎之學敬答陳儀深君〉，收在朱浤源主編，《二二八研究的校勘學視角：黃彰健院士追思論文集》，頁 1～47。

[18] 最新的研究成果，可參見蘇瑤崇，〈二二八事件相關英日文資料介紹與問題研究〉、朱浤源與黃文範，〈葛超智在二二八事件中的角色〉、前田直樹，〈台灣的政治自由化與美國對台政策：從二二八事件到雷震案〉，分別收在許雪姬主編，《二二八事件 60 週年紀念論文集》，台北：台北市政府文化局、台北二二八紀念館，2008 年 3 月，頁 89～127，頁 423～462，頁 463～485。以及朱浤源、黃種祥，〈戰後美國情報人員在台活動初探──以 George H. Kerr 為中心〉，收在朱浤源主編，《二二八研究的校勘學視角：黃彰健院士追思論文集》，頁 214～287。

予以解釋，這才是理想的歷史研究。……經驗與歷史教訓是不同層次的問題，台灣有些人把它們混同了。其實，經驗僅是粗糙的泛泛之物，經過抽象的提煉之後才是歷史教訓。歷史教訓如何塑造、建構起來是至關重要的事，因此，需要有歷史解釋，但必須說明的是，做歷史解釋需要很熟練的史學方法、很高的史學素養、很嚴密的史學訓練，才能很好地把經驗提升為歷史教訓。當然，我只是努力以此自期，並不是說我做得很好。……

我把自己很清楚地定位為學者，不參與政治鬥爭，我只憑我的良心、學養，學無止境地追求我剛才提過的那些目標，也就是盡量蒐集史料，很公正地加以批判，然後以一個當代台灣出生的中國學者立場，期能做出對未來的歷史有所交待，並能真正回饋台灣百姓的歷史解釋，如此而已。[19]

　　據他自己說研究「二二八事件」，閱讀紙上文獻材料，包含報刊資料、相關專著，而口述訪談、回憶錄也是做為研究資料的重點。[20]

　　從 1983 年 8 月開始，有系統在美國由葉芸芸女史主持的《台灣與世界》雜誌開闢專欄，以筆名梅村仁連載「二二八史料舉隅」，將其蒐集史料分篇、整理、註釋並考證，逐月發表，期待能夠刺激有關此領域的正面研究。[21]可見，戴先生是個有心人，對研究二二八的資料經營已久，文獻上的努力是下了很大的功夫。

　　戴先生與葉芸芸合著的《愛憎二二八——神話與史實：解開歷史之謎》一書，已言經眼的文獻有以下幾類：

　　一是報刊資料，如《大公報》、《文匯報》、《觀察》等。

　　二是相關專著，如莊嘉農《憤怒的台灣》、林木順《台灣二月革

---

[19] 詳見〈歷史解釋權、二二八、台灣人原罪論——杜繼平先生訪我錄〉一文，原載《美洲時報週刊》，1991 年 4 月 13～19 日。
[20] 戴國煇、葉芸芸，〈自序〉，《愛憎二二八——神話與史實：解開歷史之謎》，頁 7～8。
[21] 戴國煇、葉芸芸，〈自序〉《愛憎二二八——神話與史實：解開歷史之謎》，頁 10～11；戴國煇，《台灣史探微——現實與史實的相互往還》，頁 144～147。

命》、唐賢龍《台灣事變內幕記》、王思翔《台灣二月革命記》、行政
長官公署初編《台灣省二二八暴動事件紀要》、台灣省行政長官公署
新聞室編印《台灣暴動事件紀實》、台灣正義出版社編印《台灣二二
八事件親歷記》、勁雨編《台灣事變真相與內幕》、江慕雲《為台灣說
話》、國防部新聞局掃蕩週報編《台灣二二八事變始末記》等書。

　　還有其他周邊狀況的有關文獻，如沈仲九主編《台灣考察報告》、
福建省縣政人員訓練所編述《陳（儀）主席的思想》、台灣省行政長
官公署宣傳委員會編印《陳長官治台言論第一輯》、台灣省行政長官
公署宣傳委員會編行《外國記者團眼中之台灣》、台灣省行政長官公
署人事室編印《台灣省各機關職員錄》等。

　　此外，英文本的著作，如《一九四九年美國對華白皮書》（ *United
States Relation With China: With Special Reference to the Period of 1944
～1949* ）、賈安娜、白修德（Theodore H. White,1915～1986）《中國暴
風雨》（ *Thunder Out of China* ）給戴先生的眼界大開，「提醒我對同樣
的事物可有多元的視野來比較思考」。[22]

　　三是人物口述訪談。戴先生對人物口述訪談很早就開始進行了。

　　「1960 年代，台灣文學界耆宿吳濁流先生數度來日，我協助他
出版《亞細亞的孤兒》等書，提示二二八相關資料並與他討論二二八，
敦促他寫成記錄二二八的《無花果》」。另外，「國府監察委員丘念台
先生在奉派來日疏導留學生時，我也與他就二二八深談多次」，這次
的訪談，使他對二二八事件的理解，有了深刻的認識：原來國府和國
民黨並非鐵板一塊，其中派系傾軋鬥爭激烈，實非一般不諳中國傳統
政治文化的台籍人士所能想見，而國民黨及國府有關人員也決不能等
同於外省人、中國人。

　　此外，戴先生還訪談了葉榮鐘、王詩琅、楊逵、臺靜農、陳碧笙、
丁名楠、周青、李霽野、H 先生、林衡道等經歷二二八的前輩，使他
對二二八有了較為全面的認識。

---

[22] 戴國煇、葉芸芸，〈自序〉，《愛憎二二八——神話與史實：解開歷史之謎》，頁 9。

　　四是回憶錄。這部分可分為兩方面，一是自己的童年回憶；二是他人的回憶錄。如他說台灣光復的情景，台灣同胞如何歡迎國軍到台灣接收，就是童年回憶的一部分：

　　時序進入 10 月，「祖國」的影子終於在台灣出現了。5 日，台灣省行政長官公署及台灣警備總司令部的前進指揮所在台北成立。17 日，國府所屬的第七十軍分別搭乘美國軍艦，在一片旗海飄揚的歡呼聲中登陸基隆。我記得，當家母聽說國軍就要經過中壢火車站時，因胃癌長期臥病在床的她，還特地換上一身不知藏在哪裡的旗袍（日帝員警在晚期禁止台人穿布扣中國式衣衫），要家人到街上找輛人拉的黃包車，趕去火車站去迎接國軍。在歡迎國軍的人群中，我看著她穿上那身我從來沒看過的旗袍（儘管她因為罹患胃癌，開過刀，而使得旗袍寬鬆了些），手裡揮舞著一面不知從哪裡來的青天白日滿地紅國旗，像其他人一樣熱烈地在歡迎國軍。[23]

　　值得注意的，自 1983 年 8 月起，戴先生以筆名梅村仁在葉芸芸主辦的《台灣與世界》雜誌開始逐月連載「二二八史料舉隅」，而葉芸芸女史在戴先生建議下，完成了人物訪談的成績《證言二二八》。[24]

　　五是照片圖像。這一方面，戴先生沒有特別明說，但由他與葉芸芸女史合寫的《愛憎二二八——神話與史實：解開歷史之謎》一書所附上的影像圖片，很多都是不易獲得的珍貴鏡頭。

---

[23] 戴國煇、葉芸芸，《愛憎二二八——神話與史實：解開歷史之謎》，頁 14～15。
[24] 戴國煇為葉芸芸 1990 年人間出版社的《證言二二八》寫序，特別推崇「這本集子最可貴的特色是，葉小姐並不依據政治立場來選擇採訪對象，而是透過個人私誼，尤其是她父親的人際關係所蒐集的見證紀錄」，「多年來在台灣、大陸、日本、美國各地採訪，累積了很多有關事變的見證人之發言及見證紀錄，為了學術研究，做了非常紮實的準備工作」，「她的確為理性的、公正的、正義的、科學的二二八事變研究，打下了必要的前提性的基礎。這是把二二八事變歸還歷史真面貌的一個非常重要的里程碑，是很大的成就」。見戴國煇，《台灣史探微——現實與史實的相互往還》，頁 147。

四、戴先生對「二二八事件」研究觀點與討論

　　戴先生對「二二八事件」研究的觀點，有許多角度迄今仍有參考的價值，當然也有若干是可以再商榷的。先把這些觀點整理如下。

　　1.台灣光復是狂歡與幻想的雜奏

　　台灣自 1895 年割讓日本統治，迄於 1945 年 10 月 25 日國軍接收光復，前後共歷經了半個世紀之久，因此兩岸的中國人究竟是如何的異同，台灣人「既懵懂無知也不曾躬自查問」，戴先生稱之為陷入「狂歡與幻想的雜奏」[25]，並不曾就當時中國的社會、經濟、政治做出本質性的思考。從 8 月 15 日到 10 月 25 日的過渡時期，台灣社會的狀況是可以用「狂歡」二字形容之。[26]這種見解，是很深刻的歷史反省，也是一位有使命感的學者當行本色。

　　2.「台灣人」概念的內涵

　　戴先生的研究指出，日據時代日本人在公共場合稱呼我們為「本島人」，福佬人為福建人，客家人則錯稱為廣東人，歧視我們抑或罵我們一概叫作「支那人」、「清國奴」。山地人，在霧社事件以前叫「蕃人」，以後改稱高砂族。日本人又沿襲清朝時期的稱呼，把「蕃人」分為「生蕃」和「熟蕃」。「熟蕃」後來被改稱為平埔族，有別於高砂族。因而我們有時也自稱為「本島人」。[27]

　　因此，依戴先生的看法，「台灣人」一詞的出現甚晚，台灣人在光復之初的組成分子極為複雜[28]，「台灣人」概念應在戰後，特別是經過「二二八事件」及「白色恐怖」後逐漸形成的[29]。現在侈言台灣人的「主體性」，都是未先細思自己的身分認同（identity，或譯「自我

---

[25] 戴國煇、葉芸芸，《愛憎二二八——神話與史實：解開歷史之謎》，頁 5，頁 19～20，頁25～27。另參見戴國煇，《台灣結與中國結》第二章〈台灣與現代中國〉第四節〈中國的「慘勝」與台灣光復〉。

[26] 戴國煇、葉芸芸，《愛憎二二八——神話與史實：解開歷史之謎》，頁 30。

[27] 戴國煇、葉芸芸，《愛憎二二八——神話與史實：解開歷史之謎》，頁 17。

[28] 戴國煇、葉芸芸，《愛憎二二八——神話與史實：解開歷史之謎》，頁 21～24。

[29] 戴國煇、葉芸芸，《愛憎二二八——神話與史實：解開歷史之謎》，頁 320。

同定」)。[30]

　　但究竟什麼是自己的「身分認同」呢？戴先生自己有一段學思歷程的獨白：

> 1955 年深秋，我赴日留學。自翌年 4 月考入東京大學研究所開
> 端，在日本
> 學界打拼了整整 40 年。1996 年 5 月返台，正式落葉歸根迄今。
> 筆者在日本學界的既坎坷又喜悅的歷程中，除了專業的農業、農
> 民問題外，我始終關注的主要課題有三。一為「二二八事件」真
> 相的探討。二為，探索「自我認同的困擾」(生為客家系台灣人，
> 如何釐清既是客家人、台灣人又是「中國人」——並非完全等同
> 於中華民國人抑或中華人民共和國人之「認同困擾」〔identity
> crisis〕)，不斷地反思並尋找屬於自我的「生之哲學」之「心中奧
> 妙」。三，即是立於漢族系台灣人立場如何看待先住台灣人(native
> Taiwanese) 之有關問題。[31]

　　真正的台灣人是指什麼？台灣是什麼？終戰抑或光復對台灣及台灣人的意義為何？最後則如何看待中國(不管是文化的中國，或是政治的中國)，及中國人的命題了[32]。這是戴先生留下未解釋的問題。

3.對台灣人的批評

　　無論同意或者不同意，戴先生以一個台灣人的身分，對台灣人的缺點有非常尖銳的批評，如「光復以來，已經超過半個世紀的歲月，我們在台灣依然找不著夠水平的日本研究機構，當然也找不出像樣的有關日本文獻圖書館，抑或資料中心」[33]。

　　台籍人士缺乏獨立自主思考能力，充滿著沒有主體性的「二房東」

[30] 戴國煇、葉芸芸，《愛憎二二八——神話與史實：解開歷史之謎》，頁 20。
[31] 戴國煇，《台灣史探微——現實與史實的相互往還》，頁 83。
[32] 戴國煇、葉芸芸，《愛憎二二八—神話與史實：解開歷史之謎》，頁 31。
[33] 戴國煇，〈總序〉，《台灣史探微——現實與史實的相互往還》，頁 12。

心理與社會行爲。[34]

「二二八事件」前後，台灣民眾對稗政不滿所表現的激憤之情與社會行爲模式，基本上不脫「天真行爲（包括思維）」（innocence）的範圍。甚至以爲台灣光復，人人認定回歸祖國一切都可順利，一步踏入烏托邦，這股熱情，固然純樸可愛又可敬，另一方面也可解釋爲無知、愚昧或沒有常識。[35]

4.國府接收糟亂，鑄成大錯

戴先生研究指出，在八年抗戰打敗日本後，國府沒有意識到只是一個「慘勝」的局面，其官員與軍隊在政治、軍事、經濟、社會的重建方面一籌莫展，而陳儀及其率領來台接收官員的思維、意識、行動模式及生活方式，都是受制於當時大陸的環境與歷史文化背景，「接收」已經變成了「劫收」等貪汙走私的勾當了。[36]

5.在關於「二二八事件」的研究觀點上，受害者不止於台籍人士，大陸籍人士也不少曾經被捲入悲劇或彈壓的漩渦裡，而受傷甚至枉死於莫名[37]。

6.提出有關「二二八事件」的責任歸屬、事件死傷人數、省籍菁英失蹤情形，始終曖昧不明，難以釐清。[38]

7.經由陳儀早年經歷的背景分析，以及學歷、帶兵情況、交遊、爲人、治台班底的研究，戴先生認爲陳儀具有軍人、政客難得的稚氣和文人氣質，而且古道俠腸、勇於提拔後進，儉樸廉潔而不貪汙，非

---

[34] 戴國煇、葉芸芸，《愛憎二二八——神話與史實：解開歷史之謎》，頁19～24，頁28～30。
[35] 戴國煇、葉芸芸，《愛憎二二八——神話與史實：解開歷史之謎》，頁168，頁179。
[36] 戴國煇、葉芸芸，《愛憎二二八——神話與史實：解開歷史之謎》，頁47～59，頁155～167。
[37] 戴國煇，《台灣史探微——現實與史實的相互往還》，頁157～158。戴國煇、葉芸芸，《愛憎二二八——神話與史實：解開歷史之謎》，頁305～306。
[38] 戴國煇，《台灣史探微——現實與史實的相互往還》，頁160。2006年2月19日「二二八紀念基金會」委託的研究《二二八事件責任歸屬研究報告》公布，認爲蔣介石是二二八事件的「元兇」。這本《二二八事件責任歸屬研究報告》原件筆者未見，僅見次日的《中國時報》與《聯合報》相關報導。

常注重人材的培養，也非常重視文化與教育的工作[39]。

戴先生又以爲，陳儀治理台灣的金融、貨幣政策是對的，還有專賣制度與貿易局的盈利，都是爲了老百姓利益著想的。陳儀雖有心在台施展宏圖，但缺乏周圍有實力的人才爲他籌措經營，赴台前接收的準備又不足。[40]

陳儀是應負起道義與行政制度上的責任，而鎭壓、逮捕、暗殺等責任，陳儀是無法負全責的。[41]

把產銷失調、物價飛漲、失業嚴重等責任完全推給陳儀個人並不公平。[42]

8.給二二八定性爲「民族病變」和「時代悲劇」，主張該是補償而絕不是賠償。[43]

9.「二二八事件」的後遺症，是產生了認同危機[44]。戴先生進一步解釋何以會如此，因爲看到了「二二八事件」中國政府的恐怖統治而對國府所代表的「中國人」滋生怨懟、仇恨的中上層台籍人士不少，因而造成的後遺症。

10.統獨爭議的癥結，戴先生以爲在日本皇民化政策統治下，台籍人士已存在認同危機，而光復後亟思回歸認同中國，在這一認同尚未建構成熟，就發生了「二二八事件」與接踵而來的 1950 年代「白色恐怖」，而遭受莫大的心理挫折，遂使台人鄙視中國人，加深了認同的危機。同時也使台胞錯誤地認爲日本帝國主義遺留的價值體系比

---

[39] 戴國煇、葉芸芸，《愛憎二二八——神話與史實：解開歷史之謎》，頁 67～73，頁 79，頁 92。

[40] 戴國煇、葉芸芸，《愛憎二二八——神話與史實：解開歷史之謎》，頁 136，頁 149，頁 150。

[41] 戴國煇，《台灣史探微——現實與史實的相互往還》，頁 162～163。

[42] 戴國煇，《台灣史探微——現實與史實的相互往還》，頁 186。關於陳儀其人的最新研究成果，由陳兆熙、鄭士鎔、鄭衣德、沈雲龍、蔡鼎新合著，《陳儀的本來面目》（台北：印刻文學出版公司，2010 年 2 月）提供不同角度的回憶，可以參看。

[43] 戴國煇，《台灣史探微——現實與史實的相互往還》，頁 182。另參見戴國煇，《台灣結與中國結》第二章〈台灣與現代中國〉第四節〈中國的「慘勝」與台灣光復〉。

[44] 戴國煇、葉芸芸，《愛憎二二八——神話與史實：解開歷史之謎》，頁 310。

中國的要來得進步，而予以肯定。[45]

　　從上述的觀點，至少可以看到戴先生研究「二二八事件」有三項特點：一是歷史宏觀上的把握，頗能精確勾勒。如關於「二二八事件」的發生背景，能夠先交待日本統治下的台灣民眾的思想，另外也考慮到放在當時中國的政治、經濟、社會背景下的考量，解釋台灣民眾在兩者之間的心理落差，饒富有說服力。其次，戴先生對史料上的分析，合情入理，如對於陳儀治台得失的論斷分析，能夠不偏不倚，純粹根據史料，力求避免「成王敗寇」一面倒的謬見，分析得當，頗見精采。三是堅持學者熱愛鄉土的使命感，為解決「認同危機」的問題意識，一生全力以赴，令人欽佩。

　　當然，有一點的看法，似乎可以商榷，如前所述，吾人應如何理解戴先生所謂「生為客家系台灣人，如何釐清既是客家人、台灣人又是『中國人』——並非完全等同於中華民國人抑或中華人民共和國人之『認同困擾』〔identity crisis〕）不斷地反思並尋找屬於自我的『生之哲學』之『心中奧妙』」，這段話不易理解，他既說「中國人」不等同於中華民國，也不等同於中華人民共和國，又是反對台獨，那到底所指是什麼呢？今日我們已經無法得知了，不妨以他自己的話，稱之為屬於他自我的「生之哲學」之「心中奧妙」。

　　學術研究，譬如積薪，後來居上。戴先生關於「二二八事件」研究文獻材料固然很努力蒐集與整理，而且又是這個領域的先驅研究者，視野的角度深邃，但有些盲點的造成是不可避免的，敬謹略提以下三點。

　　首先是未及參看海峽兩岸未公布的官方典藏史料，這一點戴先生倒是有自知之明。也正因為如此，對於「二二八事件」受害者的責任歸屬與死傷人數、台籍菁英消失問題語焉不詳，雖能意識到是個大問題，但戴先生對此問題卻無能解決。

　　第二是口述歷史的採訪人物太過於狹窄，層面還不夠寬泛。主因

45　戴國煇、葉芸芸，《愛憎二二八——神話與史實：解開歷史之謎》，頁311～312。

是戴先生旅居日本長達 40 年之久，對於台灣本島內的受害者及其家屬，沒有能夠大規模地採訪，這就成為研究的一大盲點。

第三是口述訪談的人物不同，呈現的問題未必真能客觀，有時候也有可能被操弄的危險，因此需要作不同口述的對比校勘[46]。另外，口述歷史只是單方面的口說記錄，沒有與檔案文獻細膩比勘對讀驗證，無法判斷不實誇大之處的口述或失真處糾正辨偽[47]。不容諱言地，這方面戴先生似乎較為薄弱。

五、戴先生研究「二二八事件」的意義

接著，吾人應該談談戴先生研究「二二八事件」到底有何意義呢？

1.解決「身分認同」的切身問題

反省「二二八事件」的禁忌與壓抑造成的不良後果，有意試圖解決台灣島內既存的問題：如省籍問題、語言問題、統獨問題，尤其是統獨問題是未來兩岸不能不面對的潛在問題，戴先生可謂高瞻遠矚，完全直接面對這個重大問題的探索。

戴先生毫不諱言反對台獨的立場，主要有兩個原因，一是反戰，二是反對以流血革命方式來改變社會。[48]

更具有意義的，戴先生揭穿了台獨的虛構與矯飾，與「二二八事

---

[46] 口述歷史真偽與有意操作痕跡，這方面的比對校勘研究，以中央研究院近代史研究所口述歷史組第一次出版的《口述歷史 3》（1992 年 2 月）、《口述歷史 4》（1993 年 2 月）為例，對日本殖民統治台灣，大多以「日據時代」、「日據時期」或「日本時代」稱之，但三年後出版同樣的口述歷史，集中焦點主題，編為《高雄市二二八相關人物訪問紀錄》（上、中、下三冊，1995 年 2 月），編輯憑主觀一律改為「日治時期」等荒唐事。詳見吳銘能，〈檔案與口述歷史之間：「口述歷史」文字之更動與二二八事件研究〉一文，原發表《九州學林》2009 年春季號，頁 206～234，現收在吳銘能，《歷史的另一角落——檔案文獻與歷史研究》，北京：商務印書館，2010 年 6 月，頁 292～320。

[47] 這方面的研究，以黃彰健《二二八事件真相考證稿》一書最具功力，全書以細膩巧妙的繡花針本領，首次揭露有些電報是偽造的，還以檔案與當時來往電報判斷野史與口述歷史的真偽，非常有獨到見解，詳見吳銘能，〈檔案、校勘與歷史真相—以黃彰健《二二八事件真相考證稿》為例〉書評，收在吳銘能，《歷史的另一角落——檔案文獻與歷史研究》，頁 321～337。

[48] 戴國煇，《台灣史探微——現實與史實的相互往還》，頁 233。

件」是毫無關係的[49]。

2.堅韌不拔的民族尊嚴意識

在日本生活了 40 年，始終沒有入日本國籍，戴先生嘗自言他的民族觀：

有些朋友已經選擇了日本國籍，並拿它的護照，我尊重每個人的不同選擇，但我不會忘記自己是來自台灣的客家人，祖先來自中國大陸，台灣曾遭受日本的殖民統治，日本又曾侵略中國。這樣的事實很難令人只為圖個生活方便而改拿日本護照。[50]

戴先生在日本就一直主張人應該堅持三種尊嚴，一是出生的尊嚴，二是民族的尊嚴，三是職業的尊嚴，這也是他在日本大半輩子還一直保持中華民國國籍的基本理由。[51]

3.首倡以蒐集整理、註釋、考證「二二八事件」為資料彙編，以《台灣與世界》雜誌為發表陣地，對於推動「二二八事件」的客觀理性研究進程，實在功不可沒。

對於海峽對岸的中國大陸而言，迄今仍然有不少的議題列為禁區，而這一點是具有啟示作用的。如 1957 年反右運動、十年文革、1989 年「六四學運」等，這些歷史傷痕一天不解禁研究，兩岸未來的統一大業差距，就會漸行漸遠。因此戴先生提出解決「身分認同」的命題，仍然對今後兩岸未來，應該具有深刻的現實意義。

4.循前所述，隨著「二二八事件」深入地研究發掘歷史真相，對於台灣本島內化解族群間的仇恨與矛盾，以及與中國大陸的和平往來，具有重大的意義。尤其台灣與大陸的關係，戴先生提出了「翠丸理論」，做為為今後兩岸關係的走向，提出了一個「自立與共生的構

---

[49] 戴國煇，《台灣史探微——現實與史實的相互往還》，頁 148～150，頁 154。
[50] 戴國煇，《台灣史探微——現實與史實的相互往還》，頁 239。
[51] 見《台灣結與中國結》第二章〈台灣與現代中國〉前言。

圖」意見，饒具創意。[52]

結論

本文討論戴先生與「二二八事件」研究的方法、特點與得失，充分肯定他在海外首倡公開文獻資料的努力與深刻的客觀研究立場，他對陳儀的公允評價以及給二二八定性為「民族病變」和「時代悲劇」，都是很有獨創見解的。同時，他提出「二二八事件」的發生背景，日本統治下的台灣民眾的思想，也應該放在當時中國政治、經濟、社會背景下的考量，解釋台灣民眾在兩者之間的心理落差，在歷史宏觀上的把握很準確，是頗有貢獻的研究成果。做為「二二八事件」研究的先驅者，戴先生的若干不足與缺失，這本是學術進展的正常現象，並無損於他的成就。至於，他生前的宏願就是要把美國、台灣、香港與日本相關的「二二八事件」資料編纂成完整目錄，則是我們後學該努力的目標了。

縱觀戴先生的一生，從 1955 年出國，到 1985 年獲准返台灣與著作解禁可以在台灣出版，足足有三十年以上的黃金歲月都在異域日本度過，但他令人感佩的，他始終都沒有或曾忘記自己是生長於台灣的客家人後裔，終其一生也沒有因為生活的舒適便利而入籍日本。戴先生對平素主張維持人的三大尊嚴（出生的尊嚴、民族的尊嚴與職業的尊嚴），自始至終可以說是俯仰於天地之間而無愧怍！

而他令人難忘的，一生對學術研究與政治關懷的分際，即使曾經為總統府國家安全會議諮詢委員，但與政治仍能保持適當的距離，投入學術研究，既不曲學阿世，也不詭隨媚俗，完全堅持住學者嚴謹客觀的學術良知本色。最後還是回歸故土，把他對故鄉台灣的熱愛，化為具體的行動，身後由夫人將其所有藏書捐獻給中央研究院，可謂遺

---

52 見《台灣結與中國結》第二章〈台灣與現代中國〉最後一節〈自立（非分離或獨立）與共生的構圖〉，以及〈後悲情的暢快對話──與許信良先生對談於天母誠品書店〉一文，原載《中國時報》第 39 版，1994 年 6 月 8～10 日。

澤嘉惠學界，終身爲奉獻學術而無怨無悔。戴先生真正做到了孟子所
謂「居天下之廣居，立天下之正位，行天下之大道，得志，與民由之，
不得志，修身見於世，富貴不能淫，貧賤不能移，威武不能屈」的大
丈夫風範。

　　戴先生一生學術研究的特點，是爲了解決自己的「身分認同」而
奮鬥。從日本半個世紀殖民統治台灣，到二戰中國打敗日本，台灣回
歸故國，這之間身分的轉變與心理調適，一直困擾著戴先生，使他想
要一探究竟。1947 年的「二二八事件」與 1949 年國府自大陸撤退到
台灣後的「白色恐怖」，迫使戴先生離家去國，繼續在海外尋找他的
「身分認同」問題。他提出「台灣人」含意的檢討與「主體性」的思
考，都是環繞在一貫「身分認同」的問題意識之中，也是今後台灣前
途的何去何從，更是與中國大陸難以分割的糾纏一部分[53]，因此，與
其說是他對學術「預流」的掌握具有敏銳洞察力，倒不如說是具有終
極關懷的真情流露。

附記

　　本文撰寫完成，要特別感謝前國家圖書館閱覽組主任張錦郎先生
抬愛，推薦予「戴國煇國際學術研討會」的邀請，才有這個機會好好
認真學習並認識戴先生治學嚴謹態度。本人也感謝台灣文學發展基金
會王爲萱女史的熱心，遠從台北惠寄資料到西陲四川，解決了資料不
足的困境。當然，本文的缺失，一概由筆者負責。

　　其次，評論人美國瑞德學院（Reed College）費德廉（Douglas L.
Fix）教授認爲，戴國煇先生提到有關以社會學的方法研究台灣史部
分，似乎我注意得很不夠，也沒有指出他的盲點；這點倒是事實，不
過我的論文是在討論戴先生與二二八的研究，不是全面談他的方法

---

[53] 這是已故美國外交智庫學者費正清（John K. Fairbank）的觀點，認爲從經濟上、政治上、血緣上與文化上，台灣未來必定面臨中國人的糾纏（intertwine），如今看來，可謂「英雄所見略同」。

論，而且會議論文的字數限定之故，因此就沒有處理這個問題。其次，我在文章說：

> 筆者曾經對《二二八事件研究報告》有率真的批評，以為當時以集體合作的力量，投入眾多的人力物力，係以接受一件任務來完成，但由於時間倉促，可以商榷之處頗多。而且，十多年後的今天，與「二二八事件」相關史料公布更多，那些當年參與《二二八事件研究報告》的作者，如今有多少人還繼續再研究二二八呢？

費德廉教授對此有不同意見，認為他們還是有很多的研究成果出來。既然如此說，我們就來看看總主筆賴澤涵與其他研究人員黃富三、吳文星、陳寬政、黃秀政、許雪姬、陳美妃、簡榮聰、方惠芳近幾年有什麼像樣的二二八研究呢？請恕我孤陋寡聞，我的確沒有看到他們有任何卓越的成果發表。我非常感謝費教授認真閱讀我的文章，如果有任何誤解，也請費教授提出指正。

2011 年 1 月 30 日初稿、2 月 10 日二稿、3 月 2 日三稿、
5 月 26 日修正於四川大學歷史文化學院中國西南文獻研究中心

講評

◎費德廉[*]

　　在此論文中，吳銘能教授充分表達了他對戴國煇教授的二二八事件研究的看法。本論文探討的題目有三：戴教授研究二二八事件的動機，其研究方法，以及研究成果之特色、局限與意義。討論的中心放在方法上；具體的例子也頗多。因為吳教授的論點都表達了很清楚，我不必再做摘要或說明。閱讀了論文以後本人能夠提出的簡單回音如下：

　　一、研究戴教授的二二八事件研究時，或許可以把它放回原來的歷史脈絡。就我所知，戴教授雖然從 1956 年開始尋找、閱讀和收集有關二二八事件的資料，但是在他 1983 年去美國當訪問學人之前，戴教授尚未發表有關二二八事件之研究成果。此外，和葉芸芸在 1992 年合著、出版《愛憎二二八》，戴教授也沒發表多少新的二二八事件研究成果。總之，戴教授積極研究二二八事件應該集中在 1983 至 1992 年這十年中。而這十年在台灣的政治與社會、文化演變中也很出色，值得我們再進一步了解。

　　二、在此十年中，戴教授的研究方法與其預設讀者群有所改變。就方法而論，前五年（即 1983 至 1987 年）戴教授都在復刊、註釋二二八事件的史料（請參看「梅村仁」在《台灣與世界》的專欄：「二二八史料舉隅」）。當時的讀者多半是在美洲的華人。1989 年之後，戴教授開始在台灣的報刊發表一些初步的研究成果。但是他出版專書卻要等到 1992 年，和葉芸芸合著（遠流出版）的《愛憎二二八》。1989

---

[*] Douglas L. Fix，瑞德學院（Reed College）歷史學系教授。

年以後的讀者應該是台灣島內的人較多。

　　三、吳教授認為戴教授研究二二八事件的方法有下列特色：宏觀的視野；有系統地發掘、批判、整理與解釋多種類型的史料；也展現學者的洞見睿識與嚴謹的研究態度。吳教授綜合戴教授研究成果的特色也有相似之處：把握歷史的宏觀視角；史料的分析保持合情入理的基本態度；而始終堅持熱愛鄉土的使命感。不過，縱觀戴教授的二二八研究之後，本人卻發現兩項吳教授尚未注意之特色：第一，通俗又綜合化的敘述；第二，對人際關係與個人社會網絡特別敏感。就通俗而言，戴教授曾經寫到：「我的努力目標倒是在把『通俗』與學術連起來，甚至於拉在一起相邀互勵提升各自的社會功能。」（《人間》1989年2月，頁143）。戴教授強調人際關係的特色可以參考他1983至1987年在《台灣與世界》所寫的註解與按語。他在《愛憎二二八》處理陳儀與戰後從中國來台的官員的歷史也有此去向。

　　四、吳銘能教授認為戴教授研究二二八事件的局限在於其缺少參看官方典藏史料，以及其口述歷史採訪對象比較有限，也不如其文獻資料分析之謹慎。我也同意。不過，在1980年代台灣解嚴之前，想要閱覽國民政府所藏之二二八事件檔案是不容易實現的，不只是戴教授一個人碰到此研究上的困難。比較可惜的是戴教授在加州大學那一年沒有去看存放在史丹佛大學的George Kerr文書，當時此資料也都開放給學者看。

　　五、吳教授這次的研究比較缺少論述層面的分析。縱觀戴教授之二二八事件研究就會發現一些經常出現的概念（或稱之為戴教授歷史哲學之基本價值標準），例如：歷史真相、客觀、理性、公正、（社會）科學的方法、學術的批判性、冷靜的態度等。或許我們應該問這些概念或標準代表著何種歷史學？同時也可以追問戴教授所引用的研究方法是否貫徹此歷史哲學？就我初步的分析而言，好像戴教授的二二八事件研究比較不採納嚴謹的社會科學研究方法。

　　六、雖然戴教授提倡宏觀的視野，但是當他處理二二八事件的歷

史背景時，戴教授比較偏重於敘述戰前中國的政治、經濟與社會的歷史脈絡而比較缺少台灣島內戰前之相關層面研究，甚至於他敘述台灣戰時社會現象時也會以個人經驗爲主。這種去向可能是學者研究其個人經驗過的時代都會面臨的問題，戴教授也不例外。戴教授也曾經說過，研究現代史的困難有二：第一，事件之能演變成歷史現象都需要過一段時間才行：第二，研究現代史必須要有充分的學術自由。那麼，戴教授在 1983 至 1992 年研究與發表其二二八事件研究成果的時代是否俱備此兩項做現代史的基本條件？

　　最後，吳教授在其論文（以及口述報告時）對台灣目前的二二八事件研究成果有所批評。我想他或許不熟悉近二十年以來有關台灣戰前以及戰後 1945 至 1947 年的種種歷史研究成果。假如我們忠於戴教授教授所提倡的宏觀視野，不但研究戰前中國社會、經濟、政治、文化等現象，也徹底分析台灣島內相關歷史脈絡的話，那麼我認爲台灣近年的二二八事件研究相當豐富，而值得我們好好地利用。

戴國煇的位置

◎松永正義[*]撰・黃耀進譯

　　對日本學界、言論界而言，戴國煇具有重大的意義。首先最重要的，是戴氏提醒了思考台灣的重要性。使大眾能夠察知此重要性，可以說是戴國煇最大的功績。

　　日本自戰後到 1960 年代為止，可以說幾乎沒有台灣研究。其理由可以從幾個面向來思考：第一，戰後日本社會對於殖民地問題並沒有進行反省或總括檢討，而採取迴避的態度。具殖民地經驗者皆避而不談，也幾乎沒有進行任何研究。在戰爭時期撰寫《美麗島文學誌》的島田謹二，戰後專心致力於比較文學研究，針對台灣則沒有發表任何言論。於殖民地研究中留有莫大功績的矢內原忠雄，戰後亦改攻國際經濟學研究。第二，日本近代史研究立足於獨善其身之本國主義。戰後，對戰前歷史觀進行批判、再建構之際，雖然迅速確立了以民眾觀點為主體之史觀，但也摒除了沖繩、朝鮮、台灣等地域之觀點。第三，在冷戰結構的規制下，關於台灣的研究，實際上並非真的意味著針對台灣的研究，而不過是指涉「中華民國」或國民黨研究而已。能克服這樣的問題點而展開真正的台灣研究，可以說要從 1970 年代方才開始。而開創先河者，可枚舉 1950 年代以降留學日本，以日本做為研究場域的研究者們，亦即工育德、許世楷、黃昭堂、涂昭彥、張良澤、劉進慶等人。(但並非 1960 年代的台灣人們都沒有發聲，例如 1964 年王育德出版《台灣》〔弘文堂〕，邱永漢亦以小說或評論形式論及台灣問題。)但戴國煇則是在這些人之中，以自身獨特之視點發言，

* 一橋大學大學院言語社會研究科教授。

並於日本言論界占有獨自的一席之地。本文將概觀做爲研究者的戴國煇之歷程，針對其研究特徵進行考察。

　　1931 年，戴國煇生於新竹州中壢郡平鎮庄北勢村（現桃園縣平鎮鄉北勢村）。1944 年自公學校畢業進入新竹中學就讀，1947 年 2 月發生二二八事件，轉學至建國中學初中部，同年 9 月進入建國中學高中部。1950 年自建國中學畢業，進入台中農學院農業經濟學科就讀，1954年畢業，1955 年於服兵役時通過留學考試，之後前往日本。當初戴國煇希望前往美國留學，但受到在日本的二哥勸說，於 1956 年參加東京大學研究所考試，之後就讀於東大的研究所，專攻農業經濟。

　　自 1956 年進入東大，至 1966 年以《中國甘蔗糖業之發展》論文取得農學博士這段期間，可以說是戴國煇的修業學習時期。據其本人屢次提起的說法，最初戴國煇自己想研究的是社會科學，目標著眼於中國研究，在這樣的志向爲背景下，可以理解爲何戴氏對中國革命會有所共鳴，此點容後再述。戴氏自身經常提及，在與李登輝及其他學長們的對談中，對台灣研究的概念逐漸聚焦。戴國煇於〈中國「社會史論戰」與《讀書雜誌》之周邊〉（《亞洲經濟》13 卷 12 號，1972 年12 月）〔參見《全集》8〕中，對社會史論戰的當事者們持續表明了強烈的共鳴，他陳述道「當時的中國社會科學還相當稚嫩」，其中「即便他們不過像是臨時拼湊的鑲嵌拼貼式木作，但他們的議論始終腳踏中國土地，經常不斷地對自我內部進行挖掘省思，只要他們不失去這樣的態度，最終能挖掘到的絕不僅是石頭，而將會是寶玉」，在這樣的思考下對戴氏而言，他的心中的自我內部，可以說就是台灣。

　　在日本的生活中，每天面對日本人對台灣的漠不關心與誤解，爲了辯駁與強調台灣的立場，使日本能理論性地重新審思台灣到底是怎樣的一塊土地，戴氏於〈研究台灣史的經驗談〉（《台灣史研究——回顧與探索》，遠流出版公司，1985 年 3 月）中提及，當他聽到日本人幾乎都以爲台灣的近代化是託日本殖民統治之福，在這層意義上可以說統治台灣是成功的，這樣的說法時，他便於〈清末台灣的一個考察〉

（前記《台灣史研究》）〔參見《全集》6，〈晚清期台灣的社會經濟——並試論如何科學地認識日人治台史〉〕一文中主張，於日本統治以前，台灣即已萌生獨自之近代化進程，日本不過是承接這樣的成果而已。亦即戴氏已經主張了台灣的主體性。對於此類問題之關注，可視爲與戴氏博士論文之糖業研究有所相通。雖然戴氏專攻農業經濟，但由他的碩士論文篇名「中國農村社會之家與家族主義」來看，與其說他關心純粹經濟學，不如說對社會經濟史有著更濃厚的興趣。

　　戴國煇自己表示，當初比起日本，其實更想到美國留學，而最終決定選擇日本做爲研究之地，一部分理由如前所述，乃受其二哥之影響，另一部分則受於就學過程中認識的日本友人影響。在〈穗積精神與影響我的老師們〉〔參見《全集》15〕一文中，戴氏列舉了三位對他有影響的恩師們，包括穗積五一、松本重治、東畑精一等三人。穗積五一乃亞洲學生文化協會、海外技術者研修協會、亞洲文化會館之創立者，以東南亞爲中心替發展中國家的留學生們盡力，也被稱爲留學生之父。松本重治爲記者，著有《上海時代》上、中、下（中公新書，1974～75年，日後的中公文庫），戰後致力於國際文化交流。東畑精一爲殖民政策學、農業經濟學學者，對戰後日本農業政策有很大的影響。此外他也致力於亞洲、非洲區域研究之形成，亦是戴國煇就學之亞洲經濟研究所的初代所長。根據這篇文章，戴氏從東畑廣泛的學問體系中習得了思考的方法，從穗積處理解身爲亞洲的一員應保有之主體性姿態。除了這三人，做爲中國文學研究者、建立日本戰後中國研究整體框架的思想家竹內好，也可視爲戴氏之恩師。戴氏與竹內氏的關係，於本書收錄之〈戰後台日關係與我〉〔參見《全集》14〕一文中有稍微提及，「做爲主體的亞洲」及「做爲方法的亞洲」等竹內好的思考方式，也可看出對戴氏有著深遠的影響。

　　戴國煇於此一時期不可忽略的活動之一，便是擔任 1960 年成立之東大中國同學會第一屆總幹事，並創刊了該會的會誌《暖流》。當時因尚未與大陸締結外交關係，該會的成員都是台灣留學生。現在回

顧各期《暖流》雜誌，可以看到幾乎在日本重要之台灣研究者都曾替該刊執筆為文。戴氏自身亦屢次於《暖流》誌中發表文章，特別是第五號（1964年）刊載〈某副教授之死與再出發的苦惱〉〔參見《全集》11〕，可說是戴國煇之處女作，而做為產量不少的作家，本文係包涵戴國煇所有思想精華的一篇好論文（之後為了收錄於戴氏書中，曾進行大幅度的增寫，本書亦收錄該增寫的版本）。該論文將殖民地諸問題，以戴氏鮮明的視點，思考生存於歷史中的人們如何艱苦奮鬥，此外也列舉生存於歷史中各種台灣人的類型與樣態，拓廣台灣歷史的複雜性並刻劃出深切的輪廓，這些特色都可當作為了思考台灣而量身打造的入門篇讀物。

　　戴國煇取得博士學位翌年，便就職於亞洲經濟研究所，一直到1976年移至立教大學文學部史學科，都服務於此。自1967年成為亞洲經濟研究所正式所員，至1980年代左右，可視為戴國煇研究的第二時期。實際上戴氏的許多重要論文都撰寫於此一時期。從他的日語著述來看，1979年開始的《台灣與台灣人》（研文出版）至1980年的《華僑》（研文出版）為止書寫一系列的論文集，若與之後的著述相較，之後的文章顯然展現了與此時期不同之性格。

　　博士論文完成之後，戴國煇便轉變了一直以來的農業經濟方向，改朝台灣史研究拓展新的領域。1968年的〈日本人的台灣研究──關於台灣舊慣調查〉（《季刊東亞》第4號，1968年8月）〔參見《全集》7〕、1969年的〈日本的台灣研究〉（原題「台灣」。《亞洲經濟》100號，1969年9月）〔參見《全集》7〕、1970年的〈清末台灣的一個考察──關於日本對台灣統治的歷史性理解〉等為此期代表。〈日本人的台灣研究──關於台灣舊慣調查〉一文想要對日本人的台灣研究進行歷史性的總括，並從可以視為研究原點的舊慣調查開始檢討起。〈在日本的台灣研究〉是截至當時為止，針對日本的台灣研究進行詳細檢討。前者論文的母題，一方面讚歎「日本人對東亞研究的厚度與深度」，一方面也批判有如此成就的學術界，卻有「遺落台灣或輕視台

灣的狀況」,「對於做爲殖民地統治了半個世紀的台灣全然沒有提起任
何問題便做收」,戴氏對這樣的狀況嘗試發出震聵之聲。後者論文亦
不局限於經濟,也跨足文學、教育等領域,讀遍爲數不多的台灣研究,
並做批判性的總括。時至今日此處所列舉的研究,大部分都不足再
論,而且業已失去文章本身的意義。即便如此,現在閱讀仍可感受到
1970 年代前後戴國煇的憤慨,與意欲克服當初困境的熱情。確實當下
對殖民地統治的問題已經有長足的認識,台灣研究亦有飛躍性的進
展,但推到極端來看,目前對台灣的關心,已經不若戴氏當年率先以
批判性的角度攝取所有先行研究,再展開自己的論述的樣態。當今整
體研究體質可說無甚改善,端詳現在台灣的狀況,僅是追隨前人腳
步,或者遵從美國傳來的後殖民主義的刺激而已。戴國煇的研究業績
鮮少被提及的理由,或許可以說正是因爲這樣的原因。

　　最終戴國煇自述此時期自己的研究方向,以台灣經濟研究與華僑
‧華人研究爲兩個重心,而關於台灣經濟則多以討論時事標題爲多,
至於華僑‧華人的研究則容後再述。此時期戴氏的主要領域還是在歷
史研究上,此外對日本論壇持續主張台灣問題之重要性,並喚醒對此
一問題的重視與關心。

　　接下來自 1980 年代開始至辭去立教大學教職返回台灣爲止,大
致可視爲戴國煇研究生活的第三個時期。此時期他已在日本學術界與
論壇獲得確實而穩固的地位,因之他的事業也逐漸多樣化,變得更加
繁忙,而研究論文的數量也因此減少。綜觀此時期戴氏的繁忙業務,
還是不得不說,這是除了戴國煇以外沒有其他人能夠勝任的工作。

　　此時期的工作有五點需要提起。第一是組織者、協調者的工作。
這個業務自戴氏第二研究時期開始便持續著,或許應在論及戴氏研究
第二時期便先提起。而於此處非提起不可的原因之一,係與筆者自身
有關,因之敘述上恐怕難以完全客觀的,台灣近代史研究會之成立。
戴氏就任於亞洲經濟研究所後,確定邁向台灣史研究方向時,便針對
此一課題組織了研究會。(順帶一題,以研究會、對談、鼎談、座談

等方式，讓人們在互相激盪之下來推進研究，可以說是戴國煇的特徵或研究風格）。以台灣爲主題開始舉辦研究會，根據年表此會約於 1969年之前後時點開始。因爲筆者尚未參與無法詳細說明，不過當時參加者有已經在進行台灣文學研究的尾崎秀樹、戰後最早訪問霧社的中村ふじゑ、亞洲經濟研究所的同僚小島麗逸、矢吹晉、東洋研究所的加藤祐三、《民俗台灣》編輯者的池田敏雄等。年輕世代有自 1971 年以降加入的若林正丈、春山明哲、河原功、宇野利玄、金子文夫、森久男、林正子及筆者自身等，其他尚有近藤正巳、檜山幸夫、栗原純、陳正醍、張士陽等爲數眾多的研究者們參與。做爲研究會成果的，係研究誌《台灣近現代史研究》，共刊行六冊（自 1978 年到 1988 年），此外尚有共同研究成果《台灣霧社蜂起事件──研究與資料》（社會思想社，1981 年）。從台灣也屢有前來參加此會的訪問學人們，例如吳濁流、葉榮鐘、楊逵、陳映真、陳若曦等。此會對關心台灣的人們具有保持相互網絡暢通的機能，而居其核心要位者，便是戴國煇。

　　身爲組織者的工作，除了上述的《台灣霧社蜂起事件──研究與資料》外，尚出版有《更想知道的台灣》（弘文堂，1986 年）、《更想知道的華僑》（弘文堂，1991 年）等編著書籍。

　　第二點要提出的，也是自戴氏研究第二時期以來便開始的，對於資料的發掘與介紹。除了於著作目錄中也提及的《台灣社會運動史》（龍溪書舍，1973 年）之外，尚有《台灣問題重要文獻資料集》（龍溪書舍，1974 年）、謝南光《台灣人如是觀・台灣人的要求・日本主義的沒落》（龍溪書舍，1974 年）等的復刻；受比嘉春潮之託公開刊印連溫卿手稿（於立教大學研究誌《史苑》中分數次刊載）、《台灣近現代史研究》第五號中公開刊載台灣籍民關係資料、於《台灣與世界》雜誌中介紹二二八事件關係資料等，其工作可謂多面向發展。極度重視史料，而且絕不祕藏，設法公開廣爲流傳，這樣的態勢，是其他研究者難望其項背的。戴氏曾說：「資料並非沒有，而是問題意識不足。只要有問題意識，就會有資料。」這句話語，至今筆者仍清楚記得。

　　第三是將其研究集大成的工作，亦屬於此一時期。岩波新書的《台灣》（1988 年）、與葉芸芸共著之《愛憎二二八》（遠流出版公司，1992 年）皆屬之。前者雖然招來許多批判，但有著戴國煇獨特的觀點，仍然是一本好著作。後者係戴氏於長期休假時，旅居加州大學柏克萊分校，於當時葉芸芸在美國出版之雜誌《台灣與世界》中連載「二二八史料舉隅」開始寫起的，做為二二八事件之研究，可說是最早開始的論述。

　　第四，於此時期的台灣，針對中國時事問題進行發言的需求增加，因此相關文章發表也多了起來。這些發言的統整，有 1990 年的《台灣往何處去》（研文出版）、1996 年的《台灣近百年史的曲折路》（三省堂）等。

　　第五，大概自 1980 年代後半起，以中文發言，亦即在台灣發聲，其後亦於中國發表的狀況多了起來。從時代背景來說直到 1970 年代為止，仍是一個選擇從事台灣研究便意味著無法返台的時代。這樣的情形隨著民主化的進展，狀況逐漸有所改變，戴氏於 1985 年刊行了在台灣最初的著作《台灣史研究》後，以中文發表之著述便逐漸增加。

　　1996 年，戴氏受當選最初直接民選總統李登輝之邀，辭退立教大學職務，返回台灣擔任總統府國家安全會議諮詢委員。至 2001 年，於尚能有所作為的年紀卻早逝為止，可視為戴氏研究的第四時期。返台後的戴氏，直觀來說並未獲得應有之重視。本應於總統府任職處理對日關係之工作，卻因與李登輝不睦，而終至無法發揮其擅長。

　　本文最初提及的〈穗積精神與影響我的老師們〉一文中，戴氏曾說明歸國之際「書本以 18 噸的貨櫃裝收，花了 250 萬運費送回台灣。……這是在思索能否身處台灣，並以日台為中心，認真地展開國際交流工作，這種想法下所做出的『衝動行為』」。這種對資料與人際關係的重視，彷彿正是戴國煇研究姿態的再現。此一志業未竟即已逝去，實令人感到不勝唏噓與遺憾。

　　接下來想要提及戴國煇研究的四個特徵。

　　第一個特徵，是他的研究乃是立於左派立場展開的。筆者以為戴國煇開始以左派系統來思考研究，應可追溯到相當早期。前文已提及戴國煇於 1947 年轉學至建國中學，並一路升學至該校高等部，戴氏便於此結識了張光直。

　　張光直在美國以中國考古學者聞名，日本亦有翻譯數冊他的著述。張光直之父，即台灣文學史上著名之張我軍。張我軍曾於 1920 年代留學大陸，將五四新文學運動的風潮傳至台灣，對舊文學展開激烈的攻擊，因而與舊文學者間展開了新舊文學論爭，成為台灣近代文學形成的契機。張我軍與魯迅、周作人亦有交情，魯迅日記中曾兩次提及其名。之後張我軍一直任教於北京大學擔任日語教員，並於占領期中不得不和日本協力，參加諸如大東亞文學者大會，而步上被視為漢奸之道。當時的大東亞文學者大會例行儀式中，需要前往參拜靖國神社，巖谷大四確實在某處曾寫過，參拜當場只有張我軍敢把頭撇開，說他實在是不容小覷的了不起人物。

　　張我軍一家於戰後即返回台灣，只有長男張光正一人離開家族，投入共產黨軍旗下，其後長期任職軍務，滯留於大陸。

　　談及台灣戰後史時，1947 年二二八事件後的鎮壓讓台灣進入言論冬季，是大部分的通說，這樣的說法基本上並無誤，但共產主義運動隆盛乃是翌年（1948）左右之事，對這波共產風潮的鎮壓即是 1950 年前後的白色恐怖。當時占共產主義運動絕大部分的，乃是學生運動。該年發生之對美軍施暴北京女學生的抗議運動，成為引發全國性學生運動之契機，包含台灣在內，各地都舉行了遊行抗議（順帶一提，戴國煇也參加了台北的抗議遊行）。這些學生運動，伴隨著內戰的推進，成為打著反內戰、反飢餓口號的政治性運動，而台灣也隨著這些運動，至 1948 年達到學生運動的鼎盛時期。此後，國民黨為了整備台灣做為撤退逃脫之所，著手處理學潮，至 1949 年 4 月爆發鎮壓台灣大學、師範大學學生之四六事件，此次鎮壓即成為國民黨白色恐怖的先驅。

　　受此四六事件之累，張光直被捕並遭受拘留，此事於張光直回想錄《蕃薯人的故事》（聯經出版公司，1998年）中有詳細記載。是時張光直係學生自治會長，戴國煇爲運動、康樂股長，雖然沒有充分的證據可茲佐證，但戴國煇也參加在反內戰、反飢餓的運動圈內，幾乎是可以確定的事實。

　　在思考東亞架構時，日本、韓國、中國等，基本上處於對立的構造上，這個對立是左派／右派的對立，但台灣卻另外處於統一／獨立的結構中，因此當議論此一架構時，於基礎上即出現了溝通的斷差。這也是討論東亞問題整體結構上最大的難題。想要解決這個難題，雙方必須在自己內心中試圖去理解對方的思考模式，才稍有可能。在這層意義上，從戰後台灣左派立場來思考戴國煇的地位，可說他確實是獨特而且重要的。像戴氏這樣的人並非單一個案，而應視爲一種類型來思考，唯此類型於台灣仍是少數派，況因遭遇意識形態上的嚴格對立，而妨礙了對此類型人們的內在性理解。

　　第二個特徵，係以殖民地到底爲何，這個疑問作爲研究的基礎。從本書收錄的幾篇文章中可以窺見，戴氏的家庭具有強烈的抗日傾向，戴氏年少時期自身亦對日本統治者的橫暴充滿旺盛憤怒及反骨精神。但是戴氏來到日本與二哥談論後，開始反省這種未經深思，屬於立即反應式的舉措，之後他便改以更具普遍性、客觀性的觀點，來思考整個統治／被統治的結構性問題。

　　此處非常重要的是，當從更具普遍性、客觀性之觀點來思考時，做爲殖民地統治被害者的台灣人，從另一個角度來看同時也是某種加害者。戴氏以更深入的觀點，著手理解統治／被統治之結構性複雜樣態。這樣的概念與例如台灣籍民問題（《全集》4所收〈日本統治與台灣籍民〉）有所相關，也與喚起漢民族對原住民之觀點相連。

　　戴氏不僅只對統治者進行批判反省，且努力超越克服統治／被統治、加害／被害之關係性，將此一結構客觀化；在某種意義上，這與孫文思想中，一方面學習歐洲現代化做爲國家建設之目標，一方面排

除歐洲霸權主義的概念相通。此外,此概念也與力圖從殖民地統治中獨立起來的亞、非洲諸民族理念互通。若姑稱此概念爲良性之亞洲主義的話,那或許這也是從竹內好的思想中學習而來的。換言之,提到台灣歷史時,將台灣放置到包含中國在內的亞洲各區域,一同朝向近代化的艱苦奮鬥過程中來思考,此種觀點,可以說是戴國煇研究的重要特徵之一。

第三個特徵,是對弱勢的觀點。戴國煇曾言及,其自身從中國對台灣的位置、台灣漢民族中的客家族群位置、日本社會中的華僑位置等多層次弱勢族群概念中出發,如何在這樣弱勢中的弱勢裡確認自我,是戴國煇研究的重大母題。

自 1960 年代跨至 1970 年代,是戴國煇正式進行台灣研究的時期,同時代亦是弱勢族群問題在世界中普遍喚起自覺的年代。此際已放棄將弱勢群體視爲需被解決的問題對象(客體),而將其當作解決問題的主體。有意思的是,這類對於主體的摸索過程,在台灣,以及在東南亞華僑社會都可以見到。

至 1960 年代爲止,台灣仍處於冷戰=國共對立的結構中,台灣本身做爲一個主體,尚缺乏明確的集結焦點。在日本的台灣研究,其實不過是國民黨研究,說日本這些研究不能稱爲真正的台灣研究,其理由亦在此。隨著民主化運動的進展,台灣的主體性亦開始逐漸清晰,1970 年代便屬於這樣一個時期。如前所述,於此時期戴國煇所寫〈清末台灣的一個考察〉,便是嘗試以台灣爲主體來進行思考之文章。

談到東南亞華僑社會,隨著 1950 年代起亞洲各區域逐漸邁向獨立之際,華僑社會也被迫進行變遷。於此之前,華僑的意義如其字面,係僑居海外的中國人,仍希冀於某時點能回到中國爲目標與理想。但東南亞各國紛然獨立後,華僑們被迫選擇,是依然以中國籍居住於該地,或者歸化後取得現地國籍。在這樣的狀況下,許多人都選擇取得現地國籍,以新國家國民的身分生存下去,亦即從華僑轉變爲華人。從〈從「落葉歸根」走向「落地生根」的苦悶與矛盾〉(《華僑》,研

文出版，1980 年 11 月）一文中開始提出的華僑‧華人論，便涵蓋了
華僑社會之變遷，並提倡新時代結構下的華僑論。

　　以這樣的思想模式來看，不論台灣研究或華僑‧華人研究，可以
說在摸索自我成爲新的主體此點上，都貫穿著相同的思考母題。

　　做爲特徵四，筆者欲提出的，係戴氏的觀點乃以歷史中艱苦奮鬥
之個人做爲處理歷史的方法。前文提及戴國煇的處女作〈某副教授之
死與再出發的苦惱〉，正是此種戴氏方法論的明確表現。此外，本書
中收錄有關中國社會史論戰之論文，可以讀出戴氏對被從國民革命後
歷史主流中驅逐之反主流派，以及托洛斯基主義者對變革的思考，有
著相當的共鳴感受。

　　文末再次提及，從個人的觀點與人類普世性觀點來審視歷史，乃
貫穿戴國煇思想的研究方法。「殖民地統治的問題，非單只是政治性
的壓迫，亦非經濟性的榨取，而是對人性的全面破壞」，這句戴國煇
的話語，至今仍然清晰而深楚地烙印在筆者的腦海之中。

講評

◎蔡錦堂[*]

　　松永正義教授這篇談論「戴國煇的位置」的文章，主要針對做爲「研究者」的戴國煇，將其研究歷程分爲四個時期，並且列出戴的四點「研究特徵」，予以論述。

　　「研究者」戴國煇的兩大研究領域，一爲農業經濟，一爲台灣史。松永的這篇文章，對於戴的農業經濟研究業績著墨不多，較著重在台灣史研究的成果分析上。

　　在戴國煇研究歷程的四個時期上，作者很清楚的點出了第二期（1967～1980，亞洲經濟研究所至立教大學）與第三期（1980～1996，台灣近現代史研究會至回台前），乃戴的輝煌期。不過松永也提出戴的許多重要論文大多出自於第二期的看法，而到第三期，或許因戴國煇「已在日本學術界與論壇獲得確實而穩固的地位」，因此事業逐漸多樣化而「研究論文的數量也因此減少」。松永也指出，在第三期、特別是「台灣近現代史研究會」時期，戴所扮演的「組織者、協調者」的角色，也就是戴居於台灣近現代史研究會的核心地位，帶領並培養了諸如若林正丈、春山明哲、河原功、金子文夫、以及松永等等許多後來台灣史學、台灣文學的傑出研究者。

　　我個人認爲「台灣近現代史研究會」的發起與存在（包括自 1970年代初期開始的「東寧會」或「台灣研究會」），都是促使戴國煇轉向台灣史研究，並在日本學術界以及政論界獲得一席重要地位的一個要因，捨台灣近現代史研究會的存在，或許就不見得會有「台灣史研究

---

[*] 國立台灣師範大學台灣史研究所副教授。

者」戴國煇的出現。因此作者上述的分期，將台灣近現代史研究會的存在分割於第二與第三期，可再斟酌。或可將 1970 年初期東寧會的起始，至 1988 年的台灣近現代史研究會結束，單獨列為一期。

作者提及戴國煇研究的四個特徵中之第一特徵，即戴的研究乃是立於左派立場而展開。戴的「左派立場」是什麼？作者似可以更確切的定義並實證分析。特別是作者提出一般思考東亞架構時，大多是左派、右派的對立，但在台灣卻是處於統一與獨立的結構中；那麼「左派立場」的戴國煇，在台灣統獨架構中，應該如何對其言論、行為做解讀或詮釋？戴的「獨特」類型，作者或可稍加篇幅再深入論述，因為這是理解戴國煇、特別是最後一個時期的戴國煇，相當具有意義的地方。

本篇文章值得與春山明哲於此次研討會所撰之〈台灣史研究之開拓者戴國煇——以日本時代為中心〉一起閱讀，當會對研究者戴國煇、特別是台灣近現代史研究會時期的戴國煇，有更深一層的認識。而《戴國煇全集》的出版，當會是戴國煇研究的正式開始。

台灣近代史的連續與轉型
戴國煇晚清台灣史論的再探討[*]

◎張隆志[**]

一、前言

　　台灣史研究自 1980 年代後期以來，歷經近四分之一世紀的蓬勃發展，台灣史研究如今在史料發掘、課題開發、人才培育及國際交流等方面，均獲得顯著成果，並已成為台灣人文社會學術最具活力的新興領域。另一方面，由於研究者在政治認同及方法立場上的差異，關於台灣近現代史的研究與解釋，亦成為當代學術及政治論爭的焦點場域，並呈現出眾聲喧譁的言論景觀。面對進入 21 世紀的台灣歷史學發展前景，如何理解 1980 年代後期以來，台灣史研究的豐富內涵與特徵，並分析其複雜的知識系譜與脈絡，進而評估其所面臨的可能限制與挑戰，實為值得學者共同關心討論的重要學術課題。[1]

　　關於當代台灣史研究的興起，學者至今多著眼於 1980 年代後期以來的本土化運動，尤其是 1987 年政治解嚴前後台灣社會運動、政治民主化、以及民族主義潮流的影響。[2]筆者認為欲理解當代台灣史

---

[*] 本文原題為「戴國煇先生與晚清台灣史研究：1980 年代『台灣現代化論爭』的再探討」，初稿發表於 2011 年 4 月 16 日舉行之「戴國煇國際學術研討會」會議。筆者感謝呂紹理教授的評論意見，以及崔燕慧女士與王為萱小姐的資料協助。

[**] 中央研究院台灣史研究所副研究員。

[1] Lung-chih Chang, "Re-imagining Community from Different Shores: Nationalism, Post-colonialism and Colonial Modernity in Taiwanese Historiography," in Steffi Richter ed. *Contested Views of a Common Past: Revisions of History in Contemporary East Asia*(New York: Campus Verlag, 2008), pp. 139～155.

[2] John Makeham and A-chin Hsiau eds. (2005). *Cultural, Ethnic, and Political Nationalism in Contemporary Taiwan: Bentuhua*. (New York: Palgrave Macmillan, 2005).

研究的內涵及特徵，固不能忽視解嚴前後台灣政治社會的外在動因，然更應重視台灣近代各種不同研究傳統匯聚互動的長期學術脈絡。具體而言，當代台灣史研究的多重知識系譜，實可溯自 19 世紀後期以來的日本殖民地研究、戰後以來的中國邊疆及地方史研究，以及 1960 年代以來的西方區域研究等學術傳統。而其內涵特徵，則受到晚清及日治時期台灣本地歷史書寫、戰後海外反對運動，以及 1970 年代島內民主運動等學院外論述的影響。[3]

　　做爲戰後日本台灣史研究的重要推動者，戴國煇先生（1931～2001）自 1955 年赴日留學，到 1996 年返台定居，其旅日 40 年多年的學術生涯，涵蓋了專業研究、教育推廣，以及政治評論等多重面向。[4]相較於前台北帝國大學的日本學者，戴國煇與其他自 1950 年代起陸續赴日留學的台灣學者，構成了戰後日本台灣研究的第二代主力。[5]他除以中國農業經濟與台灣糖業史研究聞名，更長期致力蒐集各種珍貴的台灣資料，建立其著名的「梅苑書庫」。[6]進而在 1970 年代組織「台灣近現代史研究會」，培養出一批優秀的日本台灣研究青年學者。對台灣史料的保存與學術風氣的提倡，貢獻尤其卓著。

　　戴國煇在重中輕台的戰後日本學界，長期鼓吹台灣研究的重要性，並批判日本殖民地統治肯定論的偏見成說。其豐富的學術生涯作品，實提供了理解當代台灣史學發展的重要案例。本文擬從台灣史學史及方法論的研究觀點出發，重新回顧 1980 年代「台灣現代化論爭」的學術義涵。並從戴國煇在東京大學與亞洲經濟研究所的早期學術生涯與代表作品，分析其晚清台灣史論的思想脈絡與內涵特徵。進而以台灣歷史分期問題與近代歷史轉型解釋典範爲例，探討其學術觀點與

[3] 張隆志，〈當代台灣史學史論綱〉，《台灣史研究》16 卷 4 期，2009 年，頁 161～184。
[4] 林彩美編，〈戴國煇事記〉，《戴國煇文集 12・附冊：戴國煇這個人》，台北：遠流出版公司・南天書局，2002 年。
[5] 吳密察、若林正丈，《台灣對話錄》，台北：自立晚報，1989 年，頁 8～9。
[6] 林彩美，〈從梅苑書庫到戴國煇文庫〉，《戴國煇先生梅苑書庫入藏中研院人文圖書館紀念冊》，2005 年 4 月 15 日，未刊稿，頁 23。

洞見，對於台灣近現代史研究的可能影響。[7]結語則以張光直先生
（1931～2001）做爲對照，反思前輩台灣研究學者的學術典型與貢獻。

二、「台灣現代化論爭」與戴國煇的「台木論」

　　在 1980 年代中葉，台灣史學者因爲對於劉銘傳與後藤新平等歷
史人物，以及殖民地台灣現代化評價等問題的不同見解而產生論辯，
此一事件被研究者稱爲「台灣現代化論爭」。[8]其主要過程如下：1983
年 5 月，民間台灣史研究者楊碧川以高伊哥爲名，在黨外雜誌《生根》
發表〈後藤新平：台灣現代化的奠基者〉論文，介紹 1898 至 1906 年
間，日本台灣總督府的各項殖民地統治措施與成果，引起了學者對於
日本殖民統治評價的討論。1984 年 3 月，《夏潮論壇》雜誌刊載了戴
國煇的〈研究台灣史經驗談〉演講稿，強調台灣在晚清劉銘傳洋務建
設時期，即已樹立資本主義萌芽的基礎，並批判楊文中的「被殖民心
態」。同月，楊碧川在《台灣年代》雜誌上以〈台灣歷史意識問題〉
一文提出回應，說明其對於台灣人被迫現代化的看法，以及其對於帝
國主義影響功過的見解。[9]

　　「台灣現代化論爭」是 1980 年代中葉台灣意識論戰的重要事
件。參與論爭的台灣史學者，除了各自呈現其政治意識形態立場外，
更針對日本殖民時期的統治成果，與後藤新平等殖民統治者功過，提
出了不同的解釋與評價。其中引起爭議的主要言論，可以楊碧川的「奠
基者論」爲代表。他以後藤新平的殖民地經營爲例，重新檢視日治時
期的現代化建設，並批判解嚴前國民黨的抗日史觀，及官方歷史對於
日本治台史實的全盤否定和漠視。進而主張從被統治者的立場，重新

---

[7] 筆者關於此一課題的初步探討，參見張隆志，〈劉銘傳、後藤新平與台灣現代化論爭〉，
收入中華民國史專題討論會祕書處編，《中華民國史專題論文集》，台北：國史館，1998
年，頁 2031～2056。張隆志，〈殖民現代性分析與台灣近代史研究：本土史學史與方法
論芻議〉，收入若林正丈、吳密察主編，《跨界的台灣史研究——與東亞史的交錯》論文
集，台北：播種者，2004 年，頁 133～160。

[8] 張隆志，〈劉銘傳、後藤新平與台灣現代化論爭〉，頁 2031～2036。

[9] 施敏輝編，《台灣意識論戰選集》，台北：前衛出版社，1988 年。

探討日本帝國主義的多面性，並藉此認識台灣人被迫現代化的複雜歷史經驗。[10]

另一方面，由於楊碧川在列舉後藤新平治台史實時，過分凸顯其「現代化」建設的理性與文明面向，導致台灣史學者對其忽略「殖民地化」手段的暴力與差別性格作法提出批評[11]。而其文章副題以「奠基者」稱譽後藤新平的評價方式，更引發戴國煇等人對其「統治者史觀」乃至「被殖民心態」的抨擊。戴國煇在〈研究台灣史經驗談〉一文中，除介紹其在旅日期間，從被殖民者與社會科學者的立場，長期批判戰後日本殖民地統治歌頌論，尤其是所謂「後藤新平治台神話」的努力，並進而抨擊旅日台獨運動者及若干台籍知識分子的崇日心態與言論。[12]

戴國煇在「台灣現代化論爭」時所提出的「台木論」主張，除了做為「台灣現代化論爭」的論戰文字，實反映出其對於晚清台灣社會經濟發展及洋務運動的重要學術見解。他從台灣史的長期發展觀點，指出晚清期台灣社會經濟與清末台灣洋務運動，做為日本治台「前史」的重要性。認為台灣商業資本的發展，尤其是劉銘傳等人的新政設施，「為日本殖民當局提供了『台木』，方便它在台灣『移花接木』，開展了『台灣式殖民地形態的經濟成長』，且獲得了成果。」[13]在後續的研究作品中，他更進一步強調台灣在清末早已是令日人垂涎的「寶島」，並據以批判日人將台灣視為「瘴癘之地」的「統治者史觀」。[14]

從學術史的脈絡而言，戴國煇「台木論」的主要根據，來自於其〈晚清期台灣的社會經濟──並試論如何科學地認識日人治台史〉的

---

[10] 楊碧川，《後藤新平傳：台灣現代化奠基者》，台北：一橋出版社，1996年。

[11] 劉省三（翁佳音），〈後藤新平「現代化」的另一面〉，《後藤新平傳：台灣現代化奠基者》，頁198～208。

[12] 戴國煇，《台灣史研究──回顧與探索》，台北：遠流出版公司，1985年，頁2～26。

[13] 戴國煇，《台灣史研究──回顧與探索》，頁65～66。

[14] 戴國煇，〈晚清期台灣農業的概貌──藉日本人密探及外交官等之報告來剖析〉，收入《台灣史研究會論文集》，台北：台灣史研究會，1988年，頁1～23。

論文。[15]本文初稿完成於 1967 年，為其 1966 年東京大學博士論文《中國甘蔗糖業之發展》後的系列論著，並正式發表於 1970 年追悼仁井田陞教授的論文集。[16]戴國煇早年在東京大學及亞洲經濟研究所時期的研究，以中國糖業史及台灣近代糖業發展為主題，並受到其恩師東畑精一（1899～1983）教授等人的影響。他在其對於晚清台灣社會經濟的先驅性考察研究中，提出晚清台灣社會經濟基礎，尤其是小租權與寄生地主制的建立，行郊等買辦商業資本的出現，以及糖、茶、樟腦等國際貿易商品所帶來的資本累積，是日本進行殖民地資本主義化的歷史前提。並強調以劉銘傳新政為代表的洋務運動，尤其是其清賦事業，對於台灣資本主義化的重要貢獻。此一富有資本主義萌芽論色彩的「台木論」，實與戰前矢內原忠雄及東嘉生等人的台灣經濟史研究相呼應。[17]

三、台灣近代史的連續與轉型：重探戴國煇的晚清台灣史論

發生於 1980 年代的「台灣現代化論爭」是台灣解嚴前統獨政治論爭的一個插曲。其政治性格遠超過其學術影響，並以「中國結」與「台灣結」的意識形態為其論爭主軸。另一方面，本次論爭雖然受限於 1980 年代台灣的時空思想環境，並未能發展成為對於台灣近代史解釋典範的史學論辯。但筆者認為此一論爭除了有助於理解 1980 年代台灣認同政治的背景外，[18]實有其深層的學術史與方法論義涵。

從研究方法論的觀點而言，「台灣現代化論爭」的主要內容，可以歸納為以下兩項焦點：其一是由楊碧川的「奠基者論」所引發的歷

---

[15] 戴國煇，《台灣史研究——回顧與探索》，頁 27～88。本文共有 1980 年陳慈玉及 1985 年林真理（林彩美）等兩個中譯版本。
[16] 戴國煇，〈清末台灣的一個考察〉，收入仁井田陞博士追悼論文集編輯委員會編，《日本法とアジア：仁井田陞博士追悼論文集第 3 卷》，東京：勁草書房，1970 年。
[17] 矢內原忠雄著，周憲文譯，《帝國主義下之台灣》，台北：帕米爾書店，1985 年；東嘉生著，周憲文譯，《台灣經濟史概說》，台北：帕米爾書店，1985 年。
[18] 蕭阿勤，《回歸現實：台灣一九七〇年代的戰後世代與文化政治變遷》，台北：中央研究院社會學研究所，2008 年。

史人物評價問題，尤其是晚清台灣巡撫劉銘傳，以及日本台灣民政長官後藤新平等人對於台灣現代化的影響；[19]其二則是由戴國煇的「台木論」所引申的台灣資本主義發展解釋問題，尤其是晚清洋務運動與日本殖民地經營，在台灣資本主義發展史上的歷史定位。除了歷史人物評價問題外，諸如殖民地現代化的歷史前提，以及與晚清台灣國家建構與邊疆社會發展的複雜關連，乃至於晚清台灣洋務運動及資本主義化過程的比較研究與解釋等，至今仍是台灣歷史研究的重要解釋性課題。換言之，「台灣現代化論爭」在台灣史學史上的重要意義，實在於其此一論爭所反映的「如何解釋與評價 19 世紀至 20 世紀初期台灣歷史轉型」的學術課題與不同見解。[20]以下試以台灣歷史分期問題與近代歷史轉型解釋典範等兩項研究課題為例，探討戴國煇的研究觀點及其對於台灣近現代史研究的學術義涵。

（一）戴國煇與台灣近代歷史分期研究

雖然台灣史學界並未出現諸如日本對於「唐宋變革期」，與中國「明清資本主義萌芽」等重大歷史分期論爭，但學者對於以政權轉移為主的政治性斷代分期，尤其是以 1895 年做為台灣近代史起點的作法，則抱持不同的立場和態度。例如政治史學者多重視日本明治國家及殖民統治的近代性格，並強調台灣割讓對於住民歷史意識的衝擊。[21]相較之下，戴國煇的「台木論」，則從歷史連續性觀點立論，重視晚清社會經濟的發展基礎。他在晚年關於台灣史研究方法的討論中，更明白主張將晚清到日據時期（1840 至 1945 年）視為台灣近現代史的

---

[19] 張隆志，〈重構殖民者的歷史圖像：後藤新平研究芻論〉，收入曹永和先生八十壽慶論文集編輯委員會主編，《曹永和先生八十壽慶論文集》，台北：樂學書局，2001 年，頁 121～143。張隆志，〈植民地近代的分析と後藤新平論〉，《環》29，2007 Spring，頁 115～129。

[20] 張隆志，〈殖民現代性分析與台灣近代史研究：本土史學史與方法論芻議〉，《跨界的台灣史研究——與東亞史的交錯》，頁 133～145。

[21] 吳密察，〈歷史的出現〉，收入黃富三等主編，《台灣史研究一百年：回顧與研究》，台北：中央研究院台灣史研究所籌備處，1997 年，頁 1～21。

「前期」，並與戰後至當代的「後期」研究相區別。[22]

　　戴國煇對於台灣近代歷史分期的看法，尤其是其對於晚清歷史連續性的強調，實亦反映出 1970 年代後期以來，台灣社會經濟史研究受到社會科學洗禮後的重要分析取向。例如林滿紅以海關史料爲基礎，從區域貿易史的角度，重建晚清開港以來茶、糖、樟腦業的生產組織、產銷流程及市場貿易，更進而提出台灣歷史重心北移的重要觀察。[23]又如翁佳音透過抗日組織及成員的個案，指出日治初期台灣漢人的武裝抗日，實與清代台灣政治、社會經濟及宗教層面等長期結構性因素，以及清代台灣漢人抗官民變械鬥等傳統有密切關連。[24]而吳文星則探討台灣仕紳領導階層，在政權轉移過程中抵抗、協力與隱遁等不同反應模式，以及新舊世代社會菁英，在殖民教育及官僚體系的傳承遞嬗與流動。[25]

（二）戴國煇與台灣近代歷史轉型論

　　回顧 1980 年代的「台灣現代化論爭」中關於台灣「近代」起點的論辯，除了引發吾人對於歷史分期方式的方法論反省外，亦涉及如何研究台灣近代「轉型」的理論性課題。換言之，19 世紀台灣的政權轉移過程，意味著國家與社會關係間斷裂與重組，也反映了傳統社會經濟結構的長期影響和變動。以下試就台灣學術史上的相關研究典範和論辯做一介紹。

1. 台灣資本主義論

　　從學術典範的批判繼承而言，由日本學者矢內原忠雄於 1929 年出版的經典名著《帝國主義下的台灣》所開啓的台灣資本主義論，迄今仍是台灣史上最具體系性見解的研究傳統。本書主旨在分析台灣的經濟政治發展的事實關係，並擬探究其社會的意義，剖明台灣統治的

[22] 戴國煇，《台灣史探微——現實與史實的相互往還》，台北：南天書局，1999 年，頁 xiii。
[23] 林滿紅，《茶、糖、樟腦業與台灣之社會經濟變遷（1860～1895）》，台北：聯經出版公司，1997 年。
[24] 翁佳音，《台灣漢人武裝抗日史研究（1895～1902）》，台北：國立台灣大學，1986 年。
[25] 吳文星，《日據時期台灣社會領導階層之研究》，台北：正中書局，1992 年。

性質。並以經濟為中心，對於台灣社會的發展之科學的分析。矢內原從古典政治經濟學與帝國主義論的理論視角，提出對於台灣在日本帝國主義統治下「資本主義化」的宏觀解釋，並對於此一「轉型」所涉及的社經基礎、國家角色、階級分化與民族問題等歷史因素加以說明。而其社會科學分析背後的人道主義關懷，與「被虐待者的解放，沒落者的上升，與自主獨立者的和平結合」的理想，更使得本書獲得台灣知識分子的欽佩與景仰。[26]

旅日台灣學者涂照彥在其 1972 年出版的《日本帝國主義下の台灣》中，曾對於矢內原的台灣資本主義論加以修正。相對於矢內原以日本帝國主義及日本獨占資本作為核心概念的分析，涂照彥則強調以台灣經濟本位的視角，以及土著經濟的歷史特質對於日本資本移植台灣的影響，並進而處理殖民政府與傳統土地所有制度間的辯證關連。[27]在上述研究基礎上，社會學者柯志明更進而以台灣殖民經濟史上的米糖相剋問題為焦點，論證家庭小農經濟與不同生產模式間的並存聯屬，以及日台區域分工對於邊陲資本主義發展的複雜影響。並進而批判矢內原的糖業帝國主義論，以及川野重任的台灣米穀經濟論等傳統成說。[28]

2. 清代台灣社會轉型論

在 1980 年代中葉成為學界論爭焦點的「土著化」與「內地化」理論，是戰後台灣史學界首次對於清代台灣漢人社會轉型問題，所進行的的體系性探討及解釋。相關論點可以回溯自 1970 年代所推動的「濁大計畫」及「中國現代化區域研究計畫」等集體研究計畫。由社會人類學者陳其南於 1975 年首先提出的「土著化」概念，將清代台灣漢人社會的建立及發展模式，放在中國邊疆及海外移民史的比較脈絡中，探討來自華南的漢人移民，如何在台灣重建其傳統社會的歷史

[26] 若林正丈編，《矢內原忠雄「帝国主義下の台湾」精読》，東京：岩波書店，2001 年。
[27] 涂照彥，《日本帝国主義下の台湾》，東京：東京大学出版会，1975 年。
[28] 柯志明，《米糖相剋：日本殖民主義下台灣的發展和從屬》，台北：群學，2003 年。

過程及結構變遷。他以祖籍分類、民間信仰及血緣宗族等三個結構性指標，並以 1860 年代為分界點，分析台灣漢人社會如何由一個「移民社會」走向「土著社會」的變遷過程。[29]

　　另一方面，中國現代史學者李國祁則在 1975 年，首次以其業師郭廷以的「內地化」概念，描繪晚清台灣的政治現代化運動，並在 1978 年提出其清代台灣社會轉型論。他以「移墾社會」，來說明清初台灣在人口形態、社會組織、風俗慣習與領導階層上的特殊性，並認為在自然與人為因素下，台灣在 1895 年前已成為中華文化的「文治社會」。[30]上述「土著化」與「內地化」理論，雖然曾被 1980 年代的統獨論爭者所徵引挪用。然而其學術史義涵，則在於反映 1970 年代以來，台灣史研究的社會科學化及學院化的重要趨勢，以及「濁大計畫」等大型集體研究，在史料開發，專題研究，以及歷史解釋等方面的具體成果。[31]

3. 台灣社會變遷論

　　台灣社會學者陳紹馨，雖曾因其 1966 年〈中國文化的實驗室：台灣〉一文而聞名，然而其以人口研究為基礎，對於台灣社會性質及變遷所提出的體系性解釋，則直到 1980 年代才重新受到學者的重視。陳紹馨認為台灣曾歷經部落社會、俗民社會及公民社會的三個歷史階段，並分別以血緣、地緣和功能做為各時期的主要人群組織原則。他指出荷蘭東印度公司的領台及中國大陸農業人口的移入，是台灣部落社會轉型為俗民社會的關鍵時期。而日治時期政府功能的擴張，傳統民間團體的式微，與新職業團體的出現，則是公民社會形成的表徵。[32]

　　另一方面，雖然陳紹馨的歷史階段論與社會類型分析，帶有現代

[29] 陳其南，《台灣的傳統中國社會》，台北：允晨出版公司，1987 年。
[30] 李國祁，《中國現代化的區域研究：閩浙台地區（1860～1916）》，台北：中央研究院近代史研究所，1982 年。
[31] 張隆志，《族群關係與鄉村台灣》，台北：台灣大學文學院，1991 年，頁 19～29。
[32] 陳紹馨，《台灣的人口變遷與社會變遷》，台北：聯經出版公司，1979 年。

化論及結構功能論的色彩。但其對於台灣社會體系與人群組織變遷等
課題，所提出的理論詮釋，以及從台灣與海外華人社會的比較，探討
台灣漢人移民社會特質的學術洞見，則成爲 1970 年代台灣社會人類
學與漢人社會轉型研究的先驅。[33]上述有關台灣歷史社會研究的解釋
傳統和論辯，雖然各有其學術關懷及研究脈絡，但均對於台灣歷史分
期及社會性質等根本課題，提出了具有啓發性的觀點與解釋。

　　總而言之，從台灣本土學術史的脈絡而言，「台灣現代化論爭」
實承繼了自 1920 年代矢內原忠雄的台灣資本主義化論，1950 年代陳
紹馨的台灣社會變遷論，以及 1970 年代李國祁與陳其南的清代漢人
社會轉型論以來，學者對於台灣歷史與社會轉型問題的研究討論。就
此意義而言，戴國煇「台木論」對於晚清台灣史研究的重要啓發，並
不僅在於強調本土台灣社會發展的連續性，實更在於從社會整體性，
以及國家社會關係的分析視角，來解明台灣近代歷史轉型的過程與機
制。[34]以下試以「台灣近現代史研究會」的活動爲例加以說明。

四、戴國煇與「台灣近現代史研究會」的晚清台灣史研究

　　如眾所周知，戴國煇在日本長期推動台灣史研究的代表性業績之
一，便是組織成立「台灣近現代史研究會」。本研究會創立於 1970 年，
原名「東寧會」，以松永正義、若林正丈、宇野利玄、河原功及春山
明哲等青年日本學者爲核心。其後於 1975 年改名爲「後藤新平研究
會」，並擴充會員至二十餘人，每月聚會討論。至 1978 年改爲今名。
本研究會至 1988 年出版最後一卷《台灣近現代史研究》止，共活動
長達 20 年，成爲培育戰後日本新世代台灣研究人才的重要搖籃。[35]

　　做爲「台灣近現代史研究會」的關鍵推手及領導人物，戴國煇除
致力蒐集與介紹珍貴台灣史料，並指導年輕學者從事台灣歷史、文學

---

[33] 黃應貴，《反景入深林：人類學的觀照、理論與實踐》，台北:三民書局，2008 年。
[34] 張隆志，〈國家與社會研究的再思考：以台灣近代史爲例〉，《中央研究院近代史研究所
　　集刊》第 54 期，2006 年，頁 107～128。
[35] 春山明哲，《近代日本と台湾》，東京：藤原書店，2008 年，頁 343～363。

及政治的研究。雖然他自 1970 年代後期，便逐漸脫離農業經濟學及糖業經濟史，轉向日治時期及戰後台灣史的研究，並積極從事政治社會評論與教育推廣工作，但從表一《台灣近現代史研究》期刊的篇目，實可以窺見其對於晚清台灣史研究的影響力。

　　綜觀「台灣近現代史研究會」會員們的清代台灣史研究成果，除了台灣領有論、糖業政策，日人台灣觀等課題外，可舉《台灣近現代史研究》第 5 號「清代台灣特集」做爲代表。尤其是本專輯中關於米穀移出與郊商、台灣南部製糖業、以及全台團練章程等專題的研究論文，均與戴國煇的台灣史學術觀點與興趣密切相關。而在該專輯的〈後記〉中，編者唐立（Christian Daniels）更引申戴國煇「台木論」的見解，主張從歷史連續性、固有社會經濟本位，以及被統治者歷史主體觀點，建構新的台灣歷史圖像。[36]

表 1　《台灣近現代史研究》篇目作者提要

卷期	出版年	出版者	課題	資料介紹	人物介紹	主要作者
第一號	1978／4	龍溪書舍	台灣領有論 總督府糖業政策 霧社事件 楊逵	總督府秘密文書〈文化協會對策〉	東鄉實	松永正義 森久男 春山明哲 金子文夫 河原功 若林正丈
第二	1979／8	龍溪	高山族調查史 上野專一	〈夢乃跡〉	持地六三郎	小島麗逸 林正子

36　《台灣近現代史研究》第 5 號，1984 年，頁 207。

號		書舍	黃呈聰 張文環			若林正丈 金子文夫 池田敏雄
第三號	1981／1	龍溪書舍	高山族調查 鄉土文學論戰 龍瑛宗 書評 〈戰後日本台灣近現代史研究文獻目錄1945～79〉	〈廈門台灣籍民問題〉	井出季和太	小島麗逸 金子文夫 戴國煇 池田敏雄 陳正醍
第四號	1982／10	綠蔭書房	池田敏雄追悼紀念特集 台灣神社、資料書評	〈台灣及南支那視察日記〉		國分直一 中村哲 池田鳳姿 等； 橫森久美 Christian Daniels 若林正丈
第五號	1984／12	綠蔭書房	清代台灣特集 米穀與郊商 南部製糖業 全台團練章程 高永清 楊逵訪談			粟原純 林正子 Christian Daniels 中村ふじゑ 戴國煇 若林正丈
第	1988／	綠	清代先住民反亂	岡松參太郎		張士陽

| 六號 | 10 | 蔭書房 | 田口卯吉
台灣舊慣調查
軍事動員與皇民化政策
書評論文評特集：台灣的台灣史研究
〈戰後日本台灣近現代史研究文獻目錄（2）〉 | 〈台灣制度意見書〉 | | 森久男
春山明哲
近藤正己
栗原純
松永正義
陳正醍 |

資料來源：《台灣近現代史研究》第 1～6 號，（東京：綠蔭書房複刻版，1993 年），作者整理。

五、一個未完成的研究傳統：試論「後戴國煇」的晚清台灣史研究

戴國煇自 1967 年出版其博士論文《中國甘蔗糖業之發展》後，除先後於 1970 年及 1976 年間，發表〈清末台湾の一考察〉及〈日本人が把がえた植民地化以前の台湾農業像〉等重要學術論文外，其研究興趣則逐漸由農業經濟和中國糖業史，轉移至華僑史及客家研究、台灣近現代史、中日關係史，尤其是關於霧社事件的共同研究。[37]另一方面，從 1983 年至 1984 年間首度赴美訪問起，戴國煇便以通論作品寫作，公開演講座談，以及當代政治評論為其主要活動。

從表 2 中可以看到，自 1985 年出版其第一本中文作品《台灣史研究──回顧與探索》後，他陸續出版《台灣總體相》（1989）、《愛憎二二八》（1992）及《台灣結與中國結》（1994）等論著，並提出其「共犯結構論」與「罩九理論」等主張。而其在 1996 年返台定居後，

---

[37] 戴國煇編，《台湾霧社蜂起事件──研究と資料》，東京：社会思想社，1981 年。

受聘爲李登輝總統府的國安會諮詢委員長達三年之久，直至卸任後才寫作出版《台灣史探微》（1999）與《台灣近百年史的曲折路》（2000）兩書。2001 年 1 月 9 日，戴國煇過世，他與王作榮的對話錄《愛憎李登輝》，出版於當年二月，成爲其最後遺作。[38]

　　值得注意的是，自 1970 年代以來，戴國煇除提出其「台木論」的主張外，基本上並未持續從事任何有關晚清台灣史的實證研究。戴國煇雖於 1985 年與 1988 年出版〈晚清台灣的社會經濟——並試論如何科學地認識日人治台史〉及〈晚清期台灣農業的概貌——藉日本人密探及外官等報告之剖析〉等兩篇重要中文作品，但其內容基本上僅是其早年學術論文的翻譯。而其《台灣史研究》一書主要是由演講稿、座談紀錄、回憶雜文、以及訪談報導所組成的文集，而非嚴謹的正式學術專書。直至 1999 年出版《台灣史探微》一書爲止，他並未對其論文內容作任何實質增補改訂，僅重新編排版面及按語。

　　相形之下，自 1980 年代的「台灣現代化論爭」，台灣史學界對於相關問題的討論，隨著解嚴以來台灣言論思想的開放，與本土歷史研究的勃興，早已逐漸脫離論戰文字的層次，而有新的研究成果與累積發展。諸如《宮中檔》、《淡新檔案》等清代中央及地方官府檔案的整理刊布，以及《金廣福文書》與《岸裡文書》等重要民間古文書的發掘利用，使得學者無論在政策制度、區域開發、家族歷史，經濟貿易乃至原住民歷史方面，均獲致重要的研究成果，拓展提升了晚清台灣社會史研究視野及學術水平。[39]

　　總而言之，相較於前引矢內原忠雄的資本主義論、陳紹馨的社會變遷論、以及陳其南與李國祁的「土著化」與「內地化」論等學說，戴國煇的「台木論」雖對於研究者的問題意識上有所啓發，但並未在課題、資料及方法上，對於 1980 年代以來新興的本土台灣史研究產

---

[38] 林彩美主編，〈戴國煇著作、發表及相關評論文章一覽表〉，《戴國煇文集 12・附冊：戴國煇這個人》。

[39] 林玉茹、李毓中，《戰後台灣的歷史學研究：1945～2000 第七冊：台灣史》，台北：行政院國家科學委員會，2004 年，頁 74～199。

生深遠的影響。就如同「台灣現代化論爭」是一場未充分展開、更未完成的台灣史學論辯，戴國煇的「台木論」雖曾影響若干日本台灣史學者，並在台灣意識論爭史上留名。但由於缺乏持續而累積性的實證研究成果，至今仍只是台灣史學史上具有學術洞見的研究觀點，而無法落實發展成為具有典範意義的研究傳統。未來應如何批判地繼承戴國煇先生的晚清台灣史學術遺產，實值得其台日門生與後繼研究者加以探討和省思。

表2　戴國煇台灣史研究論著提要

書名	時間	語文	出版者	領域	性質
中国甘蔗糖業の展開	1967	日文	アジア経済研究所	農業經濟	專書
日本人との対話	1971	日文	社会思想社	中日關係	評論集
日本人とアジア	1973	日文	新人物往来社	中日關係	評論集
境界人の独白	1976	日文	龍溪書舍	中日關係	評論集
新しいアジアの構図	1977	日文	社会思想社	中日關係	評論集
台湾と台湾人	1979	日文	研文出版	台灣史	論文集
華僑	1980	日文	研文出版	華僑史	論文集
台湾霧社蜂起事件──研究と資料	1981	日文	社会思想社	台灣史	編著
台灣史研究──回顧與探索	1985	中文	遠流	台灣史	論文集
台湾総督府警察沿革志	1986	日文	緑蔭書房	台灣史	史料集
もっと知りたい台湾	1986	日文	弘文堂	台灣史	編著
台湾──人間・歴史・心性	1988	日文	岩波書店	台灣史	通史
台灣總體相──人間・歷史・心性（魏廷朝譯）	1989	中文	遠流	台灣史	通史

台湾，いずこへ行く？！	1990	日文	研文出版	台灣史	評論集
もっと知りたい台湾	1991	日文	弘文堂	華僑史	編著
愛憎二二八（與葉芸芸合著）	1992	中文	遠流	台灣史	專書
台灣結與中國結	1994	中文	遠流	台灣史	評論集
台湾という名のヤヌス	1996	日文	三省堂	台灣史	評論集
台灣史探微	1999	中文	南天	台灣史	論文集
台灣近百年史的曲折路	2000	中文	南天	台灣史	論文集
愛憎李登輝（與王作榮對談）	2001	中文	天下文化	台灣史	對話錄
台灣霧社蜂起事件：研究與資料（魏廷朝譯）	2002	中文	國史館	台灣史	編著
戴國煇文集（林彩美編）	2002	中文	遠流		全集

來源：林彩美主編，〈戴國煇著作、發表及相關評論文章一覽表〉（2002 年），作者整理。

六、結語

猶記得首次閱讀戴國煇先生的台灣史論著，是在 1985 年 10 月，隨著部隊移防前往金門外島服役的途中。初次橫渡台灣海峽的我，面對著黑水溝的洶湧波濤，正苦索著未來的人生方向。當時的台灣，依然處在解嚴前夕的言論思想氛圍中。雖已可感受到政治變遷與社會運動的風潮，但對於歷史學界而言，台灣史仍是個陌生而禁忌的課題。在擁擠顛簸的船艙中，戴先生剛出版的《台灣史研究——回顧與探索》，尤其是其中的代表性學術論文〈晚清期台灣的社會經濟——並試論如何科學地認識日人治台史〉，成爲我台灣史研究的啓蒙作品之一。[40]而筆者在準備撰寫本文時，無意間讀到一篇悼念張光直與戴國

---

[40] 戴國煇，《台灣史研究——回顧與探索》，頁 27～88。

輝先生的文章，才發現兩人竟是同年同月同日出生的建國中學校友，並先後在 2001 年 1 月初過世。除了驚歎人生命運的機緣巧合，更不禁思索起兩位頂尖台灣前輩學者的不同際遇。[41]最後試以戴國輝與張光直先生的生涯對照做爲結語。

　　張光直在中央研究院推動的台灣研究，是學院中台灣史研究的具體範例。從他的回憶錄可以看到：做爲台灣新文學先驅張我軍的次子，張先生早年從中國北京回台就學時，雖曾經歷 1949 年「四六事件」的冤獄，他卻未走入政治，而決定從事當時極爲冷門的人類學研究。在他以中國考古學聞名於國際學界的同時，張先生仍不忘提倡台灣考古和史前史研究，並致力推動「濁大計畫」等跨學科的台灣研究。[42]另一方面，從 1986 年的「台灣史田野研究計畫」，到 1993 年成立台灣史研究所籌備處，張先生一直是中研院台灣史研究的主要推手。經過十餘年的篳路藍縷，中研院台史所終於在 2004 年正式成所。然而張先生卻已在 2001 年初病逝美國，未及目睹其心血結晶了！

　　相較於張光直的北京早年經驗，中國與台灣考古學專業，及其所引介的戰後美國的區域研究傳統，戴國輝則來自台灣北部客家，留學日本學習農業經濟學與中國糖業史，承接並延續戰前日本的殖民地學術研究傳統，並致力於台灣近現代史研究。張先生晚年雖飽受巴金森症所苦，但仍在 1994 年接受李遠哲先生邀請，由美國哈佛大學返台擔任中研院副院長職務，推動人文社會學術研究。而戴先生則於 1996 年自日本立教大學退休，返台擔任李登輝總統的國安會顧問，關注台灣政治改革的動向。兩人雖一美一日，走上不同的學術道路，但均曾分別對台灣史研究課題資料、方法理論及人才培育工作，做出重要而深遠的貢獻。

　　2005 年 4 月，在戴夫人林彩美女士的努力下，戴國輝先生的「梅

---

[41] 葉芸芸，〈洗滌的靈魂〉，《戴國輝文集 12・附冊：戴國輝這個人》，頁 50～59。

[42] 張光直，《蕃薯人的故事：張光直早年生活的回憶及四六事件入獄記》，台北：聯經出版公司，1998 年。

苑書庫」正式入藏中央研究院，並自 2006 年 8 月起，由台灣史研究所同仁負責「戴國煇文庫」的典藏與目錄整編作業，經過多年的努力，終於在今年將此批台灣學術文化財正式公開在研究者和讀者面前。也算是兩位台灣史前輩的另一種學術因緣吧！哲人日已遠，典型在夙昔，謹以此文追懷昔日私淑覽讀戴國煇先生論著，以及親炙從學於張光直先生的珍貴學誼！

講評

◎呂紹理[*]

　　很榮幸能擔任張隆志教授的與談人，這幾年在不同的場合，我們兩人有許多角色互換的機會，在這些相互對話的過程中，我其實受益於張教授甚多。今天我對自己的定位是與談人，而非評論。因爲，我以爲中文世界對戴教授史學與學術的探究，今天可能才是開始，戴師母費十年心血所編成的全集，將會帶動研究戴老師史學思想的開啓，尤其是這個場次的主題是集中探討戴教授的史學及學術事功，在站在這個「戴國煇學」的開啓時點，拜讀張教授的文章，與談的角色，可能更爲合適。

　　這篇文章也許有一些時序上的循環巧合，1985 年戴老師〈晚清期台灣的社會經濟〉中文問世，13 年後，張教授寫了〈劉銘傳、後藤新平與台灣現代化論爭〉一文，再 13 年後，張教授再次重新檢視了這個題目，我們可以看到張教授在這個問題上持續不懈地努力思索、再思索，反省、再反省的勤奮與用心。這是極有意義的工作，因爲史學家的基本工作是爲過往寫史，爲人物立傳、爲時代記錄，但在台灣，爲史學家寫史的史學史，並沒受到太多的重視，雖然以史學家、史學作品爲中心的史學史研究，容或現在受到較多注意，但在大學中，史學史教學卻不是重要的核心，更不必提研究所。然而，對於需要具有研究成果回顧與批判能力的研究所學生而言，加強史學史的訓練實屬必要。中國史學史的通論及專論作品已有頗爲豐富的成果，但相對而言，台灣史學史的探究，卻仍處草萊待闢的階段，張教授長期耕耘這

個課題，也有許多重要作品發表，是以張教授的工作極有意義，而他也的確是撰寫這篇文章的不二人選。

細看張教授這兩篇大作，13 年前的文章大體上集中於比較楊碧川和戴老師論點的異同，13 年後張教授再度檢視時，則以更為寬廣的視野，重新省思這場論爭的歷史背景、未竟的論辯，以及指出將來可能的新方向。

本文進一步指出，這場發生在 26 年前的學術論戰，很可惜是未竟之功，並且也補充作者十年前文章不足之處，這些不足，在本文中有兩個重要的補充面向。第一個面向是從戴教授發表〈晚清期台灣的社會經濟〉一文後的台灣史研究，檢視戴教授對於自己的學術主張，有何實踐；另外則是從 1985 年後台灣史學界的研究趨勢，勾勒史學界對這個論戰的後續回應。透過這兩項檢視，張教授指出，不論戴教授自身或者台灣史學界，對於這個現代化論題少有進一步的直接回應，因此至今，這仍然是一場未竟的學術論爭。

本文第二重要面向，乃進一步補充戴教授有關晚清歷史研究的史學理路和義涵，特別指出戴教授極為重視長時段的歷史研究，意圖跳脫過去以政權移轉做為歷史分期的判準，亦即台灣究竟有無近代化，以及台灣有何種近代化的經驗，必須放在長時段的歷史變遷脈絡下來考察，是以 1840 至 1945 年這 100 年，就成為戴教授理解台灣近代歷史變貌的重要分期，而〈晚清期台灣的社會經濟〉，則是這長時段歷史研究的第一步，而日本台灣近代史研究會的工作，也都是在戴教授這個大歷史視野下展開。可惜當年所立的研究項目，至今並未竟全功。而戴教授主張百年為期的分期概念，雖在史學界頗受重視，但卻少有人具體地以 1840 至 1945 年做為實質研究課題的斷限（就我所知，何寶山的書是少數例外），即使是張教授在文中列舉的諸多台灣史學家所寫的作品，1895、1945 仍是一個無法跨越的鴻溝。這個情形，一如去年起進行的「中華民國發展史」撰寫時面臨的問題一般，1945成為中華民國史撰寫中，難以接榫的斷裂。陳芳明教授後來提出 Y 形

理論及轉型史學，做爲概念上的接榫，但究竟在這本中華民國史中，這個概念會獲得多少實踐？至今未知。從這個面向來看，戴老師所提的分期概念，實可與現下的國史書寫對話。

　　本文對於這場論戰前後 30 年的變化，做了相當完整的外緣因素的分析，我完全同意張教授的觀察和看法，在此僅就學術內在思想或理論，提供一點補充。

　　一是建議張教授可進一步闡述戴教授對於近代化概念的理解。雖然這個課題，陳瑋芬教授已有初步回應，指出戴老師反對 Rostow 對近代化的解釋。除這個面向外，我認爲戴教授不僅有巨觀史的眼光，更有微觀史構想，他一直強調要用心理史學的方法來研究，是以霧社事件當可視爲近代化研究另一個面向，即將此事件視爲人民對近代化（或者「資本主義」）暴力的反抗。不過，關於這個面向，或許要從更多戴教授學思歷程的資料來理解。這兩日看《戴國煇全集》別卷中，戴師母編的年譜及戴老師日記，〈晚清期台灣的社會經濟〉日文成於 1966 年，正式發表於 1970 年；據年譜言，戴老師對霧社事件開始感興趣是 1973 年，也就是東寧會成立這一年，在此之前，戴老師與吳濁流已開始交往。又如昨天第一場討論中，大家關切戴老師與竹內好的關係等等，這些相關的人生經歷，與戴老師認知理解「近代化」問題，是否有相互關聯？似乎可以放在一起來考慮的。這一個面向也將與我第三個補充有關。

　　第二個補充是戴教授既然不只關心台灣，更想把台灣放在日本、中國及亞洲這三大力量交錯的脈絡下來理解台灣，是以，戴教授後來的學術事功，或可沿著這條理路，追溯戴老師思考台灣歷史的心路歷程。是以〈晚清期台灣的社會經濟〉這篇文章所引出的論辯，看似未竟工作，但戴教授可能採取了更爲宏偉而迂迴的方式，在回應他自己早年提出的命題，只可惜天不假年，事仍未竟功即已辭世。

　　第三個補充與前兩個都有關係。張教授在第 381 頁提到，今後應以「批判地繼承」的精神來閱讀、理解戴國煇教授的史學。這也正是

張教授一直以來探究「台灣史學史」的立場。因此，我很期待張教授《台灣史學史》一書的完成，並且看到張教授在書中能以類似過去「學案」式的方式，專章討論戴老師的史學研究、史學理論及思想。我接到與談的任務後，就在想要以什麼方式來和張教授與談？其中一個方式，就是假設將來我要寫一篇「張隆志教授的史學」，我該如何理解張教授與戴老師的關係？1998 年張教授寫〈近代化論爭〉開始，到博士論文的完成，到後來有關殖民現代性理論的分析，似乎張教授心中一直在與戴老師對話，從戴老師以殖民性批判日本加諸於台灣的近代化，到張教授後來致力分析殖民現代性的概念，這個對話從未終止。因此，我深信張教授是撰寫戴老師史學思想最合適的人選，透過對戴老師全集的解讀，連繫到更大的論辯場域，綜觀戴老師一生關注的研究主題：近代化的起點、殖民主義的批判、原住民的歷史處境、客家研究乃至身分認同，其實都是對近代性的反思，是以若要「批判地繼承」來理解戴老師的史學，環繞在「近代化問題」上展開更為廣泛的思索，或為可嘗試的方向，如此戴老師 26 年前未竟的近代化批判思想，當有更為廣闊的認識和影響。

吳濁流與戴國煇

◎陳芳明[*]

一、文學與歷史的交會

　　客籍作家吳濁流（1900～1976）是新竹新埔人，客籍學者戴國煇（1931～2001）是桃園平鎮人。1960 年代末期，兩人在日本的相會，意味著台灣文學與台灣歷史對話的一個起點。客家文化的背景，使兩人都具有強烈的硬頸精神；也使兩人在台灣社會所處的邊緣位置特別敏感。吳濁流的殖民地經驗相當完整，對於台灣社會受到帝國權力的干涉，可謂嘗盡苦辛滋味。出生於殖民地後半葉的戴國煇，曾經受過日本的小學教育，也非常明白殖民權力的幽微變化。兩人的年齡差距 30 年，對於時代的感受以及對於歷史的認知，固有重疊之處，但也有相互差異。戴國煇在 1955 年便赴日留學，可以說是戰後台灣知識分子留學日本的第一代。兩人的日本經驗是他們對話的共同基礎，但是，吳濁流熟悉的是殖民地時期的日本，而戴國煇所理解的，是戰敗後重新復甦的日本。因此，他們的相遇無論是歷史觀或政治觀，確實存在相當大的歧異；從而在對話時所形成的歷史縱深，具有一種令人著迷也使人苦惱的魅力。

　　吳濁流與戴國煇真正展開深刻的交往，應該是在 1970 年代初期。當時吳濁流有三本日文作品將在東京出版，在斡旋商談的過程中，戴國煇從旁協助，居功厥偉。《夜明け前の台湾：植民地からの告発》（東京：社會思想社，1972 年）、《泥濘に生きる：苦悩する台湾の民》

[*] 國立政治大學台灣文學研究所所長。

（東京：社會思想社，1972 年），第三本則是《アジアの孤児：日本統治下の台湾》（東京：新人物往來社，1973 年）。以這三本文學作品的出版爲基礎，構成吳濁流與戴國煇相互對談的基調。吳濁流文學所投射的歷史長影，橫跨從日據時代到戰後 1950 年代的發展過程。一方面彰顯殖民權力的氾濫與傲慢；一方面則在探索台灣住民文化認同的困惑與艱辛。他對歷史的觀察與感受，來自實際的生活經驗與生命實踐。戴國煇是一位典型的歷史學者，縱然接受過日文教育，但他思想成熟時，已經在日本從事研究工作。他對歷史的認識往往通過文獻史料的解讀，在思想上形成自己的歷史觀點。他的專長是台灣糖業史的發展研究，可能是這個領域的開山第一人。因此在回顧歷史經驗時，吳濁流與戴國煇的感受確實有極大差異。

　　文學需要象徵、暗示、隱喻的技巧，在歷史縫隙中塡補恰當的虛構故事。但是，文學虛構有時也可以在歷史現實中找到原型。歷史研究固然也需要想像，卻必須貼近文獻史料所鋪成的事實痕跡。在事實與事實之間，建立有機的聯繫；無論如何貼近史料文獻，最後所得出的史實也不免是經過解釋。後設歷史學非常明白指出，所有的歷史發生之後，便只剩下痕跡。歷史意義的產生，往往是經過後人的解釋才慢慢建立起來。同樣都是屬於文字書寫，文學必然就是虛構的嗎？歷史就必然是事實嗎？文史之間的鮮明界線，似乎越來越趨於模糊；但是，實際的經驗有時比文字記載還來得強悍有力。本文在此細緻分辨文史的差異，並不意味吳濁流與戴國煇的對話不能成立。必須特別指出的是，吳濁流從 1900 到 1945 年的完整殖民地經驗，並不必然要依賴史料。作用在他身體上的帝國權力以及因此而造成的傷痕記憶，無可懷疑，日後都成爲他文學創作與文學想像的豐沛資源。戴國煇所認識的日本，是經濟正在復興的戰敗國。他的歷史感覺結構，基本上是資本主義正在崛起所形塑的語境；但並不因爲如此，便失去對日本曾經殖民台灣的記憶。他所從事的糖業研究，最能點出資本主義與帝國主義在台灣海島上所造成的傷害。具體而言，吳濁流的歷史傷害來自

他的身體與時代的相互碰撞；戴國煇所認識的歷史傷害，只是透過豐富龐雜的閱讀，而建構起他的歷史想像。

　　戴國煇所閱讀的吳濁流，是他在日本所出版的三本作品。吳濁流的龐大書寫與複雜生命，對於在日本留學的戴國煇，也許只是冰山一角，無法全面掌握。他所閱讀的《亞細亞的孤兒》、《黎明前的台灣》、《無花果》，誠然屬於吳濁流的經典。這三部作品分別寫於太平洋戰爭末期、二二八事件之後，以及 1960 年代白色恐怖臻於高峰之際。環境之險惡，也許不是在日本的留學生可以確切體會；歷史觀會出現落差，端賴解釋者所處的語境，而這往往是由世代的差異、社會的紛歧，與權力的強弱所構成。基於這樣的認識，吳濁流與戴國煇之間的過從，確實爲後來的文學解釋與歷史解釋帶來了無窮想像。

二、吳濁流的文學世界

　　台灣殖民地現代性的形成，是由日本資本主義與帝國主義的交錯融匯。台灣歷史開啓現代化運動的第一章，就已注定不是出自台灣住民的主體意願，而是以被迫接受的方式，來鞏固殖民地的統治地位。因此第一代知識分子在受教過程中，從來沒有預期以最快的速度，讓文言文的古典文學傳統式微，並直接接受與他們的母語毫無相干的日語教育。語言本身是屬於價值中立的工具，但是在殖民地卻成爲政治權力的表徵。從文言文的漢語過渡到日本近代語言，中間出現一段文化真空。要解釋這種文化真空，似乎可以參照晚清文學過渡到五四文學的歷史過程。晚清的中國書生面對西方帝國主義的侵略，便已覺悟一個新的時代即將降臨。在痛苦中，他們嘗到現代文明的苦澀滋味。爲了適應全新的歷史衝擊，他們已經知道文言文已不足以容納新的事物，尤其是來自西方現代社會的各種知識價值觀念。詩界革命的誕生，在於反映晚清書生的警醒。他們知道文言文必須加寬容納與承載的能量，使舊式語言獲得改造，以便注入新的知識觀念。民國崛起後，詩界革命的節奏，完全趕不上現代化開展的速度。中國知識分子在語

言觀念上開始鬆綁，只有接受現代化的白話文，才有能力接受現代化
的新事物。文學革命終於取代了詩界革命，使歷史的過渡階段不致產
生真空。相形之下，淪為殖民統治下的台灣書生，從未預見文言文的
實踐，急遽喪失使用空間，並且直接被推入日語教育的環境。台灣社
會沒有經過詩界革命，也沒有經過白話文運動。那種失語的痛苦，只
有殖民地知識分子才能確切理解。

　　誕生於世紀之交的吳濁流，正好被置放在這段前後失據的過渡時
期。他對古典文學懷有強烈的鄉愁，對於日語教育又抱持某種生澀的
憧憬。這說明為什麼在日後介入新文學運動時，他對古典文學與古典
歷史總是投以深情回眸。他的世代究竟應該劃入賴和的知識啟蒙時
期，還是應該劃歸楊逵的文化批判漸臻成熟的時期？不過，吳濁流的
第一篇小說發表於 1936 年，也就是台灣文藝聯盟到達盛況的年代。
也許他不是啟蒙者，而是文學的實踐者。在從事小說創作之餘，他從
未忘情古典詩的經營。具體而言，他是傳統價值觀念的捍衛者，也是
現代文化的批判者。這種平衡的思維，構成他個人的主體。他所留下
的古典詩，對於明代以降的台灣文化懷有無盡的眷戀；而他所寫出的
小說，則傾向於寫實主義。對於殖民者的權力氾濫，表達最大抗議。
在他的文學世界，確實存在一個定義鮮明的文化主體。一方面能夠吸
收傳統文化的優點，一方面也能接受現代化運動的進步；然而，他對
於傳統文化的腐敗面，對於殖民統治的黑暗面，都能夠具體而深刻地
劃清界線。他最早的兩篇日文小說〈水月〉和〈泥沼中的金鯉魚〉，
都發表在楊逵主編的《台灣新文學》，就已經相當鮮明地具有批判意
識。尤其是他的女性觀，在 1930 年代作家中，相當引人注目。從思
想光譜來看，他具有素樸的左翼思想，也有素樸的女性意識。

　　〈水月〉這篇小說是在描述一位台灣知識分子的沒落，他經過結
婚、生子，又擁有一份穩定的職業；但是殖民地制度的隔離，使他永
遠陷在現實生活中掙扎。這種制度上的壓制，使他的巨大夢想永遠無
法實現，而被迫日日月月處理細碎的生活瑣事。〈泥沼中的金鯉魚〉

則是描述一位現代知識女性的覺悟。她在成長過程中，便不斷抗拒納妾的物化傳統，堅決抵抗金錢的買賣婚姻，也抵抗傳統女性的宿命。這位女性終於覺悟，在價值混亂的殖民地社會，只有一條出路，她選擇加入當時的台灣文化協會，成為反日運動的一個成員。吳濁流創作這些小說時，正是公學校的教員。他並未因擁有穩定職業而偏離自己的理想，也不因為享有穩定生活，而遺忘對殖民文化的批判。他的主體身分，經過這種直接衝撞，而呈現出來。他在太平洋戰爭時期完成的《亞細亞的孤兒》，也許可以視為一種自傳性的書寫。書中主角胡太明，並不必然就是吳濁流的化身。這部長篇小說，描述台灣知識分子在文化認同上的錯亂，毋寧可以視之為殖民地時期的文化現象。有太多知識分子企圖改造自己的人格與身分，以求得更好的待遇，或更健康的尊嚴。但是小說外的作者，自始至終從未動搖他的文化主體。但是無可否認的，吳濁流的主體意識其實帶著強烈的孤兒意識。縱然具有旺盛的抵抗與批判意志，其背後卻沒有一個龐大的政治力量在支撐，而必須以他的肉身，與殘酷的歷史相互纏鬥、交鋒。小說中所留下的累累傷痕，正好暗示了吳濁流內心的幽暗與孤獨。

　　胡太明的一生經過四次流亡。第一次使他認識到殖民地體制成立的事實，因而無法繼續接受漢學教育。第二次發生在他的初戀，他對日本女性同事產生愛意，卻因種族上的不同而遭到拒絕。第三次流亡，是到日本留學被中國同學會拒絕，並被視為是中國派來的間諜。第四次流亡是戰爭爆發以後，他的台灣人身分同時受到日本人與中國人的懷疑。《亞細亞的孤兒》所寫最動人的一段，便是他藉著書中一位朋友的談話表達出來：

　　歷史的動力會把所有的一切捲入它的漩渦中去。你一個人袖手旁觀恐怕很無聊吧？我很同情你，對於歷史的動向，任何一方面你都無以為力，縱使你抱著某種信念，願意為某方面盡點力量，但是別人卻不一定會信任你，甚至還會懷疑你的間諜，這樣看起

來，你真是一個孤兒。(《亞細亞的孤兒》，頁 181）

　　這是殖民地台灣人的歷史處境，他們淪為日本臣民，並非出自個人意願。歷史巨大的漩渦把他們沖刷到無法靠岸的大海；所有岸上的旁觀者從未施予援手，寧可任其漂流浮蕩。文化認同失去根源，是殘酷的歷史條件所造成；縱然這本小說帶有自傳的意味，其中也築起許多虛構的橋段，卻相當真切地刻劃了台灣人的失落情境。這樣的孤兒意識，由吳濁流的真實歷史經驗釀造出來，在台灣文學作品中非常醒目，說出許多作家所不能說出的深沉語言，成為殖民地歷史的雄辯證詞。孤兒意識所指控的，並不只是針對日本統治者，同時也是對當時中國社會的冷酷無情予以強烈揭露。但是，這又是一部台灣知識分子的深沉反省。因為，他也見識許多同輩的懦弱知識分子，在關鍵時期都恰巧顯露行動未遂症。歷史的形成，不能只是片面考慮自己的感覺，而應總體性地把所有歷史力量納入細緻的思考。吳濁流所討論的歷史，並不只是孤立在台灣。他站在東亞的角度，同時觀察日本與中國，並且也進一步反思台灣知識分子的心理狀態。台灣近代史的形成，是由各種歷史力量相互衝擊而成。《亞細亞的孤兒》一書的命名，相當精確點出吳濁流個人的歷史位置。把整個亞洲地圖攤開，可以看到一個孤單的身影，不止不休地尋找歷史答案。在極大的亞洲歷史力量，對照著極小的台灣個人命運，構成了這部小說的氣魄與格局。

　　這部小說是在戰爭陰影下的時代危疑時期，一字一句、一紙一頁緩慢而秘密的完成。其中的微言大義，準確刻劃跨越兩個時代台灣知識分子命運的考驗。胡太明最後終於發瘋，不就是對違反個人意志的政治權力表達最大控訴？文化認同的精神分裂，正是戰後台灣知識分子從來沒有獲得健康治療的病症。因此這本書以日文在東京出版，使吳濁流的內心抗議從台灣延伸到日本。他所挺起的姿態，是那樣傲慢，又是那樣不容忽視。他便是以這樣的身姿，在 1970 年與戴國煇在東京相遇，而戴國煇也是一位傲慢的知識分子。歷史研究者戴國

煇，長期考察殖民地體制的演變，對於日本帶給台灣現代化的神話，堅決抱持批判的態度。他們都是站在殖民地現代化神話的對立面，也因此心靈與心靈的對話，能夠很快就建立起來。

但是，戴國煇所理解的吳濁流文學似乎也只停留在他的三部日文作品，在一定的程度上，兩個人對台灣政治現實的認識，以及對歷史發展的觀點，畢竟還存在著差異。從 1950 年代到 1990 年代，戴國煇一直生活在言論自由的日本，而吳濁流終其一生都留在台灣。他的歷史觀完全是由日據殖民時代與戰後戒嚴時代所鍛造而成，他在 1976 年離開人世時，台灣社會猶停留於戒嚴時期。整整一生，他從未享有過言論自由，不僅如此，他的思想一直受到檢查，甚至有關二二八事件記憶的作品《無花果》還遭到查禁。他去世後，由張良澤為他編輯六冊的《吳濁流作品集》，其中的《波茨坦科長》一書也被禁止發行，確切地說，從生前到死後，他從未享有言論自由與思想解放的滋味。因此，他所建構起來的台灣史觀，自然而然與在日本擁有開闊言論境界的戴國煇有很大落差。遠離台灣回顧歷史時，可以完全從嚴酷的政治現實抽離出來，在臧否月旦歷史人物時，可以站在較為客觀的位置。因此，在理解吳濁流時，戴國煇較為集中地考察日據時代的殖民地經驗，而這樣的經驗正好都容納在三本日文專書裡。吳濁流在死後才出版的《台灣連翹》，並沒有受到戴國煇的注意。這是他生前的最後一部著作，也是牽涉戰後政治發展的一冊重要記憶。他留下遺言，必須在死後十年才能譯成中文，付梓出版。如果要討論吳濁流的歷史觀，就不能忽略他的最後遺作，畢竟他有滿腔的深沉語言，必須發抒出來，做為畢生志願的實現。有關《台灣連翹》，他特別指出：

> 我在《無花果》裡只寫到二二八事件，以後的事沒有勇氣繼續詳
> 細寫下。即使有這勇氣，也不會有發表的勇氣，因為把二二八事
> 件的時候出賣了本省人的半山的行為誠實地描寫下來，那麼我不
> 但必受他們懷恨，而且還大有遭他們暗算之虞。

　　然而，在那樣不寬容的時代，吳濁流仍然鼓起勇氣，決心把他未完成的記憶建構繼續完成。他的理由相當雄辯。他說：

> 如果不把二二八事件的事寫下來，則我的著作《無花果》與《瘡疤集》之間缺乏有力的作品，時間上有了空白，不免自覺有所不滿。平心而言，二二八事件後的民國三十六年起到民國三十九年初這段時間，是社會最亂的期間，最多光怪陸離的事件。此事若不寫，便是功虧一簣了。為此我寫下了《無花果》的姊妹篇《台灣連翹》，以為《無花果》之續，填補上述的空白。（《台灣連翹》，頁 241）

　　《無花果》與《台灣連翹》縱然是屬於個人的生活記憶，但書中的每一個事件人物細節，都相當緊密地與歷史力量聯繫起來。個人的感受可能極其渺小，但是文學畢竟是一個特定社會與特定時代共同記憶的表徵。書中所湧起的情緒起伏動盪，也正是整個社會心情的縮影。其中所揭露的事實，在官方檔案裡根本不可能存在，而在詩人書信裡也很難容許表達。有關台灣半山與陳儀政府的聯手合作，至今還沒有人正式嚴肅討論，因為戰後初期的政治體制，與後來漫長的戒嚴政治有著相當細緻的關係。吳濁流勇敢把半山政客出賣朋輩的事實挖掘出來，讓後人見證黑暗歷史中極為醜陋的一面，正是在這點上，與戴國煇日後討論二二八事件時，所提「共犯結構」的解釋，可謂不謀而合。

　　《台灣連翹》的中譯本是由鍾肇政在 1987 年翻譯出版，而且是在海外發行。在後解嚴的初期，二二八事件仍然是一個高度禁忌；但是在台灣內部的年輕世代，已經針對這個事件呼籲平反的要求。吳濁流生前的遺作竟成為台灣社會面對歷史的最早預告，而且他所保留的黑暗記憶，一旦暴露在陽光下，頗使後人感到震撼。吳濁流之所以致力於這段歷史記憶的重建，主要是他不能接受官方對於事件的壟斷解

釋。他並不認爲用中華民族主義，或是官方反共政策，就可具體呈現事實。在歷史上嘗盡精神流亡滋味的吳濁流，無法忍受歷史記憶繼續流亡。做爲揭露事件內幕的第一人，他所遺留下來的文字，無非是要讓漂流的記憶回歸到自己的土地。歷史既然是由島上的住民共同創造出來，其解釋權就不能由後來的官方政權或意識形態肆意扭曲。吳濁流以文學形式來建構歷史記憶，在當時可能不能彰顯其影響作用，但是埋藏在幽暗時光中的事實，一旦撥雲見日之後，對台灣文學的生態立即帶來無窮盡的衝擊。在 1990 年代，東方白寫出《浪淘沙》的大河小說，李喬擘建的《埋冤一九四七》，以及鍾肇政書寫的《怒濤》，都不約而同以二二八事件做爲歷史小說的主題。他們全力以赴的，便是要恢復台灣歷史記憶，而這樣的行動，也無非是要向吳濁流所投入的歷史工程頻頻致意。

　　吳濁流對台灣文學的貢獻並不只是停留在文學層面，他所完成的《亞細亞的孤兒》、《無花果》、《台灣連翹》，都是緊緊貼著歷史脈絡的主軸，逐步連接起來。第一部寫的是 1895 年日本來台統治，終止於 1945 年太平洋戰爭末期。第二部的主要內容始於日據時代的台灣社會，止於戰後 1947 年二二八事件的爆發。第三部則是以二二八事件爲起點，繼續描述戰後台灣社會的生活實態與知識分子的精神面貌。三部合觀，等於是拉開歷史巨幕，使將近百年在島上的歷史變化重新登上舞台，其中埋伏著一個重要觀點，便是對現代化運動的批判。台灣社會之接受現代文明，並非是由島上住民以自主意願去追求，而是在殖民權力支配下被迫接受，整個社會所經歷的現代化過程，從來沒有照顧到台灣人民的意願，反而是所有手無寸鐵的台灣住民，被驅趕去支援殖民者的現代化工程。資本主義終於在台灣開花結果，但是承接果實的竟是遠在東京的日本帝國。戰後以來，有許多坊間的歷史研究者，爲了對抗國民黨的威權統治，竟選擇去歌頌日據時期的現代化運動，這種爲了對抗現實政治的歷史解釋，顯然無法協助台灣社會建立健康的主體性。在錯誤的歷史事實上，製造另一個錯誤

的歷史解釋，只會引導歷史投入另一個錯誤的方向。抵抗威權體制絕
對是正確的實踐，但是為了抵抗而同意歷史上的威權統治，反而喪失
了自我的歷史警覺。吳濁流的文學，正是在昭告後人，在批判國民黨
的戒嚴文化之餘，並不必然要性急地擁抱日本人所帶來的現代化價
值。

　　在吳濁流的文學世界，還有兩本重要著作長期受到忽視，一是
1942 年完成的《南京雜感》，一是 1947 年二二八事件之後所發表的《黎
明前的台灣》，前者是對中國的觀感，後者則是表現在事件衝擊後的
從容態度。吳濁流所看到的南京，是汪精衛政權的首都，在戰爭期間
所觀察的中國人生活實態與文化生態，可能是台灣知識分子最為生動
的見證。在《南京雜感》的最後，他總結了親身經歷的生活經驗：

> 粗看會使人有支破滅裂之感的中國，其實仔細觀察時，可以見出
> 偉大而一貫的統一性；如政治上，雖逐漸呈現出近代國家的面
> 目，內容則依然是封建的。例如主從關係、頭目與部下關係、血
> 緣關係、姻戚關係、鄉黨關係，至今仍被看重。不是機會均等，
> 現狀把人才、實力放在第二的。……其中「三舅主義」是自老遠
> 的古代就最受尊重。……所謂三舅主義是國舅、母舅、妻舅的總
> 稱。國舅是皇帝的姻戚，母舅是父親的姻戚，妻舅是自己的親
> 戚。……裙帶關係的確有不可侮的力量。（《南京雜感》，頁 119）

　　這段文字顯示，他對中國的再認識，正好反映了他在現代化的洗
禮下，所持有的主體觀點。汪精衛政權，事實上是在為日本的侵略中
國而服務。《南京雜感》在某種意義上，並不附和日本的權力支配，
當然也未曾歌頌在台的殖民體制。他所具備的現代觀點，已經從殖民
地身分抽離出來，而以一種普世價值的立場看待中國文化的幽暗面。
在殖民地成長的知識分子，很難擺脫殖民者所帶來的主流觀念，以一
種超越的態度，並以一種開闊的視野，透視傳統社會的落後與腐敗，

無疑是要對自己的社會展開反省。同樣地,《黎明前的台灣》一書,
完成於二二八事件的大屠殺之後。書中表現出來的思考,既清醒又超
越。他並不容許自己沉浸在傷悲的情緒,也不容許自己停留在苦痛的
回味。他有意通過事件的刺激,要「把自己徹底分析一番」,因為他
清楚指出,「台灣人是由台灣的歷史與環境培養出來的」。離開歷史脈
絡,就很有可能對島上住民所創造出來的歷史產生曲解。因此,書中
特別強調:

> 台灣人不但在人為的環境從事鬥爭。在自然的環境也是一樣的;
> 他們經常要抵抗颱風、水災、地震等大自然的壓迫,外加番害。
> 在這種環境之下自然養成反撥力,因而鬥爭心、競爭心特強,於
> 是他們有如虹魄力,意志堅固而富於進取性。(《黎明前的台灣》,
> 頁 112)

　　當他提出這樣的歷史認識時,既不願受到殖民地性格的羈押,也
不願受到政治權力的綁架。對他而言,政治與權力是一種文化過渡的
現象。它可能造成一定的傷害與挫折,但無法改變台灣歷史的自主發
展。他的歷史觀非常清楚,真正的主體便是與所有的政治權力保持疏
離,也是以批判的態度介入社會現實。他的入世精神正是整個文學世
界的重要支柱,從而延伸出他對歷史的觀察。更為確切地說,他的文
學營造誠然呈現象徵與隱喻的技巧,而他的歷史建構則是依賴真正的
生活經驗與思想體驗。如果說,吳濁流的文學想像與歷史記憶互為表
裡,那麼在他所有的小說故事中,也正是複雜歷史事件的具體縮影。

三、戴國煇的台灣史觀與文學觀

　　戴國煇與吳濁流的過從,前後大約有十年之久。透過日本作家尾
崎秀樹與坂口襑子的介紹,在吳濁流訪日時,與戴國煇正式見面。他
們書信往來最頻繁的時期,應該是 1972 年吳濁流的三本日文著作於

東京出版之際。在出版過程中，戴國煇義務擔任校對、編輯的工作，並且也爲《黎明前的台灣》寫日文導讀。兩位客籍知識分子在異國的相遇，不能不說是一個重要事件。一位是時代轉型時期的重要作家，一位是長期居留日本的中國近代史專家。他們的對話，各自背負錯綜複雜的歷史感覺結構。他們之間的共同話題，自然不能脫離殖民地的經驗與現代化的價值。戴國煇的博士論文，是〈中國甘蔗糖業之發展〉〔參見《全集》10〕，對於近代中國的現代化歷程相當熟悉，從而也牽涉到台灣前近代的現代化經驗。其中牽涉到資本主義在亞洲的擴張，以及帝國主義如何到達中國與台灣。他在日本學界的位置，幾乎可以用「亞細亞的孤兒」來概括。畢竟在殖民地成長的知識分子，要在日本前帝國的歷史陰影下取得發言權，確實必須經過一番掙扎。他終於在學術界建立發言權時，也正好與吳濁流認識結交。

　　值得注意的是，他爲吳濁流寫作品導讀時，才發表一篇重要論文不久，那就是〈清末台灣的一個考察〉，後來他自己重新改寫爲〈晚清期台灣的社會經濟——並試論如何科學地認識日帝治台史〉〔參見《全集》6〕。在這篇論文他特別指出，在日本取得台灣統治之前，晚清就已經在島上展開初步的現代化運動。其中最重要的一個事實，便是日本人的現代化工程並非是憑空造起，而是晚清時期劉銘傳在台灣實施一連串的經濟改革，徹底改變傳統「以防台而治台」的方針，而換取「以防外患而治台」的政策。他的史觀便是把台灣的現代化運動往前推進至少 20 年，長期以來有關清代台灣的歷史解釋，大多強調清朝政府的海禁政策，也偏重在台灣是移民社會，並且也強調「三年一小反，五年一大反」的論述。這種歷史解釋基本上是在彰顯清朝政府是屬於外來政權，未嘗在台灣有過具體的建設。而這樣的看法，似乎助長了日本在台灣的現代化史觀，模糊後人對於前近代台灣的真實認識。戴國煇有意糾正長期存留下來的偏見，更客觀而深刻地接近歷史事實。他的目的是爲了抵禦日本統治有功於台灣社會進步的說法，從而使殖民壓迫的事實遭到遮蔽，並進一步製造出日本爲台灣帶來現

代化的神話。

　　〈清末台灣的一個考察〉清楚指出，劉銘傳在台的新政，其實是清末洋務運動的一個開端。所謂新政指的是「辦防」、「練兵」、「清賦」、「撫蕃」四大要務。這一系列的變革，便是把中國的邊疆防線延伸到前端的台灣。如果這一個歷史事實可以成立，便等於破除清朝海禁政策的說法，使邊疆海島整編到中國的版圖，也使地方分立的台灣納入中央集權的脈絡。戴國煇要強調的是，劉銘傳新政縱然遭到挫折，但是他所遺留下來未完成的現代化工程，無疑已為未來的日本人在台現代化計畫打下基礎。具體而言，戴國煇相當明確建立一個新的歷史看法，便是從晚清時期到日據初期，中間並不是斷裂，而是一種過渡期的移動，日本統治台灣之後，對於晚清的統治極盡醜化之能事，刻意漠視曾經有過的現代化企圖。唯有徹底否定早期的歷史記憶，才能建立日本據台的合法統治。正是在這個歷史解釋上，戴國煇撥開殖民統治所釀造的迷霧，相當精確地對日本人所製造的神話予以漂亮的一擊。

　　戴國煇對日本現代化運動所採取的批判態度，相當可以理解。但是在 1970 年代介紹到台灣時，頗受抗拒。這必須回到當時的歷史背景。主要原因在於，台灣的黨外民主運動與鄉土文學運動正在崛起。伴隨著國際社會的衝擊，國民黨的威權體制逐漸受到挑戰。潛藏於台灣社會底層的政治不滿，已經無法接受中華民國的法統觀念。因此，本土意識或主體觀念的釀造，逐漸在黨外運動與鄉土文學運動過程中日趨成熟。從而，一個新的歷史觀也正在開啟，台灣歷史意識也慢慢覺醒，一個前所未有的歷史造像運動，也蔚然展開。參與政治運動與文學運動的知識分子，非常嚴肅地朝向歷史文獻去深刻挖掘，也連帶著開始塑造政治人物或文學作家的傳記。正是處在這樣的一個重要關口，對於日本殖民史的解釋，往往抱持著愛恨交加的複雜情結。其中最重要的一個議題，便是殖民地的現代化運動。坊間的某些史觀認為，台灣社會接受殖民統治時，也同時迎接現代化的正面價值。他們

的思維深處，肯定現代化對台灣這個海島的改造。具體而言，這種史觀堅持，台灣社會已經獲得進步的經濟與文化。而這種進步，絕不是落後的國民黨統治可以比擬。如果把這種史觀當作政治運動的一個工具，應該是一種階段性的權宜之計。但是，若把這樣的史觀確立爲民主運動的中心價值，則偏離歷史事實過於遙遠。

　　台灣史觀的建立，不應該是爲政治運動或意識形態服務。畢竟，歷史觀點的形塑，必須以貼近事實爲基礎。在歷史發生過之後，回頭評估現代化運動，可能無法理解殖民地社會的痛苦與掙扎。日本統治的現代化，若是有功於台灣，恐怕沒有一位日據作家會同意。從 1930 到 1937 年的台灣作家，如賴和、陳虛谷、蔡秋桐、楊逵、楊守愚、王詩琅、呂赫若、龍瑛宗，都在他們的小說中，揭發現代化所帶來的痛苦。就像賴和所說，「爲什麼時代那麼進步，而我們的生活那麼痛苦」。簡短的一個喟歎，足以道盡現代化的本質與虛構。如果現代化可以歌頌、稱讚，則日據時代台灣作家的歷史位置，究竟要安放在哪裡？台灣意識對抗國民黨體制，在那段時期備極辛苦。但是在發展自主的論述時，不能便宜地依賴殖民者的現代化論述。爲了建立主體，竟然投入另一個支配者的懷抱，則所謂主體，就只能繼續扮演課題的角色。舉世滔滔之際，戴國煇對日本現代化的評價，充分表達他政治不正確的立場。即使以我個人而言，當年正涉入海外政治運動，對於戴國煇的史觀也頗有微詞。經過 30 年後，重新閱讀戴國煇的《台灣史研究》，才真正發現他的殖民地現代化批判，可謂用心良苦。日本統治者殫精竭慮構築的現代化神話，從來就不能照單全收。他與吳濁流之間的對話能夠成立，就在於兩人批判日本現代化統治的立場同條共貫。

　　戴國煇指出毫無選擇地肯定日本現代化，簡直就是歌頌日本殖民主義。在建立主體意識時，以殖民者的價值來支撐，反而使台灣意識受到抽樑換柱。這種思想上的冒險，似乎是在洗刷日本人的歷史罪惡。尤其日本人處心積慮改寫教科書，當然寓有粉飾的意味，企圖逃

脫應該負起的政治責任。殖民者在脫罪之際，被殖民者不能加入扮演共犯，戴國煇耗盡心力，重新研究晚清的台灣社會，特別強調晚清的台灣稻作與糖業，已經是相當蓬勃發展，而茶葉與樟腦的生產，在世界經濟史上相當可觀。這也是爲什麼日本對台灣這塊土地長期覬覦。把日本統治之前的台灣，形容爲化外之地或瘴癘之地，是殖民者刻意建立起來的一種政治論述，其目的在於彰顯現代化的功勞，完全來自殖民者的苦心經營。現在可以確切地說，戴國煇所寫的〈清末台灣的一個考察〉，確實是一篇經典之作。

　　吳濁流在日據時期所寫的短篇小說，便已經透露對日本現代化運動的強烈不滿。尤其是他的長篇小說《亞細亞的孤兒》，極其深刻地描繪台灣知識分子認同的混亂，其中最大原因，便是受到日本現代化論述的介入。1960 年代完成《無花果》時，可能有意要挖掘二二八事件的悲劇。但是在那言論受到監視的年代，吳濁流終究還是欲言又止。這部自傳式的告白，充分顯示他對日本統治的不滿。在戰後台灣知識分子之間，吳濁流可能是最早發出內心深層抗議的一位。1976 年去世後，留下的遺稿《台灣連翹》正式揭發二二八事件的前因後果。這本自傳，有吳濁流個人的歷史考察，他認爲事件最大的原因，來自於官吏的貪腐，與用人不當，台灣人受到歧視極爲嚴重。然而他並不是孤立地看待這個事件，而是把台灣殖民地政治，與南京汪精衛政權的統治手法相互比較。質言之，吳濁流的史觀，有其連貫性與系統性，而不是用斷裂或抽離的方法來建構歷史。任何歷史的演變並不能只集中觀察其結果，而應該追本溯源，理解整個發展的過程。吳濁流再三回到二二八事件的記憶，無非是爲了治療他的靈魂傷痛。但是他的自我療癒不是停留在悲情的控訴，而是寧可以冷靜觀察的態度，對事件前史進行歷史縱深的考察。正是各種不同歷史因素的累積與匯聚，才一步一步導向悲劇的發生。縱然他是一位文學創作者，卻具備了深厚的歷史關懷，他嚴肅慎重的態度，正好與戴國煇所選擇的歷史位置能夠相互對應。

　　戴國煇爲吳濁流的日文作品《黎明前的台灣》撰寫一篇書評，題
爲〈殖民地統治與人性的破壞〉〔參見《全集》17〕，特別提到，在日
文裡面只有「自分」的表達，而沒有「他分」的思考。「自分」（self）
指的是自我，「他分」（other）則是指他者。這是因爲面對政治事件或
歷史事實時，日本人通常只是考慮到自我的感覺，而從未顧及他者的
感受。這種講法，吳濁流在他自己的中文原書《黎明前的台灣》，收
錄一篇文章〈別人無份的世界猶之乎熄火山〉，也表達同樣的看法。
吳濁流讀了日本作者谷村勇的著作《常樂我境》，該書也指出世界上
的紛爭煩惱，大部分都是起自只有自我而忘了他者。他從這裡開始引
伸殖民統治的真相。他認爲，殖民者永遠考慮到自己的利益，從來都
毫無顧忌地傷害被殖民者。這種單方面的思考，往往使社會價值傾
斜，造成一方受益而另一方受害的結果。這種優越感，總是壓抑許多
優秀的人才。其實創造偉大的事業，是以犧牲他者爲代價，最後就會
造成傷害的慘劇。《亞細亞的孤兒》、《無花果》與《台灣連翹》三冊
並置在一起，就是一部連貫而龐大的個人自傳。他深深感受，殖民地
知識分子懷才不遇，以至於造成後來的歷史悲劇。戴國煇向日本人介
紹吳濁流時，尤其肯定吳濁流的著作，是了解台灣人民感情最好的
書。他更精確地指出，二二事件的遠因，有一部分是來自被統治者台
灣人與殖民者日本人的心理糾葛所造成的。在自我與他者之間，台灣
人總是被迫站在邊緣位置，或是完全沒有聲音。日本人不斷改寫殖民
地歷史的記憶，也常常遺忘台灣人的真實感受，然而，沉默的被統治
者，並非表示永遠沒有發言權。可能就像吳濁流所說，他們只是一座
熄火山，何時會憤怒爆發，全然不可預期。

　　戴國煇在一篇文章〈談陳火泉、吳濁流和邱永漢的文學〉〔參見
《全集》2〕，比較三位作家的文學傾向。他說，陳火泉的《道》，是
一種表態文學；吳濁流的《亞細亞的孤兒》，是屬於徬徨的身影；邱
永漢的《濁水溪》與《香港》，則是一廂情願的想像。這種看法，是
非常恰當而得體的評價。不過吳濁流文學，在徘徊猶豫之際，其實懷

有理想國的期待。在文化上，他嚮往的是漢代以降的古典傳統；在政治上，他追求一個民主開放的公平社會。在他生前，其理想懷抱未嘗有一天真正實現過。他離開人間時，台灣的民主運動才正要展開，因此在黑暗的歷史隧道中，從未看見盡頭的微光。

在另一篇文章〈如何克服殖民地傷痕──我所認識的吳濁流先生〉〔參見《全集》2〕，戴國煇就更為深刻地接近吳濁流的文學世界。他不殫其煩地再三表示，殖民地經驗在台灣所留下來的傷害，便是使島上住民懷有強烈的自卑感，永遠都覺得日語說得不夠優越，人格無法與日本人相互比並。他說，台灣的甘蔗、阿里山的神木，被日本人運走，還可以再生長，但是台灣人失去了自我價值的肯定，這種精神上的傷痕，則很難恢復。他從吳濁流的三部自傳體作品可以發現，一直到 1970 年代為止，台灣人的信心與認同，並未建立起來。他與吳濁流談話時，也發現，這位客籍作家的思考方式，始終跳不出「外省人對抗本省人」的框架。吳濁流的認同態度，不能夠建立自我信心，其實是從殖民地時代遺留下來的。在那時期，戴國煇把台灣的住民視為一個整體，完全不分本省外省。吳濁流把國民黨體制等同於外省人，在那段時期當然可以理解。畢竟當時檢查書籍，查扣雜誌的官方人物，大部分是外省人，在現實環境中，使吳濁流無法掙脫權力的箝制，也因此，在文學中流露他直接的感受。而戴國煇身在日本，可以免去日常生活中的政治干涉，在看待台灣問題時，可以採取較為抽離的態度。不過，戴國煇特別提醒吳濁流，制度與人應該是屬於不同層次的問題，這是相當正確的看法。他對吳濁流的評價有較為確切的看法：

> 《無花果》是二二八事件前後的歷史見證作品，不應視為反政府作品。我以社會科學的立場來看，吳濁流先生是同年代知識分子作家中，克服了他的殖民地傷痕，在晚年他的確不但在「工具」的觀點上，甚至於在思想層面上，把日本話變成他的手段，他是

少數成功的前輩。

一個歷史學者的文學態度，在這段話中表露無遺。換言之，歷史研究與文學審美，其實可以並置，毫無衝突可言。同樣的，吳濁流做為一個文學家，也不會偏離，也不至失去考察歷史的能力。因此戴國煇與吳濁流兩人的對話，典型的呈現 1970 年代蒼白時期知識分子的心理狀態。在另一篇文章〈我與吳濁流的交誼和他的墨寶〉〔參見《全集》18〕，戴國煇表達如此的評價：

> 做為一個紀錄者，吳濁流的作品非常寶貴，可以留下來，因此他有勇氣對日本人說話與記錄，並向日本人告發——日本統治台灣50 年，帶來什麼樣的罪惡！吳老的好處在於，台灣人是有他的悲哀，但這悲哀如何變成新的力量，及應如何奮鬥。

做為一個產量相當豐富的歷史學者，他與知識實踐與思想反省，窮畢生之力來克服殖民地傷痕。無法否認，他對文化中國確實抱有強烈的鄉愁。然而，他真正的關懷最後還是投注在自己的原鄉台灣。他的歷史觀與台灣本土論者保持一種疏離，因為他總是警覺，歷史學不能淪為政治的工具。為了特定的意識形態與政治目的，而扭曲歷史事實，這是他完全不能贊同的。歷史畢竟是解釋出來的，但是在詮釋過程中，還是要沿著事實的跡線去營造。他的清末台灣研究，表面上看來距離政治現實非常遙遠，但是一旦置放在殖民地脈絡去回顧時，對於日本現代化所形成的虛構論述，反而釋出強悍的力道。對抗扭曲歷史的方式，便是還以真正的歷史面貌。在整個戰後日本的台灣研究中，許多學者仍然還是為殖民史的政治意義在服務，對於他們在台灣所造成的傷害，如果不是以擦拭的方式推卸責任，便是以遺忘的手法徹底脫罪。戴國煇一生研究的重點，側重在台灣糖業、殖民地現代化以及霧社事件。其中的微言大義，在今天看來反而更加鮮明。在研究

歷史之餘，又延伸出與吳濁流的對話，在幽微的文學傳記中，他為作家指出一條克服殖民地傷痕的道路。歷史的宏觀態度，提升了吳濁流的文學價值。到今天，戴國煇的精神懷抱，仍然還是暗潮洶湧，難以抵禦。

講評

◎彭瑞金[*]

　　陳芳明這篇論文的題目，帶給讀者無窮的想像空間，吳濁流與戴國煇的什麼與什麼，有非常多的討論或比較的可能性，尤其是這篇論文採用的是不引經據典的、一個註釋都沒有的印象或評論，大部分都是作者主觀的見解，就更令人好奇吳、戴二者並論的立基點了。

　　吳濁流出生於 1900 年，是小說家，充其量也只是擅長寫具有歷史背景的小說的歷史小說家，和以研究中國糖業史專長的歷史學者戴國煇對話的立基點何在？何況戴氏出生於 1931 年，二人差了一個世代有餘。陳芳明的論文中雖然沒有明確地說，卻也不難看出來，旨在比較二人的被殖民經驗和殖民文化認同問題。吳濁流以《亞細亞的孤兒》一作在文學領域確立的，比較接近 1960 年代出現的後殖民論述，也就是站在被殖民的本地人以獨立國家的觀點，將殖民者的勢力、法治、文化予以驅逐，形構民族自覺的運動。相對的戴國煇的後殖民論述，則是放在當代文學、文化研究中的後殖民論述。討論的是從殖民文化傳播到被殖民者的文化、雙方執行及認知的落差。

　　易言之，戴國煇對日本殖民統治的批判及檢討，特別是他對台灣的現代化肇起於日治的「神話」、「相當精確地……予以漂亮的一擊」（陳文第 401 頁）深得陳芳明的讚賞，同時，戴、陳二人也一致認為劉銘傳在 1885 年畫下的「新政」大餅，才是立下台灣現代化的首功。其實清國與日本都是殖民帝國，沒有大、小漢之別，乃是常識。但戴國煇曾言，他不是台灣史的歷史家，只是要把台灣史放在中國史之全

* 靜宜大學台灣文學系主任兼教授、台灣筆會理事長。

歷史過程中正當地定位，以此再構築中國史像爲目標。套句陳芳明論文中的句子，就是典型的「是爲政治運動或意識形態服務」的「學術」論述。

　　我一向主張任何人都可有自己的政治、文化認同的選擇權，但若據以做爲學術研究或論述的「不二原則」，則是迷思。戴國煇是多領域成就不斐的學者，我並不熟悉他在其他領域的成就，不敢妄置一言，但對陳芳明大作中對他讚譽有加的有關台灣現代化的看法，不是不敢苟同與否，而是看到自相矛盾的詮解。

梅苑書庫

◎陳梅卿[*]

一、前言

　　戴國煇[1]老師的書庫叫梅苑書庫，凡是他的學生都知道。梅苑書庫最初位於日本千葉縣西習志野一丁目（參見圖1），建於1969年。隨著1996年戴國煇老師的回國，老師把書搬回國，又在新北市新店區東坡新城做了一個新書庫。2001年1月9日老師逝世之後，因為師母[2]想知道老師共有多少書，所以成大的博士班同學等就開始簡單的整理。隨著2001到2002年的整理，做成簡單的目錄之後，這批書師母將之捐贈且運到了中研院，目前已整理成立戴國煇文庫。

　　至於戴老師的書是什麼時候開始買的？據師母的說法，她到日本的1958年，老師就開始買書了！從書目中，可以看出老師是刻意蒐集的。特別是有關二二八的資料，大概在事件發生後馬上發行的一些雜誌，老師到日本留學以後，都

圖1　日本千葉縣西習志野一丁目的書庫前。後排左起為戴師母、吳濁流先生，前排左起為興宇、興寧。

[*] 國立成功大學歷史學系教授。
[1] 戴國煇（1931~2001），桃園平鎮人，中興大學農經系畢業，1955年赴日，1966年以《中國甘蔗糖業之展開》獲得東京大學農學博士，先任職於亞洲經濟研究所，1976年轉任立教大學史學科教授，為筆者在立教大學讀書時的指導教授。
[2] 戴林彩美，戴國煇夫人，苗栗通霄人，中興大學農經系畢業後，1958年赴日入東京大學研究所攻讀，1959年結婚，後因興趣轉變，鑽研料理，為知名料理研究家。

刻意透過舊書店蒐集保存。學生時代有次跟老師從學習院大學上課出來，剛好路過一間舊書店，停了不到二十分鐘，出來時老師就提了三本書。在立教大學讀書時常常看到書店郵寄舊書來。記得有天老師跟我說：「今天書店寄帳單來，不小心被太太看到了，她很吃驚我的年終獎金全部買書買完了！」以下來談談我和梅苑書庫的邂逅，以及老師離世之後，我們如何著手整理，建立簡單的檔案與完成簡單的目錄。

二、西習志野書庫

　　1979 年我進入立教大學碩士班，不久之後就知道指導教授戴先生有一個書庫，在千葉縣西習志野。我忘了第一次去書庫的時間，只記得坐山手線到濱松町，然後再換總武（中央線）的慢車到西船橋，再換私鐵京成線到北習志野，連換三班電車，一趟將近二小時，下車又要走十來分鐘才到書庫。到書庫一看只不過是間普通的日本房子，大概有 50 坪，一進到客廳，左手邊是院子，好像有一片草皮，然後草皮與路上間隔的是鐵線做的籬笆，但沿牆種了很多棵紅色薔薇。印象最深的是從院子到路上的拱門，拱門上爬著樹根很粗的紅薔薇，我從未見過那麼粗的樹根，可見紅薔薇的樹齡很久。

　　客廳的右手邊是廚房、浴室，然後才是書庫，打開一看，大吃一驚，書架很高，只有下半部才能用手拿得到，上面一定要爬上梯子才拿得到。書架是鋼筋做的，上面則是木板，每次到書庫，老師總要開除濕機，不到一天，就倒滿滿一盒水，書庫有多大？大概有十個榻榻米以上。我雖然很喜歡在書庫探險，但是多天依然覺得很冷，有時就把書拿到客廳火爐旁邊烤火邊看。夏天，我倒是很喜歡到書庫看書，也喜歡院子裡盛開到處攀爬的大朵紅薔薇。我記得老師曾對我說過，書庫因為要放書，所以房子結構上是鋼筋水泥，以便可以承載書的重量。至於生活空間部分則是木材，因為木頭房子對健康比較有益而且舒適。

　　1996 年老師回台灣以後次公子興寧就住在書庫，1999 年翻修房

子，因爲書已經運回台灣，所以就把書庫打掉，重新蓋了一棟 L 型的房子，長的部分是興寧住的，短的部分是老師夫婦到日本時自己生活的小空間。

我已經忘了一共去書庫幾次，只記得戴著白色「軍手」幫老師除下書上的塵土。老師每次都是說叫我們去幫忙整理書庫，其實有時候我覺得老師是想招待我們，就開放書庫讓學生去住兩、三天。一群學生去吃吃喝喝、讀點書，報告一下論文進度。

1989 年年底我回到台灣以後，幾乎年年都到東京，每次都會去看老師。老師將要退休的前兩年我去看他，他突然問我：「梅卿，我留在日本好，還是回台灣好？」我隨口回答：「回台灣！把書庫的書運回台灣不是您的心願嗎？」下一次再見面時，戴老師已準備好回台灣，聽說是爲了要替李登輝總統做事。

三、新店書庫（參見圖 2）

1996 年 5 月，然後就是在新店見面了！一開始師母來來去去，不常住在台灣，我知道老師在新店買了一整層樓，三個單位，兩個單位是生活空間，一個單位是書庫。書運回台灣前後，我知道老師可能在新店又要重新布置書庫，但是如何布置我就不得而知了。

有天有人告訴我老師住院，後來才知道老師用貨櫃把 18 噸的書運回台灣，也在台灣訂做書櫃放入新的書庫，白天在總統府上班完後，每天晚上自己把書上架，太

圖 2　戴國煇教授攝於新店書庫

累了就感冒了，因此到台大醫院住了幾天養病。正確的時間我忘了，應是奧林匹克運動會舉辦的時節，只記得跟胎中小姐一起在夏天到新店住了兩晚，那時書已上架了，木書架也是一排排，我問老師運書花

費多少錢？他笑笑不告訴我，然後我再問訂做的木書櫃價碼，他笑著告訴我：「不便宜！」

86 學年度（1997 年 9 月）起成功大學設立博士班，戴老師應蔡茂松主任之邀請，來成大歷史系博士班開課，我又像以前一樣，可以較常和老師見面。

2000 年 10 月，我突然聽說戴老師住院，在此之前我已知道老師肝功能不佳，體重掉了很多。打電話到新店是老師親自來接，原來已經退院，我告訴老師家母也因腦血栓在住院，所以不能北上去看老師。12 月 25 日聖誕節隔天，我到新店看老師並吃了師母做的午餐，餐後老師先休息，我又和師母談了一下才下山，老師狀況不錯。

2001 年 1 月 8 日，我在研究室，突然有位學生跟我說：「老師，你還有空坐在這裡，戴老師病危了！」當下大吃一驚，聽說消息都上報了。隔天 9 日一早坐飛機北上，直接到台大醫院加護病房看老師，師母跟老師說：「梅卿來了！」老師努力睜大眼睛看著我，我牽著老師的手，手上都是管子。下午兩點鐘再進加護病房看老師一次，告訴老師：「我下星期再來，請先生（日文稱老師之意）加油！」當天下午 5 點 30 分老師辭世。

四、製作目錄

2 月 10 日老師的葬禮結束後，聽說師母和陳映真夫人要用鉛筆手抄老師的書，做一書目，師母想知道老師到底有多少書。我一想滿山滿谷的書兩位女士要抄寫到何時？回台南以後，便和成大博士班上過老師課的同學商量，結果大家都願意幫忙製作目錄，於是決定組一個團隊，暑假的時候，大家輪流到新店書庫整理老師的書，做一目錄。

另一方面，電腦厲害的孟欣[3]和在電腦公司上班的封平（老師女婿，興夏夫君），則一直在商量用什麼格式來建檔，後來製作出簡單書目的格式（用 Excel 程式），是他們兩個人商量出來的結果。

[3] 林孟欣，國立成功大學歷史學博士，目前在國立台灣大學歷史學系擔任博士後研究員。

　　首先決定眾人先分批到新店的書庫用手抄書名，先用兩張卡片抄寫，一張夾在書中，另一張則蒐集起來。老師的書庫是三房兩廳的公寓，我們把它簡單的分為 A 到 G 共七個空間，加上 S、T 兩個書架。在整理目錄時，以走道為中心，左邊分 A（客廳），客廳後之房間則為 B，客廳對面之房間則為 C、D，廚房的空間是 E，繞回來的餐廳則是 F，至於 G 是什麼位置則因為年代久遠已經忘記了。諸人先把空間分成七個名字，然後貼上條子。老師的書架很高，以一格為單位，從天花板上而下一列，先貼上阿拉伯數字（如 F-1）。

　　先遣部隊先把書架分作一、二、三、四貼上號碼，來整理老師的書。整理時先用手抄，每本抄兩份，一張夾在書中，一張集中，然後準備拿回台南。製作了一個禮拜，分量實在太多了，因為除了架上之外，地上滿滿都是，眾人商量的結果覺得這樣速度太慢，決定舊書用手抄（因為怕損傷），新書則用影印的比較快，因此租了一架影印機到老師的書庫裡面印書封，再把書封拿回台南建檔，影印機一共租了四個月。

　　參與製作目錄的詳細名單與人數筆者已經忘了，目前想起來的人有：林孟欣、高淑媛、張靜宜、林素珍、林瑛琪、筆者，加上素珍夫婿陳耀芳，還有淑媛的妹妹淑玲、靜宜的弟弟仕穎及鍐萍的弟弟弦揖等人。

　　第一階段林孟欣、筆者、高淑媛、林素珍夫婦、高淑媛姊妹到新店老師的書庫先抄書目，高淑媛是成大博士班第一屆同學，畢業於史研所，曾到東京大學留學兩年，上過戴老師的課，家住新店，所以連妹妹高淑玲都一同前來幫忙，做書目打字建檔的事務，她目前是成大歷史系的老師。靜宜是成大博士班第二屆的同學，畢業於史研所，目前是台南大學文化與自然資源學系的老師，她也帶著胞弟仕穎一同前來幫忙，搬書上架下架、做書卡。2001 年夏天，筆者記得林素珍和陳耀芳帶著一個大行李箱到台北，兩夫妻就到書庫來幫忙，時間長達一星期之久。素珍目前在東華大學族群關係與文化學系任教，至於瑛琪

則是成大歷史所博士班第二屆學生，她已經拿到學位，實際上她到書庫幫忙的狀況筆者已經忘記了。第一次整理書、做卡片時除了筆者及成大的同學之外，尚有文化大學好幾位同學也參與抄書卡的事務，由於年代久遠，目前已無法憶起，只記得約有十幾位同學一起在書庫抄寫。

除了我參與的第一次之外，整個夏天，同學們分批到新店做目錄。我雖不在現場，但都會有人來告訴我進行的狀態。

除了上過戴老師課的學生之外，另外筆者的學生謝喻華、江鑀萍也在建檔時加入打字行列。最後因為書的數量實在太驚人，建檔的速度不是想像中那麼快，只好請專任助理蔡伊馥小姐來幫忙建檔。蔡小姐是長榮大學環工系畢業的，當時剛大學畢業還未做事，筆者就麻煩她來建檔，她每天早上到研究室，就默默地整理資料、建檔。筆者印象較深的是從書庫拿回來的書封影印一疊疊，她就一張張地打字建檔，卡片也是一張張地建檔，數量多到不得了。

蔡小姐一共做了七個月，做完目錄之後，她在 2001 年 12 月 25 至 30 日，還北上到書庫住了幾天，校對一下建檔以後書單上的書名，還有不清楚的書名以及認為沒有自信的部分。

目錄做成之後，由於大家對日文皆無自信，校對的工作就由佐藤桃子小姐（戴老師二兄國堯的外孫）來做。桃子當時正來台南，在成大語文中心念中文，也被我們拉來幫叔公校對書目。這個簡單的書目，筆者已全部列印出來，大概有十幾冊之多，登錄的書大約有四萬冊左右。

至於建檔的費用由筆者募款，捐款的人士姓名大約如下：

涂永清、戴文鋒、蔡茂松、陳玉女、簡秀娟、林瑞明、林德政、蔡錦堂、吳心慈、廖雅玲、葉光毅、廖安惠、蔡景三、陳英香、林欣萌、翁嘉聲、所澤潤。

其中涂永清、蔡茂松、陳玉女、林瑞明、林德政、翁嘉聲是成大歷史系的老師，大家都熟識戴老師，涂永清是頭份客家人，他跟老師

見面時，兩人會講客家話。蔡茂松是新竹人，也是親自到新店邀老師到成大博士班開課當時的系主任。林瑞明則在 1987 年曾到立教大學研究一年，早跟老師熟識，林德政則在政大念書時，聽說曾上過老師的課。陳玉女是留日的，跟老師也見過幾次面。翁嘉聲是西洋史老師，不過他一向熱心慷慨，我一開口，他馬上答應。無論如何，我的同事們都是非常熱心，二話不說地贊助。

另外，吳心慈、廖雅玲、廖安惠是成大歷史系的畢業生，是我的學生，算起來戴老師是太老師了，尤其安惠還開車接送過老師幾次，戴文鋒則是成大史研所畢業生，跟我熟識，當年也想跟老師學習，也曾經接送過老師，目前是台南大學台灣文化研究所的老師。還有簡秀娟及林欣萌，兩位是立教大學的校友，早就熟識老師，也跟我私交很好，所以都是共襄盛舉。

葉光毅是故人葉盛吉醫師的公子，成大都計系的老師，他幾乎是老師每到台南，一定見面吃飯的人士。蔡錦堂則是不必介紹了，台師大台史所的老師，日本近現代史研究會在台灣少數的會員之一。所澤潤則是研究台灣教育史，我 30 年來的好友，只要我需要他一定盡力的人物，他也是東京大學的畢業生，在學生時代即知道戴老師是我的老師，所以對於筆者想要做老師書目的事情，二話不說就贊助了。

至於陳英香及蔡景三兩位，陳英香是我插化的朋友，十分熱心，只要我募款，她一定出錢而不問理由，這次英香除了贊助，還派兒子吳弦揖到書庫幫忙一星期。弦揖本來有點胖胖地，從書庫回來，天天搬書、影印、將書下架上架，聽說瘦了幾公斤。九年前弦揖到研究室來幫忙時，還未成年，剛考上大學，我們都叫他「阿弟仔」，目前已研究所畢業，他是個可愛勤勞的男孩，大家都很喜歡他。蔡景三先生已經過世，他是成大交管系的校友，他的夫人是我的插花老師，每次我募款時她一定贊助，所以她以先生的名義贊助這個活動。在此表示感謝，以上諸位先生、女士的贊助，讓我在精神上覺得不孤立，龐大書目的建檔一定可以完成，終於不到一年即完成了。

五、梅苑書庫

　　戴老師的書一共有多少呢？新店書庫整理出來的數字是236086。第一本書是編號 200001 開始，所以共有 36,086 冊，還有一些未建檔，放在老師生活空間內的大陸書，當時認為不妥，所以未建檔。另外還有老師在天母公寓的 487 冊。2010 年 12 月我去拜訪師母時，師母告訴我東京還有一些，因為原來放在宮前町的住家內，未放在書庫，所以就未搬回台灣，所以我推測老師的書大約 40,000 冊弱，如同建檔當初預測的數字。

　　老師的書，以日文最多，其次是中文，英文也有，下面舉四個空間為例。以 B 空間而言，編號 200001 至 2022792。書的內容從革命開始，馬克思主義、資本主義的中文書、日文書開始，然後是文化人類學、異文化專欄，第三欄是蘇聯專欄，中共問題、社會主義之資料不少。然後是德國史資料（德國史、希特勒，1945 年後之西德），還有一些摩西、猶太聖經、回教之相關書籍。還有不少西洋史、歐洲之書，另外有相當多心理學、精神醫學之書（如沙特全集、佛洛依德研究）、有關心理學家榮格的書等。另有《民俗臺灣》、《南方土俗》、《愛書》、《台大文學》（1936～1939）等日據時代台灣出版雜誌。

　　其次 C 空間，C 空間的書在目錄中的書號為 228795 至 236086，先是中國新文學，次為中文書為多，然後是猶太人、納粹之書（中、日文皆有）。還有許多傳記，如西田幾多郎傳記等，然後是語言學，如中文、日文、韓文等書。再則是亞洲問題之書（223200 起），包括新加坡、泰國、越南、菲律賓、蒙古等地之資料，另外一欄則是有關香港及華僑問題單元。

　　至於 D 空間之書，書號為 215231 至 219168。一開始是許多有關經濟之英文書，另外有一部分是 1930 至 1950 年代之中共資料。此外有不少通訊錄、目錄、字典、人名錄。另外亦有亞洲經濟研究所目錄。還有許多華僑研究之書籍（中文、日文、英文皆有）。D 空間之最後

是中國史及中國問題之相關資料。

　　以 G 空間的書，編號 1（226832 至 228797）、編號 2（224937 至 225544）之類內容看來，第一本是《樟腦專賣史》，台灣總督府出版，其中有許多都是產業關係的書籍。《臺灣農事報》大約有 218 本，出版時間是 1909 至 1944 年之間，另外《臺灣遞信協會雜誌》、《臺灣鐵道》的雜誌也不少（1925～1930 年出版）。還有相當完整的糖業關係的資料，不僅止於 1945 年前，戰後也有，還有東南亞（菲律賓、泰國等國）的糖業，也有許多總督府出版的統計書。此外許多在東京出版的台獨雜誌如《臺灣青年》也不少，在東京活躍的獨派人士的作品，戴老師大多蒐集齊全了。

　　筆者不是圖管系畢業的，我的興趣也跟戴國煇老師不同，大概都是做教會、民間信仰宗教研究，所以較少用到老師書庫的書。雖然書目建檔完成已經八年，筆者早將書目的光碟交給師母，我們也將全部的書目以 A4 的紙印了一套，一共有二十幾本。這二十幾本目錄就在筆者的研究室躺了八年，我從未想過去翻閱。如果不是這次研討會，筆者大概很難有機會去看，也許筆者內心深處有不願意面對老師已經離世的事實，所以沒有勇氣看這些書目。這次的機會，筆者匆匆看了一下書目，如同以上所舉的數個空間之書目，簡單地將老師的書歸類成下列幾類。

（一）台灣史資料

　　幾乎所有日據時代總督府出版的調查書、統計報告、照片集、一些罕見的雜誌、人名錄等，老師都刻意地透過舊書店慢慢收齊，1945 年以後，台灣還在戒嚴令的時代，香港出版的政論雜誌《七十年代》、《廣角鏡》、《明報》等也不少。在東京出版的《臺灣青年》，幾乎都有，因此學生時代常常聽一些學長說用老師的藏書做研究。

（二）糖業及農業方面資料

　　老師是農經系畢業，又寫糖業史的論文，不論是日據時代的糖業

資料，或是戰後的台糖資料皆有。如《世界糖業調查報告》（色部米作，1922 年）、《米国の糖業》（岡田幸三郎、松生雄幸，1924 年，鹽水港製糖株式會社）、《糖業研究報告集》（明治製糖株式會社，1927～1935 年）等，另外《臺灣農事報》（台灣農友會出版）冊數很多，從 1929 至 1939 年，中間雖有缺號，但相當齊全。糖業的資料也有東南亞（如菲律賓、爪哇、泰國等）糖業之資料。

（三）日本研究資料

從日本成立近代國家，如何殖民他國、日本人的心性、文化，甚至茶道、發動戰爭日本的戰爭責任等書，太多了。如《日本文化論》（加藤秀俊，1966 年，德間書店）、《橫眼で見た日本》（スパルウイン，1931 年，新潮社）。筆者私下認為利用老師的書做日本研究，資料可能比目前台灣的任何一個圖書館的館藏還齊全。

（四）中國研究資料

在書目中發現老師蒐集許多中共、中國之資料，範圍在共產黨取得政權前後的 1950 年代前後，往後的資料也不少。還有許多日本人所寫有關中國研究之書籍，如《毛澤東の思想》（岩村千夫，1949 年，世界評論社）、《支那學の問題》（吉川幸次郎，1944 年，筑摩書房）。至於戰後的日本中國研究有名的書，大概都有，在此不再一一列舉。

（五）其他

從書的排列就可知道老師買書都是一整套的，例如有關韋伯研究的書太多種了，還有史達林全集、列寧全集、資本主義、社會主義的理論書。另外因為老師做過華僑研究，所以華僑的資料也不少。最後就是認同（identity）的研究，艾力克森的書也不少。

六、結論

大會請我寫梅苑書庫時，筆者真的不知如何開始動筆，筆者自己

認爲與梅苑書庫最大的關聯，是筆者想爲梅苑書庫做目錄，也完成了粗劣的目錄。所以最後決定將此製作過程的來龍去脈介紹一下，因爲是十年前之事，難免遺忘，若有疏漏部分，還請當年的參與者海涵。首先筆者簡單地將目錄看一次，邊看邊做小抄，看完了腦中浮現了上述老師幾萬冊書的特點，簡單地介紹一下。看完了書目，也發現了許多書名打錯了，但是九年前卻校對不出來。

　　文訊雜誌社曾寄來中研院已完成的目錄，一看只有四千多冊，經過張隆志先生的說明已知道中研院整理老師的書之方式，但是筆者希望很完整地呈現老師的寶貝，更希望後進的學者能使用這些資料。在不損傷原件之下使用資料，才是保存資料的目的。筆者可能成爲有機會把老師全部書目看完的少數幾個幸運兒。

　　完成老師的書目，這大概是做老師的學生以來，爲老師做的比較像樣的一件事，也藉此機會感謝老師二十幾年來的培育，如果沒有當戴國煇的學生，可能念完碩士班就不會再繼續念台灣史，筆者的人生內容可能完全不一樣了。至目前爲止，筆者還是喜歡台灣史，沒有後悔這樣的選擇。

講評

◎張隆志[*]

　　今天很高興能聆聽陳梅卿老師娓娓道來她與「梅苑書庫」的因緣，尤其是戴國煇家人和師友的生活點滴，實在令人羨慕！以下我想就陳老師在結語時，提到中央研究院如何整理戴老師藏書的問題，稍做補充說明。希望有助於大家瞭解中研院「戴國煇文庫」的入藏經過、典藏概況，以及流通政策。

　　中央研究院入藏戴國煇教授梅苑藏書的緣起，可以追溯自 2002年底。2002 年 4 月 15 日，戴師母在編輯出版完成《戴國煇文集》12冊後，即開始尋找合適的公立圖書館，希望戴先生的珍貴藏書，能夠早日提供讀者使用。與師母接觸的學術機構以文化大學為始，先後有佛光大學、中興大學、中央研究院、台灣大學、清華大學、國家圖書館等。最後因為中研院除允諾提供集中典藏空間外，並決定由各人文所處共同出資支助全集的出版，而獲得師母同意簽約，圓滿落幕。

　　當時中研院是由歷史語言研究所黃寬重所長出面，於 2002 年 12月，邀請戴師母參觀傅斯年圖書館，並於 2003 年暑期，由傅斯年圖書館柳立言主任會同各所代表，至新店「梅苑書庫」進行評估後，通過撥款協助全集出版經費。乃於當年 11 月，由新任史語所王汎森所長、傅圖陳國棟主任及湯蔓媛女士，與師母洽談簽約手續。其後於2004 年 6 月與 12 月，由圖書館同仁先後完成珍貴書冊及一般圖書的搬遷作業，並於 2005 年 4 月 15 日，正式舉行入藏儀式。

　　必須說明的是，戴師母原擬請中研院編輯出版《戴國煇全集》並

---

[*] 中央研究院台灣史研究所副研究員。

設置獎學金，鼓勵台灣近現代史研究。但因中研院並無此先例，故決定採取折衷辦法，由中研院採購院內未典藏之「梅苑書庫」珍貴史料共約四千多種，提供全集出版和獎學金設置之用。戴師母則將其餘約四萬種圖書收藏，全數捐贈給中研院。在劉翠溶副院長協調下，決定尊重戴師母的意願，將採購金額提高至 800 萬元，並由本院八個人文社會研究所共同分擔經費。

透過上述採購和捐贈兩種方式，入藏到中研院傅斯年圖書館的「梅苑書庫」，於 2006 年 8 月，清點移交給台灣史研究所圖書館負責，並於 10 月遷入新落成的人文社會科學聯合圖書館集中典藏。在圖書館崔燕慧主任和同仁們的努力下，於 2009 年底完成「戴國煇文庫」的整編工作，2010 年間進行一校，今年 4 月編成目錄初稿，總計 39,787 冊／件。自 2010 年 1 月起，開架書庫正式開放流通。至於特藏資料除進行數位化作業外，則開放學術機構依其研究需要，申請閱覽複製。

最後，我想引用王榮文先生在《戴國煇全集》序文中的那句「十年辛苦不尋常」，感謝戴師母的辛勞！請您放心，我們會好好保存並發揚這批珍貴的台灣學術公共財。

從「梅苑書庫」珍藏看戴國煇教授的治學脈絡

◎陳淑美[*]

摘　要

　　「梅苑書庫」是戴國煇教授的研究書庫，反映戴教授蒐集書籍的多樣與專深，本文從「梅苑書庫」入藏中研院說起，介紹梅苑珍籍概要，並探索戴教授蒐集梅苑珍藏的來龍去脈，以此追索戴國煇教授的治學脈絡及梅苑珍藏被學界利用的成果。初步探索發現，戴教授以「梅苑」珍藏出發，不管在引介日本學界探索台灣文學研究議題、霧社事件、連溫卿稿本等的研究都扮演「開創性」的角色。

　　關鍵詞：戴國煇、梅苑書庫、尾崎秀樹、霧社事件、連溫卿

[*] 國立中央大學中文所博士生。

　　打開中研院圖書館館藏目錄的網頁，鍵入「台灣與世界」的書／刊名，跳出「台灣與世界／紐約市：台灣與世界雜誌社　民國 72 年【1983】」的字樣，以滑鼠輕輕點開，從 1983 到 1987 年總共有十筆，最後兩筆寫著：「人文社聯圖戴國煇文庫　TAI　　050.5704374 NO.1-6(1983)／ TAI 050.570 4374 NO.7(1984)　 館內使用，需預約閱覽」的字樣。

　　這是戴國煇教授梅苑書庫捐贈給「中央研究院人文社會聯合圖書館戴國煇文庫」後，身為讀者的我在網上檢索的實例之一[1]，「梅苑書庫」從 2005 年 4 月 15 日在中央研究院傅斯年圖書館舉行入藏儀式以後，於 2010 年 1 月開放館藏目錄線上檢索（珍本尚未開放），正式從一個研究者的家藏書庫，成為一般讀者都可檢索的公眾書庫，愛書成癡的戴教授若地下有知，恐怕也當頷頤微笑吧！

　　「梅苑書庫」究竟有多少珍藏？珍貴何在？戴教授於 2001 年 1 月過世後，台灣為何有這麼多圖書館主動爭取梅苑藏書？本文擬從「梅苑書庫」入藏中研院談起，從 2011 年 4 月出版的《戴國煇全集》中，整理爬梳戴教授曾談過的「梅苑書庫」珍藏，以此追索戴國煇教授一生的治學脈絡。戴教授對史料珍藏的「研究經營論」，以及「梅苑書庫」被學界利用、引起學術議題的「拋磚現象」也將一併述及。

一、

　　「梅苑書庫」是戴國煇教授家藏書庫的名稱。「梅苑」之由來，根據黃揚在 1966 年的報導，是因為戴國煇「祖籍廣東梅縣客家，幾代以前遷居楊梅，以後在中壢定居，因此會說客家話，也會說閩南話，梅縣、楊梅，加上梅花是中國國花，他又是中國人，院裡最多的是梅

---

[1] 筆者檢索的目的，是想找戴國煇教授曾在〈我是怎樣走上「二二八」的研究之路〉（《愛憎二二八》自序）提過的，他從 1955 年開始收藏的「二二八史料」，曾刊登在《台灣與世界》雜誌 1983 年 8 月到 1984 年 4 月號（後來彙聚成梅村仁〔戴國煇〕編校註釋，《228 史料彙編》，台北：台灣與世界雜誌社出版，出版年不詳）。

花，因此他把自己依山的庭園，命名爲梅苑」[2]。根據戴夫人林彩美的回憶，戴教授對梅花一直有深厚的感情，1970 年戴家在千葉船橋市西習志野購地建房時，庭院就種有一株老梅，等戴家 1976 年爲了孩子就學及戴教授工作之便[3]，遷移到較都心的杉並區宮前町建屋居住時（書房仍置千葉）[4]，戴夫人就把千葉家老梅落地發芽的種籽移往種植，後來長出幼梅一枝，戴夫人放任幼梅枝枒亂竄，並不刻意修剪照顧，幼梅卻越發越盛，冬寒時期，澎湃的紅花開遍庭院，煞是好看，梅果也掉落滿地，勤儉的戴夫人將這些梅子撿起醃製成梅酒、梅醬、鹹梅，犒賞來訪的客人，這是戴家東京生活難忘的回憶之一。

「梅苑書庫」究竟有多少藏書？珍貴何在？1996 年戴國煇教授返台定居時，從日本千葉自費以 18 噸貨櫃裝載運回台灣的這個書庫，原位居於新店五峰山腳戴教授家宅，2001 年 1 月戴教授過世後，戴夫人林彩美便與台灣各圖書館洽談捐贈事宜，過程中有文化、佛光、台大、清大、中興大學、國家圖書館前來爭取，最後戴夫人選擇了中央研究院的圖書館，一開始因空間問題，先落腳在中研院史語所傅斯年圖書館，2006 年 12 月遷入中研院人文社會科學聯合圖書館。「梅苑書庫」移交中研院圖書館的始末，請參閱戴夫人林彩美所寫的〈從「梅苑書庫」到「戴國煇文庫」〉[5]，在此就不詳述。

2005 年 4 月 15 日，中研院舉行「梅苑書庫」的入藏儀式，正式將此書庫定名爲「戴國煇文庫」，有別於一般的捐贈者，中研院入藏「梅苑書庫」，係以「集中且不分散」的方式入藏，因此現在在人文

---

[2] 黃揚，〈戴國煇學術成就〉，原刊於《新聞天地》962 期，1966 年 7 月 23 日，頁 11。

[3] 當時戴教授已從日本亞洲經濟研究所到立教大學史學科擔任教授。

[4] 根據筆者訪問戴夫人的陳述，戴家在東京及其近郊縣曾有的居所有多處：1955 年剛到日本時，曾賃屋在東京駒込吉祥寺，那房子只有四疊半（四個榻榻米半），後來又遷居到練馬區臨碕玉縣的六疊住宅，當時戴教授還在念博士班，但已書滿爲患，書置放在書架上，書籍的重量已把木板房的地板，壓出凹痕。後來戴家又搬到了川崎市生田，是小木屋住宅，1970 年，又遷到千葉縣船橋市西習志野，以鋼筋水泥蓋了置書之所的書庫，正式掛牌「梅苑」。千葉住家後重建，今日爲戴家二公子興寧居住。

[5] 林彩美，〈從「梅苑書庫」到「戴國煇文庫」〉，《傳記文學》85：5（總 516），2005 年 5 月，頁 84～97。

社聯圖的好幾個書架上，可以看到寫著「戴國煇文庫」的字牌，即為過去「梅苑書庫」的藏書。目前在人文社聯圖的「戴國煇文庫」供讀者閱覽的方式，分「在架上（可以借閱）」、「需預約閱覽」、「尚未公開」幾種方式。

　　據人文社聯圖主任崔燕慧表示，「戴國煇文庫」尚未公開的大多是年代較久，紙質已經十分脆弱的珍藏，人文社聯圖計畫做成數位檔後，再提供讀者檢索閱讀。在數位檔未完成前，研究者若有閱覽需要，可以提出「申請珍藏複製」的方式，但為了顧及大眾而非單一研究者的需要，申請珍藏複製，需以館際為主，各圖書館只要提出申請，人文社聯圖都非常樂意幫忙。[6]

　　雖然「梅苑書庫」已經入藏中研院人文社聯圖，人文社聯圖也已經做成了館藏目錄，目前人文社圖整理出來「戴國煇文庫」（分圖書、期刊、非書資料）共約 28,181 種、50,499 冊／件（包括複本），與 2005 年 4 月梅苑書庫入藏時，中研院所編的《戴國煇梅苑書庫入藏中研院人文圖書館紀念冊》（以下簡稱《入藏紀念冊》）[7]所載，「梅苑書庫」共有 43,000 多種，約 60,000 冊／件圖籍，略有出入。人文社圖表示，圖書數量的不同，可能是因為「非書資料（資料夾、手稿等）檔案，以主題性分類整理，所以可能導致數據上有差異」，但不管如何，數量這麼龐大的梅苑圖書，「以這批資料為基礎，任何一所大學或研究機構均可獨立建立一座台灣史研究圖書館」[8]。

　　梅苑書庫不僅是量多，以質來說，也很可觀。《入藏紀念冊》介紹戴教授「不是一般的藏書家，而是研究型藏書家，故絕大多數的典藏都含有直接之學術價值」，因此中研院採取「集中且不分散」的方式入藏。其意義有（引用原文稍有刪減）：

---

[6] 有關中研院人文社圖「戴國煇文庫」的開放情況，筆者於 2011 年 3 月 25 日以電話向人文社圖的崔燕慧主任詢問。
[7] 〈入藏緣起〉，《戴國煇梅苑書庫入藏中研院人文圖書館紀念冊》（民國 95 年〔2006〕4 月），頁 1。此書為中研院為梅苑書庫入藏儀式所編的紀念冊，由史語所傅斯年圖書館整理，為非賣品，未申請 ISBN。
[8] 同註 7，頁 2。

　　1.睹物思人思往事，以此反應戴教授及與他同時代知識分子的關懷，比方所藏有關社會主義思想的書籍，是在戒嚴台灣所無法購得的。

　　2.戴教授的研究很廣泛，涉獵很多與台灣相關的問題及資料，以東北亞區域為核心，政治、經濟、社會、歷史、思想、文學和文化等多角度來探討與分析，呈現多元化。

　　3.梅苑書庫不僅多元，以若干問題有關之資料又很集中又深入，對若干問題的資料蒐集，也跨越相當長的時間，有時代的連貫性。比方蒐集有關「華僑」的中、英、日文書籍就有近千冊。收藏中很多都是非賣品及國內圖書館未有的期刊。

　　4.所藏大多數為日文圖書，其中戰前出版的稀見台灣關係圖書，包括日本殖民時期到光復初期到 1970 年代的日文舊籍、抄本、線裝書、寫真帖、圖錄、地圖、剪報等，可以補台灣史料的不足。另有許多期刊雜誌或調查報告書，也是本地圖書館罕見，至於戰前有關中國政治、農業、社會經濟問題的書籍及調查報告等，數量更是龐大。

　　《入藏紀念冊》的〈戴國煇先生典藏介紹〉還指出，梅苑藏書對研究個別重要史事，如「霧社事件」、「阿片問題」、「台灣總督府政策」、「二二八事件」、「黨外反對事件」更是不可或缺。〈戴國煇先生典藏介紹〉並對「梅苑書庫」所珍藏的「台灣總督府檔案」、「台灣文學雜誌史料」、「二二八事件史料」、「台灣原住民文獻」的珍藏有較詳細的介紹，以上這些部分請參閱《入藏紀念冊》，在此就不贅述。[9]

　　戴教授並非圖書館專家，他一生專心學問，對自己的珍貴藏書，很少有全面性的介紹，講起自己的珍藏，大多是在談到跟己身研究有關的議題，或是在追索出身背景[10]及研究方法時，因此中研院針對「梅苑書庫」入藏所編輯的《入藏紀念冊》裡對「梅苑」珍藏現況的介紹，應是「梅苑書庫」第一次被較為清楚地全面性介紹。而《入藏紀念冊》

---

[9] 同註 7，頁 13～16。
[10] 這裡的「出身」，講的是戴教授常談到的「己身所從出」的義涵，包括有時代、國家、族群、家庭的社經地位等「出身」。

開宗明義提到「戴國煇先生不是一般的藏書家，而是研究型藏書家，故絕大多數的典藏都含有直接之學術價值」[11]更是一語中的，說明梅苑書庫以學術為導向的珍藏性質，因此述及梅苑藏書，一定得先從戴教授的研究路徑及治學脈絡說起。

二、

有關戴教授蒐藏、擴充梅苑藏書的經過，1999 年戴國煇教授應「台灣史料的蒐集與運用學術討論會」之邀，有〈旅日時台灣史料及資料的蒐集與運用〉[12]的論文說明。2005 年 4 月梅苑書庫入藏中研院時，戴夫人林彩美女士也曾發表〈從「梅苑書庫」到「戴國煇文庫」〉[13]記敘戴教授蒐集藏書的經過，這兩篇文章是說明梅苑書庫來由最清楚的資料。從這兩文可了解，戴教授蒐集藏書與他一生對「自我定位」的追尋有極大關係。

早期，與許多讀書人一樣，戴教授買書、蒐集書，是為了增強「學力」（思考深度及研究功力）。

舊日名為古亭町及兒玉町[14]的左近，40 年代末迄 50 年代前半段是台北市區舊書攤的集中地帶。那時的台灣，鮮有人看好日文版的上乘舊書，真是物廉價美。我蒐集了日本哲學家西田幾多郎之《善之研究》、三木清的《人生論札記》、《哲學札記》和辻哲郎的《風土》等，對我更可貴的卻是自由主義派學者河合榮治郎為大專青年所編的一系列啟蒙書，諸如《學生與讀書》、《給學生之贈言》、《時局與學生》、《第一學生生活》、《第二學生生活》、《學

---

[11] 同註 7，頁 1。
[12] 收入《戴國煇文集 5》，台北：遠流出版公司・南天書局，2002 年，頁 17～51。
[13] 同註 5，頁 84～97。
[14] 古亭町及兒玉町都在今日建中附近。古亭町約在今日中正區的羅斯福路二段、三段、和平東路一段、和平西路、南昌街二段、晉江街、泰順街、同安街、金門街、浦城街、雲河街、龍泉街之一部分均在町內。兒玉町約在今南昌街一段、二段、湖口街、南海路、寧波西街、福州街之一部分。

術與政治》等，這些既通俗又可讀性甚高的啟蒙書，幫我訓練閱
讀的功力外，還促進我構築「研究學術的方法論」、「問題意識」
暨思索如何當為大學生或研究生在社會上的定位等相關問題。[15]

　　光復後的 1950 年代，戴教授考入今日中興大學農學院前身的台
灣省立農學院，雖然在台中就讀，但仍常北上逛舊書攤，當時古亭與
兒玉町之舊街名已經改成南昌街，當時，戴教授似已開始日後《中國
甘蔗糖業之發展》博士論文的前期研究。

　　戴教授自述，當時他購進的珍貴書有《台灣農家便覽》、《糖業便
覽第一卷糖業家必攜參考資料》、《蔗農便覽》。台北舊書街的「前期
經驗」塑造了戴教授赴日後「更進一層的『舊書愛好癖』，以及讓他
短時間可與東京大學為中心的日本學界，搭上橋又接上軌。」[16]

　　與台灣農業發展相關的三本書目，戴教授在〈旅〉文中介紹得非
常清楚，目前在中研院人文社圖的館藏網站上也可以查到[17]。

　　他從小愛看書，終生未改此嗜好。念新竹中學初三的二月，未經
乃翁許可，逕自轉學，插班到建國中學初中部三年級，因他嚮往
並陶醉於二戰結束後，由日本回台菁英前輩們的「梁山泊」（眾
多年輕學者結夥聚於光復後接收的日本官舍談論風生）所醞釀的
進步時代氣息。牯嶺街一帶古書店門口與舊書攤上堆積如山的，
從等候遣返的日本學者與知識分子手中拋出來的藏書，都令他流

---

[15] 戴國煇，〈旅日時台灣史料及資料的蒐集與運用〉，《戴國煇文集 5》，頁 19。
[16] 同註 15，頁 20。
[17] 戴教授在〈旅〉文中詳細介紹了這三本書：台灣總督府農業試驗編纂之《台灣農家便覽》
　　（昭和 19 年〔1944〕）為頁數高達兩千多頁的的厚書，是日本農學通俗化在台灣的集大
　　成。東京製糖研究會編的《糖業便覽第一卷糖業家必攜參考資料》（昭和 13 年〔1938〕
　　再刷版）是會址設在日本之製糖研究會為創會 20 周年而編纂，也是一本一千多頁的大
　　書。《蔗農便覽》（昭和 17 年〔1942〕（戴文誤為《蔗糖便覽》）的作者林竹松曾在大日
　　本製糖股份公司服務，從事甘蔗栽培近二十年，是一本學術研究與現場實踐結合的書，
　　同註 15，頁 19。

連忘返。逛書店的習慣於此時萌芽。[18]

　　日據到光復政權交替的歷史時刻，好的、壞的影響都會留下，在戴教授與戴夫人的文章中可看到，在今日台北也還流行的舊書攤（二手書）文化中，年輕的戴國煇開始了他的「蒐書」旅程。

　　1955 年，戴教授乘坐舊式螺旋槳飛機來到東京，原來已經申請到美國印第安那州立大學，擬去美國學習機械化稻作，卻因二哥希望他不要只是討厭日本，罵日本人，不能原諒日本人，要留在日本「好好研究日本與日本人」而留了下來[19]，這一待，戴教授就在日本待了四十多年，直到 1996 年才返台定居。

　　大凡學者的研究主題，與他所處的時代及碰到人事都有關聯，戴教授出國前在裝甲兵學校服役時，與人類學者張光直有近半年相處的機會，也因張光直父親張我軍之故，促成戴教授對日據台灣文學開始感興趣。

　　戴教授蒐集張我軍作品的難得版本《亂都之戀：抒情詩集》[20]，此書最早版本之一的 1926 年複印版，目前在「戴國煇文庫」可檢索到，或許因為戴師購書時張我軍身分的敏感，此書由戴教授自行影印裝訂，有書名頁，但沒有版權頁，藏在人文社圖的這複印書，也保留戴師保存原樣。此書通行的另一版本為 1987 年 6 月遼寧大學出版的複印本，梅苑書庫也存有此版本。

　　戴教授對台灣史料（台灣文學資料只是其中一部分）的蒐集，是與他在東大的學生生活同步的。

　　「梅苑書庫」收藏有日據時代描寫台灣家庭概況的書籍：庄司總一的《陳夫人》、坂口䙥子的《鄭一家》及辜顏碧霞的《ながれ》等，

---

[18] 同註 5，頁 84～85。

[19] 戴國煇，〈研究台灣史的經驗談〉，《戴國煇文集 1》，台北：遠流出版公司・南天書局，2002 年，頁 5。

[20] 《亂都之戀》被形容為「台灣新文學史上第一本在台出版的白話文詩文集」，是張我軍第一本，也是最後一本詩集。引自文建會《台灣大百科全書》網路版，翁聖峰撰，「亂都之戀」詞條。

此係因戴教授在東大修習竹內好教授「中國近代文學上有關『家』的諸多問題」的課程時，竹內好教授問他：「台灣有類似的作品否？」因而蒐得這些書籍。梅苑捐贈給中研院的這幾本書都是書齡超過半世紀的珍藏，並且還有各種不同的版本，《ながれ》有兩套、《陳夫人》甚至還有三套半[21]，尤其珍貴的是市面上較少流傳的《ながれ》，是由台灣商界大老辜廉松母親辜顏碧霞所寫，據說此書因爲影射權貴家族生活，出版後幾乎被收購殆盡，梅苑書庫能得此珍藏顯然不易。[22]

　　由於修習文學課程，戴教授也蒐集坂口的作品並且對她進行訪談，在梅苑書庫裡也有多本坂口女士的著作：如出版於昭和 29 年（1954）的《蕃地》、昭和 36 年（1961） 的《蕃婦ロボウの話》、及昭和 53 年的《蕃社の譜》（1978）。曾在台灣文壇活動的坂口的這些書，對充實戴教授「台灣現代史的臨場感」及對戴教授「日後全面展開霧社蜂起事件研究」也有很多助力[23]。

　　經過坂口的介紹，戴國煇直接、間接地與作家吳濁流、楊逵認識，也促成 1972 至 1973 年吳濁流《黎明前的台灣》、《泥濘》、《亞細亞的孤兒》日文書稿在日本的出版[24]。這些日文書稿都曾經過戴教授與當時也是竹內好學生的飯倉照平的「潤色」。在「梅苑書庫」捐給中研院吳濁流《亞細亞的孤兒》的版本中，有好幾本是 1950 年代吳濁流在日本出版的版本[25]，這些書的夾頁貼有吳濁流反覆修改的筆跡，應是 1973 年在新人物往來出版社出版《亞細亞的孤兒》的「前修改本」，這些手稿及修改本，對後代研究《亞細亞的孤兒》各種版本差異，當可提供助益。

21　林彩美，〈被詰問出來的台灣文學收藏：《陳夫人》、《鄭一家》、《ながれ》〉，《台灣文學館通訊》2，頁 10。《ながれ》中譯爲《流》，1999 年草根出版社已出版中譯本。
22　《ながれ》書的介紹及持有情況，參考林彩美，〈小說ながれ〉，《台灣文學館通訊》3，2004 年 3 月，頁 65。
23　同註 15，頁 44。
24　戴教授推薦吳濁流著作的詳細情形，註 15，頁 46～49。
25　《亞細亞的孤兒》在 1973 年戴教授推薦給新人物往來社出版前，共在日本出版了兩次，《アジアの孤兒》，東京：一二三書坊，1956 年。《歪められた島》，東京：ひろば書房，1957 年。

　　而根據戴夫人的記述，在《黎明前的台灣》等三本著作出版後，吳濁流還有意願將短篇小說〈功狗〉、〈海螫〉、〈溝裡的紅鯉魚〉、〈遊記——三年後的日本〉、〈池沼的蓮〉、〈瘋狂的季節〉等讓戴教授尋覓出版社，並囑咐成與不成原稿都要寄回戴教授保管[26]，但事隔三年後的 1976 年 9 月，吳濁流便過世了，當時還是國府黑名單的戴國煇教授又不便返台，這批手稿因而留在梅苑書庫。2005 年梅苑書庫捐贈中研院時，戴師母徵得吳濁流公子吳萬鑫的同意，將其父親的遺著、遺墨一起捐贈中研院。這些資料，有些是至今尚未公開的日文手稿，很值得研究者注意。

　　在吳濁流的遊記著作《談西說東》中，吳濁流曾記錄 1969 年到東京與戴教授會面的情形，吳濁流記錄這位整整小他 30 歲，「智識教養都比一般青年高一著」的「土田」君[27]，不僅招待到他家玩，「暢談文藝，非常愉快」，因此寫詩讚美戴夫人的廚藝，歸時又應戴教授邀請，書寫前題富士山的詩給他，希望戴國煇像富士山一樣，在學界睥睨一世。[28]

　　戴教授支持作家吳濁流，對當時還對台灣文學非常生疏的日本社會推介吳濁流的著作，不僅因吳濁流的好文筆，最重要的是，「吳濁流是從『被統治者的記述』來探索『台灣殖民地化和統治者本質』」。「吳濁流的作品，『雖沒有明顯告發的詞彙，但對於殖民體制的戕害人的本質，以及肉眼看不見殖民地統治的傷痕，可說有體無完膚的揭露』。」「日本人對台灣殖民統治是成功的，在台灣沒有做壞事，在台灣殖民地開發促進了台灣的現代化，這些有多不正確呢？吳濁流很低調，但誠實的告訴我們，涉及歷史及社會層面很廣，因此有普遍性，

---

[26] 參閱林彩美，〈消息傳來喜欲狂——吳濁流的信〉、〈俯瞰群山百萬重——戴國煇珍藏吳濁流手 稿與小說源起〉，台南：《台灣文學館通訊》2，2003 年 9 月，頁 4～9。

[27] 吳濁流，《談西說東》，台北：台灣文藝雜誌社，1969 年 4 月，頁 156。當時戴教授被國民黨政府列為黑名單，吳濁流的書寫，均以戴的姓氏拆解「土田」為代稱。

[28] 兩詩分別為：「東京會故知　狂飲五加皮　大嚼罐頭鴨　麻煩朋友妻」，「久仰蓬萊第一峰　今朝何幸喜相逢　巍巍獨立雲端上　俯瞰群山百萬重」，後者手稿戴師母有完整的保存。

做爲證言，今後也會繼續存在！」[29]

　　從上述 1974 年戴教授爲吳濁流〈《黎明前的台灣》及其他〉所寫的評介文，可以看到戴教授之所以推介吳濁流，與戴教授一生所追尋的「反省台灣殖民地體制」的研究主題有很大的關係。而且，在當時仍然禁閉的台灣，「二二八」仍是一個不能談的論題，吳濁流的〈無花果〉是爲二二八的遠因而寫，「是在台灣第一個率直寫二二八，也因此受到禁賣處分的小說」[30]，戴教授將它收入《黎明前的台灣》在日本出版，從海外突破禁忌，顯現了知識分子爲所當爲的研究勇氣。

三、

　　在蒐集台灣史料過程中，從台灣來的戴國煇常扮演爲日本學界拋出議題及引介史料的角色，促成吳濁流小說的在日出版是一例。在此同時，戴國煇也以自購蒐集的資料支持同行及後輩的研究。

　　這還是得從戴教授的「蒐書之旅」談起。前文提到戴教授在從日據政權轉移到光復之時，從今日南昌街的二手書肆蒐羅了不少離台日人留下來的舊籍，到了日本之後，離東京大學頗近的神保町古書店街更是愛書的戴教授常流連之地。

　　古書會館在駿河台、明治大學斜對面的巷子內，它每週六及星期天都會有古書展覽會。週日則開古書投標會，對古書展覽即賣會有興趣者可向主辦團體登記，通常在展覽會前幾天就可以收到展覽目錄，預購者可以電話預約書名，預約者如有兩人以上就由主辦單位代為抽籤決定，價格不會因為搶購者眾而臨時漲價，書頁都經過檢查，欠頁者不當商品先說明，貨真又是定價交易，他們

---

[29] 戴國煇，〈吳濁流《黎明前台灣及其他》〉，原刊於河原宏、藤井昇三編，《日中関係史の基礎知識：現代中国を知るために》，東京：有斐閣，1974 年 7 月 15 日，頁 321～322。收入《戴國煇全集 17》。
[30] 同註 29。

書商之商人倫理已樹立，值得國人學習參照之處甚多。[31]

　　對古書店街的運作敘述得如此詳明，可見戴教授在此地花了多少時光（銀兩），在「梅苑書庫」的不少珍藏中，戴教授細心地保留了神保町書商標明著批價及貨品良否的典雅書衣，這些隨書籍附贈的「歷史痕跡」，希望中研院也能與珍籍一起保存。

　　在日據到光復政權轉換的時代，神保町古書街來自台日等地的台灣文獻，正合了有蒐書癖的戴國煇的品味。

　　記得是東大紛爭激烈化前春暖的一日，東大東洋文化研究所的友人，說是獲得台灣史相關（特別是抗日運動）的資料，邀我去看，本來下筆慢、懶惰的筆者，如果有玩賞古書，或是珍貴資料等的資料，會立刻變得元氣百倍的怪癖，所以，我當然馬上向朋友說ok，當天下午就出門看資料去了。[32]

　　從上列引述中可窺知戴教授的「書癡」行徑：知道好書後，趕快「一探究竟」，若合意就不惜一擲千金，趕緊下手的情況。這樣的例子不知有多少，流傳甚廣的是戴教授回台逛牯嶺街書市，買走要價甚高的日據時代《蔣渭水全集》孤本的故事[33]。2000年，筆者也曾與戴教授夫婦同行至香港訪問二二八事變的見證者陳正祥，在香港神州、

---

[31] 同註15，頁22。

[32] 戴國煇，〈台灣史研究札記〉，原刊於《暖流》第11號，東京：東大同学会，1969年4月，頁106～110，現收入《戴國煇全集17》。

[33] 《蔣渭水全集》為1931年蔣渭水過世後，他的同志黃師樵、白成枝等人為其編纂的文集，但書還在印刷廠，就被日警查封焚燬，只流出兩本，根據黃師樵的說法，兩本中有一本曾在牯嶺街舊書肆出現過，但要價甚高，黃想回去拿錢再來買時，已被一位「日本來的學者」戴國煇買去。2002年，戴師母清點梅苑書庫後，將《蔣渭水全集》找出，提供給擬再重出版《蔣渭水全集》增訂版的海峽學術出版社，增添了不少如〈文化協會創立經過報告〉及〈文化協會專任理事就任之辭〉及蔣渭水寫的漢詩等新資料。詳見王曉波，〈編後記〉，《蔣渭水全集‧下》，台北：海峽學術出版社，1998年10月。蔣朝根，〈文學的蔣渭水，革命的蔣渭水——《蔣渭水全集》補遺〉《蔣渭水全集‧下》（增訂版），台北：海峽學術出版社，2005年6月（增訂二版）。

洪葉等舊書肆，親身經歷戴教授看到好書就買，買到口袋都空了的「掃書」行徑，可見戴教授「書癡」的程度。

　　戴教授蒐集珍本的目的，不是為了要提高書的身價，類似古董般地保值或增值，而是以一種近乎哲學般地，因為能與這些文獻「一期一會」，那就當個「植樹的人」，為台灣留史料吧！因此梅苑書庫的書早期還蓋戴教授私人的藏書章「乙志」（「貫徹心志，始終如一」之謂），後來也都不蓋了，因為戴教授相信，這些史料終歸還是要回到它的來處，為珍愛這塊土地的人利用。

> 戴國煇買書、愛書，卻不像些買古董、玩古董的人那樣藏著沾沾
> 自喜，他那麼用心去尋找去購買，主要是自己要用。他也暗自許
> 願願當「植樹的人」吧。他待人、購屋都以「一期一會」的心情，
> 只要他認為重要、付得起就先買為快，書店老闆看在眼裡，也讓
> 他賒帳的。[34]

　　或許也就是因為這種珍愛史料的心情，在 1973 至 1988 年間，戴教授與同好組成「台灣近現代史研究會」，大量利用梅苑書庫的館藏做研究，也為斯時在日本還不被重視的台灣史研究，培養了一批研究尖兵。

四、

> 資料暨史料的蒐集（包括發掘、購入、保藏）運作係需要（1）
> 愛書的癖好（2）一定的主客觀條件，諸如地理的、資金的，個
> 人所有的識別力的，當保藏變成「死藏」時，貴重的資料變成「死
> 料」，等同於社會資源的一大浪費。[35]

---

[34] 同註 5，頁 88。
[35] 同註 15，頁 50。

　　這是戴教授對他為何能收藏這麼多史料，以及如何利用史料的觀點。愛書的癖好，使戴教授大量的閱讀、蒐集藏書，地理的便利（二次戰後旅居日本，碰到日據台灣文獻大量釋出，就學及工作地點又與日本古書街不遠），使他能接近藏書，資金的充裕（戴教授從東大畢業後至亞洲經濟研究所、立教大學工作，職涯生涯穩定，以及最重要的，勤儉持家的戴夫人的充分支持），個人的識別力（長期關懷台灣史等相關議題），「天時、地利、人和」都是造就梅苑書庫不僅量多而且質精的原因。

　　1970 年代，也就是戴教授擔任亞洲經濟研究所、立教大學史學科教授時，「梅苑書庫」的珍藏已經量大到戴教授覺得這些資料不能只有「死藏」，必須要發動更多人來利用研究。1970 年夏天，戴教授應東大學生若林正丈、松永正義、宇野玄利等人的要求，組成「台灣近現代史」研究會，也以他在日本學術界職涯的資歷，提供相關資料，還視個人的興趣與專業，「給一些問題意識」，這就造就 1970 至 1980 年代在日本台灣研究的一些重要成果。

　　日本文藝評論家、作家尾崎秀樹（1928～1999）所研究的「台灣殖民地文學」，後來彙整成《舊殖民地文學研究》就是其中之一，《舊殖民地文學研究》的草樣校正本甚至還留存在梅苑書庫[36]。

　　尾崎秀樹與戴教授的年紀相近，他出生於日本殖民統治下的台灣台北，與哥哥尾崎秀實念的都是建國中學前身的台北州立第一中學，因此戴教授稱他「既是同鄉又是學長」。有這層關係，加上尾崎秀樹的哥哥尾崎秀實因左翼諜報身分被日人處死，在台灣長大的尾崎秀樹從小就飽受「叛國者」、「非國民」的指責，因此能從「一個加害者（日本對台殖民者民族）、歷經日本法西斯主義的被害者處境，深刻體會與反省日本帝國主義對舊殖民地台灣、朝鮮與偽滿加害的歷史」[37]。

---

[36] 同註 5，頁 87。
[37] 陳映真主編，〈「迎回尾崎秀樹」題解〉，《迎回尾崎秀樹》，台北：人間出版社，2005 年。

　　尾崎秀樹是竹內好教授「中國」研究會相關刊物《中國》雜誌的主編之一，1969 到 1973 年間，《中國》雜誌三次與台灣有關的特刊，包括第 19 號的〈台灣小史〉、第 69 號〈台灣高山族之叛亂「霧社事件」的特刊〉、第 102 號〈郁達夫訪台的周遭拾零〉都是戴教授所撰寫。《中國》雜誌同時也連載由戴國煇推薦的吳濁流的《無花果》，以及楊逵的〈送報伕〉[38]。

　　1985 年 3 月 12 日，作家楊逵去世，戴教授返國參加他的喪禮時發表一段談話，這段講話後來為《前進時代》週刊以〈猶記當時擁抱時——談楊逵〉整理刊出，裡頭講到戴教授協助尾崎秀樹完成台灣文學研究之事，也講到他引介日人研究台灣文學的一些作為，包括：1971 年，坂口襘子訪台時，戴國煇推薦她去看楊逵，坂口因此寫了篇文章登在《亞洲》，介紹楊逵與葉陶的事蹟；他也鼓勵「台灣近現史研究會」學生輩的河原功研究楊逵，要他編輯「楊逵年譜」，而且，要他把楊逵「在綠島時期的十二年的空白補起來，但沒有成功」，他還常「透過日本朋友、學生去看楊逵先生、訪問他，有時送一點花籽過去，表示一點意思……」[39]。此時日本學界研究台灣文學的風氣還在初起階段，戴教授的這些引介應該有著重要意義。

　　「梅苑書庫」提供了許多台灣文獻，的確使研究者受益。尾崎秀樹《舊殖民文學研究》的後記，講了很多他在研究過程為了編輯「台灣文學年表」時找資料時的困難，以及編輯過程碰到一些人的惠贈及協助[40]，「在此過程中一直有兩三位協助者幫助我從頭開始作這項繁瑣的工作，在頗費時日的製作過程中，協助者不斷更換，最後得到的是

[38] 同註 15，頁 47。
[39] 詳戴國煇在 1985 年 3 月 12 日，參加楊逵喪禮的講話。原刊於《前進時代》週刊第 106 期（1985 年 4 月 13 日），頁 54～55，現收入《戴國煇全集 15》。
[40] 尾崎講的困難包括明明有基礎編成的〈台灣文學書目〉（由池田敏雄與黃得時所編），想進行補遺，卻不得編者黃得時首肯的問題。也說得到廖漢臣惠贈〈台灣文學年表〉的協助等事。尾崎秀樹，〈過遲的發言——代後記〉，收於尾崎秀樹著，陸平舟、間扶桑子合譯，《舊殖民地文學的研究》，台灣新文學史論叢刊 8，台北：人間出版社，2004 年，頁 330。

亞洲經濟研究所所員，優秀的農業經濟學者戴國煇的協助。」[41]

　　河原功也證實尾崎秀樹的研究，「重點參考的《台北文物》、《台灣文獻》以及其他一些在台灣發行的文藝雜誌，大多是由戴國煇提供的。後來這也從戴國煇本人那裡得到了證實。尾崎秀樹的《舊殖民地文學的研究》正是在戴國煇的協助下才得以完成的高水準論述。」[42]

　　梅苑書庫收藏的文學史料十分多樣，上述吳濁流史料、日據《蔣渭水全集》孤本都是例子。2003 年文訊雜誌社舉辦「台灣文學雜誌展」時，戴夫人林彩美無償借給《文訊》40 種、118 冊珍貴的雜誌期刊，很多都是日據與光復初期的罕見期刊。有關梅苑書庫收藏珍貴的文學史料，在戴夫人發表在台灣文學館通訊的多篇文章[43]中，及筆者〈戴國煇教授所藏的文學史料〉[44]都有說明，在此也就不再贅述。

五、

　　以戴教授為核心所組成的「台灣近現代史研究會」的成果，當然不僅只有台灣文學的部分，成立於 1970 年夏天的這個研究會，事實上是從「東寧會」、「後藤新平研究會」，一直到 1978 年正式定名為「台灣近現代史研究會」[45]，而「霧社蜂起事件」則是此會共同研究的第一主題。1978 年，由戴國煇編著的《台湾霧社蜂起事件——研究と資料》[46]出版，即是此研究會利用梅苑庫藏而完成最重要的成果之一。1982 年由陳中原所寫的文章就評價此書「從收集資料到與讀者見面，共歷經十寒暑，內容很多為世人未見，有些甚至是手抄本，全書 600

---

[41]　同註 40，頁 330。

[42]　河原功，〈由尾崎秀樹《決戰下的台灣文學》所想到的〉，同註 37，頁 56。

[43]　《台灣文學館通訊》第 2、3、4 號，都刊載有戴師母所寫的有關梅苑文學珍藏的一些期刊書目的介紹。如刊登於第 4 號的〈一本大眾化的綜合雜誌——《台灣藝術》、《新大眾》、《藝華》其一脈相承繼起〉，台南：國家台灣文學館出版。

[44]　陳淑美，〈戴國煇教授所藏的文學史料〉，《文訊》（總 214），2003 年 8 月。

[45]　參見春山明哲，〈戰後日本的台灣研究——回顧台灣近現代史研究會〉，收入若林正丈、吳密察主編，《跨界的台灣史研究——與東亞史的交錯》，台北：播種者文化有限公司，2004 年 4 月，頁 23～61。

[46]　戴國煇編著，《台湾霧社蜂起事件——研究と資料》，東京：社会思想社，1978 年。此書 2002 年由國史館翻譯中文出版為《台灣霧社蜂起事件——研究與資料》（上、下）。

頁，60 萬字，此書戴不投合日本人極右分子的口味，接受出版社邀請及諸同仁要求，簽上編者之名，道德勇氣令人欽佩」[47]。

翻開《台湾霧社蜂起事件——研究と資料》，上冊的「研究篇」包括：霧社事件的事件由來與研究意義，日人的山地支配之政策、蕃人教育、霧社事件當時媒體的回響、霧社事件的文學位置、反思中國的少數民族問題研究等，視野既寬且深。下冊的「資料篇」包括日本拓務省管理局長對霧社事件的〈調查覆命書〉、台灣總督府警務局所寫的〈霧社事件誌〉、台中州對於霧社事件的說明書、軍方的台灣軍參謀陸軍步兵大佐服部兵次郎對整的事件的說明，「台灣近現代史研究會」的成員春山明哲還作了〈霧社事件日誌〉、河原功作了〈霧社事件的關係文獻目錄〉，還附上了霧社事件發生地域略圖、霧社地區的地圖等，可說對霧社事件的資料與研究做了全面的發掘與整理。台灣師範大學歷史學系吳文星教授也說戴教授的這些史料是「開啟台灣霧社事件實證研究之端緒」[48]。

戴教授對霧社事件的研究，起因於對漢人征討原住民「原罪」的虧欠，他大量地蒐集原住民史料，包括「大量昭和初年蕃人蕃地關係的剪報資料，高砂族關係剪報資料，及高砂族史料文獻等資料」[49]等，目的是想探求「立於漢族系台灣人立場如何看待先住台灣人之有關問題」[50]，這樣的思索也是他研究台灣史的中心思想之一。

六、

1979 年，已在立教大學文學部史學科擔任教授的戴教授以〈我的研究主題的三個指標〉為文，講述他在東大博士班畢業後的幾個研究

[47] 陳中原，〈布扣唐裝的耕耘者——戴國煇博士〉，原刊於《遠東時報》，1982 年 2 月 17，收入《戴國煇文集 1》。

[48] 吳文星，〈戴國煇先生與台灣近現代史研究〉，《文訊》（總 306），2011 年 4 月，頁 70。

[49] 史語所傅斯年圖書館整理，〈戴國煇先生的典藏介紹〉，《戴國煇先生梅苑書庫入藏中研院人文圖書館紀念冊》，非賣品，1995 年 4 月 15 日。

[50] 戴國煇，〈霧社抗日蜂起與高砂義勇隊〉，原刊於《中國時報》，1998 年 12 月 21 日，時論廣場。

重點，包括：（1）續編「中國甘蔗糖業史之發展」；（2）對「台灣——
人、風土、歷史」的關心，包括「霧社事件」研究，一連串的「台灣
知識分子論」、「對日本人的台灣研究考證與批判」等，終極的目標，
是整理出台灣近現代通史；（3）華僑研究。[51]今日捐贈給中研院的梅
苑書庫，多數的書都圍繞著這三個主題。

　　1998 年 12 月 21 日，戴教授回國定居後，在他所主導策劃的「回
歸正義的起點——台灣高砂義勇隊歷史回顧研討會」的當天，在《中
國時報》「時論廣場」上發表了一篇文章，重申他四十多年來的學術
關懷主題：

> 著者在日本學界既坎坷又喜悅的歷程中，除了專業的農業、農民
> 問題外，我始終關注的主題有三：一為「二二八真相事件的探
> 討」，二為探索「自我認同的困擾」（生為客家系台灣人，如何釐
> 清既是客家人、台灣人又是「中國人」——並非完全等同於中華
> 民國人抑或中華人民共和國人之「認同困擾」），不斷反思並尋找
> 該屬於自我的「生之哲學」之「心中奧妙」，三即是立於漢族系
> 台灣人的立場，如何看待先住台灣人之有關問題。[52]

　　筆者認為，戴教授在 1979 年所談及的對「台灣——人、風土、
歷史」的關心，包括「霧社事件」研究等一連串的「台灣知識分子論」、
批判日本人的台灣研究」等，與他 1998 年更清楚引用精神分析理論
來探索「客家人、台灣人、中國人、中華民國人、中華民國共和國人」
等「自我認同的困擾」，講的其實都是同一件事情：即都是在探索「己
身所從出」的出身問題，這是「書癡」的戴教授蒐書的源頭。

　　戴教授在〈旅日時台灣史料及資料的蒐集與運用〉文中花了許多

---

[51] 原刊於《エコノミスト》（*Economist*）第 57 卷 32 號，東京：每日新聞社，1979 年 8 月
　　7 日。
[52] 同註 50

篇幅敘述的矢內原忠雄《帝國主義下之台灣》之書的蒐集即是一例。目前在台灣輕易就可找到的這書，在戴教授的時代卻是看不到的禁書，戴教授出國前就知此書爲批叛日本帝國主義的經典著作，因此一到日本就刻意地尋找這本書，成爲「尋寶的第一冊書」。梅苑書庫有1929 年及 1938 年版東京岩波書店所出版的《帝國主義下之台灣》，應該是矢內原出書時代的初版。

　　也因爲此書，戴教授深入追索殖民地台灣統治的種種著作，比方戴教授所主持「台灣近現代史研究會」的另一個重頭主題：「後藤新平」，研究會雖沒有如霧社事件般有具體的研究論集出現，但梅苑書庫後藤新平相關資料，目前筆者看到由成大陳梅卿教授率領學生到「梅苑書庫」抄錄的電子檔書單，以後藤新平爲書名的有 19 本，其中包括年代比較早的如立石駒吉編的《後藤新平論集》（1925 年）、東洋協會編的《吾等の知れる後藤新平伯》（1929 年），知進社出版、岡本瓊二的《一世の風雲兒後藤新平》（1929 年）等，這些大正末期到昭和初期的珍貴版本，對後人研究後藤新平，當有很多幫助。

　　戴教授因爲研究台灣殖民地的體制，大量蒐羅日本人研究殖民地台灣的著作，如山川均的《殖民政策下之台灣》等書，連帶追索到「山川均資訊提供者」、「台灣抗日左派指導者」[53]連溫卿的日記及文章的手稿本。

　　有關梅苑書庫收藏連溫卿日記及稿本的經過，在戴教授〈台灣抗日左派指導者連溫卿及其稿本〉有清楚說明，那是在 1972、1973 年，他透過也是「台灣近現代史研究會」友人中村ふじゑ介紹[54]，到沖繩去面見與連溫卿有交誼的比嘉春潮，在 1972 年的第一次訪問，戴教授借到連溫卿在 1930 年寫的〈結束旅行之旅人的日記〉，這是連溫卿

[53] 此詞引用自戴國煇，〈台灣抗日左派指導者連溫卿及其稿本〉，發表於《史苑》第 35 卷第 2 號，東京：立教大學，1975 年 3 月，頁 57～60。現收入《戴國煇全集 15》。

[54] 中村ふじゑ曾到過霧社，並與霧社事件的存活者花岡初子見過面，春山明哲認爲，「台灣近現代史研究會」會以霧社事件爲主題，與中村女士有極大關係。春山明哲，〈戰後日本的台灣研究——回顧台灣近現代史研究會〉，《跨界的台灣史研究——與東亞史的交錯》，頁 25。

在台灣退出「新文協」大會後所寫,形同連溫卿在社會運動階段的「告別記事」;此外戴教授還借到連溫卿 1954 年 9 月 28 日寫給比嘉春潮的信。

　　1973 年,戴教授獲知比嘉先生找到連溫卿的稿本,又前去拜訪,這次獲得了連溫卿在 1930 年 8 月 13 日寫的稿本〈日本殖民政策在台灣之展望〉(〈台灣に於る日本植民政策の展望〉)以及連溫卿「回歸祖國之後執筆的〈土地收奪過程〉、委託出版的『內容目次』和做為樣本之一部分的〈第六節　奪取的進化〉等三份稿本」[55],當時,比嘉先生尚保有連溫卿在旅日所寫,後連載發表於大陸的某家報紙上,署名「越無」[56]的《蠹魚的旅行日記》剪報合訂本,這份剪報資料也一起交給了戴教授。

　　戴教授拜訪比嘉春潮教授時,比嘉已經 90 歲,比嘉教授鄭重地把連溫卿的文物託付給愛書人,戴教授也不負比嘉所望把珍貴的史料保留了下來,並在立教大學刊物《史苑》上做了連溫卿稿本及日記的校訂,包括連溫卿著〈日本殖民政策在台灣之展望〉(《史苑》第 35 卷 2 號),以及連溫卿〈日本帝國主義在台灣掠奪的過程(一)、(二)〉(《史苑》第 37 卷 1 號、第 39 號 1 號),連溫卿〈連溫卿日記——1930 年之 33 天〉(《史苑》第 39 號 1 號)等[57]。根據邱士杰 2009 年出版的書籍所述,戴國煇教授的〈台灣抗日左派指導者連溫卿及其稿本〉文章,仍是迄今台灣關於連溫卿史料及生平最翔實的介紹[58]。

七、

　　戴國煇教授是全方位的學者,拿的是東大農經博士,但卻從糖業研究證實「晚清台灣產業已有相當基礎,絕非殖民者散播台灣是蠻荒

---

[55] 同註 53。

[56] 根據邱士杰的考證,「越無」應是連溫卿的筆名。邱士杰,《一九二四年以前台灣社會主義運動的萌芽》,台北:海峽學術,2009 年 10 月。

[57] 同註 15,頁 35。

[58] 邱士杰,《一九二四年以前台灣社會主義運動的萌芽》,第八章第一節〈蠹魚的旅行日記尋蹤〉,頁 287。

未開之地」[59]，進而跨入台灣史研究領域，從「殖民地台灣」的研究開始「漫反射」到對台灣文學、殖民地體制、原住民等研究，對華僑、近現代中日關係史、日本政經文化社會等範疇也有深入涉獵。

　　「梅苑書庫」是戴教授的研究書庫，自然反映戴教授蒐書的多樣與專深，筆者既非圖書館專業，又非台灣史專業，對「梅苑書庫」許多書籍認識實淺，限於時間、學力，唯一能做的，也僅是勉力從戴教授所述找出他蒐集珍籍的來龍去脈，進而探索「梅苑」珍藏被學界利用後的成果。

　　從此文的初步探索中可知，戴教授以梅苑珍藏研究出發，不管在引介日本學界探索台灣文學研究議題、霧社事件、連溫卿稿本等的研究都有一個共同的特性：即是從蒐集史料、釐清史料，進而找到深入的研究議題。因為「梅苑」的珍藏，學思敏捷的戴教授在「台灣近現代史」的研究範疇，常扮演「開創性」的角色。本文未提及但較為學界所知，有關戴教授對「二二八」事件的先驅研究也有同樣特性。有關戴教授因蒐集、刊出「二二八史料」影響學界「二二八」研究的部分，請參閱林蘭芳，〈從「二二八史料舉隅」論戴國煇與二二八研究〉[60]，在此也不贅述。

　　　資深的研究者，該向外追求發表園地，空出《台灣近現代史研究》
　　　的空間，讓新世代人士來活用，到某個階段時，資深者又得與出
　　　版者建立關係，便推薦新世代研究者有「立言」或「著書」的機
　　　會。資、史料的蒐集、保藏、提供，發表的園地的開拓，以及和
　　　出版社建立友好交往關係等，係我設想的研究經營論之三大核心
　　　作業。這三個柱子若能善配成為一套且運作得順暢時，研究成果
　　　將可拭目以待。[61]

---

[59] 林彩美，〈戴國煇藏書軼事數則〉，《文訊》（總214），2003年8月，頁72。
[60] 林蘭芳，〈從「二二八史料舉隅」論戴國煇與二二八研究〉，《中國歷史學會史學集刊》
　　第34期，1992年8月，頁155~176。
[61] 同註15，頁51。

　　上列是戴教授在〈旅日時台灣史料及資料的蒐集與運用〉文章結尾所說，他對史料的「研究經營論」：從蒐集史料（研究）、發表園地開拓（發表）、進而出版著作累積知識。戴教授一生對梅苑書庫的珍藏，的確是以這「三大柱子」來「經營」，具體的成果如本文述及的尾崎秀樹、霧社事件等的研究都是例子，此外，還有本文來不及述及，但在〈旅〉文中曾說明的，有關中國社會史暨社會性質論戰的部分，希望這個部分有機會能再補充。

　　戴教授對資、史料的「研究經營論」，是學術能累積進展的良方，若能費心「經營」得當，的確能把艱澀的學問之門撬開，逐漸堆石成山。

　　時間都已走到了 2011 年了，得到「天時、地利、人和」，由戴國煇教授一手經營的「梅苑書庫」或許已成傳奇，可期待的是，位於中研院人文社圖的「戴國煇文庫」仍然屹立，期待更多的知識山頂有人攻堅！

講評

◎傅月庵[*]

　　戴國煇先生，學人也，藏書家也。蒐書藏書幾逾半世紀，有為興趣而收者，有因治學而藏者，更有期於來日得為時用者，「梅苑書庫」乃成其大。要從這近四萬種的藏書之中，爬梳整理出戴先生治學脈絡、學術成就，誠非易事。此篇論文，整輯排比，鏡別源流，從蒐書過程、治學重點到書庫面貌，平鋪直敘，考證瞻詳，堪稱得體。惟所引史料不外：（1）戴先生自述；（2）戴先生家人追述；（3）相關採訪。自證多，旁證少，或有不足，乃有可供補充參考者：

　　一、明清以來，中國私人藏書家輩出，相關文獻資料多有，譬如晚明祁承爜〈澹生堂藏書訓略〉稱：

　　夫購書無他術，眼界欲寬，精神欲注，而心思欲巧。

有清中葉孫從添〈上善堂藏書記要〉亦嘗論求書之難：

　　知有是書而無力購求，一難也；力足以購之矣，而所好不在是，二難也；知好之而求之矣，而必欲較其值之多寡大小焉，遂致坐失於一時，不能復購於異日，三難也；不能搜之於書傭，不能求之於舊家，四難也；但知求近，不知求遠，五難也；不知鑑識真偽，檢點卷數，辨論字紙，貿貿購求，每多缺佚，終無善本，六難也。

---

* 本名林皎宏，茉莉二手書店執行總監。

　　若能將「梅苑書庫」置於此脈絡中論述，或更可見其大，戴先生之苦心孤詣，亦更彰明較著也。

　　二、以私人藏書豐富學術研究，近代同樣不乏其例。1907 年，日本三菱財團岩崎彌之助購得江蘇湖州陸心源「皕宋樓」、「十萬卷樓」藏書，載以東歸，遂令日本漢學研究，更上一層樓；1930 年代，台北帝國大學陸續購得已故人類學者伊能嘉矩、久保天隨教授舊藏，成立「伊能文庫」、「久保文庫」，更不吝巨貲，購下福州龔氏「烏石山房」藏書。台北帝大庫藏得豐，研究有據，學術基礎乃更見充實。中研院「戴國煇文庫」之學術史意義，殆若是也。

　　此外，戴國煇先生不僅是一名企求「通古今之變，成一家之言」的學者，從更深層之處來看，他且是一名極其傳統的中國讀書人，「經世致用」之心，熠耀可見。1996 年，重達 18 噸的「梅苑」藏書，船渡歸台，因此而有其時代意義。由此追索考略其心跡，則沈剛伯、徐復觀、余英時等教授，乃至馬克斯・韋伯所汲汲著墨之「史學與世變」、「中國知識階層」、「學術與政治之間」等大題目皆出矣。立高觀遠，則「梅苑書庫」所藏，又豈僅舊書古籍、文獻史料耳。

　　清代章學誠嘗言：「整輯排比謂之史纂，參互搜討謂之史考，皆非史學」。此文或為「戴國煇研究」、「梅苑書庫研究」第一步。千里之行，始於足下。然則，此第一步，亦未可云「小」矣。

戴國煇是「與日本人的對話者」
試接近戴國煇的學問與思想

◎春山明哲[*]

　　我與戴先生密切來往的時期是從 1973 到 1988 年，儘管經常見面，但只是在 1996 年戴國煇賢伉儷回台灣之前，總共 25 年的期間。戴先生回國後，我也只在他回日本時見過他三次，然後就在 2001 年突然接到戴國煇先生的訃告。

　　因此之故，我並不知道戴先生回台後活躍的情況，也幾乎沒有讀過他以中文發表的著作。所以要我闡述「戴國煇的學問與思想」的全貌是不可能的。但是關於 1955 到 1996 年戴先生長達 41 年的旅日期間，「戴國煇在日本的學問與思想」，在台灣的諸位或許了解得不多。

戴國煇「與日本人對話」的學問與思想態度

　　戴先生頭一次在日本出書是為一般讀者寫的，書名是《與日本人的對話》。我這次重新閱讀戴先生的著作，尤其是回顧他在日本時期的活動，感覺「與日本人的對話」這句話可以說就是戴先生的學問或思想「基調」，或是其表現出的前後一貫的「姿態」。細看此次《戴國煇全集》中未結集與未發表的著作目錄，戴先生的著作不分篇幅大小，總共有三百多篇。其中有一大部分是報章雜誌刊載的文章，不只針對專門研究者，也供一般日本人閱讀，寫作時考慮到的讀者遍及一般市民、民眾或青少年。

　　沒有一個台灣人像戴先生這樣，長期對日本和日本人發送如此多

日本台灣學會理事長、早稻田大學亞洲研究機構台灣研究所客座高級研究員。

的訊息。我想這麼說是無庸置疑的。而這些訊息與其說是單方面的發
送，不如說是以對談或座談會的方式構成的「對話」，即使不是，戴
先生的著作中也始終帶有對日本人時而傾訴，時而嚴厲質問的「與日
本人對話」的氣氛或語調。

　　此「與日本人對話」的基調和姿態，也在他的台灣歷史研究上貫
通。換言之，他既是研究會的主持人，也是參加者。我是在 1973 年
參加戴先生的台灣史研究小組「東寧會」。後來此研究會變成「後藤
新平研究會」，接著又變成「台灣近現代史研究會」。這次看了年譜我
才知道，原來戴先生除了「東寧會」之外，也參加了許多研究會。以
前我曾受邀在某處演講，題目是「台灣近現代史研究會的回憶」，現
在覺得要了解戴先生在日本從事研究活動的全貌，至少也要去追蹤各
種研究會活動的情況。

台灣史的研究方法論

　　為什麼戴先生非與日本人對話不可呢？要知道原因，就必須追溯
到 1955 年戴先生來日本留學的時期。戴先生本來不是要來日本留學
的，只是去美國之前先過來逗留。

　　根據他的回憶，他是「本來計畫在日本先讀兩、三年的農業問題，
再去美國大陸，住進農場體驗大農場經營之後，轉到北歐學做乳酪然
後回故鄉。」戴先生是在 1931 年生於日本殖民地統治下的台灣，1945
年以敏感的 14 歲年紀迎向「光復」。對他來說，曾是統治者的日本人
是面目可憎的，向日本人學習只有屈辱無他。戴先生的二哥曾在戰爭
時期以學生身分入伍，退役後留在日本生活，看到他這樣，就勸導他
說：「即使我們憎恨日本人，我們的傷痕就能夠痊癒嗎？」「我們一邊
要痊癒殖民地的傷痕，一邊要超越它，必須將殖民地遺制的所有東西
加以手段化、相對化，經過克服以變成我們自己能掌握的工具及東

西。」[1]

　　戴先生於是「漸漸地，我發現自己歷史上的真正敵人不是某一個個人，而在於『殖民地體制』，而且知道了應該學習對付憎恨有效的方法。這正是我在日本留學中除專業外，在思想方面所應該加深學習的最大課題。」

　　我認為「戴國煇的學問與思想」的原點就在這裡。

　　又根據戴先生的回憶，為此學問與思想的原點指引方向的，是他在東京大學碰到的東畑精一（農業經濟學）、神谷慶治（同前）等「良師」，以及竹內好（中國文學研究者）、尾崎秀樹（文藝評論家）等「有心的日本人團體」。

　　我特別注意到，戴先生在文章中說，「有良心的日本人和能夠真正自立的台灣人必須互相聯繫，進行持續不斷的努力，來向殖民地遺制進行對決，並將其手段化，同時冀求更進一步地來克服殖民地的傷痕。」這份認知是他從竹內好身上學到的。

　　對於戴國煇的學問與思想來說，與「有良心的日本人」和「能夠真正自立的台灣人」聯繫可以說是最根本的研究方法。從這一點來看，「東寧會」作為「日本人與台灣人的共同研究小組」，就是實踐此研究方法的場所。

研究會中的戴國煇

　　這麼說或許會讓人覺得，台灣史的研究會艱澀難懂，但實際上我所體驗到的研究會樂趣橫生，而且充滿知性的刺激。我曾針對這方面為日本與台灣的年輕歷史研究者演講，題目是「台灣近現代史研究會的回憶」[2]，有日文紀錄和中文翻譯可以參閱。

---

[1] 戴國煇，〈戰後日台関係を生きる〉，《世界》，東京：岩波書店，1985 年 10 月號，頁 166（參見《戴國煇全集 4・第三章　戰後台日關係與我》，台北：文訊雜誌社，2011 年，頁 118-119）。

[2] 春山明哲，〈台湾近現代史研究会の思い出〉，《近代日本と台湾》（東京：藤原書店，2008 年）收錄。中文版為若林正丈、吳密察主編的《跨界的臺灣史研究》（台北：播種者文化公司，2004 年）收錄。

　　實際上，共同研究會最早的紀錄是 1975 年 8 月 1 日用感光紙拷貝手寫的第一期《同人通訊》，在那之前的研究會都沒有紀錄。有了《同人通訊》的基礎，才又在 1975 年 12 月 22 日出了《後藤新平研究會會報》第一期。這一期的標題是「後藤新平研究會成立 1975.12.11　於：亞研」，底下記載著當天研究會的概要。順便一提，這一期是由我擔任記錄，因此有「文責　春山」這行字。

　　文章開頭寫著：「開會時首先由戴國煇簡單介紹研究會的所有成員（註：出席者 11 名，缺席者 7 名，因此當時的會員有 18 名），然後以關於後藤新平的幾份文獻為線索，一邊介紹一邊針對後藤研究的切入角度說明先學者的辛勞，提出他的『個人看法』。」

　　次頁（就只有這兩頁）寫著：「以回憶錄風格列出一些與後藤新平有關的研究角度」，接著是「作為殖民地政策起草人的後藤與萊佛士的比較研究」、「關於後藤的策士」、「後藤的人際關係、用人的方式──官僚」、「北進論、南進論──廈門事件、與孫文的關係」、「作為『殖民地經營者』的後藤──台灣、滿州、挑戰，尤其以『鐵道』為主」、「應該只把焦點放在後藤身上嗎──統治台灣時乃木、樺山的角色，以及與後藤的關係」、「林本源、竹越三叉、林維源、台灣製糖」、「舊習調查與立法、政策過程」等項目。

　　這樣逐條介紹正顯示出戴國煇主持研究會時的部分「作風」。戴先生提出的觀點不僅範圍廣泛，也很深奧，但是他這個人不會強迫推銷，而是以之為線索，提供研究會成員思考的材料。

　　現在看著戴先生以前列出的研究角度，距離那時已經有 36 年，後藤新平的研究不知道有了多大的進展。後來此份清單上的研究角度「舊習調查與立法、政策過程」成了我自己關心的題目，並且擴充為對台灣舊習調查與後藤的策士岡松參太郎的研究。「戴國煇在研究會中」的角色，或許可以說就是研究活動的知性觸媒吧。看到台灣近現代史研究會的成員和來客日後的活動，我覺得「戴國煇與日本人對話」在研究場合醞釀出的成果委實豐盛。

悲憫的氣質
戴國煇教授的治學與政治精神

◎楊憲宏[*]

血濃於水的台灣情感

1982 年到美國加州就讀柏克萊加大公共衛生學院時，正巧遇到來自日本立教大學歷史系教授戴國煇先生，第一次遇到戴國煇先生是在 Lucy 家，Lucy 是我們大家所喜愛的朋友陳若曦的英文名字。台灣留學生到了柏克萊，逢週末都會接到 Lucy 的邀請，最常吃的是牛肉麵。

吃完飯大家聊天或聽某位大學者的高論。戴國煇教授是這次聚會的主角，Lucy 鄭重介紹他，隱約中知道他算是個「回不了台灣的異議人士」。他直言敢言的性格，台灣當年的戒嚴體制容不了他。

戴教授不是一個容易親近的人，可是很快的與我相談甚歡。尤其他對於台灣近現代史的分析，有很多獨特的見解，他對於那個時代的人的心性的探討，使得近現代史中曾經有過的悲劇故事都找到了一些脈絡，這種治學的精神有著悲憫的氣質，我們的談話真正做到戴教授一向強調的「實事求是、相互尊重、各抒己見、暢所欲言。」他對於晚輩的無私付出教導也是令人印象深刻。

我不是學歷史，對於他所陳述的時代人物不見得有深入認識，他都不厭其煩再三說明，在這過程中，可以看到他博聞強記，對於細節的描述十分精密，邏輯清晰、理路明確。在柏克萊的時日，我們經常相約聊天，談論台灣時勢，我在那裡聽到了他年紀漸長，想回台灣卻

* 作家、電台節目主持人

回不了的感慨。

雖然，我當時仍然年輕，在台灣也沒認識什麼有權有勢的人，與戴國煇教授幾次見面後，仍然告訴他，回台灣之後，一定想辦法讓他能夠「解禁」。其實這都是與戴教授一起幾罐啤酒下肚之後，太過衝動的一種「自以為有辦法」，其實當年面對專制獨裁政權，哪裡有什麼辦法。說出來像很勇敢的話，也不過想表達，像戴教授這樣的人才，台灣當局應該歡迎，台灣社會應該禮遇他。

回台灣工作進入《聯合報》的「新聞供應中心」當專題報導記者之後，與戴教授通信，戴教授再次表示「不知道有沒有機會回台灣？」這時已差不多是 1984 年，這方面的訊息仍無從查證。在一個偶然的機會，與一位《聯合報》的顧問聊到所謂的「黑名單」，到底有什麼方法可以知道戴教授當時是否仍在「限制入境」的名單，最簡單的方法是去申請入境，馬上就可以知道，可是戴教授不願意。

後來這位《聯合報》的顧問想了一個辦法，他要我寫一篇人物報導，講戴國煇這個人，他不容於國民黨也不受共產黨歡迎，統派、獨派都不喜歡他，戴國煇是這麼特立獨行的硬頸客家人，文章大體上是這麼寫的，發表在《聯合報》上，一篇人物特寫。

《聯合報》的顧問就以此發表的文章，拿去問情治單位的朋友，答案有了，戴國煇已經不在禁止入境的名單。我很快的告知了戴教授：你可以回台灣了。

政治時局上的觀望

1984 年後到台灣解除戒嚴之前，戴國煇教授回台灣參加幾次會議，包括《聯合報》在南園所辦的國際研討會。戴教授也受《聯合報》專欄組之邀，在報上發表專論文章，評論時局。他長久留日，初時寫中文文章有些用字遣詞的不便，所以他常先寫大綱，就由我幫他，他口述意思我筆記下來並為他潤筆。

這段期間我們常在國賓飯店「寫稿」，然後我再幫他交稿。印象

最深刻的是，他在蔣經國總統說他「也是台灣人」的新聞出來後，從歷史的角度評論這句話的影響力，也預告了未來的新時代可能開展。

蔣經國去世後，李登輝先生繼任。多少年來戴國煇教授所期待的時代，終於來臨，當然我已經離開《聯合報》，政治上，我比較站在黨外的立場，對國民黨有比較強烈的批判，那時的戴國煇教授還常常以李登輝總統的老朋友身分要我多考慮李登輝總統的難爲立場。後來他受聘爲國家安全會議的諮詢委員，與李登輝總統更接近了。

在此之前，他有一天從日本回台灣開會，突然打電話給我，很神祕的說「見面談」。在一家小館子裡他小聲問我：「你現在與李登輝總統有聯絡嗎？」我說沒有。他才說，這一天上午他到總統府與李總統見面，談到未來台灣是否要採取總統直選或維持在委任直選，戴教授力主改革一步到位，當然要直接民選，他問李總統要如何面對有可能反撲時，李總統沒有答覆他，只拿了一份當時的《自由時報》，指著一篇專欄，告訴他說：「你看看這篇文章就明白了。」

李總統當時所指的文章正是當年我在《自由時報》寫的一篇專欄，大意是李總統的政治變法已經成功在望，我建議不必急著收割。我當時描述，修習劍道的人，在拔劍對峙時，常常勝負已判，決鬥者李登輝勝利在望不必急著砍殺，戴國煇教授很嚴肅的一再問我，寫這麼一篇文章之前，真的沒有和李總統見過面？我再三說明沒有，他很驚訝。後來，他一度想協助李總統建立智庫，包括想爲他下任之後建立總統圖書館，可是這一切都沒有如願，甚至他與李登輝漸行漸遠，我沒有機會問過戴教授或李總統，爲什麼他們年輕時代的好交情，到了年長之後，短短時間合作就不能持續。

戴教授 1989 年在台灣遠流出版公司發表的《台灣總體相──住民・歷史・心性》原來是爲日本「岩波新書」所撰寫的「台灣」的中文版。這本書中，曾經討論「李登輝總統獲選的理由」，其中列入第一點，認爲蔣經國挑選李登輝作爲他繼任者的原因是「李登輝沒有兒子。」

「在傳統上，認爲沒有兒子的男人權力欲小，沒有野心。」雖然戴教授指出這是台灣政界流傳的說法，他也認爲這種想法「著實可悲」，而他加註了：「事實上李的獨子李憲文於 1982 年 3 月不幸癌症早死」。但這些文字可能造成了後來李登輝不再重用他的原因之一。

對台灣近現代史的著力

他回到台灣之後那幾年，對於台灣的近現史有很多著力之處，特別是對二二八事件的問題，他一直採取嚴謹追蹤的態度，對於 1945 年 8 月 15 日日本戰敗宣告前後，台灣的社會心性的變化，他常有一種感嘆，1945，也是民國 34 年，也是昭和 20 年，當然也是台灣元年，這麼複雜的心性，他常以一種過來人的身分說著他的年輕時代，包括在建國中學的樓上，偶然望見被綁赴刑場的囚犯。

他常爲那些「英靈」表達無限崇敬之意，也常爲當年的「冤魂」給予同情之淚。他曾經告訴我，二二八事件最大的悲哀是，許多在當年反對日本政府的台灣菁英，到了國民黨時代，也一樣勇敢的批判當局；而有一些日據時代，投靠日本人的投機者，在改朝換代時，一樣成了國民黨的跟班，這樣的局面卻在二二八時，以及後來的白色恐怖時代，出現了令人悲憤的結局。那些有良心的台籍菁英被屠殺了，而那些投機者又雞犬升天了。

戴國煇教授經常感嘆，我們能否爲這麼不公義的歷史做點見證呢？

後來戴教授身體欠安，雖然我們仍然維持著對時局的交談，但他的體力不足，也影響了他的力度。回到台灣的戴教授也把他日本私人書屋搬回台灣，卻沒機會讓他完成心願，這一切都無法預料，雖然他晚年有些抑鬱，可是回到台灣仍是他所殷望。

戴國煇先生與台灣原住民

◎孫大川*

2001 年初，許常惠與戴國煇兩位前輩相繼過世，我也失去了兩位
老朋友。我之所以和他們熟識，是因為他們有一個共同點，就是長期
關懷原住民。當時我寫了一篇短文〈戴國煇與許常惠〉，表達我的痛
心與懷念。在戴國煇先生的告別式上，呂麗莉女士演唱了〈松花江
上〉，那是戴先生生前最喜歡的歌曲之一，後來我也寫了一篇〈松花
江上〉，抒發當時的心緒。

今天座談會的場合裡，我想分三個部分來說：第一，是我與戴先
生交往的情況；第二，是在原住民這個區塊上戴先生給我的影響，以
及我們共同推動與原住民相關的事情；第三，是從原住民的角度，來
談談史觀的問題。

1988 年我從比利時歸國，在此之前我完全看不出台灣的原住民有
任何的希望可言。過去 400 年，特別是 1895 年日本殖民政府到台灣
來以後，原住民全面大潰敗的情勢與過程一直難以找到停損點，面對
有著強大文字、社會系統的漢族，以及歷來龐大有效的殖民統治國
家，原住民被推向歷史的深淵，成了歷史的缺席者，幾乎看不到對原
住民的歷史與現況有任何的敘述。1980 年代後期，由於政治開始鬆
綁，台灣史的研究也不再充滿禁忌，我從那時開始接觸戴先生的著
作。1985 年遠流出版公司出版的一系列著作中，戴先生的論述很清楚
的一點就是認為，台灣史的研究不能忽略原住民的存在。台灣歷史建
構的過程與原住民之間有著千絲萬縷的關係，是密不可分的。在這樣

* 行政院原住民族委員會主任委員。

的觀點下，原住民的議題顯然不再單純是經濟、社會援助的問題，而是史觀和民族主體性的問題了。

　　我在 1994 年創辦《山海文化雜誌》，主要的目的是鼓勵已經掌握第二個國語（漢語）的原住民，能拿起筆來，介入台灣的書寫世界，我認為這是歷史大潰敗之後，原住民建立停損點最有力的武器。我打算以此做賭注，看看跨越公元 2000 時，原住民能否成功介入台灣書寫的世界，能以第一稱的身分向主流社會說話；如果失敗的話，我們就只好接受這個民族逐漸消亡的事實。我提這段心路歷程的原因，是因為雜誌社創立不久，戴先生是第一位前來拜訪我們的漢人教授學者，他對原住民的關切與熱情，讓我非常感動。也因為戴先生的關係，我在 1997 年認識了日本草風館的內川千裕先生。在戴先生的鼓勵下，我們組織了一群日本的教授、研究者，將原住民文學翻譯成日文，目前已有《台灣原住民文學選》九卷出版。二十年來原住民文學創作、研究、翻譯與發展的情形，令人驚豔、鼓舞，可見原住民是多麼希望發聲、讓自己的聲音被聽見。如果戴先生能親見 2000 年後原住民文學的蓬勃發展，一定會對原住民有更不一樣的感受和期待。

　　1996 年底我有機會到剛要成立的行政院原住民族委員會擔任公職，正在猶豫之際，是戴先生鼓勵我。他說除了發展原住民的書寫，原住民「法政存在」的建立也非常重要。如何在法政的架構下規範原住民與台灣漢人之間的關係？是一個客觀制度建立的問題，應該要投入。我因而決定到原民會任職。那段時間戴先生正巧擔任國安會的諮詢委員，我們常有機會在午間小聚。知道他仍熱衷蒐集與台灣原住民相關的文獻，同時也關心高砂義勇隊的課題，我們因而合作舉辦「回歸正義的起點：台灣高砂義勇對歷史回顧研討會」。過程中戴先生提供了許多協助，特別是有關日本學者方面的推介與邀請。隔年我還趁訪問斐濟之便，在一座無人島上向半世紀前戰死太平洋海域寂寞的高砂義勇隊員舉行祭弔儀式，我知道這是戴先生期望我做的。

　　戴先生非常照顧原住民，從《戴國煇全集‧別卷》所載的照片，

可以知道除了我的家族之外，莫那能、林昭明等人，都與戴先生有深厚的情誼。我認為原住民問題很可能是戴先生關切台灣歷史與文化的一個重要核心，這也反映在戴先生對霧社事件的研究上。

　　最後，我想說說有關「史觀」的問題。我從 1990 年開始到中國大陸旅行，拜訪雲南、新疆、內蒙古等地。心中一個很深的感受是，中國疆域裡有這麼多的少數民族，但在中國史的敘述中，不是被忽略就是被污蔑，不被當作「正史」來對待。中國常有一個根深柢固的觀念，認為像元朝、清朝等政權都是異族統治，最終都會被漢化。這是一種單向、單線思維所建構的中國史觀，我十分不以為然。因此，如果時光倒流，我很想請教戴先生：他始終不願放棄的「中國認同」，到底包含的實質內容是什麼？以他對台灣原住民的態度，我想他的「中國」概念，一定和一般人不同，恐怕也不是台灣或大陸當權派所能接受的。如果大陸少數民族與漢族之間，能以平等對話的方式來看待彼此，從漢族中心狹隘的史觀和文化觀中解放出來，那麼一個更多元、更豐富、更符合事實的中國概念，才能被體現出來。將這樣的追問，拿來紀念戴先生，祈禱他在天之靈能見到更開闊的台灣、更開闊的中國。

（編按：本文依學術研討會之座談會發言記錄整理）

「境界人」的苦惱

憶戴國煇先生

◎黃英哲*

　　提筆寫這篇文章時，我腦中突然閃現出的字眼是「勿爲死者哀，請爲生者悲」。我個人雖然和戴先生沒有很深的淵源，但是不知爲什麼，從第一次見到他後，他那高大的身軀，堅定、自信的嘴角與臉上經常掛著的一抹悲愴的神情，至今依然刻在我的腦海裡。

　　2001 年初戴先生逝世後，從春山明哲先生的一篇回憶以戴先生爲靈魂人物的「台灣近現代史研究會」的文章中，我才知道我和幾位在 80 年代初、中期留學日本，立志研究台灣史的留學生是「台灣近現代史研究會」最後一批學生會員，內心不勝唏噓。在台灣民主化前夕，知識分子之間意識形態對立，可以說是一個互相攻訐、猜忌的紛擾年代，關東求學時代的我刻意保持距離仰望著戴先生，也許是我求學行路上的一大損失。

與戴先生的相遇

　　記得第一次出席「台灣近現代史研究會」的例會是在 1985 年 6 月，我剛抵日本後的兩個月，是現任教台師大台史所的蔡錦堂教授帶我去的，例會地點是當時位在市之谷的亞洲經濟研究所的地下會議室，這是我第一次的正式拜見戴先生，但是並不是第一次見到戴先生。1981 年到 1985 年春天留學日本之前，因呂師實強的介紹，有機會在中研院近史所當小助理，當時我已開始關心台灣史研究，並留意

* 日本愛知大學現代中國學部教授。

日本的台灣史研究，包括戴先生及王育德教授、黃昭堂教授、許世楷教授、劉進慶教授、劉明修教授、涂昭彥教授等留日並在日本大學任教的台灣研究先行者，都是我心嚮往之的學者。第一次讀到戴先生的學術論文是刊於《台灣風物》上，陳慈玉教授翻譯的〈清末台灣的一個考察〉，是一篇探討台灣現代化起源的論文。我已記不得確切的年代，在我東渡日本讀書前，有一回康寧祥先生為戴先生辦了演講會，我特地跑去聽，那是我第一次見到戴先生。那回戴先生的演講題目與內容早已記不清了，印象深刻的除了戴先生堅定、自信的嘴角與一抹悲愴的神情外，就是站在戴先生身邊的一位很像日本平安時代的古典美女，若干年後才知道那位平安時代的古典美女是台灣文學學者岡崎郁子教授。

　　1987年底，「台灣近現代史研究會」核心會員因各有發展，分散在日本全國各地大學任教，導致研究會不得不暫停活動，這段期間我偶爾也會出席研究會例會，但是當時我的研究方向並未十分明確，語言障礙也還未克服，若真的要向戴先生討教也無從討教起。爾後，我轉學關西的大學，直到1996年，現任教東華大學歷史系的許育銘兄的婚禮上才又和戴先生重逢。當時戴先生是證婚人，站在台上同時也坐在主桌上，沒有機會向他致意。一直到1998年底，在台灣大學法學院舉行的第一回「近代日本與台灣」國際研討會上才又遇見戴先生，利用開會空檔我曾到他面前致意，我也不知他是否還記得我。臨別時，他用日語鼓勵我說「加油喔！」，這是我最後一次見到戴先生。那回的研討會有不少日本學者出席，出席的日本學者多半都對戰前日本軍國主義與殖民主義持批評的態度，我發現戴先生緊抓著麥克風非常激動的積極發言，臉上那抹悲愴的神情還在，但是卻又顯露了霸氣與光芒，那時戴先生已辭掉了立教大學教職，返台擔任國安會諮詢委員，我突然覺得戴先生返台之前在日本的學術舞台與論壇可謂「有將有兵」，返台一展抱負時，一時間也許發現變得「無將無兵」，在研討會上遇到一伙和自己理念相近的日本學者時，往昔意氣風發的他又再

度復活了。我相信戴先生在離開國安會重返學術界後，如果上帝願意再給他多一點時間的話，肯定能夠再度聚集一批學問追隨者。

鮮明的學術研究

1989 年春，我從關東轉往關西的大學就讀，當時適逢魏廷朝先生在大阪法科經濟大學擔任中文教師，有機會相處，彼時魏先生也剛好正在翻譯戴先生的日文著作《台湾—人間‧歷史‧心性—》（岩波書店，1988；中文版《台灣總體相——住民‧歷史‧心性—》，遠流，1989）。魏先生從不隱瞞內心對戴先生的尊敬，從魏先生口中我也得知戴先生在客家族群中的聲望。戴先生可說是戰後日本的台灣研究、華僑研究與台灣原住民研究的重要先驅者，其學術成就，在此不需我贅言。2001 年初，戴先生逝世後，他在亞洲經濟研究所時代的前輩，終生好友的小島麗逸教授在追悼文〈追悼求道者的歷史學家戴國煇先生〉（《世界》第 688 號，岩波書店，2001.5）中，將戴先生的學術思想與成果分為三期：一、從就讀東大農學院時期到進入亞洲經濟研究所，為其思想累積的第一期，其代表性學術成果是《中國甘蔗糖業之展開》（亞洲經濟研究所，1967）；二、從進入亞洲研究所之後到 80 年代中期屬於思想累積的第二期，這段時期戴先生相當投入台灣歷史問題、東南亞華僑、華人問題與戰前台灣原住民問題的研究，展現出驚人的旺盛創作力，代表性的學術成果有《東南亞華僑社會研究》（亞洲經濟研究所，1974）、《台灣與台灣人》（研文出版，1979）、《華僑》（研文出版，1980）、《台灣霧社蜂起事件——研究與資料》（社會思想社，1981）等書；三、80 年代中期以後是他的思想開花期，其思想累積期的成果都展現在這之後的多部日文和中文著作中。

戴先生的著作中，我個人認為早期出版的日文著作《境界人の独白》（龍溪書舍，1976，中譯版為《境界人的獨白》）與晚期出版的日文著作《台湾という名のヤヌス―静かなる革命への道》（三省堂，1996，中譯版為《台灣近百年史的曲折路》）最能夠代表戴先生的思

想與心境。《境界人的獨白》（境界一詞是日文原文，中文是邊界之意）一書中吐露了戴先生的苦惱——「台灣認同」不能只被福佬族群獨占、「客家人認同」也不是只有中國大陸才擁有、不能過度美化日本殖民統治，戴先生的「三不」造成了他「三面不是人」的處境，不為極端的台灣民族主義者與極端的中國民族主義者所喜，也不受日本右派人士歡迎。而在《台湾という名のヤヌス—静かなる革命への道》一書的後記中，戴先生更透露他「長期被台灣戰後史與認同危機及其困境逼得走投無路，整個人幾乎被撕裂」的心情。戴先生也曾公開表示過，可以理解中國大陸對外宣稱台灣是中華人民共和國一省的立場，但若硬要台灣人民接受這種理論，則是一種毫無迴轉空間的強壓，然而終其一生反對台獨（特別是血統論的台獨主張）的立場卻也非常鮮明，可是另一方面他又提出所謂的「睪丸理論」，將香港、澳門、台灣與中國大陸的關係比喻為男性身體，香港、澳門、台灣如同是睪丸，中國大陸如同人體。睪丸如果被吸進人體內則精子將會因體溫過高而死，因此要垂在外面才能發揮功能，但又不能脫離人體而獨立，而只是自立，台灣要先能夠自立並勇敢正視百年來台灣近現代的歷史發展進程，才有可能和中國對峙。戴先生清楚意識到現代國家的戰後狀況，提醒我們台灣在複線與重層的歷史結構下的困境，台灣的出路雖然非常艱難，但是還存在一些可能性。

　　戰後，懷有理想的台灣知識分子不管是留在島內或是出走國外，各自抱持不同的理念與信仰，無悔的為台灣尋找出路。個人寓居日本已有四分之一世紀，踏上日本的大學講壇已有 15 年，更深刻的體認到戴先生及其同時代在日本學術界活躍的台灣學者之處境，而這種處境即使到了今天仍然沒有多大的改善，台灣出身的學者之「台灣背景」本身，就會莫名其妙的被置放於意識形態上加以衡量。70 年代，日本言論界除了為中國文革看法也為日中邦交恢復問題而意見分歧，1972年日本與中國正式恢復邦交後，交流亦不順利。當時亞洲經濟研究所內的文革支持者故意傳播「戴國煇是台灣間諜」的流言，而這個流言

在外面恐怕更是甚囂塵上。對此，戴先生回以堅定的立場和強烈的語調，公開主張日本首先應該賠罪的對象是台灣。我認爲戴先生一生都堅守台灣主體性，並以此爲基礎思考台灣出路，他擁有強烈的客家人意識的台灣認同，同時也執著文化中國的認同。對於台灣出路，他雖然沒有明確的主張，但還是認爲台灣的未來應有多重選項，並且絕對要尊重台灣人民的意思。

今天如果我們再重新「閱讀戴國煇」，一定能夠發現戴先生提供了不少我們思考現階段台灣內部與兩岸問題的資源，關心台灣未來與兩岸未來的所有知識分子不應遺忘他。

冷靜的治學態度，熱情的研究之心
記戴國煇先生

◎楊渡[*]

精準的台灣史理念

我決定仿照戴國煇先生早年談「台灣意識與台灣人」時，討論問題的方式，談嚴肅的課題之前，先說一段故事吧。

戴國煇先生過世多年以後，有一個夜晚，旅行到了京都，當時我還在為報紙寫專欄，想到民進黨執政下的兩岸關係趨於緊張，卻沒有人提出什麼對策與理念，也很久不再有人想起什麼兩岸「論述」了。我忽然無比懷念起戴國煇先生來。

他總是用一種學者的嚴肅態度，卻不失幽默的口吻說：「這個兩岸關係啊，需要一種理論。說起來，這個理論是有一點點顏色啦，但相當真確哦。」我問是什麼「理論」，他才用一種不慌不忙的口吻說：「睪丸理論。」

他得用一點力氣去解釋：台灣、香港和大陸的關係，就像人身體上的兩個睪丸，它不能被吸收進去身體裡面，否則就會因為人體的溫度太熱，而燒死了精子，它就失去了生命力。但它也不能脫離母體，否則沒有血液來源，會活不下去。台灣與大陸最好的關係，就像睪丸與人體這樣。它小小的，充滿生命力，掛在外面，既保有自己的活力和生命力，但也不要跟母體分離。這是對台灣人最好的方式，對大陸也最好。因為，台灣在外面，就有很強的活力，把世界的活力帶進去

---

[*] 中華文化總會祕書長

大陸。如果把台灣跟香港吸進去，就會失去生命力，對大陸根本沒有幫助。

　　坦白說，採訪兩岸關係二十幾年，訪問過的學者不少，自己也曾在 1990 年寫過諸如〈立足東南沿海，影響大陸未來〉等談兩岸戰略布局的文章。但戴國煇的理論，是我迄今為止，見過對兩岸關係的最佳總結。它不僅是比喻生動，更是兩岸關係根本性的架構。在這個架構裡，兩岸的優點與缺點，如何互補，如何定位，清清楚楚，甚至兩岸談判最後該如何解決，都會因此有更開放性的思路。

　　只可惜，它叫做「睪丸理論」，有點不登大雅之堂，加以引用的學者不多，政府也不會在兩岸政策中使用。有一次，我和老戴說：你這個理論很生動，很準確，好是好極了，但政府部門可能有點為難，他們總不能說自己是「藍鳥」，台灣人不是喜歡說「藍鳥比雞腿」嗎？這樣說，有點自貶的味道，而且在女性面前說，有點難為情哩。

　　老戴就說：「可是你還有什麼比喻，類似這樣，還可以用的？」

　　他把我考倒了。我確實沒有找出更合適、更活潑準確的理論比喻來。

省籍・認同・預知的總結

　　我的認識戴國煇先生始於文章。那是台灣剛剛開始統獨論戰不久的 1983 年，陳映真受愛荷華寫作計畫之邀，赴美一年，戴國煇則旅行美國，受聶華苓邀請，赴愛荷華訪問，兩人在呂嘉行家中，進行了一場有關「『台灣人意識』與『台灣民族』」的對談（參見《全集》第19 冊）。那一場對談，是戴陳兩人針對台灣社會性質、黨外運動、省籍問題、階級矛盾、台灣人意識、台灣民族論、台獨保守派與台獨右派、美日殖民主義、反共與恐共心理等，所做的廣泛而深刻的解剖。戴國煇先生以研究台灣史 30 年的功力，用社會科學的冷靜，分析台灣社會性質與反對運動的本質，但骨子裡，卻是作為一個台灣人內心的深情的理解。

　　歷經 28 年後，現在回顧這一場對談，我們才會更了解戴國煇當時的分析，是如何直指後來的台灣內在的糾結，及其解決：

> 我身為客家系台灣人，我總認為客裔人士和福佬人是合起來的漢族系台灣人，雙手都不是頂乾淨的。我們該擔當起來，積極地肯定，並容納高山各族的各自意識的主張與樹立。同時我得強調客家人意識和健康的台灣人意識是絕對不對立的。也不該讓她們對立的。
>
> 在台灣的客家人意識和台灣人意識不但不對立，我認為大可把她定位於台灣人意識的下位概念來善待。但中華民族意識卻是台灣人意識的上位概念。
>
> 我期待台灣人意識的健康成長，不等於我放棄客家系台灣人意識。更不等於我放棄認同中華民族意識。

　　看著後來以省籍意識而發展的黨外，如何在組黨後，成為被族群意識所綁架的帶有法西斯色彩的「福佬沙文主義」，從而形成客家人與原住民的被壓迫感，就知道戴國煇當時的提醒，是多麼重要！

　　也正是在 1983 年，戴國煇先生就提出了要關心少數民族，肯定多元地方文化的「向前看」的理念：

> 所謂「向前看」有個大前提，就是要從世界史的現階段或者放在未來大格局的展望裡來說。那麼，最重要的當然是如何處理少數民族的問題，也就是說要承認且尊重少數民族的權利和肯定多元文化存在的現實，以此作為前提來探討我們的課題。同時在文化上要重新評估地方特性，即是保持與發展地方文化的本土性與多元性，來鋪好文化創新的良好土壤。從而與資本主義化所帶來的文化上的「畫一主義」——也就是映真兄弟所說以歐美為糖衣的「消費型文化」相抗衡。

　　現在閱讀這些文字，或許會因其理念早爲人所熟知，而顯得尋常。但在戒嚴時代，在「台灣意識」與「愛台灣」喊得震天響的時候，戴國煇先生卻以其先見之明，點出了問題的核心，是如何與消費型文化相抗衡。

　　不僅是早年的研究，戴國煇一生的寫作都是如此。以一個歷史學研究者的學術根底爲基礎，作冷靜的分析與判斷，再以溫厚深情之心，提出未來的道路。他的論述方式，往往始於尋常經驗人性，藉由理性的分析與深厚學理，指向更寬廣的未來。

　　從「台灣結」與「中國結」的論戰開始，到李登輝執政後的兩岸論述，他都有所總結，有所闡發。

　　我仍記得他帶著溫厚而有幾分頑皮的微笑，談論「睪丸理論」時，是多麼像一個發現某一種真相的孩子，那麼開心，那麼認真。而兩岸關係經過多年的開放、交流、衝撞與再合作的過程，現在隨著中國大陸的崛起，它的關係更爲明確了。大陸長得更大更穩健，更像一個亞洲的大身軀，而台灣與香港，因著這身體的連結而隨之成長壯大，已經無法脫離身體，卻也因爲它在外部，與世界的連結，而更活躍，更有生命力。至於這身體，也因此受益。這些發展，正在印證戴國煇先生的真知卓見。

　　深深懷念戴國煇先生，懷念那些一起討論問題的夜談。相信，如果他可以看見現在兩岸關係的進展，一定會顯露他那招牌的頑皮微笑吧！如果有機會，再一起喝一杯清酒，笑著說一說現在的兩岸，正在進入青春期的衝動與苦悶，請教他，這日漸成長起來的關鍵部位該如何自處，不知該是多麼有趣的夜談啊！

　　如今他全集的出版，終於可以讓世人重溫他深厚的學問，深刻的洞見，冷靜的分析，幽默的比喻，以及那深情的熱血之心，爲此，再向戴國煇先生敬上一杯！

熱愛台灣的史學家
戴國煇國際學術研討會側記一

◎楊秀菁[*]

　　「戴國煇國際學術研討會」於 4 月 15、16 兩日，假國家圖書館國際會議廳舉行。該研討會由財團法人台灣文學發展基金會策劃，文訊雜誌社與國家圖書館聯合主辦。15 日為戴國煇教授 80 歲冥誕，此次研討會的舉辦，除了慶祝《戴國煇全集》順利出版，旨在表達對戴教授的紀念之意。本研討會共邀請 17 位國內外學者發表論文，針對戴教授畢生專論的各個領域，以及其人格風範進行討論。

　　15 日上午 9 時，文訊雜誌社總編輯封德屏舉行開幕式，宣告會議開始。封總編輯首先請文建會主任秘書蔡湘，以及政治大學校長吳思華致詞。蔡主任秘書在致詞中簡述戴教授的研究背景和研究領域，他認為戴教授希望透過真實面貌的回復，撫平歷史的傷口，進而記取教訓的觀點，與文建會現在所主張的非常相似。蔡湘指出，戴教授不只是台灣史的研究者、參與者，更是台灣史的代言人，並對戴教授的兩項特質表示敬佩之意。第一，戴教授為真正有史學家堅持的人，戴教授在日本 40 年，有其對史實的觀點，絕不附和於殖民者的作法；對台獨論者表示同情，卻也不苟同狹隘的民族論，對國民黨來台的作為亦有嚴厲的批判；以歷史學家的角度來看問題，對於誰對誰錯皆從歷史的角度加以評價。第二，戴教授絕對不藏私，很願意將資料借給大家，不死藏也不私藏，這樣的胸襟很值得大家學習。最後，蔡主秘對戴夫人將全集販售所得捐出來成立獎學金一事，表達敬意。

---

[*] 國立政治大學歷史系博士候選人。

　　戴國煇教授曾於政治大學歷史學系任教,政治大學校長吳思華乃藉此機會,代表全體師生對戴教授和戴夫人表達敬意。此外,吳校長表示,透過閱讀戴教授的文章,可以發現戴教授是一位熱愛台灣,忠於史實的學者。其中,戴教授在柏克萊大學演講時特別提到:如果我們今天要思考台灣的現代與未來,除了台灣史以外,不能忽略日本殖民時期、中國大陸、亞洲史、世界史對台灣的影響。台灣是一個海島型的國家,我們所有的生活都與世界息息相關。戴教授的史觀,對今天的中華民國來說應該有更深的啓發。最後,吳校長指出,本研討會一方面希望對戴國煇教授過去所提出來的觀點進行討論,但更重要的是,能不能夠從這個討論中,去思考中華民國台灣的現在與未來。其認為如果能夠從歷史的探索過程中,找到我們自己的定位與價值,本研討會將更具意義。

專題演講

　　本研討會特別邀請參與戴國煇教授日文版著作選出版的春山明哲教授進行專題演講,春山教授爲日本台灣學會理事長,此次演講的題目爲「戴國煇是『與日本人的對話者』——試接近戴國煇的學問與思想」。春山教授首先以《與日本人的對話——日本‧中國台灣‧亞洲》爲例,說明戴教授的立場。春山教授指出,該書副標題爲「日本‧中國台灣‧亞洲」,封面上,在中國旁邊,用很小的字體寫著「台灣」,表示中國與台灣在地理位置的接近。再者,在作者簡歷上,寫著「1931年4月15日出生於中國台灣省中壢」。1931年時,台灣爲日本領土,但戴教授做爲一個歷史學家,雖然強烈主張以日本殖民地台灣做爲社會科學研究對象的必要性,卻主張1931年的台灣爲中國一省的「虛構」。春山教授認爲,作者此種簡歷的寫法,正代表戴教授的立場。另外,春山教授指出,在這本書中,與台灣史有直接關係的論文爲〈某副教授之死與再出發的苦惱〉。這篇文章提出台灣知識分子的悲劇以及日本人原罪之驗證,可謂戴教授台灣史研究之原型。

　　春山教授認為「與日本人的對話」可說是戴教授的學問或思想的
基調，表現出其前後一貫的姿態。在戴教授發表的三百多篇文章中，
許多是刊載在報章雜誌上的，顯見其不僅是針對專門的研究者，也提
供一般人閱讀，由此可知其在寫作時也考慮到讀者為一般的民眾和青
少年。沒有一個台灣人能像戴教授一樣，長期對日本與日本人傳輸台
灣的訊息。此傳輸不是單向的，而是透過座談等對話的形式，有時代
表對日本的傾訴，有時則是嚴厲的質問。

　　為什麼戴教授非與日本人對話不可？春山教授認為必須追溯到
1955 年戴教授到日本留學時期。透過該段經歷，戴教授發現自己歷史
上的真正敵人不是個人，而是日本殖民體制，這就是戴教授思想的原
點。而這些學問與思想之所以能形成，與其在東大的良師有關。其中，
戴教授在竹內好教授身上學到，「有良心的日本人和能夠真正自立的
台灣人必須互相連繫，進行持續不斷的努力，來向殖民地遺制進行對
決，並將其手段化，來克服殖民地的傷痕」。此對戴教授學問來說，
可說是最根本的研究方法。而東寧會做為「日本人與台灣人的共同研
究小組」，就是實踐此研究方法的場所。

　　此外，春山教授指出，從戴夫人所編的年譜得知，戴教授除參加
其所組織的東寧會（後來歷經「後藤新平研究會」而變為「台灣近現
代史研究會」）外，亦參加許多研究會，如要了解戴教授在日本研究
的全貌，除東寧會外，其他研究會亦值得關注。在介紹戴教授主持研
究會的風格時，春山教授指出，戴教授所提出的觀點不僅廣泛，也很
深奧，但是他不會強迫推銷，而是以之為線索，提供研究會成員思考
的材料。戴教授的角色，或許可以說是研究活動的知性觸媒。

第一場　日本與亞洲

　　第一場研討會的主題為「日本與亞洲」，主持人為政治大學外語
學院院長于乃明，發表人為東華大學歷史系主任許育銘、中研院中國
文哲研究所副研究員陳瑋芬與政治大學國際關係研究中心亞太所所

長蔡增家。

　　許育銘教授發表的題目爲〈正學以立言——戴國煇先生對近代日本政治的闡釋與批評〉，主要以《戴國煇全集》第 13 冊「日本與亞洲卷一」、第 14 冊「日本與亞洲卷二」做爲觀察重點，探討戴教授對近代日本政治的詮釋與批評。許教授指出，戴教授主要是採用「複眼式」的思考，分析周遭所見的問題。而戴教授之所以研究台灣史，主要是認爲近代日本與亞洲關係的原點爲台灣。其在相當大的程度上，是透過台灣研究來批判日本近代化發展過程的錯誤之處，進而提醒日本人應當汲取歷史教訓，化作自己的養分。針對許教授的研究，討論人楊永明教授整合自己閱讀戴教授文章的心得表示，戴教授的文章提供另一扇更寬廣的窗，顯示每個學問領域都有其可以整合的地方。而戴教授以學術性的筆調所提出對社會的意見與批判，值得知識分子學習。

　　陳瑋芬教授發表的題目爲〈台灣・日本・亞洲——戴國煇教授的亞洲文化論一考〉。陳教授主要利用《全集》第 13、14 冊，直接論及近代日本史想史的五篇文章，並以戴教授文章徵引書目和相關藏書爲輔，探討戴教授如何論述近代以日本爲主的亞洲。針對陳教授的研究，討論人張崑將教授認爲在史料方面可再補充，並增加年代的排序，以更進一步了解戴教授是在怎樣的脈絡下寫這些文章。再者，戴教授對亞洲文化的論述是否有長期的方法論，也值得進一步探討。另外，張教授還提到，戴教授是台灣學者最早注意到東亞論或亞洲論的學者，如其仍在世，對現代亞洲崛起，特別是中國崛起的現象，一定可以提出一貫批判性的見解。

　　蔡增家教授發表的題目爲〈戴國煇的亞洲觀與中日關係〉。蔡教授指出，其主要從這幾年研究所產生的疑問：「爲何日本無法成爲亞洲真正的領導者？」著手，試圖從戴教授的著作尋求解答。透過對戴教授亞洲觀的研究，蔡教授認爲，殖民時期「強者的邏輯」與「依賴的結構」的心態是重要關鍵。戴教授認爲，唯有能真正放下身段去理解亞洲鄰國文化，真誠地與亞洲鄰國進行文化交流，日本才有可能真

正融入亞洲。面對此一議題，討論人何思慎教授指出，如果日本可以重新解讀戴教授的文章，或許可以找到方法，讓日本可以重新被亞洲認識、被亞洲接納。

第二場　華僑與客家研究

　　第二場研討會的主題爲「華僑與客家研究」，主持人爲中央研究院人文社會科學研究中心主任章英華，發表人爲日本兵庫縣立大學經濟學部教授陳來幸與馬來西亞南方學院中文系系主任安煥然。

　　陳來幸教授發表的題目爲〈1950 年代冷戰影響下的橫濱中華學校與東京中華學校〉，試圖透過 1952 年 9 月橫濱中華學校事件，以及東京中華學校的改組與重建，描述關東地區華僑社會的實態。針對陳教授的研究，討論人朱德蘭教授指出，根據相關僑務法規，海外華僑學校由僑委會負責。透過本案例，是否驗證在中國大陸失去後，僑委會便沒有辦法發揮功能？再者，在戴教授的文章中常提到日華關係的本土化，亦即從中華民國的視野，轉變爲台灣的視野。當時日本看台灣的角度，是以中華民國的意識，抑或是區域——台灣的視野？

　　安煥然教授發表的題目爲〈戴國煇的生命史追索與其客家論述〉，試圖從戴教授的生命史追索、華僑史研究、台灣史研究，以及「中原／邊陲意識」，來探討其客家論述。討論人蕭新煌教授，針對安教授的疑問指出，東南亞的客家認同仍非常隱性，附屬於華人認同之下。然而，台灣客家已透過 1980 年代的社會運動，提升其社會地位，成爲顯性族群。戴教授沒有親身經歷 1980 年代客家地位提升的辛苦歷程，故在其研究中沒有顯現此　從邊陲提升的質變與量變，也因此，在其後相關台灣客家研究中，便將戴教授善意的缺席了。

第三場　農業經濟

　　第三場研討會的主題爲「農業經濟」，主持人爲台灣大學農業經濟學系主任徐世勳，發表人爲日本愛知大學經濟學部教授森久男與政

治大學地政學系主任徐世榮。

　　森久男教授爲戴教授當時研究的夥伴，此次發表的題目爲〈戴國煇思索原點的農業研究〉。森久男教授指出，戴教授的思索原點有出生成長的台灣社會的原風景、生活在殖民地時代末期與戰後激動期的個人經驗，以及在東大農經所所受以農業經濟學爲基礎的社會科學專門訓練。而其不屬於中國共產黨，亦不屬於中國國民黨所呈現一位台灣人的自立主張，以及其所提出關於日中（台）關係、台灣歷史與現狀的尖銳問題，給予日本論壇的衝擊，爲戴教授在日本嶄露頭角的關鍵因素。針對本文主題，討論人張靜貞教授透過台糖虎尾糖廠廠長林榮輝的回顧，來驗證戴教授所著《中國甘蔗糖業之發展》的觀點。

　　徐世榮教授發表的題目爲〈耕地三七五減租政策的過去與未來〉。徐教授在說明之前，首先針對森久男教授文章所提，戴教授對自己出身於寄生地主大家族的深刻反省，表示敬佩。但同時也提到關於地主與佃農的定義，戴教授的研究主體與戰後國民黨的定義其實是有落差的。戰後國民黨是採取非常寬鬆的定義，只要是地主，沒有耕種，出租，不管土地大小，只要出租就被視爲地主。徐教授主張，三七五減租爲政治問題，需以政治方式取得妥協。針對此一議題，討論人劉瑞華教授建議作者可將訪談的對象延伸至佃農和主管機關、民意代表等等，而不要局限於地主。再者，針對地主當初取得土地的正當性，從戴教授左派的立場來看當初漢人如何取得原住民的土地，也可能是不正義的。然而，劉教授認爲，即使如此，經過這麼多年，地主所付出的代價也已足夠。

第四場　原住民研究

　　第四場研討會的主題爲「原住民研究」，主持人爲中正大學台灣文學研究所兼任教授浦忠成，發表人爲日本台灣學會理事長春山明哲和中研院台灣史研究所副所長詹素娟。

　　春山明哲教授發表的題目爲〈台灣史研究之開拓者戴國煇——以

日本時代爲中心〉。春山教授指出，戴教授 1970 年代在報章雜誌，以日本社會的普通想法、認識、史觀本身爲對象，發出許多批判言論。像這樣持續且熱心地對日本與日本人發送「訊息」的台灣人，僅戴教授一人。對春山教授而言，戴教授不僅是歷史學者，更是一位歷史家。針對此篇論文，討論人吳密察教授指出，就如春山教授所提，戴教授的文章總是包括「自我檢證」，這裡的「自我檢證」是指做爲一個生長於日本殖民地台灣的中國人的立場性，以及他的反省。這個反省包括台灣人是日本殖民統治的共犯，也具有加害者的角色，而不只是單純的被害者。這樣的立場性與反省，是我們在閱讀戴教授文章時，最應抓住的問題。另外，吳教授指出，要了解戴教授對日本社會發表批判的言論，不應忽略 1970 年代日本社會與言論界的狀況，尤其是戴教授與東畑精一、竹內好等日本知識分子的關係。

　　詹素娟教授發表的題目爲〈鑲嵌在歷史中的地圖——日治時代的『蕃地』探索與原住民領域建構〉。本篇研究透過具有時間脈絡的地圖對照，從空間角度切入，考察外來者對原住民領域的調查、描繪、知識建構與制度性措施的歷史過程。藉由 1897、1917 年賽夏族的領域變化，指出空間形塑的結果，如何反饋、影響原住民的空間認知，而成爲承載原住民認同意識的「容器」。針對此研究，討論人郭俊麟教授認爲，如能配合台灣歷史博物館近一兩年利用 GIS，把清代歷史地圖轉譯爲現在的地圖，特別是他們今年出版的《台灣輿圖暨解說圖研究》，將可更清楚掌握清末番社的現況，進而把傳統領域的研究，往前延伸至清末的狀況。再者，番界動態的變化，不僅是在日治時期，在清末開山輔番時，也有變動。透過 GIS、田野調查，或地圖重現，可以進一步掌握原住民傳統領域的變化。另外，如能結合日治時期的統計資料、番社戶口資料等，配合原住民身分的轉變，將可進行更深入的討論。

「後戴國煇」時代的來臨
戴國煇國際學術研討會側記二

◎莊勝全[*]

當前日治時期的台灣史研究，已獲多或少受到源自美國亞洲研究、日本和韓國的殖民地史研究者等，於 1990 年代所發起的「殖民現代性」（colonial modernity）的學術思潮之浸染。藉由這股外發的概念，研究者不僅已逐步探索在不同的社會、文化脈絡中對「現代」的不同感受，更著重於挖掘現代性在殖民地傳布的過程中，展現在不同時期、區域、族群、階級和性別上的重層歷史脈絡。然而此學術浪潮雖然帶來了如上的思維，卻也捲走了一些東西，例如以戴國煇教授為首於 1980 年代所點燃的「台灣現代化爭論」這場純本土的學術論辯尚未經充分的學理討論，便不由分說地被捲進現代性的潮流中。

即令如此，隨著共分 7 大類別、8 大卷、計 27 冊的《戴國煇全集》之出版和發表，及接連兩天的學術研討會之討論，已令人覺察這場未竟其功的台灣史論辯，及其所帶動的方法論和相關議題復燃之契機。同時，這也是一個標舉出戴國煇教授及其史學研究一個歷史座標和學術地位的適當時機，從研討會的議程即可看出端倪，其中，第二天三個場次的論文發表與午後的座談會，更為戴國煇教授之身分認同、學術業績和人格特質，予以評價和定位。

第五場　台灣史研究（一）

本場會議由中央研究院近代史研究所研究員朱浤源主持，首先由

[*] 國立政治大學台灣史研究所博士生。

中國文化大學哲學系教授王曉波發表〈台灣意識與台灣主體性──論戴國煇的「自我認同」〉，作者認為日治時期大多數的史料，反映的是統治者的觀點而缺乏台灣主體性，戴國煇教授以其身為歷史研究者又是歷史參與者的角度，提出與殖民價值體系對決的批判記述及建立台灣主體性，進而自我內省「我是誰？」並產生「自我認同」，準此，戴教授不但是一個史學家，更是一位思想家。戴教授秉持著「出生」、「民族」及「學術研究」三大尊嚴，曾在著作中對日治台灣地主階級的「共犯結構」，與戰後在國際冷戰和兩岸對峙下產生的「台灣民族論」、「台灣民族優秀論」和「台灣法西斯主義」提出批判性的看法，並自稱是「出生於台灣的客家系中國人」。討論人中華基金會王津平董事長認為該文從哲學的角度，說明殖民地人民如何站起來，並將戴教授的認同理論化，是其特色所在。也同意由於戴教授曾有過「被殖民的傷痕」，使其認同的意識在掙扎中覺醒。

　　其後則由復旦大學國際關係與公共事務學院國際政治專業的博士生雷玉虹宣讀〈試析戴國煇教授對台灣人身分認同的探索〉，同樣指出戴國煇教授在學術生涯中，始終關注著台灣人身分認同的問題。文中指出戴教授的被殖民經驗、戰後生活體驗留下的心結，以及在日本學界裡介乎台、日、中之間的「邊界人」身分，加以長期對現實政治的遠距離觀察，都是促使他探索台灣人身分認同問題的動力，並藉由心理史學、華僑內心世界的考察、台灣人與猶太人和朝鮮人的比較研究等分析架構，來追尋答案。作者指出戴教授經過三十餘年的思索，乃提出將台灣人的身分置於中國人的身分認同下，才是解決台灣認同危機的出路。這篇文章的評論工作，乃由研究台灣人認同有成的政治大學台灣史研究所所長陳翠蓮教授擔任，她認為該文關於戴教授的認同課題仍有些許疑問待解，包括戴教授如何受到法農（Frantz Fanon）和敏米（Albert Memmi）的後殖民理論之影響？如何以「客家人」的身分認同批判福佬沙文主義？其思想體系的歷史哲學基礎為何？戴教授所言「自立」與「共生」構圖的深意為何？以及戴教授長

期遠離政治，何以在 1996 年受總統李登輝之邀參與政治？

　　第三篇發表的文章爲四川大學歷史文化學院吳銘能教授之〈戴國煇先生與「二二八事件」研究〉，作者同樣認爲戴國煇教授之所以進行二二八事件之研究，係與早年痛苦的經驗和爲了解決自己的「身分認同」問題有關。文中除了肯定戴教授在海外進行報刊資料、相關論著、口述訪談、回憶錄和照片圖像等史料的蒐集與整理，並認爲戴教授宏觀的研究視野與若干論點，雖不無再商榷之處，但仍有諸多參考價值。此外，作者更藉著戴教授對《二二八事件研究報告》流於「政治交代」的評論，指出在該書出版後，便少有人對二二八事件進行深入研究，特別是史料的校勘更是乏人問津。要之，戴教授的二二八研究無論是在身分認同和民族尊嚴、史料整理和歷史評價上，都有重要的意義。針對上述，討論人理德學院（Reed College）歷史系費德廉教授認爲要理解戴教授的二二八研究，必須要回歸他自身的研究脈絡當中，即其二二八研究集中在 1983 年赴美後，至 1992 年與葉芸芸女士合出《愛憎二二八》的十年間，且先進行史料註解，再推出研究成果。其中，對人物生平和網絡的連結是其特色，然而對背景的掌握較爲薄弱。此外，戴教授的二二八研究亦有其局限之處，諸如標舉「客觀」、「理性」、「公正」、「科學」的研究方法已是 1970 年代之歷史哲學，且戴教授在二二八的研究中較少使用社會科學方法，並由於這是戴教授親身經歷的歷史，容易帶入主觀經驗。最後，討論人認爲近十五年來台灣學界的研究成果十分豐碩，不似發表人所言那般貧乏。

第六場　台灣史研究（二）

　　相對於第一場討論會的發表者都將重點置於戴國煇教授的身分認同定位上，第二場討論會則聚焦於戴國煇先生的學術座標係座落何處。本場次的會議乃由中央研究院台灣史研究所許雪姬所長主持，首位發表者爲日本一橋大學語言社會研究科的松永正義教授，以他曾加入戴教授所組織的「台灣近現代史研究會」，並做近距離觀察的心得，

發表〈戴國煇的位置〉一文。作者陳述戴教授一生的研究,有四個特徵。其一,戴教授的研究是立基於左派立場展開的,而這與他跟張光直先生的結識不無關係。其二,戴教授乃是以「殖民地到底爲何?」的疑問做爲研究基礎,亦即他想了解的是殖民地的結構問題。其三,是來自「少數人」的觀點。從中國對台灣的位置、台灣漢民族中客家族群的位置、日本社會中的華僑位置等多層次的弱勢族群概念中出發,如何在少數人中的少數人裡確認位置,是其研究的重大母題。其四,戴教授以歷史中艱苦奮鬥的個人,做爲研究歷史的方法。另外,文中也將戴教授的研究生涯劃分爲 1956 年至 1966 年的東大修業時期、1967 年至 1980 年代中期的第二時期、1980 年代辭去立教大學教職至 1996 年返台爲止的第三時期,及 1996 年擔任國安會諮詢委員至2001 年辭世的第四時期。此文的討論人台灣師範大學台灣史研究所蔡錦堂教授,也曾在負笈日本時參加「台灣近現代史研究會」,他建議讀者可將此文與研討會首日春山明哲教授發表的〈台灣史研究之開拓者戴國煇──以日本時代爲中心〉並看,就中可見共通和互異的觀點。此外,他也認爲文中有許多欲言又止的地方,像是戴教授研究生涯的第二、第三時期有其重疊之處,以及戴教授的處女作〈某副教授之死與再出發的苦惱〉是如何點燃他台灣史研究的熱情等,均可再稍事補充。最後,他也期許發表者日後可將戴教授所提出的東亞理論框架,發展成更大篇幅的專論文章。

其後,則由中研院台灣史研究所張隆志教授,發表〈戴國煇先生與晚清台灣史研究──1980 年代「台灣現代化論爭」的再探討〉。作者首先指陳何謂由戴國煇教授的「台木論」,與民間學者楊碧川的「奠基者論」之間,於 1980 年代中葉所點燃的「台灣現代化論爭」。戴教授有其研究晚清台灣的社會經濟史並提出「台木論」的學術脈絡,而此論也曾在「台灣近現代史研究會」中發揮影響力,只可惜這仍只是一個具啓發性的觀點,而未成爲具有典範意義的研究成果,更未有學術社群的形成和累積性的作品。「台灣現代化論爭」遂成一場未充分

展開、更未完成的台灣史學論辯。然而近三十年後的今日，台灣史研
究在問題、資料與方法上均已突破 1980 年代的水準，研究晚清台灣
重要的檔案、古文書和西文資料亦紛紛問世，在研究概念上也已對傳
統資本主義論、現代化論和民族主義史學的視野進行修正，是以當前
的研究已不再陷於戴、楊二人的論爭漩渦中。因此要再回頭談論戴教
授的學術位置，實可進行「後戴國煇」式的討論，這有三個方向可以
發揮。第一，延續和發揚戴教授的論點。第二，從學術批判的角度看
戴教授論點之限制及其可能性。第三，開展「戴國煇學」。若我們接
受「後戴國煇」的觀點，或可回到「學術的戴國煇」來觀看他的一生，
並將最具批判力、創造力與想像力的「青年戴國煇」帶回台灣史的研
究中。討論人政治大學歷史學系主任呂紹理教授指出，此文所言的
「再檢討」有兩個義涵，其一為回頭檢討 1985 年戴教授的中譯作品
〈清末台灣的一個考察〉，其二為對發表人在 1998 年發表的〈劉銘傳、
後藤新平與台灣現代化爭論〉之論點加以補充。有趣的是，三篇文章
彼此間都恰隔 13 年。從中，討論人提出三個可以持續深化的研究方
向，首先，戴教授本身如何認識「現代化」這個概念。其次，戴教授
的學術視野不只局限於台灣，因而應回到「中國—日本—亞洲」的架
構中重新檢討其晚清台灣史的研究思路。最後，史學家寫史的史學史
在台灣尚未獲得重視，期待發表人在未來完成一部台灣史學史，且能
專章討論戴教授的史學研究、理論與思想。

第七場　戴國煇珍藏書及與文人交遊

　　經過上午兩個場次進行戴國煇先生之身分認同和學術定位的討
論後，下午的討論會則將重點放在戴教授的人際交遊和畢生藏書捐贈
的情形。本場次的主持人為淡江大學中文系榮譽教授施淑，並首先由
政治大學台灣文學研究所所長陳芳明教授發表〈吳濁流與戴國煇〉。
作者指出文中的兩位主角對殖民體制都有深刻的認識，只是由於兩人
年齡相差 30 歲，因此對時代的感受及歷史的認知也有所差異。吳濁

流先生一生從來沒有享有過言論自由，他的文學一直受到監禁與檢查，但因為他有完整的被殖民經驗，他的作品反映了殖民地的文化現象，他的經驗本身就是歷史；戴國煇教授則是見識到戰後日本資本主義社會經濟復興的過程，並影響到他在糖業和現代化的研究，並且在日本進行中國和台灣的研究。他們兩人之所以結識，乃是因為戴教授從中斡旋吳濁流的三部作品到日本出版，並且因為作品中屢屢呈現對日本統治帶來的現代化之批判態度，進而成為兩人彼此間的對話基礎。戴教授以〈清末台灣的一個考察〉為始，駁斥了日本統治有功於台灣，從而製造出日本為台灣帶來現代化神話的說法，若是毫無選擇地肯定日本的現代化，簡直就是在歌頌殖民主義。因此雖然吳、戴二人理解日本殖民的途徑不同，卻同樣到達批判殖民主義的立場。對於這樣的看法，討論人靜宜大學台灣文學系系主任彭瑞金教授認為，由於發表者的題目簡潔，留給讀者很大的想像空間，因此他期待能夠知道吳濁流和戴國煇教授既然有著不同的被殖民經驗，則他們是否有不同的後殖民論述？戴教授又如何看待吳濁流文學作品中的歷史論述？吳濁流的後殖民論述與戴教授的史觀是否有對話性？另外，討論人也同意不能將現代化視為是日本之德政，然而設若劉銘傳與日本政府同為殖民統治者，為何劉氏可稱為現代化，但日本統治則非？這恐怕也是戴教授一文較具爭議之處。

　　後續兩篇發表文章都是有關戴國煇教授窮一生之力蒐羅的藏書之分類、整理、捐贈和使用之概況。成功大學歷史學系陳梅卿教授是戴教授的門生，她發表的〈梅苑書庫〉一文，細數戴教授藏書的經過、整理始末和藏書種類。梅苑書庫是戴教授的私人書庫，最早在 1969年建於日本千葉縣西習志野，1996 年隨著戴教授返台，他的藏書也跟著落腳新店。2001 年戴教授過世之後，夫人林彩美女士想要知道戴教授到底擁有多少藏書而有編纂書目的念頭，後來這個浩大的工程就由發表人接手、組織團隊，並募款進行。歷經數月整理，總計梅苑書庫的藏書在四萬冊左右，以日文書最多，中文、英文居次，約可歸納為

台灣史資料、糖業及農業資料、日本研究、中國研究、其他套書等五類。目前藏書已交由中研院進行更細緻的整理，討論人張隆志教授說明中研院之所以能爭取到典藏戴教授藏書的機會，乃是因爲經過評估後，中研院有條件可以達成戴夫人希望可以集中典藏，及幫忙出版《戴國煇全集》和設立獎學金的心願，加上中研院的學術研究環境和國際交流機會，都是勝出的原因。2006 年這批資料移交至中研院人文社會聯合圖書館，由台灣史研究負責典藏、流通、整理、目錄編纂和數位化工作，並將梅苑書庫轉型爲戴國煇文庫。

　　中央大學中文所博士生陳淑美發表的〈從「梅苑書庫」珍藏看戴國煇教授的治學脈絡〉則描述戴國煇教授如何珍藏梅苑書庫的來龍去脈，並由此追尋其治學脈絡，及其被學界所利用的成果。「梅苑」之由來與戴教授祖籍廣東梅縣客家、先人又遷居楊梅，加上梅花是國花的緣故，因而名之。從戴教授的收藏來看，他不是一般的藏書家，而是研究型藏書家，其典藏多含有學術價值。初始戴教授之所以買書、蒐書，乃是爲了增強「學力」之故，而後竟養成「舊書愛好癖」而展開在台、日舊書街、書攤間流連的蒐書旅程。另外，戴教授也重視台灣文學資料的蒐集，這和他成長過程中所碰到的人、事、物有關。而爲了活用藏書內容，他和「台灣近現代史研究會」的成員便大力運用梅苑書庫的館藏做研究。要言之，作者從戴教授治學的研究重點來推敲，他蒐書的源頭無非是在探討「己身所從出」的出身問題，也因爲梅苑書庫的珍藏，讓戴教授得以蒐集並釐清史料，進而找到深入的研究主題，令致他在台灣近現代史的研究範疇中，往往扮演開創者的角色。這篇文章的討論人是茉莉二手書店執行總監傅月庵，認爲該文在材料的運用上，多爲戴教授自述、家人的追述和相關採訪等「自證」材料，而較缺乏如歷來文人藏書家立下的蒐書標準和困難之處等，相互映證、檢驗的「旁證」之襯托，又這些藏書能帶給後世研究者多大的幫助，也是一種旁證。而從「史學與世變」的角度觀之，這批藏書爲何是在 1996 年運回台灣，亦是值得深究之處。

座談會：戴國煇其人其事

　　第二日研討會的下午，尚有一場以學術界、大眾媒體和政府機關中，與戴國煇教授曾有過交情的人士為代表的座談，談論他們在各個不同生命時間點中，與戴教授交會的歷程，當中不只嚴肅還有歡笑的時光。這場座談的主持人是資深媒體人楊憲宏，他在引言時肯定戴教授乃是韋伯（Max Weber）所言集熱情、責任感和判斷力於一身的知識分子。第一位與談人是日本愛知大學大學院中國研究科黃英哲教授，他自言當年是在蔡錦堂教授的引介下，成為「台灣近現代史研究會」最後一批學生會員。他雖然對戴教授又敬又畏，卻見識到戴教授「名滿天下，謗亦隨之」的過程，也指出若要真正認識戴教授的思想與心境，無非要回到他的《境界人的獨白》、《台灣近百年史的曲折路》兩本著作中探求，從中戴教授不僅吐露認同困境，也提示台灣雖處在複線、重層的歷史結構中，追求認同的困難與可能性。

　　後續一位與談人為中華文化總會楊渡秘書長，認為在他多年新聞採訪的經驗中，戴國煇教授提出的「睪丸理論」是他見過對兩岸關係的最佳比喻。他認為戴教授早在 1980 年代就用社會階段、社會階級的分析方式，從社會情境去思考統獨問題，更於 1983 年從世界史的格局提出關心少數民族、肯定地方多元文化的「向前看」理念，這些在在都是始於尋常經驗人性，並藉由理性和學理分析，為台灣指出更寬廣的未來。

　　第三位與談人為行政院原住民族委員會孫大川主任委員，他與戴國煇先生的交往是從他主辦《山海文化》雜誌開始，並點出戴教授具有一種「狂中帶狷」的性格。在相處過程中，留下深刻印象的就是戴教授能夠從非漢人史觀的原住民經驗來思考問題，更指出台灣史研究與原民歷史脫離不了關係，不能僅從政治、經濟的角度來分析。而他辦雜誌的目的就在於希望原住民拿起筆來介入台灣文化的書寫，為原住民歷史的潰敗設下停損點。

　　主持人楊憲宏是 1982 年在美國加州留學時首遇戴國煇教授，有了這樣的機緣，他回台至報社工作後，就尋思幫助戴教授脫離「黑名單」返台。往後不僅常為戴教授潤飾報載文章，也旁觀了戴教授和李登輝總統的相處過程。最後，也言及戴教授返台後仍對台灣近現代史多所著力，特別是對於二二八事件和社會底層事物往往抱持嚴謹的態度追索細節。最後，主持人也邀請郭冠英上台分享，他向與會者描述一段戴教授自黑名單除名的經過，和戴教授於 2001 年過世後在萬里海葬的往事。

閉幕式

　　兩天會議的尾聲就在文訊雜誌社社長封德屏總編輯的主持下，正式劃上句點。她特別提到，雖然在新書發表會、文物展、研討會及座談會的過程中，有不同立場的客觀辯論，但關於戴國煇教授的認識和研究才正要展開。其後上台致詞的戴夫人林彩美女士，也認為這樣激起陣陣火花的熱切討論，是戴教授所樂見的。整場會議最後就在夫人溫馨細數戴教授交友、藏書、治學和批判態度等人生資產的回憶中，圓滿落幕。

戴國煇國際學術研討會
工作組織表

顧　　問：林彩美

總 策 劃：封德屏

執行助理：王為萱　江侑蓮

工作小組：杜秀卿　吳穎萍　李文媛　邱怡瑄　陳怡璇
　　　　　連文瑛　游文宓　廖于慧　李仕寧　李柄佑
　　　　　陳致榮　黃國勛　黃健凱　蔡明叡

日語口譯：何月華　周偉琴　盛浩偉　劉靈鈞

攝　　影：李昌元　吳景騰

策　　劃：財團法人台灣文學發展基金會

指導單位：行政院客家委員會
　　　　　行政院原住民族委員會

贊助單位：行政院文化建設委員會
　　　　　行政院農業委員會
　　　　　行政院僑務委員會
　　　　　財團法人大台北銀行文化基金會
　　　　　財團法人唐德晉文教基金會董事長唐松章

主辦單位：文訊雜誌社‧國家圖書館

協辦單位：中央研究院人文社會科學聯合圖書館
　　　　　國立政治大學歷史學系
　　　　　遠流出版事業股份有限公司

4月15日（星期五）議程表

時間	場次	主持人	發表人	論文題目	討論人
09：00 ｜ 09：10	開幕式	封德屏	貴賓致詞：文建會蔡湘主任祕書 　　　　　政治大學吳思華校長		
09：10 ｜ 10：00	專題演講	春山明哲 講題：戴國煇是「與日本人的對話者」——試接近戴國煇的學 問與思想			
10：10 ｜ 12：00	第一場 日本與亞洲	于乃明	許育銘	正學以立言——戴國煇先 生對近代日本政治的闡釋 與批評	楊永明
			陳瑋芬	台灣‧日本‧亞洲——戴國 煇教授的亞洲文化論一考	張崑將
			蔡增家	戴國煇的亞洲觀與中日關 係	何思慎
12：00 ｜ 13：00	午餐				
13：00 ｜ 14：10	第二場 華僑與客家 研究	章英華	陳來幸	1950 年代冷戰影響下的橫 濱中華學校與東京中華學 校	朱德蘭
			安煥然	戴國煇的生命史追索與其 客家論述	蕭新煌
14：20 ｜ 15：30	第三場 農業經濟	徐世勳	森久男	戴國煇思索原點的農學研 究	張靜貞
			徐世榮	耕地三七五減租政策的過 去與未來	劉瑞華
15：30 ｜ 15：50	茶敘				
15：50 ｜ 17：00	第四場 原住民研究	浦忠成	春山明哲	台灣史研究之開拓者戴國 煇——以日本時代為中心	吳密察
			詹素娟	鑲嵌在歷史中的地圖—— 日治時代的「蕃地」探索與 原住民領域建構	郭俊麟

4月16日（星期六）議程表

時間	場次	主持人	發表人	論文題目	講評人
09：00 ｜ 10：50	第五場 台灣史研究 （一）	朱浤源	王曉波	台灣意識與台灣主體性——論戴國煇的「自我認同」	王津平
			雷玉虹	試析戴國煇教授對台灣人身分認同的探索	陳翠蓮
			吳銘能	戴國煇先生與「二二八事件」研究	費德廉
11：00 ｜ 12：10	第六場 台灣史研究 （二）	許雪姬	松永正義	戴國煇的位置	蔡錦堂
			張隆志	戴國煇先生與晚清台灣史研究：1980年代「台灣現代化論爭」的再探討	呂紹理
12：10 ｜ 13：00	午餐				
13：00 ｜ 14：50	第七場 戴國煇珍藏書及與文人交遊	施淑	陳芳明	吳濁流與戴國煇	彭瑞金
			陳梅卿	梅苑書庫	張隆志
			陳淑美	從「梅苑書庫」珍藏看戴國煇教授的治學脈絡	傅月庵
14：50 ｜ 15：10	茶敘				
15：10 ｜ 16：40	座談會	楊憲宏、孫大川、黃英哲、楊渡 主題：戴國煇其人其事			
16：40 ｜ 17：00	閉幕式	封德屏	致詞：戴國煇夫人林彩美女士		

與會者簡介（依場次序）

◆主持人

于乃明　東吳大學東方語文學系畢業，日本筑波大學歷史、人類研究
　　　　科修畢博士課程，同大學社會科學系法學博士，現任政治大
　　　　學土耳其語文學系代理系主任、外語學院院長。著有《小田
　　　　切萬壽之助的研究－明治、大正時期中日關係史的一面》（日
　　　　本筑波大學社會科學系）〔大新書局，1988 年〕、《現代日文》
　　　　等；〈中日韓歷史、文化名詞的譯與不譯〉、〈翻譯與跨文化
　　　　研究——以《蹇蹇錄》中文譯文為例〉、〈中日関係史の一側
　　　　面——近刊盛承洪『盛宣懷と日本』の新史料を中心に
　　　　（1908.9.2～1908.11.25）〉、〈歷史經驗與文化衝突——談日
　　　　本首相參拜靖國神社〉。

章英華　台灣大學社會學系學士、碩士，美國普林斯頓大學社會學博
　　　　士。曾任中央研究院調查研究工作室主任、社會學研究所所
　　　　長，現任中央研究院社會學研究所研究員、人文社會科學研
　　　　究中心合聘研究員兼主任。學術專長為都市研究、家庭研究
　　　　與調查研究，自 1990 年以來，主持、推動或參與多項大型
　　　　社會調查計畫，並開展調查計畫的國際合作，著有《社會學》
　　　　（共著）、《台灣民眾的社會意向，2004》（共著）等。

徐世勳　美國德州農工大學經濟學博士，現任台灣大學農業經濟學系
　　　　教授兼系主任。研究領域包括農業政策、國際農產貿易、資
　　　　源與環境經濟、效率與生產力分析、可計算一般均衡分析，
　　　　著有 *Economy-wide Impacts on Taiwan´s Economy of china
　　　　and Taiwan´s WTO Accession: A Computable General Equilibrium*

analysis（共著），論文〈全球貿易分析模型(GTAP)資料庫在
農業境內支持議題之更新與應用〉（共著，收於《農業經濟
叢刊》）等。

浦忠成　中國文化大學中文研究所博士，曾任行政院原住民族委員會
政務副主任委員、國立台灣史前文化博物館館長，現任考試
委員、中國文化大學中文系兼任教授、中正大學台灣文學研
究所兼任教授。研究專長為中國文學、民間文學、神話與文
化研究、台灣原住民族文化與文學、原住民族法制等，著有
《敘述性口傳文學的表述》、《被遺忘的聖域：台灣原住民族
歷史、神話與文學的追溯》、《台灣原住民族文學史綱》等。

朱浤源　台灣大學法學博士，劍橋大學博士後研究，現任中研院近代
史研究所研究員，其研究觀照整個中國，特別是台海兩岸為
主的全球華人世界，出版專書二十餘部、論文二百多篇，並
曾至多國講學，並講授中國政治思想與政治制度。對二二八
事件、孫立人「叛亂」嫌疑案人物、319槍擊案事件皆有訪
問與調查活動，著有論文〈中國政治思想研究在臺灣（1945
～2008）：孫廣德先生作為第三代的一個範式〉、〈檔案文獻
的分類與比較：以二二八時期蔣中正三天內的決策為例〉等。

許雪姬　台灣大學歷史研究所博士，現任中央研究院台灣史研究所研
究員兼所長、台灣師範大學台灣史研究所兼任教授。著有《清
代台灣的綠營》、《霧峰林家的歷史》等書。

施　淑　台灣大學中文研究所碩士，加拿大英屬哥倫比亞大學亞洲研
究系博士候選人。現任淡江大學中國文學系榮譽教授。著有
論述《兩岸文學論集》、《理想主義者的剪影》、《大陸新時期
文學概觀》，編有《日據時代台灣小說選》、《賴和小說集》
等。

◆論文發表人

許育銘　政治大學歷史研究所碩士，日本立命館大學文學博士，現任
　　　　東華大學歷史學系副教授兼系主任。研究專長爲東北亞史、
　　　　中日關係史、台日關係史、日本史。著有《台灣史重要文獻
　　　　導讀》（共同編著）、《汪兆銘與國民政府　1931 至 1936 年
　　　　對日問題下的政治變動》；論文〈從「宋子良工作」看抗日
　　　　戰爭期間「和平工作」與「特務工作」之交錯〉、〈戰後台琉
　　　　關係再建的過程：以 1975 年前後爲中心〉等。

陳瑋芬　清華大學中文系畢業，日本九州大學大學院文學碩士、博
　　　　士，現任中研院文哲研究所副研究員、中研院亞太區域研究
　　　　專題中心合聘副研究員。研究專長爲近代日本漢學，儒學概
　　　　念史，東亞思想文化交流。著有《近代日本漢學的「關鍵詞」
　　　　研究——儒學及相關概念的嬗變》；論文〈西學啓蒙：中村
　　　　敬宇和嚴復的文化翻譯與會通東西的實踐〉、〈由「天下」與
　　　　「中國」概念的轉型看日本關於國際秩序的度量衡〉等，譯
　　　　有《文明論之概略精讀》等。

蔡增家　政治大學政治學博士，現任政治大學國際關係研究中心亞太
　　　　所所長、政治大學日本研究碩士學位學程主任。著有《日本
　　　　轉型：九〇年之後政治經濟體制的轉變》、《政府、大企業與
　　　　銀行：南韓政經體制的轉變（1993～2003）》、《誰統治日本：
　　　　經濟轉型之非正式制度分析》等。

陳來幸　第三代旅日華僑，日本神戶大學博士（文學），暨南大學華
　　　　僑華人研究所客座研究員。現任兵庫縣立大學經濟學部教
　　　　授、日本孫文記年館副館長、神戶華僑歷史博物館運營委員
　　　　會委員、日本華僑華人學會常務理事、孫文研究會理事、神
　　　　戶華僑華人研究會理事、神戶外國人市民會議副主席等職。
　　　　著有《虞洽卿について》、中華會館編《落地生根—神戶華
　　　　僑と神阪中華会館の百年》（共著）、〈戰後日本における華
　　　　僑社会の再建と構造変化〉（收於小林道彦、中西寬編著，《歷

史の桎梏を越えて》）等。

安煥然　成功大學歷史語言研究所碩士，福建廈門大學歷史學博士，現任馬來西亞南方學院中文系系主任、學術研究與課程發展處主任暨華人族群與文化研究所研究員。先後擔任「搜集柔佛潮州人史料合作計劃」、「搜集柔佛客家人史料合作計劃」及「搜集柔佛海南人史料合作計劃」之執行主任，負責搜集馬來西亞柔佛州華人族群的史料工作。著有《本土與中國學術論文集》、《古代馬中文化文流史論集》，合著《公心與良心：郭鶴堯傳》、《寬柔紀事本末》、《柔佛客家人的移殖與拓墾》、《遠觀滄海闊——海南歷史綜述（海南島・馬來西亞・柔佛）》等。

森久男　日本東京大學農學博士，現任愛知大學經濟學部教授，研究專長為日本殖民史、滿洲國興安省・蒙疆政權研究。著有專書《德王研究》、《日本陸軍と內蒙工作》，論文《日清戦争の台湾経営》（博士論文，1983）、〈台湾総督府の糖業保護政策の展開〉（收於《台湾近現代史研究》創刊號，1978）、〈田口卯吉の台湾統治政策批判〉（收於《台湾近現代史研究》第 6 號）等，譯有《德王自伝》。

徐世榮　美國德拉瓦大學都市事務及公共政策學院博士，現任政治大學地政學系教授兼系主任、政治大學第三部門研究中心主任。主要研究領域為土地政策分析、規劃理論、科技環境與社會、及土地制度史等。近年來之研究課題包含了土地徵收、農村發展、環境衝突與治理、土地污染場址之整治及再利用、台灣土地改革再審視等。並強調溝通實踐及行動參與，認為一個成熟的民主社會需要有蓬勃發展的公民社會，因此，在教學及研究之餘，時常與農民及民間社團相處一起，並努力為他們解決問題，著有《土地政策之政治經濟分析——地政學術之補充論述》等。

春山明哲　日本東京大學研究所（工學系）碩士課程修畢。曾任國立
　　　　　圖書館勤務、國會分館長、調查與立法考察局專門調查員，
　　　　　於 2007 年退休，現任早稻田大學亞洲研究機構台灣研究所
　　　　　客座上級研究員、該大學外聘講師、日本台灣學會理事長。
　　　　　研究專長爲日本‧台灣關係史、殖民地統治政策史、圖書館
　　　　　文化史。著有《近代日本と台湾－霧社事件‧植民地統治政
　　　　　策の研究－》。

詹素娟　台灣師範大學歷史學博士，現職中央研究院台灣史研究所副
　　　　研究員。主要從事台灣族群史、區域史、歷史教育及人地關
　　　　係等，目前正從事北部原住民族、客家與地域社會，人群移
　　　　動與黑潮文化圈的相關研究。著作有「地群社群」系列，如
　　　　〈地域與社群――大台北地區原住民族的多群性〉、〈地域社
　　　　群的概念與檢驗――以金包里社爲例〉；「熟蕃身分論」系
　　　　列，如〈台灣平埔族的身份認定與變遷（1895～1960）――
　　　　以戶口制度與國勢調查的「種族」分類爲中心〉、〈從差異到
　　　　混同――日治初期「帝國臣民」架構下的熟番社會〉；及「戰
　　　　後原住民」我族意識的興起，如〈族群意識與地方史――以
　　　　台灣「原住民地區」的志書編纂爲例〉等。

王曉波　台灣大學哲學研究所碩士，曾任中國大陸問題研究中心研究
　　　　員、世新大學教授、台灣大學哲學系教授，現任中國文化大
　　　　學哲學系教授。研究領域爲法家哲學、儒家哲學、中國哲學
　　　　史、台灣史，著有《台灣抗日五十年》、《台灣意識的歷史考
　　　　察》、《孫中山思想研究》、《道與法：法家思想和黃老哲學解
　　　　析》等。

雷玉虹　中央民族大學民族研究所台灣史專業歷史學碩士，復旦大學
　　　　國際關係與公共事務學院國際政治專業博士候選人。主要研
　　　　究領域以台灣爲原點，涉及的研究方向有台灣歷史與政治、
　　　　中美關係、中日關係等。曾對歷史上平埔人的文化變遷、史

學家連橫之事蹟、美台關係、日台關係、兩岸關係等進行過專題研究，發表過論文、研究報告數十篇。合著《台灣何處去》，另有戴國煇著《華僑》等英日文翻譯作品若干，現在的研究課題爲「台灣民衆身分認同問題之研究」。

吳銘能　台灣師範大學國文研究所碩士，北京大學古文獻研究所博士，曾任教於台灣慈濟護專、元智大學，又在中央研究院史語所、文哲所、近史所從事研究。現任四川大學歷史文化學院副教授兼中國西南文獻研究中心副主任。經歷貴州省監獄巡迴公益講座，成都電視台「金沙講壇」主講，《四川省情》專欄作家。主要著作有《梁啓超研究叢稿》、《書評寫作方法與實踐》、《歷史的另一角落——檔案文獻與歷史研究》。

松永正義　日本東京大學大學院肄業，現任一橋大學大學院言語社會研究科教授。專攻中國文學、台灣文學，1971 年參加台灣近現代史研究會，著有《台湾文学のおもしろさ》、《台湾を考えるむずかしさ》。

張隆志　台灣大學歷史系碩士，美國哈佛大學歷史與東亞語言研究所博士。現任中央研究院台灣史研究所副研究員。研究專長爲台灣社會文化史、平埔族群史、比較殖民史、台灣史學史及方法論。著有《族群關係與鄉村台灣：一個清代台灣平埔族群史的重建和理解》、《坐擁書城：賴永祥先生訪問紀錄》（合著）、《曹永和院士訪問紀錄》（合著）；〈殖民現代性分析與台灣近代史研究〉、〈殖民接觸與文化轉譯：一八七四年台灣「番地」主權論爭的再思考〉與 "Re imagining Histories from Different Shores" 等中、英、日文學術論文多篇。

陳芳明　台灣大學歷史系碩士，美國華盛頓州州立大學歷史系博士。曾任教於靜宜大學、暨南大學中文系，現任政治大學台文所所長。從事歷史研究，並致力於文學批評與文學創作。著有《左翼台灣：殖民地文學運動史論》、《殖民地台灣：左翼政

治運動史論》、《殖民地摩登：現代性與台灣史觀》等近二十本。

陳梅卿　輔仁大學歷史系畢業，日本立教大學文學研究科（東洋史專攻）博士。現爲成功大學歷史系教授。專長及研究領域爲台灣史、台灣宗教史及日本文化史。著有《高雄縣基督教傳教史》、《宜蘭縣基督教傳教史》、《說聖王，道信仰──透視台灣廣澤尊王》；論文〈媽祖行腳六年〉、〈日據時代台南大天后宮之遶境──以《台灣日日新報》爲例〉等。

陳淑美　中央大學中文所博士生，曾任《光華》雜誌資深編輯，現任台灣戲曲學院兼任講師。著有《齊如山京劇參與之研究》（碩士論文）。

◆論文討論人

楊永明　美國維吉尼亞大學博士，現任、新聞局局長台灣大學政治學系教授。專門領域爲國際關係、東亞研究、日本外交與安全、台灣安全研究等。爲知名台灣安全研究網站（Taiwan Security Research）的創辦人，並且擔任台灣大學政治學系台灣安全研究中心主任。曾爲日本著名大學的訪問學者與教授，並且獲得中曾根康弘獎與傅爾福萊特學者等學術獎項。出版國際安全與國際法、國際關係、台日關係史等專門著作，並發表數十篇中、日、英文學術著作。

張崑將　台灣大學歷史系碩士、博士，現任台灣師範大學東亞系副教授。專攻東亞儒學思想史、日本文化與思想研究，出版的重要學術著作有《德川日本「忠」「孝」概念的形成與發展─以兵學與陽明學爲中心》、《日本德川時代古學派之王道政治論和革命觀》、《德川日本儒學思想的特質：神道、徂徠學與陽明學》、《陽明學在東亞：詮釋、交流與行動》等。

何思慎　政治大學國際事務學院東亞研究所博士，現任輔仁大學日文

　　系教授、輔仁大學日文系教授、台灣大學日文系兼任教授、
　　當代日本研究學會理事。研究專長為日本外交（台、日、美、
　　中四邊關係）、日本政治、亞太國際關係、當代日本思潮。
　　著有《擺盪在兩岸之間：戰後日本對華政策（1945～1997）》、
　　《台灣主權論述論文集》（共著）、《當前「中」日關係之研
　　析》（共著）、《敵乎？友乎？冷戰後日本對外交思路的探索》
　　等；〈後冷戰時期台灣與日本政黨政治發展之比較〉、〈日『中』
　　雙方有關中東與朝鮮半島政策之比較研究〉、〈當代日本學界
　　對安保問題之研究現況〉等論文百餘篇。

朱德蘭　日本國立九州大學史學博士，現任中央研究院人文社會科學
　　研究中心研究員。專攻海洋史、台灣史、華僑史。著有《長
　　崎華商貿易の史的研究》、《崔小萍事件》、《台湾總督府と慰
　　安婦》、《台灣慰安婦》，解說編集《台湾慰安婦関係資料集》
　　2卷。1990年、1992至1995年先後執行蔣經國國際學術交
　　流基金會、日本文部省補助「長崎華商泰益號關係商業書簡
　　資料」大型研究計畫，主編《長崎華商泰益號關係商業書簡
　　資料集》，共70冊。

蕭新煌　美國紐約州立大學（水牛城）社會學博士，現任中央研究院
　　社會學研究所研究員兼所長、亞太區域研究專題中心研究員
　　及台灣大學社會系教授。研究專長為公民社會與亞洲新民
　　主、亞太中產階級、環境運動、永續發展與客家族群研究。
　　著有《非營利部門：組織與運作（第二版）》（合編）、《社會
　　運動再出發》（合編）、《解讀台港社會意向》（合編）、*Rise of
　　China: Beijing's Strategies and Implications to Asia-Pacific*
　　（co-editor with Cheng-Yi Lin）、*Cross-Border Marriage with
　　Asian Characteristics*（co-editor with Hong-Zen Wang）、《東
　　アジア新時代の日本と台湾》（合編）等。

張靜貞　美國賓州州立大學農業經濟系博士，現任中央研究院經濟研

究所研究員、台灣大學農業經濟系合聘教授。著有〈台灣農業貢獻度之再探討〉（合著，收於簡明哲、雷立芬、陳育信、黃炳文、楊明憲主編《後 ECFA 時代台灣農業新思維》）、〈農業在東亞區域自由貿易協定之角色〉（收於陳添枝主編《不能沒有 ECFA：東亞區域經濟整合對台灣的挑戰》）、"Evaluation the Potential Economic Impacts of Taiwanese Biomass Energy Production"（with B.A. McCarl, C.C. Chang, and C.T. Tso）等。

劉瑞華　美國華盛頓大學經濟學博士（Ph.D., Economics, Washington University），現任清華大學經濟學系教授兼藝術中心主任。專長領域爲經濟史、新制度經濟學、文化經濟學，博士論文以台灣土地改革爲主題。近期著作有：〈土地改革與政府收入〉（收於《1950-1960 年代台灣的歷史省思：第八屆中華民國史專題論文集》）、〈人際間的不確定性：一種適用於制度分析的交易成本理論〉（收於《月旦法學雜誌》）、〈同一個世界、同一個理論？探討經濟史的理論〉（收於《亞太經濟管理評論》）等。

吳密察　日本東京大學大學院博士課程修畢，曾任台灣大學歷史系教授、行政院文化建設委員會副主任委員、國立台灣歷史博物館館長，現任成功大學台灣文學系、歷史系合聘教授。研究專長爲台灣史、東亞近代史，著有《帝國裡的「地方文化」：皇民化時期台灣文化狀況》（共著）、《台灣史料集成提要》（共著）等。

郭俊麟　日本慶應大學政策媒體博士，現任東華大學台灣文化學系助理教授。目前爲教育部資通訊「人文先導計畫文史脈流行動導覽平台研發計『子計畫四：文史脈流之市街聚落時空文史景觀模組之建置』」計畫主持人，教育部顧問室「智慧生活通識教育與服務學習課程試辦計畫『歷史地圖與數位典藏資

源的應用』」計畫主持人，著論文有〈集團移住政策下花蓮港廳蕃社人口分布的時空考察～兼論歷史 GIS 在花蓮學研究的可能性〉、〈GIS 與老舊地形圖在網格式歷史人口分布之應用〉等。

王津平　淡江大學英文系畢業，美國佛蒙特大學英美文學碩士，威斯康辛大學麥迪遜分校比較文學博士，傅爾布萊特（Fulbright）學人。早期致力於保釣運動，曾任中國統一聯盟主席、夏潮聯合會副會長，現任世新大學英語系講師、中華基金會董事長。研究專長為文學理論翻譯學、兩岸關係。譯有《綠色的危機:糧食問題面面觀》；主編：《「五二〇」全面觀察：兩岸的戰爭與和平》等。

陳翠蓮　台灣大學政治學博士，現任政治大學台灣史研究所教授兼所長。著有《派系鬥爭與權謀政治──二二八悲劇的另一面向》、《台灣人的抵抗與認同 1920～1950》等。

費德廉　美國加州大學 Berkeley 分校歷史學博士，現任瑞德學院（Reed College）歷史學系教授。重要著作有《看見十九世紀台灣：十四位西方旅行者的福爾摩沙故事》，論文〈解讀數據：殖民地台灣的族群性、暴力與戰時動員〉、 "The changing contours of lived communities on the Hengchun peninsula, 1850-1874" 、 "Cultivating oysters, running canaries: U.S. wartime intelligence on Taiwan" 等。

蔡錦堂　日本國立筑波大學歷史人類學研究科文學博士，曾任淡江大學歷史系副教授，現任台灣師範大學台灣史研究所副教授。著有《日本帝国主義下台湾の宗教政策》、《戰爭體制下的台灣》；論文〈台湾の忠烈祠と日本の護国神社・靖国神社との比較〉（收於台灣史研究部會編，《台湾の近代と日本》）、〈「紀元二千六百年」的日本與台灣〉（收於《師大台灣史學報》，第 1 期）。

呂紹理　政治大學歷史研究所博士，現任政大歷史系教授兼系主任。
主要研究興趣為台灣社會文化史。著有《水螺響起：日治時
期台灣社會生活的作息》、《展示台灣：權力、空間與殖民統
治的形象表述》等書，執編《深坑鄉志》及整理校注《台灣
總督府檔案抄錄契約文書》和《灌園先生日記》（第六冊）
等。

彭瑞金　高雄師範大學國文系暑期研究班結業，現任靜宜大學台灣文
學系系主任兼教授，並任台灣筆會理事長。研究專長為台灣
文學史、文學評論、台灣客家文學、台灣原住民文學，著有
《台灣文學史論集》、《高雄市文學史》等，為多產的評論家，
其研究與評論獲獎無數。

傅月庵　本名林皎宏，台灣大學歷史研究所肄業。曾任遠流出版公司
編輯、主編、總編輯。現任茉莉二手書店執行總監。著有《生
涯一蠹魚》、《蠹魚頭的舊書店地圖》、《天上大風》、《我書》、
《書人行腳》，並與應鳳凰合著《冊頁流轉——台灣文學書
入門 108》等書。

◆座談會與談人

楊憲宏　柏克萊加州大學專攻公共衛生碩士，曾任聯合報採訪中心副
主任、聯合報新聞供應中心主任、中時晚報資深記者室主
任、公共電視籌委會新聞部副理、超級電視台新聞部經理、
民視新聞部經理、三立電視台總顧問、環球電視總經理、
Taiwan News 雜誌社社長、總編輯，現任台灣中央廣播電台
「為人民服務－楊憲宏時間」節目主持人、大愛電視台顧
問。著有《羊入狼群——知識份子的原力與本懷》、《變法一
九九二》，譯有《瀕危的地球》等書。

孫大川　比利時魯汶大學漢學碩士，曾任政治大學台文所專任副教
授、中華民國台灣原住民族文化發展協會理事長、台灣原住

民文學作家筆會會長，現任行政院原住民族委員會主任委員。著有《神話之美——台灣原住民之想像世界》、《夾縫中的族群建構——台灣原住民的語言、文化及政治》等書，與下村作次郎、土田滋共同主編《台灣原住民文學選集日譯本系列叢書》1-10卷。

黃英哲　日本立命館大學文學博士，曾任美國哥倫比亞大學東亞系訪問學者、中央研究院台灣史研究所訪問學者，現任愛知大學現代中國學部兼大學院中國研究科教授、日本現代中國學會理事、日本台灣學會理事。專攻台灣近現代史、台灣文學，專著有《台湾文化再構築 1945～1947 の光と影：魯迅思想受容の行方》、《「去日本化」「再中國化」：戰後台灣文化重建（1945-1947）》。合編著作有《台湾の「大東亜戦争」：文学・メディア・文化》、《記憶する台湾：帝国との相剋》、《越境するテクスト：東アジア文化・文学の新しい試み》、《台湾女性史入門》、《華麗島的冒險》、《帝国主義と文学》等及中、日、英論文二十餘篇。

楊　渡　曾任《中國時報》副總主筆、《中時晚報》總主筆、國民黨文傳會主委，主持過專題報導電視節目「台灣思想起」、「與世界共舞」等，現任中華文化總會秘書長。著有詩集《南方》，散文集《三兩個朋友》、《飄流萬里》、《簡吉：台灣農民運動史詩》，報導文學作品《民間的力量》、《強控制解體》、《世紀末透視中國》，戲劇研究《日據時期台灣話劇運動》等十餘種。

國家圖書館出版品預行編目資料

戴國煇國際學術研討會論文集／封德屏總編輯. --
  初版. -- 臺北市：文訊雜誌社，2011.07
  面；　公分. -- （文訊叢刊；34）

  ISBN　978-986-6102-12-7（平裝）

  1.戴國煇 2.學術思想 3.史學 4.文集

607　　　　　　　　　　　　　　　100014733

文訊叢刊 34
戴國煇國際學術研討會論文集

總　編　輯／　　封德屏
執行編輯／　　杜秀卿　王爲萱
校　　　對／　　吳雅慧　陳韻如
封面設計／　　翁翁‧不倒翁視覺創意
發　　　行／　　財團法人台灣文學發展基金會
出 版 者／　　文訊雜誌社
　　　　　　　　地址：10048 台北市中山南路 11 號 6 樓
　　　　　　　　電話：02-23433142　　傳真：02-23946103
　　　　　　　　郵政劃撥：12106756 文訊雜誌社
　　　　　　　　Email：wenhsun7@ms19.hinet.net
印　　　製／　　秀威資訊科技股份有限公司
初　　　版／　　2011 年 7 月

定價 480 元
ISBN 978-986-6102-12-7